南开百年学术经典

方显廷文存

方显廷 著

纪 辛 编

南開大學出版社

天 津

图书在版编目(CIP)数据

方显廷文存 / 方显廷著；纪辛编. —天津 ： 南开
大学出版社，2019.10
（南开百年学术经典）
ISBN 978-7-310-05907-2

Ⅰ．①方… Ⅱ．①方… ②纪… Ⅲ．①工业史－中国
－近代－文集②中国经济史－近代－文集 Ⅳ.
①F429.05－53②F129.5－53

中国版本图书馆 CIP 数据核字(2019)第 265271 号

本书由商务印书馆授权出版

南开大学出版社出版发行
出版人：陈　敬
地址：天津市南开区卫津路 94 号　　邮政编码：300071
营销部电话：(022)23508339　23500755
营销部传真：(022)23508542　　邮购部电话：(022)23502200

*

北京建宏印刷有限公司印刷
全国各地新华书店经销

*

2019 年 10 月第 1 版　　2019 年 10 月第 1 次印刷
230×155 毫米　16 开本　34.75 印张　6 插页　408 千字
定价:198.00 元

如遇图书印装质量问题,请与本社营销部联系调换,电话:(022)23507125

物质进步的要素（原动力）

西方的物质进步首先是由于科学和技术上的进步而获得的。只要举出那惊人成就中的几个例证就足以说明这种奇迹。

现在要防御比1945年投在广岛的原子弹不知强大多少倍的原子弹，而这种原子弹已为几个国家拥有。在遗传工程学领域内可与此种原子弹相匹敌的是英国试管婴儿的诞生，而试管婴儿的诞生是仅十一年左右以前的事情。在空间研究领域，自从美国宇航员首次访问月球以来又获得很多显著的进展，特别是近来向其他行星例如木星的进军更是如此。

大小计算机的使用，已把人类从繁重的体力劳动和脑力劳动中解脱出来。石油化学工业的发展把人们带进一个人造物质的时代，诸如用合成纤维织布，用塑胶制做多种数不清的东西，象家具和房屋等。

增加研究和开发的任务有可能促进科学和技术的进步，一些先进的发达国家已经拨出国民经济收入的百分之一或更多的经费用于此项工作。

在私人企业经济中，跨国公司每年花费巨额利润用于发展新产品以便能够在发达国家和发展中国家世界市场上出售和赢利。确实，在世界市场的争夺中，无论是在私人企业里还是在由中央计划的经济部门里，经济间谍的例子也在开始增多。

"南开百年学术丛书"出版说明

巍巍学府，百年南开。

2019 年 10 月，南开大学将迎来建校 100 周年。

从筚路蓝缕、举步维艰的私立大学到闻名世界的高水平大学，南开大学走过了一条艰辛曲折而又光明辉煌的道路。在这路途中，一代又一代的南开人坚忍不拔，愈挫愈奋，用实际行动阐释了"允公允能，日新月异"的校训，谱写了中国教育史上的不朽篇章。

学术乃学者立身之本，亦大学立校之基。一百年来，南开学人以自己的勤奋、智慧、心血、汗水，取得了难以计数的学术成果，在国内外产生了广泛而深远的影响。这些成果或酝酿于民族危亡之时，或完成于战火纷飞之际，或草创于风雨如晦之间，或出版于拨乱反正之后。这些著作或开新派，或释旧说，或察幽微，或集大成，嘉惠学子，享誉士林，体现着南开人的学术贡献。

由于时间久远和社会变迁等原因，前辈学人的著作多有散佚和湮没，有的甚至成为海内孤本，搜集颇为不易；即使一些距离现在并不太久的著作，由于当时印数不多，发行不畅，搜集的难度也依然较大；加之出版时间不同，出版单位各异，故而难见系统规模，查找亦多有不便。

出于诸多方面的考虑，藉百年校庆之契机，我们决定编辑出版"南开百年学术丛书"。这部丛书根据著作呈现方式及相关内容，又分为三个系列，即为"南开百年学术经典""南开百年学术文萃"和"南开百年学术文库"，收录一百年来南开学人具有代表性的专著、论文以及学术自传等。将众多作品汇为一编，既收相得益彰之效，又得研读考索之便，对于文化积累和学术传承亦不无裨益。

我们意在通过这部丛书，全面反映南开学人学术探索、学术创新和学术跋涉的进程，系统展示南开学人的学术品格、学术特色和学术贡献。

我们相信，这部"南开百年学术丛书"必将成为一座学术的丰碑，瞻望前贤，启迪后昆。

我们希望海内外校友和广大读者提出批评和建议，使"南开百年学术丛书"臻于完善。

南开大学出版社

2015 年 8 月

编辑说明

本书收录了方显廷先生著述 11 种,所选著述涵盖了方显廷主要研究领域中的重要成果。

代序一《西方物质文明带来了道德的堕落》为方显廷先生 1981 年回国访问时的演讲手稿,见《方显廷回忆录》附录,商务印书馆,2006 年;代序二《方显廷中国工业化思想研究述略》是南开大学熊性美先生和关永强老师为《方显廷文集》第二卷所做的序言,见《方显廷文集》,商务印书馆,2012 年;《中国工业化之程度及影响》何廉、方显廷著,实业部工商访问局出版,1929 年;《中国工业化之统计的分析》,南开大学《经济统计季刊》第 1 卷第 1 期,1932 年;《中国工业资本问题》,商务印书馆,1939 年;《天津地毯工业》,南开大学社会经济研究委员会出版,1929 年 10 月英文版,1930 年 8 月中文版;《华北乡村织布工业与商人雇主制度》,南开大学经济研究所,1935 年;《中国之乡村工业》,方显廷、吴知著,南开大学《经济统计季刊》第 2 卷第 3 期,1933 年;《整理地籍刍议》,载于《中国经济研究》上册,商务印书馆,1938 年;《论华北经济及其前途》,南开大学《政治经济学报》第 4 卷第 4 期,1936 年;《西南经济建设与工业化》,《新经济》半月刊,第 1 卷第 2 期,1938 年;《新加坡的小型工业》,南洋大学研究院商学研究所丛书 2(新加坡),1971 年;English Industrial Organization About 1840,天津直隶印字馆(Tientsin: Chihli Press),1930 年。

本书收录的方显廷先生中英文著作,均经方显廷先生手订。本次出版,除将繁体字转为简体字,并修订明显讹误外,译名(人名、地名)、术语、数字用法与今不一致者,均一仍如旧,个别因原件不清无法辨识的字用"口"代替。

2019 年 8 月

代序一

西方物质文明带来了道德的堕落[①]

方显廷

（从）西方的物质进步直至道德的堕落
物质的发展：不同的阶段

请允许我在这次讲话的开头引用一段《圣经》上的话，一段耶稣在讲道时说过的话："一个人不能侍奉两个主，不是恶这个爱那个就是重这个轻那个；你们不能又侍奉神又侍奉玛门（金钱财利）。"（《圣经·马太福音》第 6 章第 24 节）

自从始于英国的工业革命，并向其他国家传播的两个世纪以来，金钱或赢利即利润的获得已经成为西方物质进步的动力。

在英国，钢铁时代的到来是以纺织机械和蒸汽机车的发明为其特点的。一个世纪以后，随之而到来的是电的应用，而电的应用使西方的生活方式无论在家里还是在工厂里都带来了革命性的变化。各种各样的电气设备把家庭主妇从繁重的家务劳

---

① 本文是方显廷先生 1981 年访问北京时在四川饭店对欢迎他的学生们发表的演讲稿。

动中解放出来，又能通过电话电报这一手段把分隔很远的人们联系在一起。

要感谢福特和其他发明家，19世纪末叶，人们进入了汽车时代，接着而来的是飞机的使用。这些用于民用和军事目的的飞机是依赖石油或者说汽油的。石油的使用首先给洛克菲勒带来数不清的财富，从20世纪70年代以来石油又使那些阿拉伯酋长们和伊斯兰主教们变成难以置信的千万富翁和亿万富翁。

1973年以来，石油价格的暴涨在西方世界掀起了通货膨胀和失业的新高潮。其影响之强烈远远超出西方世界本身范围之外，严重地影响了世界其他地区。

另外一个时代即原子时代业已到来，在争夺世界霸权的角逐中，它存在着毁灭人类的威胁。利润的动机，也追求它自己合乎逻辑的结局，随着每隔几年人类知识的成倍增长，给西方世界造就了巨大的物质进步。

计算机的发明，以及它的伴随物显微电子技术的发明，不仅给工厂、银行、写字间和负责人口调查、税收及治安目的的政府各部门节省了大量人力，甚至通过袖珍计算机的使用而正在取代数学这门学科。那些能够干许多工人活儿的机器人，如在汽车工业生产中，恐怕将进一步减少工人的劳动时数。这将产生大量的空暇时间，因而这就使已经达到百分之七或者更高比例的失业工人队伍又增加了人数。

物质进步的要素（原动力）

西方的物质进步首先是由于科学和技术上的进步而获得的。只要举出那惊人成就中的几个例证就足以说明这种奇迹。现在要防御比1945年投在广岛的原子弹不知强大多少倍的原子弹，而这种原子弹已为几个国家所有。在遗传工程学领域内可与此种原子弹相匹敌的是英国试管婴儿的诞生，而试管婴儿的诞生是仅仅一年左右以前的事情。在空间研究领域，自从美国宇航员首次访问月球以来又获得很多显著的进展，特别是近来向其他行星例如木星的进军更是如此。大小计算机的使用，已把人类从繁重的体力劳动和脑力劳动中解脱出来。石油化学工业的发展把人们带进一个人造物质的时代，诸如用合成纤维织布，用塑胶制作各种数不清的东西，像家具和房屋等。

增加研究和开发的任务有可能促进科学和技术的进步，一些先进的发达国家已经拨出国民经济收入的百分之一或更多的经费用于此项工作。

在私人企业经济中，跨国公司每年花费巨额利润用于发展新产品以便能够在发达国家和发展中国家世界市场上出售和赢利。确实，在世界市场的争夺中，无论是在私人企业里还是在由中央计划的经济部门里，经济间谍的例子正在开始增多。

西方富裕社会的生活

根据伦敦经济学会已故教授 R H Tawney 的观点，物质富足是贪得无厌的社会的特征。在现代化舒适生活的一切方面，诸如食品、服装、奢侈品、情报、旅行和社会安全等方面，西方人都得到了良好地提供。

有的东西，无论是公共的还是私人的，无论是在城市还是在大部分农村，都是普遍存在的，无处不有的。要感谢用电的广为传播，人们能乘坐由电力操纵的火车和公共汽车，或者通过地方或长途电话与朋友及亲戚谈话。每个家庭都依靠电器设备冷藏、做饭、洗衣、洗盘子等。

食物是丰富的，随着收入和富裕程度的提高，西方世界的人们在许多情况下苦于肥胖和吃得过多。确实，由于饮酒，肥胖现象增加了。而肥胖现已被看作一种病症，在于它能引起高血压和心脏病。心脏病是西方世界造成死亡的第二号杀人凶手。吸烟，正在青年一代男女中蔓延，已成为第一号杀手，在西方主要是以肺癌和喉癌的形式出现。

衣服现在大部分由人造的东西制成，以代替天然物质。尼龙曾经是奢侈品，现在却比天然丝绸或者棉花便宜得多。许多家庭和写字间使用的物品现在都是塑胶制造的，而塑胶这一石油化工产品正在碰到 1973 年以来石油价格暴涨所造成的成本困难。很多依然很好的衣服，只不过过时了些，在这个专门扔东西的社会里就被白白地扔掉了。许多人甚至不愿意清洁旧衣服，因为清洁本身是麻烦而费钱的。

奢侈品——珠宝、化妆品、皮毛、地毯，事实上许多种食品、衣服和房屋是足够的。化妆品，如同时髦服装一样是数亿美元的工业。美国模特儿或木模特被送到巴黎、柏林、罗马或其他时髦中心。一个电影明星或有钱的女士要携带好几打衣箱旅行，只是为了在上流社会保持和追赶时髦。

驾车旅行和乘喷气飞机旅行已经成为惯例。一个家庭往往拥有两部汽车，一部是丈夫的，另一部是供上班或不上班的妻子使用的。有时候孩子们驾着自己的汽车去上学。至于房子，且不说别墅或套房，一些人已拥有可以度假的卫星住宅。几乎每个家庭年年都有假期，假期从几天至一个月不等。如今，一个雇员，不管他是为政府或私人企业做事，一年里总能得到大约一个月的带薪假期。

为了跟上世界的发展，情报成为每日必不可少的东西。从早晨、中午到晚上，不断地从收音机得到消息。详细新闻和分析文章可从晨报或晚报上看到。收音机和电视传播关于社会经济和政治的评论或者谈话。各种杂志几乎涉及一切领域，如电子、时装、性、健康、教育、金融财政、贸易等。每个家庭有时拥有几架收音机、一两架电视，甚至录像机。大众传播工具的影响是多方面的，这一点将在道德的堕落这个题目里再进一步谈一谈。

社会保障在西方是必要的。退休以后，养老金是人们生活的主要依靠。加之，一些人常购买人寿保险并把储蓄用于投资或用于急需。他们也从失业保险中获得救济。随着通货膨胀的蔓延，许多社会保障组织在某些范围正在编出与低落的购买力相适应的索引，以便获得利润。

西方的道德堕落

在一个富足的社会里，金钱成为权力和地位的象征。宗教在人民中有失去影响的倾向。

在工业革命之前，18世纪晚期，宗教对于资本主义精神的兴起是产生必不可少的条件的重要因素。这种资本主义精神导致了资本的形成，对工业革命所创造的投资机会是非常必要的。已故教授 R H Tawney 在他的《宗教与资本主义的兴起》一书中清楚地指出"工作、储蓄和投资"的新教徒伦理学。随着财富和空闲时间的增加，人们崇拜金钱而不是上帝，上帝要人们勤劳和互爱的教导已被对权力和金钱的追求所替代。

物质进步的另一后果是依靠机器把人类从体力劳动中解脱出来，而机器又把妇女从家务劳动中解脱出来，以便能参加"男女平等"的同权主义者运动。1972年美国国会承认对美国宪法平等权利法案的修正，其他国家也相继仿效。甚至在瑞士这样的保守国家里，1981 年 6 月份一次特别公民投票时，选民们也赞成对 1848 年宪法的修正案，这部宪法将在今后宣布"女人和男人享有平等权利，法律保障她们在家庭、教育和工作方面的平等权利。女人和男人享有同工同酬的平等权利"。

尤其是第二次世界大战以来，妇女填补曾经是男人们独自占据的工作位置已经是一种发展趋势。由于有了职业上的收入，妇女们在经济上和其他方面越来越独立了。最初的努力是制止孩子数目的增加，由于孩子的父母都工作，再要小孩事实上已经成为不可能。由于使用避孕工具和采取堕胎，使得扩大计划生育成为可能。这样就造成了年轻人口的减少。在另一方面，因为医药的进步，可以指望寿命大大延长，于是使老年人在人口中的比例增加了。

所有这些变化——妇女从家务劳动中解脱出来，继而参加有报酬的工作，实行计划生育减少或间隔生育小孩，以及由于两代人之间的代沟所导致的老年人同年轻人分开居住的需要等，使得西方文明社会的安定因素——家庭有解体的倾向。在许多发达国家里，现今的结婚法和离婚法也在使家庭倾向于解体，人们可以随便离婚，轻易结合而丝毫不受法律条文的约束。

家庭制度的解体引起了两个不希望有的社会现象，那就是年轻人成为颓废的一代，老年人成为被遗忘的一代。

现今十几岁到二十岁左右的年轻一代，尤其是父母都工作的那些孩子们在许多情况下都喜欢自由而不遵守任何纪律。部分父母发现由于他们过去溺爱子女，于是这些子女养成了随随便便处理现金和礼物的作风。

大众传播工具，特别是收音机和电视把年轻人与时装的最新发展，性和犯罪紧密联系起来。现在的年轻人与成年人比赛抽烟、喝酒和热衷于麻醉品。许多十几岁至二十岁左右的年轻人不再有他们先辈们对于教育和进步那种抱负和大志。而是往往被人引诱去和异性伙伴尝试爱情生活。颓废的一代是关系十分重大的问题，既然与另一代间隔时间不长，那么就不得不设法填补起来以前的领导人曾经占据的岗位，肩负起在这个原子时代管理国家事务的重大责任。

被遗忘的老年一代，在西方这个贪得无厌的社会里是一种悲剧现象。他们在期待中过着一种孤寂的生活。他们常常被他们的孩子们所遗忘。而孩子们关心老人似乎仅仅集中和局限于他们可能继承的遗产上，如此而已。那些在财政方面面临破产的福利国家除外，西方社会在社会保障计划方面是出名的。然而它不能使老人们在退休的年月里保持与在职时的生活水准。男人们由于繁重的工作和紧张情绪，其寿命不如女人们长，结果孤寂的痛苦往往要落到活着的女人头上。在西方，动物如大量的猫和狗，给独身主义者和单身们做伴儿。人们知道这些动物对主人是忠实和不可分离的。由于动物对人忠实可靠，一些年轻小姐甚至宁愿把狗当作伴侣也不与异性生活在一起。

一些老年人可以找到慈善机构和收容所的安置，社会工作者努力帮助老人减轻他们在自己家中生活的痛苦。可是，在没有基督精神的谅解和爱的社会中，生活只能是孤寂的和贫困的。

结　论

西方社会物质高度进步导致精神道德堕落这种现象存在于历史上各个时代所有文明国度中。罗马帝国的兴亡就是例证。我们须知，现今高度进步的西方物质文明社会有重演罗马帝国的可能性。我们这个生存着的社会之两个基本结构——宗教和家庭正越来越受到攻击。人们不得不担心，不会很久，那种对于金钱和权力的追求恐怕不能抵抗核武器带来的人类毁灭的危险，在上帝与金钱之间的选择是永久性的，在耶稣在世时如此，在今天也是如此。我们不能成为物质进步的奴隶，为了维护我们的文明，我们须努力追求那绝对的精神的东西。

代序二

方显廷中国工业化思想研究述略[①]

熊性美　关永强

如何实现工业化，是近代中国经济发展的核心问题。作为20世纪一位挚爱祖国的资深经济学家，方显廷先生的学术生涯一直与中国工业化的研究有着不解之缘，在他撰写的众多学术论文、调查报告和研究专著中，据我们估计，超过一百种都与这一主题有着直接或间接的关系[②]。

综观方显廷先生对中国工业化的研究，大体上可以分为三个阶段。

第一阶段从 1929 年方显廷在南开大学经济研究所任职到抗日战争前，是他对中国工业进行大量调查研究和关于中国工

①　本文是南开大学熊性美先生和关永强老师为商务印书馆的《方显廷文集》第二卷所做的序言。

②　正是鉴于工业化对发展中国家的重要意义，在 20 世纪中期发展经济学兴起以后，工业化问题随即成为发展经济学研究的主要领域。因此，美国经济思想史学者特雷斯科特将方显廷先生称为发展经济学产生之前的发展经济学家，其评论详见 Paul B Trescott, H D Fong and the Study of Chinese Economic Development, History of Political Economy, 2002, 34 (4): 789—809。而 60 年代以后方显廷先生关于发展中国家经济发展战略的系列研究，也确实印证了这一点。

业化思想的形成时期,《方显廷文集》前五卷所选取的内容基本
是这一时期的论著。其中比较有代表性的包括《中国工业化之
程度及其影响》和 China's Industrialization: A Statistical Survey
等概论性文章,《天津地毯工业》《天津织布工业》《天津针织工
业》和《天津之粮食业及磨坊业》等对旧式工业的调查,《中国
之棉纺织业》等对新式工业的调查,《中国之乡村工业》和《华
北乡村织布工业与商人雇主制度》等对乡村工业的调查,而《中
国工业资本问题》一书则可以看作是对他这一时期工业化研究
的阶段性总结。

第二阶段为抗战发生以后至 1947 年,是方显廷工业化思想
的成熟期,《方显廷文集》第六和第七卷的主要内容与之大体对
应。在这一时期,他对当时中国工业发展中的很多问题提出了
建议和主张;同时,他在南开经济研究所培养的研究生们也继
承和发展了他的工业化思想,并和他一起完成了很多研究论文,
大多被编入了《战时中国经济研究》(1941)和《中国战后经济
问题研究》(1945)等著作中。而最能代表方显廷工业化思想全
貌的,当属他 1942 年在美国撰写的 The Post-war Industrialization
of China 以及 1944 年任中央设计局研究部主任时主持编写的
《第一期国家经济建设总方案物资建设五年计划草案(提要)》,
尽管由于种种原因,方显廷对战后中国工业发展的规划被束之
高阁,但今天看来,这两项研究仍然不仅具有思想史的研究价
值,而且颇有值得我们借鉴和反思之处。

第三阶段为 1948 年方显廷先生出国以后,是其工业化思想
继续深化并延伸进入发展经济学领域的时期,其主要研究大都
收入《方显廷文集》。其中 Economic Development in Mainland
China, 1949—1953 一文,客观地考察了中华人民共和国成立
以后工农业生产的恢复和发展情况,并对中华人民共和国成立

后第一个五年计划进行了专业的分析与展望。而以 Taiwan's Industrialization，with Special Reference to Policies and Controls 为代表的一系列针对亚洲发展中国家和地区的研究报告和论文，既是他前一阶段工业发展计划研究的余响，也体现了他从二战后世界经济形势和亚洲各国现实出发，对出口导向型发展模式等问题新的思考。

一

1929 年，方显廷担任南开大学经济史学教授后，即与何廉教授一起为当年召开的太平洋国际学会第三届年会合作撰写了论文 Extent and Effects of Industrialization in China；翌年，该文中文版《中国工业化之程度及其影响》（以下简称《程度及影响》）在工商访问局的《工商半月刊》上发表，并出版了单行本。1931 年，作为上一篇文章的延伸和拓展，方显廷又为太平洋国际学会第四届年会撰写了论文 China's Industrialization：A Statistical Survey（以下简称 Statistical Survey）。

这两篇文章，可以看作是方显廷先生对中国工业化研究的开端。从中我们可以归纳出他在研究方法上的两个显著特点，同时也是方氏研究在以后所一直坚持的两个基本方法。

首先是对统计数据的高度重视。在《程度及影响》中，作者指出，要使中国的工业化能够顺利开展，必须"先有精确之研究"，在不足 100 页的篇幅中，统计表格多达 39 个。其中征引的宏观数据，主要有海关关册的进出口资料和北洋政府农商部统计的工人人数、行业分布以及各业工厂数量和规模等；针对农商部数据质量不高的问题，作者又从微观层面，根据当时各类调查的剪报资料，对棉纺织、缫丝、面粉、榨油、电力等主要行业进行了较详细的考察。以棉纺织业为例，书中不仅回顾了从 1891 年到 1928 年中国纱厂的成立数量和在各省的分布情况，还对工厂规模包括工人人数和纺锤数量、国别构成等都进行了介绍。

经过两年时间的资料补充，在 Statistical Survey 一文中，方氏对中国工厂分布和规模的统计更为精确，其统计中国工业增长所依据的资料来源也更为多元化，除海关报告以外，还包括地政调查、商会报告、经济月报以及大量由各地政府和学者包括南开学者自己所做的社会调查和研究资料，其数据质量也较原来的农商统计更高一筹。此外，他还根据采煤、钢铁、缫丝、棉纺、豆油、烟草、铁路、邮政、船运等业和进出口的数据建立了 1912—1929 年中国工业发展的指数图，便于读者获得更为直观和精确的印象。

也正是在撰写这两篇论文的过程中，方显廷和何廉深刻地体会到"吾国今日关于工业情形之统计，多不可靠，不可恃之以为解决问题之资料""故欲洞明真相，非实地调查不为功"（《程度及影响》）。因此，将统计和调查列为当时南开经济研究所的主要工作内容，明确提出经济学必须中国化的主张，并将工作目标设定为"通过统计数字的收集、编纂和分析，以数量来表示国内的经济情况"①。

其次，相对于对统计数据的重视而言，更值得我们注意的是方氏著作中的历史学派研究风格。历史学派是与演绎派相对立的经济学流派，其特点主要可以归纳为：（1）强调实证研究，十分关注具体经济问题的解决而非理论体系的构建，对纯逻辑

---

① 方显廷著. 方露茜译. 方显廷回忆录. 北京：商务印书馆，2006：79.

推理的模型分析在方法论上提出质疑与批评；（2）历史的方法，
认为没有放之四海而皆准的普适性经济学理论，各国都应当从
本国具体历史进程和现实背景出发，探讨符合本国所处阶段的
经济政策；（3）制度的视角，认为经济研究不能脱离社会背景，
而应当被置于相关的政治、社会、法律和文化等制度框架中进
行考察。

　　方显廷在耶鲁学习的 20 世纪 20 年代正是历史学派主导美
国经济学研究的时期，这显然对他的研究产生了深远的影响①。
《程度及影响》就十分注意从历史的变动趋势中探讨各个行业的
发展，如 1891—1928 年的纱厂，1890—1929 年上海和 1872—
1911 年广东的缫丝厂，以及 1896—1925 年的面粉厂等；
Statistical Survey 一文也是从 19 世纪 60 年代开始回顾中国工业
化的历史进程，明确指出直到一战期间，中国工业才迎来了第
一次快速发展。也正是通过对历史的回顾，文章才进一步指出
中国工业化的总体进程相对缓慢，而且在程度和范围上也十分
有限。

　　历史学派方法的另一个体现，是上述两文对中国工业化的

---

　　①　关于德国历史学派对当时美国经济学界的影响，可以参见杰弗里·霍奇逊《经
济学是如何忘记历史的》第 157—160 页（北京：中国人民大学出版社，2008 年）。而
方氏研究中的历史学派渊源可以从他在耶鲁大学的博士论文和导师那里窥得一斑：方
显廷 1928 年完成的博士论文《英格兰工厂制度之胜利》（The Triumph of the Factory
System in England），不仅采用了历史学派的写作方法，其所征引的文献也基本都是德
国历史学派学者毕歇尔（Karl Bücher）、施穆勒（Gustav von Schmoller）、谢夫莱（Albert
Schaffle）、桑巴特（Werner Sombart）和英国历史学派学者阿什利（William Ashley）、
坎宁安（William Cunningham）等的研究成果；而方氏在耶鲁的导师岱（Clive Day）
教授不仅曾留学德国，教导经济史学，而且其两部代表作 History of Commerce 和
Economic Development in Europe 也是典型的历史学派著作，其在耶鲁大学的职位是
Seymour H Knox Professor of Political Economy，而不是新古典经济学流行后的
Professor of Economics。此外，后来长期向南开经济研究所提供资助的洛克菲勒基金，
似乎也支持了这种研究方法在南开的发展，详见 Yung-chen Chiang, Social Engineering
and the Social Sciences in China, 1919–1949（Cambridge：Cambridge University Press,
2001）。

研究不仅限于经济层面,而且十分注意对制度因素的考察。《程度及影响》就特别对工业化的社会影响包括工厂组织形式的变化、工会和工人运动的兴起进行了探讨,并建议通过贸易保护政策扶植国内的幼稚产业(这也是历史学派的一般或典型主张),创办技术学校训练专门技术人才。在 Statistical Survey 一文更是有专门一节来探讨影响中国工业化进程的制度因素——方显廷将制度分为资源因素和环境因素两大类,其中资源因素包括富余的劳动力、有限的耕地和矿产,环境因素则包括社会环境(家族结构)、政治环境(战争和军费开支)和经济环境(交通等)。

对于方氏研究的历史学派风格,美国经济思想史学者特雷斯科特(Paul B Trescott)也有所关注。他发现,与同时代的其他中国经济学者如马寅初等相比,方显廷的著作主要是以对研究对象的考察详尽周密为特征,主要关注的是中国资源禀赋、劳动力、资金、组织等现实问题,而很少进行纯经济学的理论演绎①。

如前所述,正是当时统计资料质量不高的状况,促使方显廷和何廉等南开学者下定决心自己从事调查研究。在何廉主持编制物价和生活费指数的同时,方显廷和他的助手们也在太平洋国际学会和洛克菲勒基金的资助下,开展了大量的工业调查。这些调查主要可以分为三类:对新式工业的调查,主要成果即《中国之棉纺织业》;对旧式手工业的调查,包括《天津地毯工业》《天津织布工业》《天津针织工业》和《天津之粮食业及磨坊业》等;对乡村工业主要是高阳织布业的调查。这些调查报告和研究论文大都撰有英文版本并送国外的一些主要图书馆,

---

① 详见前引文 Trescott（2002）。

有的还被翻译成了日文，因而成为外国学者研究近代中国经济的重要参考资料，在马若孟、黄宗智、赵冈、杜赞奇和罗斯基等很多经济史学家的著作中均大量引用了这些调查和研究成果。

需要强调指出的是，前述方氏研究的两大特点均有机联系地贯穿于这些调查报告之中。以《天津地毯工业》为例，方显廷透过地毯商会和银行债权人等的关系，对天津地毯业的发展历程、工人数量、工厂规模、资本额、产量等进行了非常详细的调查和统计。在这一定量分析的基础上，方氏发现天津地毯制造厂中，已知资本额的 293 家工厂资本总额为 2053688 元，最大的三家外资工厂资本就占到了 1800000 元（约占 88%），而另外 290 家内资工厂的资本额合计才只有 253688 元。方显廷遂提出，要改良民族地毯工业，"首在收集国人小规模之营业，合并扩充，以厚其生产之能力"①。

方氏之历史学派的研究方法除了体现为调查的周密详细外，还有对所调查行业特殊性的关注。正如工业化的影响不仅限于经济层面，而且会体现在社会的各个方面，方显廷在对这些行业的工人进行调查时，也绝不仅限于统计其人数、收入和消费情况，更广泛详细地考察了以上各业工人的籍贯、年龄、婚姻家庭情况、工作时间长度、工作环境和条件、职业病以及消闲生活和工会组织等。这反映出，在方显廷的眼中，这些工人绝不仅仅是抽象的劳动力要素或者一些统计数字，而是一个个具有其社会背景的、复杂而综合的劳动者，他们的经济活动与他们的社会关系、文化素养、医疗卫生状况乃至政治运动等都息息相关。

---

① 方显廷编. 天津地毯工业. 南开大学社会经济研究委员会，1930：99.

在这些调查中，方显廷还特别注意各个行业自身的特点。例如，《天津地毯工业》用长达 13 页的篇幅详细介绍了地毯的织造方法和步骤，包括羊毛清洗、着色、毛线编织、花样设计和织造等；《天津织布工业》也对织布机械和织布方法进行了详细的介绍，甚至还附有图示；《天津针织工业》在正式调查之前，还详细参考了以往研究者对江苏、浙江、广东、辽宁、湖北、江西和河北的针织业的调查，以求发现天津针织业和它们的异同之处。在这些调查中，作者对各自行业具体的产品销售方式、运输路线和商业及金融习惯等也都进行了详细的阐述。这表明，方氏从事这些调查的目的绝不是为某个经济学模型提供数据支撑，而是为了通过详尽的调查研究，解决各个行业所面临的具体问题。正是由于这一特点，这些调查报告可以历久弥新，即使时至今日，读来依然形象生动、言之有物，不仅是经济史学者，而且是社会史学者不可多得的参考资料。

在这些调查中，最值得我们注意的是方显廷对于乡村手工业的研究。在他和吴知合著的《中国之乡村工业》(《经济统计》(季刊) 1933 年第 2 卷第 3 期，第 555—622 页）中，首先通过金陵大学教授卜凯（John Lossing Buck）的研究对中国农业生产的季节性特点进行了详细的介绍，为乡村工业建立了一个具体的社会背景；此后又通过对英国、瑞士和印度等国乡村工业的介绍，为我们提供了可资比较的对象；再以 1867 年到 20 世纪 30 年代棉纱、生丝、茶叶、面粉、煤油、纸类这几项大宗乡村手工业品的进出口变动数据，展现出中国近代手工业低落的宏观情形。文中将近代中国的农村手工业分为：（1）手工编织业，包括棉、丝、苎麻三大手工纺织业和轧棉、缫丝、纺毛、制绳、针织、花边、抽纱、发网、草帽辫、缎带、毛巾、袋布、芦席等编织业；（2）食品业，包括舂米、磨面、粉丝、通心粉、酿酒、榨油、制茶和罐头等；（3）化学工业，包括造纸、陶器、砖瓦、玻璃、爆竹和桐油等；（4）杂项，包括采煤、瓷器制作、硝皮、制胶、马鬃、毛笔和艺术品如年画、彩绘等。作者综合使用了《经济半月刊》《中外经济周刊》、Chinese Economic Monthly、Chinese Economic Bulletin、Chinese Economic Journal，李景汉、戴乐仁（John Bernard Tayler）等学者和一些政府机关的乡村调查等大量资料，对上述各种手工业的区位、生产状况和生产组织形式等进行了详细的介绍。执此一册，读者几可获得一幅近代中国乡村手工业的完整图景。

　　相对于《中国之乡村工业》的主要着力在提供近代中国乡村手工业的全貌，《华北乡村织布工业与商人雇主制度》则是针对河北高阳县乡村织布业的案例研究。书中首先从人口密集、土壤硗薄、交通便利等方面分析了高阳地区纺织业发达的自然环境背景，回顾了从 20 世纪初高阳农民引入铁轮机开始，经过第一次世界大战期间的第一次高速发展期，到 20 年代初因潍县的竞争而陷入低迷时期，1926 年后又因从白布转向条格布和色布纺织以及采用人造丝原料而进入第二个繁荣时期，直到 1929 年以后再度衰退的历史过程。针对高阳当时盛行的商人雇主制度，方显廷对布线庄和染线厂这两类商人的经营方式、销售组织、金融组织和织户的散活制度均进行了详细的介绍，并将 30 年代高阳的商人雇主制度与 18 世纪末英国棉纺织业中的曼彻斯特商人雇主制度进行了深入的比较，指出两者的差异主要是在经营规模上高阳略小一些，而在经营的富于伸缩性、个人主义而缺乏组织协调和一致行动方面是一样的。

　　尤其值得一提的是，方显廷对高阳织布业的研究并没有止步于此，他还从英国、美国等发达国家的工业化历史中发现"工业分散化之趋势，乃工业集中化之反响"①，并结合当时历史和制度经济学派的学者奈特（Melvin M Knight）、托尼（Richard H Tawney）和戴乐仁等的观点，认为中国当时工业尚未像欧美那样集中化，也无须走欧美先集中于城市、再分散到乡村的路径，因为乡村小工业本身就较大工业更适合中国的经济情形，既可充分利用农闲，又能发挥农民的创造和自由欲，且与中国的家庭结构等制度因素相搭配，较容易取得成功。

　　早在费孝通等魁阁学派社会学者调查和倡导乡村手工业之前，方显廷就从一名经济学家的视角，指出乡村工业对于中国建设有着社会和经济两方面的重要功能。在经济方面，乡村工业：（1）能充分利用农业生产的季节性特点和农业劳工的闲暇时间；（2）能因地制宜，对本地土产原料和副产加以充分利用；（3）能增加农民收入；（4）能促进地区间的经济交流，鼓励农村技术的进步。在社会方面，乡村工业：（1）具有小规模和分散性生产特点，可以避免近代大机器工业过度发展对社会带来的各种危害，能够维持家庭的生产单位，有利于社会稳定，也有利于家庭对劳工的保护；（2）可以教育民众，增加农村人民对机器的认识和应用，增加生活的内容和兴趣，使人民更为有机智和进取②。

　　针对 1929 年以后以高阳织布业为代表的乡村手工业的衰落，方显廷在上述两文中将其归纳为两方面的原因：外因主要包括 1929 年世界经济危机导致中国西北地区皮毛等产品出口锐减，从而降低了西北市场的购买力，1931 年日本占领东北导致了我国东北市场的丧失，长江流域的水灾破坏了南方市场，

---

　　① 方显廷. 华北乡村织布工业与商人雇主制度. 南开大学经济研究所, 1935：53.
　　② 方显廷, 吴知. 中国之乡村工业. 经济统计（季刊）, 1933, 2(3)：616—620. 方显廷. 华北乡村织布工业与商人雇主制度. 南开大学经济研究所, 1935：56—57.

国际金价上扬导致人造丝成本上升，以及俄国和日本棉布商人的对华倾销等；而内因则"一言以蔽之，为组织之缺乏，或可谓为无组织"，这体现为高阳商人的生产缺乏规模和协调、仓储和运输的无序以及金融周转的低效率等，因而在遭遇国际市场波动时往往会反应滞后和缺乏应对措施①。

值得注意的是，方显廷作为一位学贯中西的经济史学家，还通过对欧美发达国家和俄国、印度历史的回顾，结合中国农村手工业的实际，提出了他的政策主张。他认为要挽救乡村工业的颓势，除了技术和教育以外，农村合作制度是一项可资借鉴的制度，它既可以使商人雇主制度下的家庭不至于沦为商人雇主的奴隶而能拥有谈判的地位，从而保护家庭劳工；也可以通过对原料联合购买、对产品联合推销、在资金上相互扶持，提高对国际倾销的竞争和抵御能力。为此，他还著有《中国之合作运动》一书，专论中国合作运动的历史和存在的问题，这里就不再赘述了。

1936 年，方显廷撰写了 Industrial Capital in China 一文，发表于 Nankai Social and Economic Quarterly；后又应艺文丛书之邀，将其扩充为中文版《中国工业资本问题》一书②，可以看作是方显廷先生抗战前在南开大学经济研究所从事科研工作的一个阶段性总结。

在序言中，方氏提到之所以以工业资本为研究对象，是因为"工业乃近代生产业之中坚，其非资本莫办，尤属自明之理。顾有资本而集之不由其道、用之不得其当，则其于工业、于国民经济利害参半，甚或害超于利。吾国近百年来之新工业乃正

---

① 方显廷，吴知. 中国之乡村工业. 经济统计（季刊），1933，2(3)：612—616.
方显廷. 华北乡村织布工业与商人雇主制度. 南开大学经济研究所，1935：47—50.
② 方显廷. 中国工业资本问题. 艺文丛书编辑、商务印书馆发行，1939.

坐此弊：大部分资本出自外人，喧宾夺主，利权日丧，而病及民主；资本之投放几全在轻工业，重工业微不足道，而危及国脉"。

书中对外资和民族工业资本的发展进行了详细的回顾。其中对外资的分析，首先回顾了自鸦片战争以来外资进入中国的历程，通过大量统计数据详细考察了外资在采煤、钢铁、电气等重工业，纺织、缫丝、面粉、精盐、糖、制茶、蛋类、卷烟等轻工业，以及酸碱、水泥、火柴、玻璃、制革、油类等化学工业中的投资情况和资本比重，包括各主要矿山和企业的资本额情况。在对外资在中国工业中比重过大的状况表示担忧的同时，方显廷也肯定了外资和合资企业在技术改良等方面确实有着一定的积极作用。

本书对民族资本则分公有资本和私人资本两部分进行了考察。公有资本又分为国营、省营和市县营三类，对主要的工业企业以及地区分布情况进行了介绍；私人资本则分为官僚资本、买办资本、华侨资本、商人资本和银行钱庄资本五类，专门探讨了各自的发展历史及其在当时的主要企业。尤其是对钱庄和银行资本投资分析中，方氏还专门指出"其（钱庄）投资于纱厂、面粉厂及规模较大之工厂者，在欧战期间亦尚不少，今则渐有被资本雄厚之银行取而代之之势……钱庄之放款与银行不同，毋须先缴担保品，放款数量全视缫丝厂之信用为转移……吾国银行对于工业之投资，不但为量太少，其分布于各业亦极不均匀"。

对于以往中国工业资本投资中存在的错误，方显廷认为主要有两点："在筹集方面，被外资利用而未能利用外资；在运用方面，为民生工业之发展而非国防工业之树立"（第59页），并引吴景超的研究认为当时政府对于国营现代企业的经营计划不周，用人不当、管理不善。他建议：（1）对内应促进生产、节制消费。在生产上按照轻重缓急的顺序，以国防工业为首要，民生工业次之，"于兹武力压倒公理之世界，欲图富强，自必先强而后富"（第71页）。在资金上，增强政府对于私人投资的计划引导，减少奢侈消费品的进口，把有限的外汇资源集中到机械等生产品的进口中去，同时还可以通过建设公债和强制建国储金来增强储蓄。（2）对外，一方面通过相关法规的颁布来奖励华侨回国投资工业，并在交通、矿产资源等方面进行积极配合；另一方面应合理使用外资，使之依照中国法律从事经营活动。

方氏的这些有关工业投资在集资和应用管理等方面的政策措施，于抗日战争期间，在不同著作和场合得到了更充分具体的表达。但是，由上述可知，他为解决中国经济积弱而寻求的政策主张，在抗日战争爆发前，在天津的南开大学经济研究所从事系统的科研工作时，已经逐步形成雏形了。

二

抗战军兴，使得南开大学经济研究所原定的一些调查工作被迫中止，而前一阶段的大量调查研究也已经使南开经济研究所和方显廷对中国工业的状况和存在的问题具备了系统深入的了解。因此，1937年以后，他研究的重点转向了对中国所面临的各类具体经济问题的分析和解决，并提出了很多卓有见地的观点和政策建议。与此同时，经济研究所的研究生培养工作也取得了长足的进展，在抗战期间共招收了7届35名研究生，其中很多人后来都逐渐成为优秀的经济学者，并继承和发展了方氏关于中国工业化的很多思想观点。

对于工业化的重要意义，方显廷认为"中国应以工业立国，主张工业建设，现在已成为天经地义的一个原则"[①]"经济建设之目标无他，求一国之富强而已。富强之道，舍工业化莫属。盖一国之富强与否，胥视其工业化程度之高下以为断，此乃百年来世界经济发展史所昭示吾人之铁证也"[②]。对于当时国内主张以农立国的一些学者，方氏提出，"工业建设，为经济设立之中心。盖自工业革命以还，一国之富强或贫弱，莫不以工业进展程度之高下为断。此在欧美工业先进国家，亦称老生常谈，毋庸置疑。其在我国，虽尚有主张以农立国者，然只能轰动于一时，不值识者之攻讦而自破"[③]。这一思想后来被他的学生滕维藻的《工业化与农业》[④]一文所继承和发展，反对钱穆提出的农业国防论，指出农业无法建立现代化的国防，因而必须倡导工业化。

当然，方显廷在强调工业化重要性的同时，也清醒地意识到发展工业必须重视农业，因为二者之间有相互连带的关系，农业向工业提供原料，工业向农业提供制成品，而"我国工业发展尚属有限，而此仅有之工业生产，又未能与农业生产取得密切联系，致农业与工业往往脱节而均遭受莫大之损失。盖国内农业生产，赖国外工业界之吸收，而国内工业所需之原料，又不得不取给予国外之农业生产。结果，农工两业之兴衰，悉

① 方显廷讲，顾浚泉记. 中国工业上的几个问题. 西南事业通讯，1941，4(5)，(6).

② 方显廷. 西南经济建设与工业化//方显廷，等著. 西南经济建设论. 重庆：独立出版社，1939：10.

③ 方显廷. 论工业建设. 贵阳中央日报. 1940-8-18. 方显廷. 战时中国经济研究. 重庆：商务印书馆，1941：73.

④ 原载《大公报》1944年2月21—22日. 方显廷. 中国战后经济问题研究. 重庆：商务印书馆，1945：93—100.

以国外之供给与需要为转移"。因此，要实现工农业的平行协调发展，应当注重三个原则：（1）确定农业和工业的种类，使农业生产的原料能够被工业所吸收，而工业所需要的原料可以自给而不用求诸国外；（2）力求工农业生产的地域接近，以便于节省运输成本；（3）农工两业组织力求能够平等沟通，盖农业生产规模小，而工业生产规模大，因此小规模的农业应该借助于生产、运销、信用等合作社，才能得以享受大规模组织所拥有的便利①。

针对战时西南经济建设问题，方显廷写作了一系列的文章和工业化计划，包括《西南经济建设与工业化》《西南经济建设》《川康经济建设计划草案》，以及他与毕相辉合写的《今日西南各省之衣的问题》《川康纺织工业建设之途径》等。经过对川、康、滇、黔诸省的人口、农作物种类和产量、森林面积、牲畜种类和矿藏分布情况的详细研究，方显廷认为西南经济建设应以建立国防工业为目前最迫切之中心工作，先交通、次重工业、再次轻工业；他将国防及相关工业分为四类，分别给出了非常详细具体的政策建议。

对西南经济建设的研究促使方显廷开始思考工业化的整体布局和规划问题，他明确提出"我国建设西南，亦应先有一定计划，如各项建设之进行，何者应先，何者应后；生产事业孰应收归国营，孰应听任民营；各种事业须如何促令相互联系，以求发展，均宜详订方案，逐步实施"②。在《战后经济建设刍议》③中，方显廷又提出，经济建设的主要内容应包括三个部分——经济区的建立、交通干线的兴修和工业化的进行，其

---

① 方显廷. 论农业与工业之关系. 西南实业通讯，1940，1（3）//战时中国经济研究，33—35.
② 方显廷. 西南经济建设. 重庆扫荡报，1940-4-7//战时中国经济研究，22.
③ 方显廷. 今日评论，1940，4（10）//战时中国经济研究，24—28.

中经济区的划分则应根据国防需要、交通状况和资源情况这三个要素来决定，战前中国的经济建设多集中于资源丰富和交通便利的地区，而对国防是否巩固则未能顾及，因此他建议将有关国防的经济建设集中于华中、西南和西北诸省；而将涉及民生改善和促进出口的经济建设集中在东北、华北和东南沿海各省的物资丰富和交通便利地区。在他主编的《中国战后经济问题研究》的序言中，方显廷再次指出"战后建设既在工业化，而尤重重工业之建立，则如何按照资源分布、运输便利与劳工供给诸因素，从区位理论之探讨中求启示，自战前区位之评价上取殷鉴，以妥定战后工业中心之合理区位，实为关系我国工业建设成败利钝之百年大计"。这一思想随即被他的学生陈振汉所发展，撰写了《工业区位的理论》《战前工业区位的评价》和《战后工业中心的区位》等文章①，对中国工业区位问题进行了更为深入详尽的研究。

建设工业和发展经济都需要有计划、分步骤地推进。自1929年世界经济大危机发生以来，关于统制经济或计划经济的讨论一直吸引了中国学界和政界的广泛关注。方显廷在战前也曾撰有《统制经济讲义大纲》、Toward economic control in China、《统制经济与中国》和《中国经济之症结与统制》等著作和文章，回顾了统制经济或计划经济思想和政策在欧美发达国家的历史渊源，考察了自孙中山以来统制经济在中国的实施状况，并初步提出了交通统制、粮食与衣料统制、贸易与汇兑统制等政策构想。在1937年的《国民经济建设之途径》②一文中，他进一步指出统制经济的范畴可以扩展到六个方面——交通、农业、工业、贸易、金融统制和财政。到1939年撰写《抗战期间中国

①　方显廷. 新经济. 1941，5（8）（9）（11）//中国战后经济问题研究，133—158.
②　载《信托季刊》第二卷第2期。

工业之没落及其复兴途径》①时，方氏已经将统制工业建设和由政府对各业发展进行统筹管理列入了复兴工业的主要政策建议中。

但在提倡推行统制经济或计划经济的同时，方显廷并不主张全面地国营。他赞同国防事业、需要统筹的事业、投资规模宏大或盈利不确定的国防民生亟须事业以及动力和燃料等部门应交由国营，但认为政府力量如果深入到每个地方，不免有所力不从心，该属于民营的，政府就应当下放权力。针对抗战结束后，国民政府将从敌伪收回的原私营企业大都纳入国营的状况，他还曾著有专文，提出应当尽快恢复重工业国营、轻工业民营的划分，祛除官民争利的情况②。

此外，方显廷的学生宋则行和陈振汉也撰有《经济建设的远景与近路》《放任政策、干涉政策还是计划经济》《经济政策在苏德经济建设中之地位》和《中国战后经济建设与计划经济》等文③，对统制经济问题进行了多角度地深入探讨。

随着战事的发生以及随之而来中国现实国情和国际环境的变化，方显廷对于中国工业资本问题的看法也有了新的发展。他在1944年春为《大公报·星期论文》撰写的《战后中美经济合作》和《战后世界经济建设》这两篇文章中，就明确指出，战后世界趋向于国际合作的局面，美国经济力量将占支配地位；中国在抗战期间遭受了巨大的经济损失，经济亟待恢复；而随着战争的结束，美国很多军用事业行将停止，要避免出现经济衰退，就需要将这些财力和物力用于民生事业或投资海外，而

---

① 新经济，1939，1（4）//战时中国经济研究，76—85.

② 方显廷. 民营应从中纺开始. 世纪评论，1947（10）.

③ 分别原载《新经济》1942年第7卷10期，《当代评论》1943年第3卷15、16期合刊，《东方杂志》1943年第39卷11期和15期；另载方显廷，《中国战后经济问题研究》第27—53和60—66页。

根据初步估计，远东尤其是中国就是美国主要的投资对象国。因此，他建议当时的国民政府应该制定统一的经济建设计划，使外人了解我们何种事业需要投资，以及应该如何办理投资事业，从而大力引进美资，推动国内经济建设。他的学生杨叔进也撰写了《中国的工业化与资本来源问题》①，对主张依靠国内资本和主张利用外资这两派学者和思想进行了详细的回顾和分析，指出抗日战争严重破坏了中国经济，不依靠外资，单凭本国资本无法恢复经济；而战争期间，英美两国与国民政府的关系也更趋密切，以后的外资应当不会再附有苛刻的条件，因此，国民政府所要处理的核心问题，就是为战后国内和国外投资创造一个有利的投资环境。

1941 年，方显廷受洛克菲勒基金的资助赴美访学，期间为美国国家计划协会（National Planning Association）撰写了关于战后中国工业计划的 The Post-War Industrialization of China。书中征引了大量的文献和数据，系统回顾了中国经济社会和自然条件状况，按照设想中的战后国际局势和中国国内和平环境与经济社会条件，提出了设计中国工业化的理论蓝图和政策主张；立足于以往对于中国工业化的调查和研究，系统地阐述了方显廷对未来工业化的主张，可谓是一本"瞻前顾后"的代表作。

本书一开始就提出，世界范围内资源和人力分布的不平衡是很多矛盾问题的根源，二战结束以后，世界即将面临合理再分配和利用世界资源的迫切问题，这当然也包括中国的战后重建和经济发展。中国为坚持抗战而遭到了严重的损失，其在资本和经济管理方面的需要，理应得到战时盟国特别是美国的支持和援助；这不仅有助于改善世界四分之一人口的福祉，而且

---

① 方显廷. 经济建设季刊，1943，2（2）//中国战后经济问题研究，101—131.

牵涉到世界政治、经济和社会的稳定。

第二章和第三章分别讨论中国资源禀赋的特点和战后工业化的主要领域。

资源主要可以分为三大类：矿产资源、农业资源和人力资源。书中对矿产资源的介绍以石油、煤矿和铁矿等为主，主要依据 Bain H Foster 和 F R Tegengren 的早期研究和丁文江、翁文灏近期关于中国矿业资源的调查结果，认为石油和铜矿储量不足，而煤铁资源丰富。农业资源包括耕地面积、农场规模、农村人口和作物种类等，主要依据卜凯教授 1929—1934 年间对中国 22 省土地利用状况的调查结果，认为中国农业与工业协调不足的原因除了产量问题外，主要是农业生产的分散化、缺乏组织和标准化不足。在人力资源上，一方面是拥有着大量的过剩人口；另一方面，新兴工业产业所需要的具有专业技术和遵守工厂纪律的劳动力又十分短缺。

中国仍是一个农业为主的国家，战前有限的工业也主要是在沿海地区，但战后工业化是全国的工业化，应从全国的需要出发，考虑全国的基础设施和现实条件，具体包括交通和公用事业、农业、工业三大领域。其中，交通和公用事业的发展目标不仅要能够到达矿产资源开发地区，而且应该为中央政府战后工业化的整体安排建立起一个高效的交通运输体系，为大规模的现代经济建立一个良好的基础环境。在从事工业化之前，必须改进农业，其政策主要包括：减少水旱灾害的风险，稳定农业生产；改进耕地利用效率、开发可耕的荒地以增加农业生产；实现农业生产的标准化，以适应国内大规模制造业和出口日益增长的需要。工业领域中必须着重发展四类产业：规模灵活、资本要求较小且可以实现进口替代的消费品工业，如服装、食品，以及其他日用必需品如造纸、肥皂、火柴、玻璃、食盐等；与国防安全有关的钢铁、冶金、化工、军火、飞机、卡车、造船等工业；可供出口换汇的矿产品、农产品和手工艺品乃至旅游业；战前十分薄弱，主要多依赖进口的装备制造业，如与重工业有关的机械制造业和相关的零配件工具等。

第四和第五章分别回顾了抗战时期国民政府在后方和日本在占领区的经济建设情况，既展示出中国在抗战时期排除各种困难和干扰而取得的非凡成就，也为战后工业化的基础状况提供一个了全貌。

国民政府战时的工业成就主要集中在西南和西北地区，文中首先介绍了这两个地区在战前中国经济中的地位、资源禀赋和经济基础，尤其是以重庆、乐山（成都）、昆明和西安为中心的已有的四个工业区的资源和发展情况。以此为背景，方显廷以近 12 页的篇幅对国民政府抗战时期在交通、农业和工业上的成就作了非常详尽的介绍，其中最主要的包括沟通西南和西北主要地区的公路网络尤其是滇缅公路的修筑；农本局通过合作金库和农业仓库网络推行的各种农业改进措施，如灌溉设施的兴建、荒地开垦、种子改良、引进经济作物、虫害防治和农业合作化组织的发展；数以百计的工厂成功地从东中部内迁到大后方；资源委员会、工矿调整委员会和美国援华工业合作促进委员会的设立，以及十多个新兴工业区的形成。

日本在中国占领区的经济建设则分为 1931 年以后的东北地区和 1937 年以后的沦陷区两部分。对于东北地区，文中首先介绍了土地、人口、农业、森林和矿产资源情况，之后通过一系列统计数据对 1931 年日本占领后东北地区的采矿、电力等重工业和铁路、公路等交通事业以及进出口情况进行了分析。对于抗战期间的沦陷区，则通过华北开发股份公司和华中振兴株式会社这两家日本在华经济统制公司，详细考察了其在交通、通信、公共事业、重工业、轻工业和房地产等领域的投资情况。

第六章探讨中国战后工业化中所亟待解决的资本和管理问题。

战前中国工业资本积累的速度相对缓慢，再加上战争造成的巨大损失，使得国内资金无法满足战后工业化的全部需要，引进外资尤其是长期资金势在必行。对于外国资本，方显廷征引雷麦和林维英等的研究估算了战前外国在华投资的规模，回顾了抗战时期美国、英国和苏联对华贷款的详细情况，指出中国在抗战时期的卓越表现已经展现出其在维护世界民主和平中的重要价值，美国也更需要一个工业化的中国来作为其在太平洋地区的盟友，因此应当通过政府和私人等多种形式，扩大对华生产性投资和长期贷款的规模。对于中国资本的筹集，方显廷也详细介绍了发行公债，增加长期贷款比例，发展信用市场包括商业票据市场和土地抵押信贷市场，以及招募抗战时期外逃资本的回流和海外侨汇这几种途径。和资本一样，战后中国工业在技术和管理人才上的短缺程度也十分严重，大力发展教育和培训技术与管理人才，加强国际经济合作都是不容忽视的迫切问题。

在第七章，方显廷提出了他对战后中国工业化的组织实施方案。其总的原则包括：（1）战后的中国将从过去帝国主义争夺资源的斗争和大东亚共荣圈的束缚中解脱出来，实现现代意义的工业化；（2）中国的资源利用开发，必须以国际合作取代国际敌对和冲突；（3）战后中国的工业化应在中国统一政府、无损中国主权的基础上，保证和平并有秩序地利用外国资本以购买中国短缺的资本品和技术、管理人才，外国贷款的利率应较低并辅之以贸易协定，使中国可以用某些产品来偿还有关债务；（4）战后中国，在从事大规模开发项目的计划安排之前，必须首先对有关资源状况进行充分调查，以保证各种资源能得到合理的利用。

战后工业化的组织可以不拘于一定的形式，而根据不同部门的特点而定。重工业和公用事业通常需要大规模的资本开支，风险较高，盈利较低，因此国营似乎是最好的解决途径；而轻工业主要生产现代经济生活的日常必需品，可以由中外私人资本加以经营发展；规模最大的农业和手工业部门，更多与手工劳动而非资本设备活动密切相关，则应通过合作化的形式来进行组织。此外，方显廷还设想将战后中国工业化的资本需要问题委之于一个政府组织——中国重建金融公司，负责为开发项目所需的资源进行科学调查，从国外购买中国短缺的原材料和机械装备和引进各层次技术和管理人才等工作。

1944 年，方显廷回国重返南开大学经济研究所教职，同时应何廉之邀，担任中央设计局研究部主任，受命主持编制《（战后）第一期经济建设原则》和《第一期国家经济建设总方案物资建设五年计划草案（提要）》，到 1945 年底完成，可以看作是方氏和他在南开经济研究所的同事们关于中国工业化构想的又一具体展现①。其核心主张是在一个混合经济中有计划地发展经济，或者称之为"有计划地自由经济发展"；计划预期在战后五年物资建设中动用资金共计 220 亿法币，由政府投资、私人投资和国外资金各分担三分之一；除邮政电信、军工、造币、主要铁路和大规模水力发电厂由国家独占外，其他领域，政府、外资和私营企业均可以公司的组织形式进入。

这些构想和计划，尽管由于各种原因，最终未能付诸实施

---

① 这两份文件的思想与 The Post-War Industrialization of China 一书总体一致，本文这里介绍从略，有兴趣的读者可以参阅文件原文或何廉著. 朱佑慈，等译. 何廉回忆录（第 14 章）. 北京：中国文史出版社，1988.

而被束之高阁，一直蒙尘于图书馆和档案馆中。但就其实质内容而论，它们不仅具有经济史和经济思想史的研究价值，其观点明确，内容切合当时中国的自然、经济以及社会等重要条件，提供了方显廷关于实现近代中国工业化的一种思路和方法，即使联系当前我国建设实际，在考察和反思中国的工业化道路中诸多原则问题时，似亦有着极为重要的借鉴和参考价值。

三

1947 年底，方显廷受邀加入联合国亚洲及远东经济委员会，由此开始了他长达二十年在国际组织的任职工作。这一时期也正值发展经济学的发轫期，在联合国等机构的任职经验以及与冈纳·缪尔达尔等发展经济学家的学术交流，使得方显廷能够从当时世界经济关系和亚洲发展中国家的现实出发，思考出口导向型工业化发展模式以及与之相适应的政府行为等问题，而他在这一领域所进行的深入而具体的研究，也为发展经济学理论体系增添了更多的思想内容。

1948 年至 1964 年间，方显廷曾先后担任调查研究室主任和调查研究与计划处主任，主要负责编辑《亚洲及远东地区经济年鉴》和《亚洲及远东地区经济》季刊。其间发表的 Economic Development in Mainland China, 1949—1953 一文，就延续了方氏一贯的研究风格。尽管当时关于中国经济的资料十分稀少，方显廷仍然从报纸、报告和有限的公开出版物中搜集整理了大量的数据资料，对中华人民共和国成立后的经济状况进行了深入客观的探讨①。

　　他认为，和平和秩序的恢复是中国经济迅速恢复和发展的主要原因，而制度的变革和经济框架的改变也起到了相当重要的作用。因此，文章首先考察了中国在经济结构上的各种变化，包括土改、农业合作化、国营事业的扩张和私营经济的合作化运动，探讨了水利设施和交通建设的改进情况；在此背景之上，再对农业、工业生产和对外贸易的恢复和发展情况进行详细的定量分析。而中华人民共和国成立初期的恶性通货膨胀之所以能够得到有效的控制，方显廷认为，主要是强有力的财政和金融政策、交通运输和生产恢复以及中国高效行政管理机制等因素共同作用的结果。在文章的最后，他还对中国即将开始的第一个五年计划进行了分析和展望，认为这一计划的目的是为了加强重工业基础，而成功与否的关键在于能否从苏联获得经济和技术援助。

　　这篇文章既没有像苏联学者那样过度夸大中国的经济成就，也没有像美国学者那样有意贬低社会主义中国的经济状况，因而在亚远经委会第十次会议上遭到了一些人的激烈反对，甚至要求更换《亚洲及远东地区经济年鉴》及《亚洲及远东地区经济》季刊的主编。但时任亚远经委会执行秘书长的洛克内森博士则力排众议，坚决不解除方显廷的职务，并在致方显廷的信中指出，"我特别要称赞的是您在百忙中花费了大量时间撰写的有关中国大陆经济发展情况的那一章。它也许会招致无数的批评与指责。然而，没有人能够对您曾为使它尽可能有价值，因之付出的艰苦劳动所换来体现在那篇介绍中的高度客观性提

---

　　① 方显廷先生晚年虽然大部分时间都生活在国外，但始终心系祖国的经济发展。除了撰写这篇专门研究中国经济的论文外；在 1981 年回国期间，方显廷还曾专门委托时任全国政协副主席的老友钱昌照向政府高层转达他对祖国经济建设的一些看法和建议。详见方显廷著. 方露茜译. 方显廷回忆录. 北京：商务印书馆，2006：372.

出疑问"①。

1964 年退休之后，方显廷曾任亚洲经济发展及计划研究院副院长，并于 1966—1968 年间担任亚远经委会工业经济地区顾问，为联合国贸发会议撰写了六份文件，分别对泰国、中国香港、印度尼西亚、韩国、中国台湾和菲律宾这六个国家和地区的短期和中期工业出口前景进行分析，内容涉及这些国家和地区工业品的出口前景、工业发展战略、工业协调与合作途径以及国家间的工业一体化等方面。其间，方显廷还应中国台湾当局的邀请，对其工业发展接受咨询并提出建议。在考察过程中，他在台北询问了有关部门及负责人，又访问了台北、高雄和台中等地的几十家工厂，以确保研究的切实中肯。该报告以 Taiwan's Industrialization, with Special Reference to Policies and Controls 为题在《南洋大学学报》1968 年第 2 期发表后，随即得到了联合国工业发展组织的高度赞扬，认为其他方面的专家也应当进行类似的综合性调查，以便从深度和行动上仔细探查政府急需关注的问题。

1968—1971 年间，方显廷接受新加坡南洋大学的邀请，任经济学客座教授，讲授经济史和经济发展两门课程。重新回到教学工作使得方显廷能够将其在国际组织工作期间的一些思考进行梳理和沉淀，他不仅将上述对中国台湾的研究报告整理发表，还先后撰写了 Industrial Integration in the ECAFE Region: Need, Possibilities, Prospects and Problems; Development of Industrial Exports in the ECAFE Region; The Place and Role of Small Industry in Singapore's Economy 和 Strategy of Economic Development in Singapore 等多篇论文，对亚洲各国出口导向型

---

① 方显廷著. 方露茜译. 方显廷回忆录. 北京：商务印书馆，2006: 175.

工业化发展模式、政府所应采取的经济发展政策、亚洲国家间工业合作的问题与前景以及新加坡小型企业发展的特点和对国民经济的贡献等问题都进行了具体而深入的研究。

其中，Taiwan's Industrialization 一文不仅继承了他编写战后中国大陆工业计划时的一些思想，可以看作是方氏工业发展计划思想一个具体而微的应用；而且对出口导向型经济发展模式下，政府在财政、金融、产业、外贸乃至行政方面的政策行为多有建议，是较能代表方氏研究风格和思想的一篇文章。

文章首先通过统计数据指出，在 1953—1954 年到 1965—1966 年间，相对于农业部门 6% 的年增长率，中国台湾工业部门的年增长率高达 13.2%。其中以石油、化工、矿产品、电子和机械等为代表的重工业发展速度又明显高于轻工业。之后提出影响中国台湾工业化进程的四个有利因素和四个不利因素。其中，有利因素包括：（1）50 年代以后中国台湾社会的稳定；（2）良好的基础设施建设；（3）低成本的劳动力；（4）国民党政府从大陆带来的资金和企业。不利因素则包括：（1）岛内缺乏工业发展所需要的大量自然资源，（2）岛内市场狭小，（3）人力资源的流失，（4）当局对于包括工业在内的生活的各个方面控制过于严格。

针对这样的客观条件，方显廷对台湾当局在贸易保护、税收激励、"国营事业"技术支持、工业融资、基础设施建设、中小企业扶植等方面的政策和主要出口商品的结构与营销状况进行了非常详细的分析，进而总结出九项政策和管理方面的建议。（1）发展新产业，包括一些资源型产业如木材、造纸、玻璃、瓷器、化工原料、石油化工、合成纤维，劳力密集型产业如服装、旅行用品、家具、皮鞋、罐头等，以及金属制品、钢铁铸造、普通（非电动）机械和标准化机器备件；（2）放松外贸和外汇管制，降低关税，促使企业在质量和价格上参与竞争；（3）豁免用于出口产业的原料进口关税，提高有效保护率；（4）"国营事业"合理化，减少当局的行政控制，扩大自主经营权，提高企业的效率；（5）加强当局在技术方面的支持力度，增加在引进新技术的可行性研究、技术研发、工业标准和技术人员培训等方面的资金投入；（6）扩大工业融资规模，修改《银行法》，设立中小企业融资公司，增加银行一年以上的中长期贷款比例；（7）当局可以通过审慎的举借债务等方式扩大投资，以增加基础设施尤其是电力和交通的建设；（8）建立专门负责"海外私人投资"的管理机构，实现相关程序的集中办公，提高行政效率，增加外资的引进；（9）建立"中央政府"级别的贸易促进机构，从政策、人员和资金上协调统一各类地方和私人组织的出口促进活动。

回顾以上三个时期，我们可以看到方显廷先生工业化思想从调查研究中国实际，到分析解决中国问题，再到制定发展中国家工业化战略的发展演变过程。而在此过程中，一以贯之的则是他和何廉在南开大学经济研究所提出的经济学中国化的主张，无论是对统计方法的重视，还是坚持历史主义的视角，都是这一方法论和指导思想的体现。经济学中国化，首先要求洞悉中国经济的具体情况，于是就有了他早期对于各种新式和传统工业的调查；在对中国经济有了系统深入的了解之后，方显廷对中国工业的资本来源、组织形式、工农业的协调和工业布局等现实问题提出了一系列卓有洞见的政策建议。

尤其是 1942 年在美访学期间，他结合当时的国际形势，总结以往关于中国资源、资金等方面的调查和研究，对中国的工业化的理论、客观条件和政策可能性进行了系统性的思考，撰写了 The Post-War Industrialization of China 一书。回国后，他又和何廉一起主持编制了战后经济建设的五年计划。这两项研究不仅对战后中国工业化的方针和产业布局有着系统的阐述，而且就引进外资和审慎利用国内资源等问题进行了深入详细的分析，尽管由于当时中国的政治现实所限，他的工业计划最终没有能付诸实现，这或许成为他个人的一大遗憾，但就学术研究而言，这些文献仍然不失为经济学与中国现实相结合的典范之作。值得指出的是，自 20 世纪 80 年代以来，我国的对外开放战略和出口导向型的贸易政策取得了巨大的成就，但时至今日，仍然面临着经济结构转型、劳动生产率亟待提高、产业合理布局与资源合理开发利用以及生态环境合理保护等重大原则甚至紧迫问题。凡此种种，都更令我们不禁回顾四分之三个世纪以前，方显廷作为一位杰出的经济学家，在规划祖国大好河山蓝图时的前瞻眼光和远见卓识。

目　录

中国工业化之程度及影响

（一）绪论。—A 工业化之定义—B 工业化与其他经济蜕变之关系。一、国外贸易之增进。二、运输业之发展。三、银行与公司之兴起。四、工商业中心城镇之拓张。

（二）中国工业化之程度。—A 工厂（1912—1920 年）一、工厂统计。二、工厂工人。—B 各业工人之分配。—C 工厂规模之比较。—D 实例择要。一、棉纺织工业。二、缫丝工业。三、面粉工业。四、榨油工业。五、火柴工业。六、电气工业。

（三）中国工业化之影响。—A 工厂制度之发达。—B 劳动问题之兴起。—C 罢工之骤增。—D 童工与女工之引用。—E 国外贸易与贸易政策之改变。—F 技术专家之亟须。—G 天然富源之开采。

（四）结论。

（一）绪论

中国之近代工业化，久已引起中外经济学者之注意，尤以欧战后为甚。其论述之者，往往引用工业化一词以指中国受西方文明之影响，因而突起之经济蜕变。依此而论，工业化一词，与工业革命一词有同一之含意。西人用此词，率有广狭二义之分。在"英国工业革命一语中"，工业化之意，系包括制造业、农业、商业、运输业之革命言，所谓广义是也。今之经济学者，尚有沿用之者。然普通一般经济学者用此词时，仅指制造业之革命，所谓狭义是也。本文即采用该词之狭义。所谓工业化者，专指因机器之助，用雄厚之资本，以实行大规模生产之制造业而言者也，至于农业、商业、运输业，以及其他一切之经济蜕变，悉不在该词定义之内。虽间有论及，亦不过为阐明本题之便利计耳。

工业化与其他经济蜕变之关系——工业化之定义既如上述，则其为中国各种经济蜕变中之一种，自不待言；中国之经济蜕变，不仅限于制造业一业之变化，其余如商业、交通、以及金融财政，莫不有同一现象；不徒其变化同时俱来，即彼此变化之程度，亦有一定之关系。一业之蜕变，与其他各业，莫不有直接间接之重大影响。换言之，每一业变化之程度，即可视为其他各业变化之指数。兹为研究工业化之程度计，特先说明商业、交通以及金融财政发达之情况。近年来中国商业之进步，亦甚可惊，惜国内贸易每年之额数，迄今尚无统计；惟国外贸易之额数，有海关所制之统计，可供研究之用。海关之贸易统计，起于1864年。自此年始而至现在，每年均有统计。从下列之表中，可以看出自 1864 年至 1890 年之期间，国外贸易总额增加 2 倍有半；从 1890 年至 1915 年之期间，增加 4 倍；从 1915 年至 1927 年之期间，又增加 2 倍；从 1890 年至 1915 年 25 年间之 4 倍增加，与中国棉纺织业、缫丝业，以及钢铁等工业之进步，正彼此相应。自 1915 年至 1927 年 12 年间之 2 倍增加，一方面既可证明中国因受之激动，与外来制成品短缺之故，工业上致有急剧之进步，它方面亦可证明此次国外贸易额之增加，与自 1890 年至 1915 年之增加为相似之事实。

第一表 中国国外贸易（1864–1927）

年	进口货（海关两）	出口货（海关两）	贸易总额（海关两）
1864	51,293,578	54,006,509	105,300,087
1865	61,844,158	60,054,634	121,898,792
1870	69,290,722	61,682,121	130,972,843
1875	67,803,247	68,912,929	136,716,176
1880	97,293,452	77,883,587	157,177,039
1885	88,200,018	65.005,711	153,205,729
1890	127,093,481	87,144,480	214,237,961
1895	171,696,715	143,293,211	314,989,926
1900	211,070,422	158,996,752	370,067,174
1905	447,100,791	227,888,197	674,988,988
1910	462,964,894	380,333,328	843,798,222
1915	454,475,719	418,861,164	873,336,883
1920	762,250,230	541,631,300	1,303,881,530
1921	906,122,439	601,255,531	1,507,377,970
1922	945,049,650	654,891,933	1,599,941,583
1923	923,402,887	752,917,416	1,676,320,303
1924	1,018,210,677	771,784,468	1,789,995,145
1925	947,864,944	776,352,937	1,724,217,881
1926	1,124,221,253	864,294,771	1,988,516,024
1927	1,012,931,624	918,619,662	1,931,551,286

交通之进步，亦为中国工业化之一象征。铁路之修筑及船舶之制造，莫不与日俱进。自铁路建筑之始，至 1924 年止，中国已筑之铁路共有 15300 又 13%基罗米突。其中 7707 又 65%基罗米突为政府所有，1513 又 66%基罗米突为民有，6078 又 82%基罗米突为外人所办。此 15300 又 13%基罗米突铁路各省之分配见下表：

第二表　中国铁路各省之分配（1924）（基罗米突）

省名	铁路之类别			
	国有	民有	外人建筑	总长
黑龙江	—	28.73	930.00	958.73
吉林	123.61	64.00	2,362.13	2,549.74
辽宁	934.57	109.32	2,276.03	3,319.92
河北	1,669.25	260.68	—	1,929.93
察哈尔	194.74	—	—	194.74
绥远	200.86	—	—	200.86
山东	946.37	78.05	—	1,024.42
山西	342.98	—	—	342.98
江苏	677.09	22.98	—	700.07
安徽	280.62	38.61	—	319.23
河南	1,224.65	7.00	—	1,231.65
湖北	338.70	24.43	—	363.13
浙江	208.75	—	—	208.75
江西	34.20	128.14	—	162.34
湖南	311.04	—	—	311.04
福建	28.00	—	—	28.00
广东	192.22	583.09	46.66	821.97
云南	—	73.00	464.00	537.00
四川	—	95.63	—	95.63
干路与支路之总长	7,707.65	1,513.66	6,078.82	15,300.13

船舶运输上之功用虽较铁路为次，然在中国运输业中，亦居重要地位。自 1864 年起，各海口轮船帆船出入口之吨数，海

关每年均有统计。在过去 60 年中各海口轮船帆船出入口之总吨数，有 18 倍之增加。海关起始编制船舶吨数统计在 1864 年，是年出入各海口之船舶总数为 17967 只，其总吨数为 6635505 吨。至 1927 年出入各海口之船舶总数增至 154275 只，其总吨数增至 116210785 吨。船舶总数及其吨数之大增，固足引吾人之注意，然轮船数目之逐渐增加，与帆船数目之日见减少，亦颇有研究之必要。在 1875 年时，轮船之吨数居总吨数 85%，至 1927 年轮船之吨数增至总吨数 97%。轮船营业如是发达不已，数年或十数年之后，帆船在航业上之地位将完全为轮船替代矣。自 1864 年至 1927 年中国船舶吨数增加之详细情形，请看下表：

第三表　中国航业之吨量（1864-1927）

年	出入之轮船			出入之帆船			总数	
	只数	吨数	百分比	只数	吨数	百分比	只数	吨数
1864							17,976	6,635,505
1865							16,628	7,136,301
1870							14,136	6,907,828
1875	11,406	8,364,481	85	5,588	1,503,160	15	16,994	9,867,641
1880	17,300	14,572,718	92	5,670	1,301,634	8	22,970	15,874,352
1885	18,691	17,012,930	94	4,749	1,055,274	6	23,440	18,068,177
1890	25,838	23,928,557	96	5,295	947,902	4	31,133	24,876,459
1895	28,176	28,683,408	96	8,956	1,053,670	4	37,132	29,737,078
1900	57,576	39,555,768	97	11,654	1,251,474	3	69,230	40,807,242
1905	88,362	66,372,624	91	135,597	6,382,923	9	293,919	72,755,547
1910	96,196	82,337,331	93	123,614	6,439,358	7	219,810	88,776,689
1915	103,963	84,641,227	93	102,924	6,021,778	7	206,887	90,663.005
1920	121,338	99,642,210	96	89,271	4,624,485	4	210,609	104,266,695
1921	125,432	109,319,714	95	89,134	5,299,830	5	214,566	114,619,544
1922	123,401	119,354,968	96	63,027	4,776,393	4	186,428	124,131,361
1923	122,373	127,279,000	97	60,349	4,025,556	3	182,722	131,304,556
1924	132,213	136,829,598	97	54,169	4,603,229	3	186,382	141,432,827
1925	120,092	124,516,464	97	47,654	3,686,161	3	167.746	128,202,625
1926	117,319	132,249,431	98	41,677	2,410,175		158,996	134,659,606
1927	106,588	112,048,073	97	47,687	4,162,712	3	154,275	116,210,785

就中国之金融财政言,受工业化之影响而起显著之变化者,为银行之成立及各种公司之兴起。握中国昔日金融界之中枢者为钱庄银号,自工业化起始之后,其资既微,不足与银行竞争,信用制度亦远不如银行之便利,故其地位率为银行所取代,自1912—1920之9年间,前北京政府农商部曾编制钱业统计,但自1920年后即行停止,即农商部之统计。仅有前4年所编制者较为可靠,盖自1915年以后,中国内乱频仍。交通梗阻,许多省份不能以可靠之材料,供给农商部,故1916年至1920年5年间之钱业统计,殊欠详备。不仅钱业统计如是,其他一切经济问题之统计材料,莫不陷于同一难境。然从农商部之统计中,可以探知1912年至1920年间银行、钱庄二者已投资数量之变迁。兹列表于下:

第四表　中国之银钱业投资（1912-1920）

年	钱庄（元）	百分比	银行（元）	百分比	总数（元）
1912	75,098,313	68	36,254,919	32	111,353,232
1913	86,628,664	76	27,301,526	24	113,930,190
1914	53,110.635	73	19.726,716	27	72,837,351
1915	64,463,021	82	14,136,426	18	78,599,447
1916	246,229,262	87	37,803,690	13	284,032,952
1917	171,457,373	78	46,072,611	22	217,529,984
1918	169,329,736	83	34,685,195	17	204,014,931
1919	37,448,536	41	54,247,711	59	91,696,247
1920	31,314,932	37	51,987,077	63	83,302.009

上表殊不完备。由此表所得,吾人对银行之发展,不能下一定之断语。但钱庄与银行投资数量比例之变化,则表现甚为明了。自1912年至1916年间钱庄投资之数量,均远较银行投资为大;然自1916年以后,银行之投资渐增,钱庄之投资渐减,与以前变化之方向适相反对。至1920年时,银行投资竟增至钱业投资总数63%。然银行资本数量之骤增或非由银行特别发达

原因之所致。盖自 1916 年至 1920 年间，国内发生内乱，十余省对中央无报告。有报告者或许为银行特别发达之省份，无报告者或许为银行不发达之省份。银行投资与钱庄投资比例骤增之现象，或亦由受内乱之间接影响。

新式公司之兴起，亦为中国经济蜕变中之一重要现象。近世工商业规模之繁巨，绝非旧式小规模之个人营业或合伙营业所能胜任。资本之数量既巨，投资之人数复增，必须更完更见复杂之组织以为经营之工具。依前农商部之调查，1912 年时共有公司 977 家，其资本总额有一亿一千一百万元。无论商业、农业、制造业以及运输业，无不有新式公司之成立。1912 年至 1920 年间，各业之资本数量莫不有一定比例之增进，其中制造业几占 60%—70%，运输业及商业则上下于 10%—15% 之间，农业亦在 5%—10% 之间。

各公司之资本，大小不同，但资本在一万元以下者，为数最多。自 1912—1920 年，此等公司居公司总数 35%—50%，公司资本之自 1 万元至 5 万元者，占公司总数 25%—30%，公司资本在 5 万元至 10 万元者，约居 10%。从下列之表中，可见各业公司投资之数量。

第五表　中国各种公司之投资（1912-1920）

年	农业		工业		商业		运输业	
	以千元为单位	百分比	以千元为单位	百分比	以千元为单位	百分比	以千元为单位	百分比
1912	6,352	5	54,808	50	13,427	12	36,309	33
1913	6,010	7	49,875	58	7,696	9	22,783	26
1914	4,960	6	62,108	68	11,689	13	11,765	13
1915	6,241	4	106,901	67	17,958	11	30,390	18
1916	9,791	5	132,780	72	20,579	11	23,319	12
1917	10,663	6	128,244	67	22,347	11	30,341	16
1918	9,498	6	108,903	67	22,044	14	21,688	13
1919	12,469	6	129,221	67	24,092	13	21,723	12
1920	41,145	16	155,221	61	35,209	14	21,213	9

第六表　中国公司资本之比较（1912–1920）

资本＼年	万元以下		万元至五万元		五万至十万元		十万元至二十万元		二十万元至五十万元		五十万元至百万元		百万元以上		总数
	数目	百分比	数目	百分比	数目	百分比	数目	百分比	数目	百分比	数目	百分比	数目	百分比	数目
1912	522	53	241	25	68	7	60	6	49	5	12	1	25	3	977
1913	501	50	294	29	68	7	55	6	42	4	17	2	16	2	993
1914	551	48	305	26	85	7	73	6	95	9	19	2	22	2	1,150
1915	476	42	359	32	86	8	90	8	67	6	23	2	26	2	1,127
1916	445	42	302	29	111	13	88	8	34	3	21	2	38	3	1,039
1917	387	37	305	29	112	13	79	8	76	7	29	3	36	3	1,024
1918	378	40	275	29	86	9	79	8	78	8	27	3	33	3	956
1919	244	32	224	30	73	10	71	9	76	10	21	3	43	6	752
1920	204	31	161	24	66	10	57	9	82	12	33	5	57	9	660

　　工业与商业中心之兴起，亦为经济蜕变中一重要现象。上海、无锡、通崇海、武汉、天津、唐山、青岛、济南、大连、沈阳、广州，近来均变为工商业中心城镇，中国人民之城市生活，因之亦日进千里。城市化已成为重要问题。各城之工业均渐行地方化，如上海、无锡、通崇海、武汉、天津、青岛之为棉纺织业中心，上海、无锡、天津之为面粉业中心，缫丝业则集中于上海、无锡与广州，大连则榨油业独盛；唐山为产煤要地，武汉则以钢铁著称，余如天津、北平之地毯，上海、天津之提花布，天津、北平、武汉、平湖等处之针织业，以及杭州、绍兴之锡箔，均渐成该地方之重要工业，工业中心若在沿海或处陆地交通便利之地位，亦往往同时为商业之中心，如上海为中国工业中心，同时亦为中国商业中心，其余如天津、大连、广州、武汉等埠亦莫不然。各商业中心之重要，从各埠每年之贸易额及其与外国直接之贸易额可以见之。下表乃海关所制各

要埠每年贸易额之详确统计。

第七表　中国十大商埠之贸易总额及其直接国外贸易额之比较（1927）

埠名	总贸易额		直接国外贸易额	
	海关两	百分比	海关两	百分比
上海	868,978,484	27	785,823,191	40
大连	336,372,493	13	258,935,931	13
天津	325,339,223	11	189,801,157	10
汉口	200,959,244	6	30,917,424	2
广州	172,482,412	5	113,455,899	6
胶州	149,499,859	5	78,324,016	4
安东	105,530,916	3	90,503,675	5
哈尔滨	90,044,789	3	90,380,793	5
汕头	87,786,646	3	41,546,367	2
牛庄	71,175,375	2	17,125,622	1
其余三十六埠	711,649,474	22	234,737,211	12
总数	3,119,819,615	100	1,931,551,286	100

各工商业中心重要之比较，亦可从各埠人口之多寡见之。但各埠精详之人口统计，尚未编制；各商埠之海关虽有租界之估计，然非将来有精确之调查与之对核，不能即视为最可靠之材料。但为读者明了各埠之相对的重要计，故取1927年海关之估计列表于下。

第八表　中国 20 万人口以上之城镇（1927）

城名	人口	城名	人口	城名	人口
武汉	1,583,900	上海	1,500,000	天津	800,000
广州	746,300	重庆	623,030	长沙	535,800
苏州	500,000	杭州	380,000	南京	360,500
福州	314,900	青岛	308,200	厦门	300,000
宁波	284,300	大连	222,400	温州	202,700

（二）中国工业化之程度

中国工业化之正在进行中，已为事实。但现在已至何程度，则除少数人之臆测外，尚无确切之调查。各种工业之普遍的采用工厂制度，固可视为工业化之明证。然一加精密之研究，则知中国所采用之工厂制度与世人普通之所谓工厂制度，尽有不同之处。严格论之，工厂制度有三种要素，曰工作集中，曰实行监督，曰固定资本：如原动力是，三者缺一，不可谓之工厂。现在中国之所谓工厂，竟将三数手艺人所成之作坊，亦包括在内，殊有名不符实之弊。名之者非出于无识之徒根本昧于作坊与工厂之分别，即舍旧趋新之辈，故藉此名以惑众。现在无论私人与政府，对工业之实况，均无精详之调查。前农商部所制九年间（1912 年至 1920 年）农商统计，其详备之程度如何，可置不论，然其全国工厂统计之不能使人满意，为显明之事实。其所得之统计所以不能使人满意者，约有数点：第一，从普及全国各省之一点言，农商部之统计，仅自 1912 年至 1915 年四年之统计为可靠。自 1915 年以后，内战频仍，各省向农商部作工厂统计报告以及其他经济的统计报告者，年减一年，及至 1920 年，仅有十省而已。第二，农商部定凡任用七人以上之制造场所即为工厂，未将固定资本之要素，加入规定之中。依农商部之规定，在 1912 年时，有 987 家成衣工厂，任用工人 14886人。第三，其所制之统计，既不完备，复欠精确。即在比较最可靠之四年中，各省均向该部作报告之时，尚常因经验缺乏，或执事者疏忽之故，错误甚多。其他统计之更不可依据，不待论矣。不徒各种工业每年总数时有不符，即同一工业每年之总数，亦记载不同，如 1915 及 1916 两年所得之报告，与 1920 年之报告，相去甚远。其他错误，更难枚举。由于计算不慎者有之，由于印刷错误者亦有之。1918 年纺织工业工人之总数，本为 270815，错印为 207815。此等大错，1919 年与 1920 年两次报告，竟未加改正，其粗略可想而知。农商部之报告，缺点固多，然除此而外，欲得一较为可靠，足以表示中国采用工厂制之进行，及中国工业化已至之程度者，竟不可复得。下列之表，即取自农商部自 1912 年至 1920 年之报告中。

第九表　中国工厂工人之数目（1912–1920）

业别　　年	织染业		机械器具业		化学业		饮食业		杂业		特别业		总数	
	人数	百分比	人数	百分比	人数	百分比	人数	百分比	人数	百分比	人数	百分比	人数	百分比
1912	228,497	34	33,267	5	154,421	23	208,900	32	30,926	5	5,773	1	661,784	100
1913	249,324	39	36,697	6	94,745	15	181,732	29	64,352	10	4,040	1	630,890	100
1914	288,212	46	37,515	6	118,016	19	141,566	23	30,004	5	9,161	1	624,524	100
1915	294,935	48	25,183	4	113,115	18	139,117	22	34,328	6	13,051	2	619,729	100
1916	297,309	49	24,096	5	110,505	20	122,408	21	27,780	5	1,157		565,255	100
1917	293,366	53	22,333	4	99,426	18	103,931	19	29,111	5	4,425	1	552,592	100
1918	270,815	51	26,814	5	92,754	18	103,010	20	30,006	6	1,559		522,958	100
1919	241,229	59	17,887	4	66,138	16	56,073	14	27,006	7	946		410,279	100
1920	301,544	73	17,951	4	42,002	11	36,762	9	13,866	3	915		413,040	100

依上表所示，则织染工业任用工人之数目为最多，其次则为饮食工业、化学工业、机械器具工业、杂工业及特别工业。织染工业系包括缫丝业、制棉业、纺织业、制线业、织物业、刺绣业、成衣业、染色业及编物业而言，其中织布业、棉纺织业及缫丝业用人最多；饮食工业系包括酿造业、制糖业、烟草业、制茶业、盐业、汽水及冰业、糕点业、罐头业、碾米制粉业、畜产水产业等而言，其中以制茶业、酿造业、碾米制粉业及烟草业，任用工人最多；化学工业系包括窑瓷业、造纸业、

油蜡业、漆业、火柴火药业、制药业、造胰业、化妆品业、染料业、香烛业、熟皮业以及其他而言，其中以窑瓷业、火柴火药业、造纸业所用之工人为最多，至于其他工业，如机械器具业、杂业及特别业等，其所用工人总数之百分比，尚不及 15，势力微弱，故不复再加论列。由下表中可以看出各业工人分配之数量。

第十表　中国工厂工人之分配（1912-1920）（以一千为单位）

年	1912	1913	1914	1915	1916	1917	1918	1919	1920
1.织染业									
缫丝业	90.5	131.3	113.4	11.80	69.2	114.3	88.0	71.7	54.4
制棉业	1.8	26.0	6.7	1.3	2.5	2.1	2.0	2.4	2.7
纺织业	18.0	19.0	34.4	43.0	36.5	43.0	43.8	39.8	141.3
制线业	3.3	0.6	0.8	0.7	1.1	8.1	0.2	0.8	0.3
织物业	87.8	59.6	97.2	108.2	145.0	99.8	110.8	98.7	80.1
刺绣业	1.4	1.2	0.4	2.4	0.2	0.3	0.2	0.3	2.1
成衣业	14.9	7.8	11.5	7.6	9.4	8.7	7.5	4.4	3.1
染色业	3.6	3.4	15.8	8.2	8.0	7.0	7.1	3.0	3.1
编物业	7.2	0.3	8.1	5.6	4.5	10.1	11.1	20.0	14.7
总数	228.5	249.2	288.3	295.0	276.4	293.4	270.7	241.1	201.8
2.机械器具业									
机器业	0.9	0.7	9.4	5.2	3.3	3.9	2.7	2.4	2.1
船车业	2.7	2.8	1.9	1.8	4.7	1.6	3.5	3.0	3.3
器具业	3.4	8.0	8.6	2.5	1.7	1.7	1.9	1.2	0.4
金属品业	26.2	25.2	17.7	15.7	16.4	14.7	16.7	11.4	12.2
总数	33.2	36.7	37.6	25.2	26.1	21.9	24.6	18.0	18.0
3.化学业									
窑瓷业	67.7	31.6	38.3	40.1	37.3	31.3	28.6	13.0	13.4
造纸业	38.3	36.2	34.3	30.3	24.5	25.7	24.8	24.1	3.3
油蜡业	20.7	11.8	19.2	28.7	18.8	18.1	16.2	9.1	6.6
漆业	0.2	0.7	1.1	1.0	0.6	0.2	0.3	0.1	0.2
火柴火药业	10.5	6.3	15.5	11.3	16.8	11.4	11.0	8.8	9.6
制药业	1.7	0.8	0.9	1.9	1.8	1.3	1.9	1.5	0.9
造胰业 造烛业	1.5	0.5	0.6	2.1	3.5	3.2	2.4	3.0	2.5

年	1912	1913	1914	1915	1916	1917	1918	1919	1920
化妆品业	0.2	0.4	0.4	0.7	0.3	0.2	0.9	1.9	1.2
染料业	0.7	0.5	0.9	0.8	0.3	0.8	0.4	0.1	0.1
香烛业	9.5	1.0	2.2						
熟皮业			1.2	4.4	4.3	4.9	5.0	3.9	3.9
杂业	3.5	4.9	3.6	1.6	2.3	2.4	1.3	0.6	0.4
总数	154.5	94.7	118.2	122.9	110.5	99.5	92.8	66.1	42.1
4.饮食业									
酿造业	19.5	30.1	20.3	20.3	19.5	22.2	25.6	15.2	7.5
糖业	9.4	13.7	16.2	7.1	3.5	3.1	1.0	0.3	0.2
烟业	18.0	14.0	13.5	12.4	13.5	15.5	15.3	10.3	6.7
茶业	145.7	100.3	69.5	85.0	74.4	54.9	47.1	20.7	15.4
盐业	2.5	14.3							
汽水及冰业	0.1	0.2	0.1	0.2	0.2	0.1	0.1	0.1	0.1
糕点业	2.3	2.3	2.8	2.5	2.4	1.8	2.0	1.4	0.9
罐头业	1.5	0.7	0.5	0.2	0.4	0.1	0.1	0.1	0.4
碾米制粉业	5.9	3.4	4.6	5.3	5.9	1.6	8.0	6.2	4.0
畜产水产业	0.1	0.5		0.1	0.1	0.1	1.9	0.1	
杂业	3.8	2.3	13.6	6.0	2.5	3.4	1.8	2.5	1.6
总数	208.8	181.8	141.1	139.1	122.4	102.8	102.9	56.9	36.8
5.杂业									
草帽及草帽辫业				1.1	0.7	0.7	0.7	0.7	0.2
印刷业	2.0	4.6	6.2	4.3	3.0	5.4	4.5	4.1	4.4
文具业	3.5	7.2	3.1	4.5	3.7	2.6	3.9	4.1	0.1
木竹制品业	8.0	10.4	3.5	10.0	9.7	9.7	7.6	5.5	4.7
羽皮业	7.7	9.8	7.0	3.2	3.4	4.0	4.6	3.5	2.6
玉石骨角业	0.6	1.0	0.8	0.5	0.9	0.9	2.3	0.1	0.2
杂业	9.1	31.3	9.3	10.8	6.5	4.9	6.4	8.9	7.5
总数	30.9	64.3	29.9	34.4	27.9	28.2	30.0	26.9	19.7
6.特别业									
电气业	0.1	0.4	0.3	0.5	0.6	0.7	1.4	0.5	0.5
金属精炼业	5.6	3.6	8.8	12.5	0.3	3.4		0.3	0.3
瓦斯业									
自来水业					0.2	0.3	0.2	0.1	0.1
总数	5.7	4.0	9.1	13.0	1.1	4.4	1.6	0.9	0.9

织染业、饮食业、化学业、机械器具业、杂业及特别业六业中之工厂，规模颇小，所用之工人，多半均在 10 人至 50 人之间。至于棉纺织业、缫丝业、火柴火药业、制茶业、机器业、印刷业、电气业八业中，其工厂之规模则较大。下表为前列六种工业工厂人数之调查表。

第十一表　中国工厂工人之平均数目（1912-1920）

年	1912	1913	1914	1915	1916	1917	1918	1919	1920
1.织染业									
缫丝业	286	112	248	200	200	273	268	531	671
制棉业	16	27	28	16	35	28	31	48	35
纺织业	1,122	60	340	1,227	1,257	1,264	1,217	1,136	4,155
制线业	14	16	13	15	25	173	8	46	26
织物业	41	46	40	31	47	44	46	45	54
刺绣业	169	47	15	134	33	23	19	27	295
成衣业	15	14	18	16	22	23	21	27	19
染色业	14	13	56	33	32	35	35	19	30
编物业	103	14	121	65	52	83	87	73	105
2.机械器具业									
机器业	69	29	156	47	52	67	52	59	61
船车业	13	15	12	13	28	13	30	36	41
器具业	11	21	15	14	13	15	31	16	17
金属品业	14	13	13	13	12	13	14	14	16
3.化学业									
窑瓷业	31	17	23	18	22	19	21	17	23
造纸业	14	14	12	13	13	14	14	18	15
油蜡业	12	12	12	19	14	14	15	12	14
漆业	11	23	12	12	15	9	17	20	39
火柴火药业	131	191	282	122	76	59	143	156	205
制药业	14	10	11	22	23	26	35	29	31
造胰业 造烛业	19	19	16	10	17	20	17	21	23
化妆品业	9	13	12	28	18	15	67	121	150

年	1912	1913	1914	1915	1916	1917	1918	1919	1920
染料业	10	9	13	16	11	11	9	9	30
香烛业	36	10	11						
熟皮业			17	19	17	17	19	20	19
杂业	18	28	21	25	64	100	23	18	17
4.饮食业									
酿造业	14	12	12	12	13	15	16	15	12
糖业	13	14	18	14	12	11	12	11	22
烟业	18	18	16	19	22	26	28	39	38
茶业	236	143	138	172	169	137	153	190	314
盐业	17	26							
汽水及冰业	23	19	15	18	26	20	19	16	15
糕点业	9	11	11	11	12	12	13	11	12
罐头业	15	15	21	36	29	25	27	130	44
碾米制粉业	20	12	18	17	19	19	25	22	18
畜产水产业	6	10	8	14	10	13	84	12	
杂业	16	17	18	15	19	18	12	21	22
5.杂业									
草帽及草帽辫业				16	11	10	11	11	13
印刷业	39	82	133	134	131	186	140	132	260
文具业	30	24	17	22	24	17	23	34	37
木竹制品业	13	17	14	16	15	17	14	15	16
羽皮业	18	·18	17	13	11	15	18	20	22
玉石骨角业	11	14	14	11	12	12	24	11	27
杂业	19	52	24	40	28	17	32	24	74
6.特别业									
电气业	73	44	28	65	53	61	126	52	70
金属精炼业	63	24	26	37	25	12	8	29	29
瓦斯业			8						
自来水业				38	240	168	160	106	106

　　总之，中国之工厂规模均颇小，7人至29人之工厂，居工厂全数80%至85%，30人至99人之工厂居全数10%，其余10%

工厂用人均在百人以上。从下列之表中，自 1912 年至 1920 年中国各工厂用人之数目，可以窥知。

第十二表　中国各工厂工人之分配（1912—1920）

年	7—29		30—49		50—99		100—499		500—999		1000—		总数	
	人数	百分比	人数	百分比	人数	百分比	人数	百分比	人数	百分比	人数	百分比	人数	百分比
1912	18,212	88.0	990	4.8	798	3.7	514	2.4	181	0.9	54	0.2	20,749	100
1913	18,830	86.9	1,146	5.3	833	3.7	726	3.3	145	0.7	33	0.1	21,713	100
1914	17.447	86.1	1,193	5.9	873	4.3	549	2.7	161	0.8	47	0.2	20,770	100
1915	16,618	86.0	1,068	5.5	819	4.1	602	3.1	174	1.0	40	0.3	19,321	100
1916	16,309	86.0	1,034	5.8	762	4.0	591	3.2	157	0.8	44	0.2	18,957	100
1917	13,076	83.2	1,176	7.5	667	4.2	589	3.5	179	1.1	49	0.5	15,736	100
1918	11,945	83.0	1,047	7.0	720	5.0	491	3.5	122	0.9	49	0.6	14,374	100
1919	8,813	84.5	561	5.4	464	4.5	443	4.2	115	1.1	29	0.3	10,425	100
1920	5,212	80.0	446	6.8	367	5.6	376	5.6	98	1.5	25	0.5	6,514	100

中国现时工业化之程度，其大概已如上述，为切实计。可择其中于工业化有比较重要关系之工业，以为分析研究之用。如棉纺织工业、缫丝业、面粉工业、榨油工业、火柴工业及电气工业是也。在此等工业中，不徒工厂制度之引用，比较完整，即工厂制度之性质，亦表现特别显明。棉纺织业采用工厂制度，虽在钢铁业采用之后，然实为今日中国最大之工厂工业。棉纺织业之采用工厂制度，始于 1890 年。李鸿章氏曾设厂于上海，该厂有 65000 只纺锤，600 架织机，未几该厂遭火。中国政府不欲再行投资，于是转售之于一私人所组织之纺织公司，改名华盛。自 1896 年中日条约成立后，外人得在中国商埠设立工厂之权。英人所办之怡和老公茂，及德人所办之瑞记各纱厂，遂相继设立。在 1896 年，在上海、无锡二处先后设立九厂，其中为国人所设而比较重要者为华盛、大纯、裕源及业勤四厂，相继设立于苏州者有苏伦，设于南通者有大生。上海之大纯，因

营业不振，旋即售与日人，改名为上海纺织公司第一厂，是为外人购买国人工厂之始。日俄战争之后，满洲一变而为一棉织品之市场，纱厂逐渐设立，织机亦日见增加，以应需求。于是利用其自制纱之方法亦日精，1908 年江苏一省，即有 23 纱厂，所用之纺锤，为数有 587646 只之多，织机亦有 3066 架；至 1918 年，纱厂之数增至 34 家，纺锤增至 997238 只，织机增至 5438 架，投资总额增至 3500 万元之巨。从下列之表中，棉纺织业进步之情况，可以一目了然。

第十三表　中国纱厂（1891-1928）

年	1891	1896	1902	1911
厂数	11	12	17	32
纺锤数	65,000	417,000	565,000	831,000
年	1916	1918	1919	1928
厂数	42	49	54	120
纺锤数	1,145,000	1,478,000	1,650,000	3,550,000

纱厂自 1916—1923，八年间，由 42 厂激增至 120 厂之现象，甚堪注意。此次激增之主因，为受欧战之影响，外国棉纱供给缺乏，外国供给缺乏，结果竞争者少，予中国操纱厂业者以兴隆获利之机会。不徒中国纱厂业有空前之进步，东方各国，莫不如是。因生意畅茂之故，投资于此业者极其踊跃，各处纱厂，莫不如雨后春笋，蒸蒸日上。激进期约在自 1915—1924 年之十年间，新立之工厂，共有 80 所。

第十四表　中国各期成立之纱厂（1928）

成立时间	1914	1915—1924	1915	1916	1917
厂数	31	80	1	3	1
成立时间	1918	1919	1920	1921	1922
厂数	8	5	6	21	20
成立时间	1923	1924	1925—1928	成立期未知	总数
厂数	6	9	7	2	120

据最近华商纱厂联合会之统计,1828年中国共有120纱厂,共用3850016只纺锤。各省纱厂及其纺锤数目之分配如下表。

第十五表　中国各省纱厂之分配（1928）

省　名	工厂数目	纺　锤	
		数目	百分比
江苏	78	2,540,176	66.0
山东	10	323,780	8.0
湖北	6	290,152	7.5
河北	9	289,756	7.5
辽宁	4	125,544	3.0
河南	4	107,280	3.0
其余各省（浙江、湖南、江西、山西、安徽、陕西）	9	173,328	5.0
总数	120	3,850,016	100.0

第十六表　中国各城纱厂之分配（1928）

城　名	数　目	纺　锤	
		数目	百分比
上海	59	2,100,360	54
青岛	9	296,780	8
武汉	6	290,152	7
天津	6	226,808	6
通崇海	5	177,564	5
无锡	6	150,800	4
其他	29	607,552	16
总数	120	3,850,016	100

如上表之所示,12省中共有六城为纱厂业之中心,即上海、青岛、武汉、天津、通崇海及无锡。在此六城中,有91纱厂,其纺锤数目居全数84%。

在此120所之纱厂中,其任用工人之数目,及使用纺锤之数目，自有多少之别。若以工人数目之多寡，以定工厂规模之大小，则此 120 纱厂中，任用工人自 110 至 9556 者均有。其中任用工人自 500 至 2499 者，共有 82 厂。从下列之表中，可立知中国各级纱厂任用工人多寡之数目。

第十七表　中国各纱厂工人之分配（1928）

每厂工人之数目	工厂数目	每厂工人之数目	工厂数目
500 以下	3	500—999	16
1,000—1,499	29	1,500—1,999	15
2,000—2,499	22	2,500—2,999	3
3,000—3,499	10	3,500—3,999	5
4,000—4,499	5	4,500—4,999	1
5,000—9,999	5	未知	6
总数	120		

若以纺锤之数目定各厂规模之大小，则自最低用 2880 只至最高用 9 万只者不等，厂数共有 119 所。其中每厂使用纺锤自 1 万只至 39999 只者有 79 厂。从下表中即可得知各纱厂所用纺锤数目之多寡。

第十八表　中国各纱厂纺锤之分配（1928）

每厂之纺锤数	厂数	每厂之纺锤数	厂数
2,000—4,999	3	5,000—9,999	5
10,000—14,999	9	15,000—19,999	13
20,000—24,999	19	25,000—29,999	21
30,000—34,999	9	35,000—39,999	8
40,000—44,999	4	45,000—49,999	4
50,000—54,999	6	55,000—59,999	4
60,000—64,999	6	65,000—90,999	8
总　　数	119		

120 所纱厂，非皆是独立营业。其中有 58 厂为十四棉业组

织所有。十四组织之中，日人所设者八，国人所设者五，英人
所设者一。下表即将此十四组织之纱厂数目、资本额数、纺锤
数、织机数、工人数，以及其所用原动力之大小，一一示明。
在下表中各组织排列之次序，以其所用纺锤之数目而定。

此十四棉业组织中，共有 2102110 只纺锤，与中国纺锤总
数 3850016 只比，为 55%。内外棉业组织为日人所设之最大者，
有 446056 只纺锤，占全国总数 12%，将其所有之纺锤分用于
其经营之 15 纱厂中。大生棉业组织，为吾国设立之最大者，有
纺锤 163564 只，分用于其经营下之南通四厂中。该组织之纺织
数目与全国总数比，居 4%。

中国之纱厂业，不全操于国人之手。以纺锤之数目论，国
人所有者占全国总数 57%，日人所有者 39%，英人所有者 4%。
但以投资之数额论，则国人之棉纺织业投资，仅居投资总额
28%，日人之投资为 70%，比较言之，中国纱厂中每一纺锤仅
有资本三十九两，在日本人所设之工厂中，每一纺锤，竟有资
本一百三十七两。易词言之，日人所设纱厂之财力，较国人所
设者大三倍有半。国人所设之纱厂，因资本短缺之故，大部资
本均用之于购地建屋买机器等固定资本中，用于购原料付工资
以及其他经营成本之流动资本者，为数则殊少。故一遇经济恐
慌之时，因流动资本短少而遭失败者，时有所闻。而日人或英
人之纱厂，无不平稳而过。除此资本不足一弱点之外，国人所
办纱厂之地位，均较日人所办者为优。国人纱厂之纺锤数目，
占全国总数 57%，日人之纱厂则仅占 39%；国人纱厂所用之工
人，居总数 65%，购用全国棉量 60%，所出之棉纱，居总数 63%，
而日人纱厂所用之工人。占工人总数 30%，购用之棉量为总数
36%，所产之棉纱占总数 32%。下表为 1928 年中国纱厂之统计。

第十九表　中国之棉业组织（1928）

组织名称	厂数	资本	纺锤	织机	工人	原动力 基罗瓦特	原动力 马力
1 中外	15	日元 18,500,000	446,056	1,600	15,505	14,850	800
2 申新	6	两 300,000 元 6,000,000	232,772	3,573	18,423	9,488	5,200
3 日华	6	日元 11,000,000	231,232	500	12,603	42,200	
4 大生	4	两 6,916,390	163,564	1,342	14,079	550	4,500
5 永安	3	元 6,000,000	169,750	1,526	8,800	4,500	
6 怡和	3	两 25,400,000	153,320	1,900	13,000		
7 上海	4	两 6,000,000	131,752	2,352	7,066	3,252	1,900
8 大康	2	日元 5,200,000	123,680	726	6,730	8,000	
9 华新	4	元 9,600,000	113,600	250	9,073	3,295	2,200
10 公大	2	两 10,000,000	99,288	1,904	5,605	2,700	1,000
11 同兴	2	日元 15,000,000	89,360	1,040	4,010	2,500	
12 溥益	2	两 2,500,000	52,120	500	2,409	1,550	
13 满洲	2	日元 8,000,000	50,176	504	21,976	1,700	
14 东华	3	日元 6,000,000	45,440		1,785	1,600	
总数	58	两 31,116,390 日元 63,700,000 元 21,600,000	2,102,110	17,717	141,064	96,185	15,600

第二十表　中国纱厂统计（1928）

	中国 数目或数量	中国 百分比	日本 数目或数量	日本 百分比	英国 数目或数量	英国 百分比	总数 数目或数量	总数 百分比
纱厂	73	60	44	37	3	3	120	100
资本（两）	84,000,000	28	208,000,000	70	5,400,000	2	297,400,000	100
纺锤	2,181,880	57	1,514,816	39	153,320	4	3,850,016	100
工人	156,298	65	72,261	30	13,000	5	241,559	100
消棉量（担）	4,946,495	60	2,927,527	36	300,000		8,174,022	100
产纱量（包）	1,377,788	63	695,656	32	129,522	5	2,202,966	100
织机	16,787	57	10,896	37	1,900	6	29,583	100
产布量（疋）	6,900,038	64	3,758,750	36			10,658,788	100

　　缫丝业工业化之进步亦甚速,在纺织工业中仅次于纱厂业。中国之采用蒸汽缫机,约在 60 年之前。但因缺乏详细统计,故

现已发达至何程度，甚难断定。据已得之统计，缫丝工业大概
集中于江苏、浙江、广东、四川四省。较次者为湖北与山东二
省。现在江苏一省有缫丝工厂 146 所，上海一城有 104 厂，无
锡有 37 厂，苏州有 3 厂，浙江一省有 16 厂。江苏共有缫丝机
33000 架，浙江有 3000 架。在 1927 年，四川有 25 家缫丝厂，
其中 20 家有缫丝机 2318 架。依 1911 年之报告，广东有缫丝厂
299 家，共有缫丝机 131260 架。上海一处，缫丝业自 1890 年
至 1929 年之进步程度，从下表中可以看出，全国缫丝业之进步，
亦可窥见一斑。

第二十一表　上海缫丝业之发展（1890-1929）

成立时期	缫丝厂数	缫丝机数	成立时期	缫丝厂数	缫丝机数
1890	5		1906	23	8,026
1891	5		1907	28	9,686
1892	8		1908	29	10,006
1893	9		1909	35	11,058
1894	10		1910	46	13,298
1895	12		1911	48	13,737
1896	17		1912	48	13,292
1897	25	7,500	1913	49	13,392
1898	24	7,700	1914	56	14,424
1899	17	5,800	1915	56	14,424
1900	18	5,900	1916	61	16,192
1901	23	7,830	1917	71	18,800
1902	21	7,306	1918	71	19,200
1903	24	8,526	1927	93	22,168
1904	22	7,826	1929	104	23,582
1905	22	7,610			

　　上海有缫丝厂 104 家，共缫丝机 23582 架，任用男工 5000，
女工 58900。各厂用缫丝机自 70 架至 600 架不等，然 104 厂中

用 200 架至 299 架者有 60 家之多。每厂通常用女工自 500 至 699 人者共有 59 家。上海各缫丝厂缫丝机之分配见下表。

第二十二表　上海缫丝厂缫丝机之分配（1929）

每厂缫丝机之数目	缫丝厂之数目
100 以下	1
100—199	30
200—299	60
300—399	6
400—499	5
500—599	1
600	1
总数	104

第二十三表　上海缫丝厂女工之分配（1929）

每厂之女工数目	缫丝厂之数目
200 以下	1
200—299	4
300—399	8
400—499	18
500—599	39
600—699	20
700—799	3
800—899	4
900—999	—
1,000—1,599	7
总数	104

广东之缫丝厂普遍较上海各厂之规模均为宏大。在 1918 年，该省缫丝厂用 400 架至 499 架缫丝机者，299 厂中有 155 厂之多。广东各厂规模之大小，从下表可以窥知。

第二十四表 广东缫丝厂缫丝机之分配（1918）

每厂缫丝机之数目	缫丝厂之数目
300 以下	1
300—399	55
400—499	155
500—599	44
600—699	27
700—799	9
800—899	4
900—1,299	4
总数	299

广东各厂设立于 1901 年以后者为最多。其详情见下表。

第二十五表 广东各期成立缫丝厂之数目（1918）

成立时期	工厂数目
1872—1880	1
1881—1890	11
1891—1900	36
1901—1910	187
（1901）	（2）
（1902）	（24）
（1903）	（8）
（1904）	（13）
（1905）	（18）
（1906）	（21）
（1907）	（28）
（1908）	（21）
（1909）	（26）
（1910）	（26）
1911	31
日期未知者	33
总数	299

设立缫丝工厂所需之资本不必甚巨，因地基房舍及缫丝机等，均可以赁租之法得之。据估计所得，每缫丝机所需之资本为二百六十两，包括该机之成本、原动力、地基、房舍等在内。每机所需之流动资本，规银一百六十两即足应用。有 300 缫丝机之工厂、需资本十二万六千两。然若所有之固定资本均由租赁而得，则有银四万八千两已足应用。据 1926 年丝茧公会之报告，是年上海有 82 家缫丝厂，其中 57 厂共用资本一百七十九万一千两，每厂平均之资本数为三万一千四百两。从下列之表中，即可看出三万两资本之丝厂为数最多。

第二十六表　上海各缫丝厂资本之分配（1926）

每厂之资本（两）	厂数
7,000	1
10,000	5
20,000	14
30,000	19
40,000	8
50,000	8
60,000	1
100,000	1
总数	57

中国旧有之磨粉工业，各地虽仍然存在，然机器面粉工业之日益发达，亦为显明之事实。依 1928 年 6 月前"经济讨论处"之报告，全国共有机器面粉工厂 193 所。1896 年上海已有面粉工厂之设立，该厂为日人所办，名增裕（译音）面粉工厂。就有开办年份统计之 176 面粉工厂中，有六分之五皆建筑于 1910 年之后。

第二十七表 中国各期面粉工厂成立之分配（1928）

成立时间	厂数
1896—1900	3
1901—1905	11
1906—1910	17
1911—1915	52
（1911）	（6）
（1912）	（8）
（1913）	（12）
（1914）	（16）
（1915）	（10）
1916—1920	58
（1916）	（5）
（1917）	（12）
（1918）	（13）
（1919）	（8）
（1920）	（20）
1921—1925	35
（1921）	（13）
（1922）	（11）
（1923）	（6）
（1924）	（2）
（1925）	（3）
总数	176

中国面粉工厂各省之分配，以东三省、江苏、山东、河北及湖北各省为最多，他省亦间有之。下表即为前"经济讨论处"所编制之《1928年中国面粉工厂各地分配之统计》。

第二十八表　中国面粉工厂各地之分配（1928）

地名	厂数
北满	12
长春	7
南满	25
哈尔滨	29
济南	12
山东（济南在外）、山西、河南及江苏之一部	14
天津	14
河北及绥远（天津在外）	8
汉口	9
长江流域（上海、汉口在外）	23
上海	27
无锡	12
云南	1
总数	193

　　193 家面粉工厂之中，165 家之资本为三百十五万八千两，又三千六百十二万八千元，又一千八百四十二万三千日元，又一百零二万卢布，又一亿枚铜元，又二十万小洋，约合国币六千万元。

　　榨油工业集中于东三省。依前"经济讨论处"之报告，1928 年中国共有榨油工厂 283 所，其中设立于东三省者有 176 所，约占全数五分之三。从下表可以窥知中国榨油工厂之地域分配。

第二十九表　中国榨油工厂之地域分配（1928）

省名	厂数
东三省	176
大连	70
锦州	33
哈尔滨	19

省名	厂数
牛庄	18
其他	36
河北	10
天津	8
其他	2
山东	25
青岛	20
其他	5
湖北	26
武汉	26
江苏	39
上海	23
无锡	9
其他	7
其余各省	7
总数	283

　　大连为东三省榨油工业之中心。在 1925 年时，有油厂 84 家。最早设立之油厂为双和栈，设立于 1906 年。继之而起者为忠盛和及立新（译音）。立新为日人所设，有资本 375 万日元。1908 年有张本政者，为东三省航业界之领袖，经营一油厂，名曰政记油坊。是年南满铁路公司划一运价，凡货无论自何地运往大连、安东、牛庄者，其运价相等。该公司之意，在使大连为一商业中心。自此以后，大连之油厂日增，渐变为大豆业之中心市场。豆饼与豆油之出口，该口有独揽之势。大连一埠榨油工业之发展情况见下表。

第三十表　大连各期榨油厂成立之数目（1925）

成立期	厂数
1906—1910	25
1911—1915	25
1916—1920	10
1921—1925	23
成立期未详者	1
总数	84

　　据 1925 年之调查，84 家油厂之中，72 厂共有资本 1256.3万元，又 789 万日元，总数约合国币 2100 万元。是年各厂共产豆饼 261200 片，又 299376 斤。是年各厂共出豆油 1252760 斤。

　　火柴工业亦为中国工业化中重要工业之一。火柴工业与以上所列举各种工业不同之处，在不集中于一地，而分立于各省。据前"经济讨论处"所制之统计，1928 年中国共有火柴工厂 189家，其地域之分配见下表。

第三十一表　中国火柴工厂之地域分配（1928）

省名	厂数
东三省	23
山东	27
河北	14
山西	9
甘肃	3
江苏	18
浙江	6
两广	41
陕西	3
福建	3
河南	11
两湖	6

省名	厂数
安徽与江西	5
云南	7
四川	13
总数	189

189 厂中，103 厂之资本总额为 6725000 元，又 38.5 万两，又 2195000 日元，又福建台府元七万，约合国币 950 万元。73 厂之总产额为每年 6.07 万箱，又每月 25920 箱，又每日 150 箱及 1465 吨。

电气工业之兴起，亦为中国工业化进步之一证。一省电气工业发展之程度，颇足代表该省一般工业进步之情况。据 1924 年之调查，中国共有电气工厂 219 家，分配于各省。详见下表。

第三十二表　中国电气工厂各地之分配（1924）

省名	厂数
江苏	61
浙江	34
河北	25
广东	16
东三省	13
山东	13
湖北	12
福建	11
其余各省	34
总数	219

上表之统计，与 1927 年英文中国年鉴之调查，颇为符合。据是年中国年鉴之调查，电气工业略有进步，由 219 厂增至 231 厂。增加之厂，以东三省为最多。

第三十三表　1924 年与 1927 年中国各省之电气工厂

省名	厂数	
	1924	1927
江苏	61	58
浙江	34	27
河北	25	21
广东	16	15
东三省	13	31
山东	13	13
湖北	12	12
福建	11	11
其余各省	34	43
总数	219	231

　　219 家电气工厂之中，182 厂之资本总额，约合国币 5000 万元，其中包国币 38995500 元，又小洋 232 万元，又银 170.264 万两，又 1425 万法郎。219 厂中 175 厂共用电力 8.0664 万基罗瓦特，每厂平均电力有 461 基罗瓦特。大概电气工厂，约有 76%，其所有之电力，均在 200 基罗瓦特之下，用电力在 100 基罗瓦特或 100 以下者，有 114 厂，约居全数 61%。187 厂所用电力之大小见下表。

第三十四表　各电气工厂所用之电力（1924）

每厂之基罗瓦特数	厂数
1—50	64
51—100	50
101—150	18
151—200	11
201—300	7
301—500	8
501—1,000	9
1,001—2,000	11
2,000 以上	9
总数	187

最大之电气厂设于湖北，该厂之资本额为 250 万元，电力有 6500 基罗瓦特。较次之一厂设于江苏，有资本 250 万元，电力亦有 6400 基罗瓦特。此等电气工业之统计，颇为粗陋。219 工厂之中，仅有 188 厂之电力与资本，有可靠之统计，余则尚付缺如。

（三）工业化之影响

设于中国工业化之程度，事前无详细之调查，而欲总述其影响，必为难能之事。居今日而讨论中国工业化之影响，仅可视为此项研究之发端，去可获切实结论之期，前途尚远。从各方面观之，工业化在中国之影响，与其百五十年前在西方之影响无以异。工业化社会的与经济的影响，曾见之于英法者，亦有一部已见之于现在之中国。工厂制度之逐渐采用，于上章已略述之。劳动界与劳动运动之兴起，已使中国进于一新时期。由手艺工业过渡至工厂工业，旧日铺主与手艺工人学徒之关系，均逐渐消灭，而渐以金钱代之。中国昔日铺主与手艺工人同为一会员之行会制度，现亦已代为发达未全之工会及雇工联合会。上海于 1921 年成立之华商纱厂联合会，具雇主联合会性质。日本资本家与英国资本家，亦继之而起，组织雇主联合会。天津、湖北、无锡等地，均有同样组织之成立。各联合会活动之范围，虽有大小之不同，然均为纱厂联络机关之用，一方供给同业者以报告，一方以团体之力量，抵制政府之苛征。

工会之兴起，约在欧战停止之时。因华工之归国，进行更速。自欧战停止至 1921 年，各城工厂工人组织工会者，约有 20 万，为当时中国效力最大之团体。工会组织以人数之多少计，除工厂工人外，为矿业工人与铁路工人，其人数约有 18.5 万。农人相较其他工人为保守，故其组织力亦最低。自 1921 年以后，中国各地工会，莫不如雨后春笋，及时兴起。中国南部，因受国民党指导，及与西人交际较早之故，工会组织之发达，几可与西方各国，并驾齐驱。长江流域一带之情形，较为复杂。有数地方，工会组织较为发达，而其余地方之工会，则鲜有进步可言。在北方则因军阀压迫，与工业不甚发达之故，工会组织较为薄弱。

自国民政府成立之后，指导工人组织工会一事，已为施政之既定政策。故在地方党部指导之下，各业工会均逐渐成立。

劳动运动既起之后，各业中之劳资纠纷，已成为司空见惯之事。据近来劳资纠纷之分析研究，自 1918—1926 年之九年间，罢工之总数为 1098 次，平均每年有 122 次，以服用品业之罢工数为最多。在调查之九年中，服用品业一行，罢工至 368 次之多，居总罢工数 41%。基本业中之罢工次数为最少，在过去之九年中，仅有 25 次，居全数 3%。罢工之详细统计见下表。

第三十五表　罢工按工业分类（1918–1926）

类别＼年	服用业	饮食业	家具业	建筑业	器具制造业	交通运输业	基本实业	教育事业	卫生事业	奢侈品及装饰业	杂业	总数
1918	8	1	5	2	3	3			2	1		25
1919	13	3	6	3	13	15	2	3	1	2	5	66
1920	16	3	2	3	10	2	1	1	1	3	4	46
1921	10	7		4	1	13		1	4	3	5	49
1922	26	6	1	3	7	22	5	3	8	4	6	91
1923	8	6	1	3	3	14	4	1	2	2	3	47
1924	13	8	1		6	13		2	3	3	4	56
1925	73	11	7	9	8	30	7	14	3	6	15	183
1926	201	34	10	19	64	77	5	41	18	23	43	535
总数	368	79	33	49	115	189	25	66	42	47	85	1,098
每年平均数	40.9	8.8	3.7	5.4	12.8	21.0	2.8	7.3	4.7	5.2	9.4	122.0

工厂制度应用之后，不徒工会兴起，罢工次数增加，童工、女工亦随之而起。在中国童工并非罕见之事。手艺工业中，亦有童工，不过名之曰学徒而已。然工厂之童工，与手艺工业中之童工，其间差别甚大。手艺工业学徒之目的，在学习手艺，工厂之童工，则在谋生活。学徒与童工之统计，均感缺乏。然从上海童工委员会，1925 年之调查中，各工厂使用童工之状况，亦可窥见一斑。据该会之调查，12 岁以下之童工，在六种不同之工厂中，有 2.19 万人。详情见下表。

第三十六表　1925 年上海各工厂所用 12 岁以下之童工

工厂种类	男童工	女童工	总数	
	数目	数目	数目	百分比
织染	3,520	16,737	20,257	92.5
机械器具	430	250	680	3.1
化学	……	60	60	0.3
饮食	247	318	565	2.6
杂业	108	230	338	1.5
特别	……	……	……	……
总数	4,305	17,595	21,900	100.00

上表中值得吾人特别注意之点，即织染之工厂所用之童工为最多一事。盖该类工厂之主要者为纺织及缫丝。此二类工厂所用工人，既无须精巧之技能，亦无须强壮之体力，故最易引诱厂方使用童工。关于各工厂女工之统计，自 1914 年至 1920 年，农商部曾经编制，然自 1920 年之后，即行停止。依农商部所编制之统计织染业中之工人，女工有总数 47%—65%；饮食业中之女工，有总数 31%—43%；杂业中之女工，有总数 11%—23%；化业中之女工，有总数 12%—22%；机械器具业中之女工，有总数 1%—4%；特别业中之女工，有 1%。自 1914—

1920 年之七年间，各种工业中所用女工之百分比见下表。

第三十七表　中国工厂工业中所用之女工（1914-1920）（百分比）

工业种类＼年	1914	1915	1916	1917	1918	1919	1920
织染工业	57	58	59	65	61	62	47
机械器具业	1	4	1	1	3	2	1
化学工业	12	12	13	12	12	16	22
饮食工业	35	40	42	31	33	37	43
杂工业	13	13	11	13	23	13	16
特别工业	0	0	1	1	0	1	0

　　中国工业化于国外贸易及贸易政策上影响甚大。因中国工业之进步，昔日出口货以原料为大宗者，近则渐渐代以半制品或制成品。入口货适与此相反，棉纱入口数量之逐年减少，足为此事之明证。在 1915 年时，进口之棉纱为 268.6 万担，1927年时，则为 29.5 万担，与 1915 年之进口量相当，仅九分之一耳。棉纱进口量之所以大减，不外因自 1915—1927 之 13 年间，国内纺纱工厂，有极大之进步所致。在过去之十年内，纺锤增加，竟至四倍。自 1915—1927 年，每年之进口纱量见下表。

第三十八表　中国棉纱之进口量（1915-1927）

年	进口数量（以千担为单位）
1915	2,686
1916	2,467
1917	2,076
1918	1,120
1919	1,405
1920	1,325
1921	1,273
1922	1,219
1923	775
1924	576
1925	647
1926	449
1927	295

　　所谓贸易政策之变更者，即采用保护政策以培养中国现在幼稚之工业，以期促进发展之谓也。中国因受不平等条约之束缚，关税失其自主者，已数十年。夫以关税为武器，以防止外货之竞争，而培养一国之工业，不仅中国独然，即素以采用自由贸易政策著名之英国，亦何独不然。在中国工业初兴之期，国人不知关税可以供保护国内工业之用，今则国民莫不澈悟前非，而视之为振兴国内工业之必需政策矣。

　　中国工业发展之最后问题，为如何利用人力与天然富源。中国工业界已觉专门人才之急需，故实业家均相率不惜以巨款为造就专门家之用。张季直先生首先在南通州创设纺织学校，上海穆藕初先生亦曾以其私人之金钱，为遣送二十余青年留学之用，其他各处有专门训练之人，已逐渐为工业家收用。其工作之价值，亦渐为社会所公认。天然富源之开采，进行虽缓，然亦有与时俱进之概。大规模之矿业，为中国向来所无，近则各处均已着着进行。从 1924 年前农商部所发出之矿业执照中，可知矿业已经发展之梗概。1924 年内，该部所发出之矿业执照为数共有 200 件，其中 63 件为寻探权之允许，其余 137 件皆为营业权之允许。执照以河北、四川等省所得为最多，河北 47，四川 40，湖北 19，山西 16，山东 15，河南 15，各省执照之详细分配情形见下表。

第三十九表　农商部所发出矿业执照之分配（1924）

省名	寻探权利	营业权利
河北	12	35
河南	9	6
山东	3	12
山西	6	10
湖北	8	11
江西	6	5
安徽	1	10

省名	寻探权利	营业权利
浙江		2
江苏	2	4
吉林		4
黑龙江		2
四川	6	34
察哈尔	1	1
热河	8	1
绥远	1	
总数	63	137

（四）结论

吾国工业化之情形，已如上述。就世界已往历史之所示，参以目前之事实，吾人皆知工业化之种种恶果，多产生此项经济蜕变之中。使此时而不谋救济之方，则欧西各工业化时，人民所受之痛苦，又将重演于吾国矣。然解决之法，须先有精确之研究。吾国今日关于工业情形之统计，多不可靠。恃之以为解决问题之资料，殆如扣盘为日，相隔殊远。故欲洞明真相，非实地调查不为功。盖如是始可获切实之统计，以为研究之用。惟实地调查之困难，亦有足令吾人注意者。吾国工商界对于所经营之工商业，多不肯以实况示人，殊为调查之障碍。即其深悉工业调查为学术之研究者，亦往往隐讳不以实告。不第浪费调查人之时间，亦工业研究前途之大难也。且此种调查需费甚巨，非一二人之独力所能举办。提而倡之，是在吾国工商界之先觉耳。是篇所载关于工业化之程度及其影响，材料范围，粗漏不赅。所载统计，其乖讹之处，亦所难免。第区区此心。特欲以此为提倡工业研究之前驱，揭而出之。倘邀国人赞助，则所望也。

中国工业化之统计的分析

（一）概论：工业化定义及范围，中国工业化之发展。（二）中国工业化之主因：富源，环境。（三）中国工业化之程度：农矿、制造、商业、金融及交通。（四）中国工业化之影响：生产地域化、人口集中、工厂制度之普遍、劳工阶级及劳工问题之兴起、国外贸易及其政策之改变，外国在华投资之性质及其范围。（五）结论：中国工业化之趋势。

（一）概论

吾人欲分析吾国工业化之概况，须先对"工业化"名词之含义加以确定。工业化者，即生产技术及组织改进之过程，以期达于工业制度为目的者也。[①]含义如斯，故每与日常通称之"经济现代化"相通用。所谓改进之过程即为由农业制度而入于工业制度之意。在工业制度之下，生产规模扩大，国民经济生活亦即建立于资本主义之基础上，其特征之最著者，即为制造业之发达，因此其他经济组织亦应运而起，乃至农业、矿业、商业、交通及金融等，罔不以工业化方法施行之。结果所致，

[①] Johnston, G A. Industrialization and the Countries of the Pacific. In Intemational Labor Revieu, June, 1930, p.784.

乃成为今日之"工业制度"。本文对于中国之工业化，予以统计的分析，就所能搜集之统计材料，以抒述其发展之主因、程度及其影响。

中国之工业化，始于 1860 年后，其发展迅速之期，则在欧战期间。溯自 1861 年吾国开放五口后，中外贸易，因而日繁，西方工业化之风气，遂以东渐，而吾国之工业化，亦因之萌芽于是时。1862 年安庆军械局建造汽轮；3 年后，上海设立江南制造局，即今日之江南造船所。1872 年复设立招商局，为中国人设立之第一最大航业公司；4 年后吴淞铁路修筑完竣，为我国最初修筑之铁路。是时以后，运输工具之现代化，既开其端，同时于制造业及矿业，亦多开始革新。如 1863 年上海设立碾米厂，1873 年成立缫丝厂，1878 年开平设立煤矿局，1890 年上海设立纺织厂，武昌设立钢铁厂，1894 年汉口设立火柴厂，1895 年营口设立榨油厂，1896 年上海设立面粉厂等，皆其例也。

1895 年中日战争之后，《马关条约》中许外人在中国通商口岸有设立工厂之权，故是后制造业之发展，颇为迅速。其时，邮政虽仍袭 1878 年之成法，隶属于海关，然二十年来，行之颇著成效。1881 年上海天津间之电报线成立，1896 年上海商业银行成立；后于 1907 年及 1912 年，交通银行与中国银行相继成立。交易所之设立，开端于 1891 年，是年外人在上海设有外商证券交易所（Shanghai Sharebrokers' Association）；惟中国人尚无是项组织。及至 1920 年，上海中国人始有证券物品交易所之设立。嗣后投机之风大开，中国资本家见有利可图，趋之若鹜，上海一隅，交易所竟设有 140 处之多。终以投机事业，不可久持，故转瞬即逝。至 1921 年，多数交易所均相继瓦解。最近，全国上下，对于交通事业之发展，复极注意，尤于汽车路之修筑，航空线之开辟及无线电报之设置为甚。①

中国之工业化，发端虽早，然其变化迅速之期，则在欧战期间；盖因大战爆发，外货来源断绝，所有市场，遂为本国生产者所有，故吾国工业，乃因而勃兴。如第一表甲所示煤之产量于 1913 年设为 100%，至 1920 年增至 158.9%；铁矿砂之产量于 1913 年设为 100%，至 1920 年增至 194.4%；铁之产量于 1913 年设为 100%，至 1920 年增至 166.7%。在中国矿业内，煤与铁占极大部分，故其产量之激增，可视为中国矿业发展之指数也。

至于制造业，其发展之速率尤大。如以 1913 年为 100，于 1919 年，厂丝之出口量增至 168.3；豆油之出口量增至 480.2；于 1920 年，纺锤数增至 371.7，烟草之输入量增至 140.7。丝与豆油既为吾国出口货之大宗，今虽缺乏关于二者产量之统计，但其出口额统计，亦足视为二业发展之指数也。在另一方面，烟草为卷烟制造业之原料，故其输入额，亦足视为卷烟制造业发展之指数也。

贸易与运输二者，在欧战期间，其发展之速，不及矿业或工业。吾国对外贸易，于 1913 年至 1920 年期间，输入额仅增加 6.5%，而输出额亦仅增加 19.4%；其较可乐观者，即欧战期间，吾国输出贸易之增加，较输入贸易为大耳。在另一方面，邮运铁道之长度，设以 1913 年所有为 100%，至 1920 年则增至 107.8%；邮政路线之增加，较为迅速，设以 1913 年之长度为 100%，至 1920 年则增至 150%。同时在此期间，各通商口岸之汽船吨数，亦增加 13.7%。

---

① China Yearbook，1929 -30；吴承洛：《今世中国实业通志》，二卷，民一八。

第一表（甲）　自1912年至1929年间中国工业化之进展

年	煤产额①（吨）	铁矿砂产额②（吨）	铁产额③（吨）	厂丝出口额④（担）	豆油出口额④（担）	棉纺锤⑤（锭数）	烟草入口额④（担）	出口量指数⑥	进口量指数⑥	铁路（邮运长度）（公里）	邮政⑦（邮政路线）（公里）	船只④（进出口之汽轮）（吨）
1912	8,886,453	721,280	177,989	74,019	525,688	—	142,931	103.9	82.9	10,368	229,824	28,388,957
1913	13,379,007	959,711	256,513	70,150	491,817	836,828	161,586	100.0	100.0	10,944	264,384	87,613,967
1914	13,639,912	1,005,140	300,000	56,869	607,477	855,196	118,354	83.8	91.6	10,944	279,936	91,126,240
1915	14,480,348	1,095,555	336,061	87,364	1,017,922	976,620	76,726	96.5	92.1	10,944	283,738	84,641,227
1916	15,902,616	1,129,056	369,160	81,451	1,565,640	1,228,152	147,132	102.4	96.6	10,944	290,707	82,381,569
1917	17,299,583	1,139,845	357,632	87,413	1,891,353	1,280,672	153,927	108.3	103.1	11,232	299,578	80,266,725
1918	18,339,502	1,474,689	354,144	87,514	2,277,167	1,456,012	181,091	105.5	92.8	11,520	310,349	74,201,372
1919	20,054,513	1,861,230	446,588	118,028	2,361,633	2,366,722	159,824	140.1	105.9	11,695	344,407	89,844,371
1920	21,259,610	1,865,985	427,648	72,917	1,713,104	3,110,546	227,323	119.4	106.5	11,800	396,491	99,642,210
1921	20,459,411	1,462,988	402,787	118,895	1,148,357	3,191,546	221,281	127.0	132.9	12,259	424,874	109,319,714
1922	21,097,420	1,559,416	393,694	110,040	1,480,196	3,266,546	254,033	130.6	158.5	12,551	439,222	119,354,968
1923	24,552,029	1,733,226	343,442	106,827	2,126,928	3,380,000	315,312	137.4	155.0	12,901	445,707	127,279,000
1924	25,780,875	1,765,732	330,521	101,112	2,121,470	3,581,214	683,152	144.8	170.8	13,152	456,304	136,829,598
1925	24,255,042	1,519,021	369,617	136,324	1,989,302	3,587,978	551,685	140.9	157.0	13,480	463,891	124,516,464
1926	23,040,119	1,561,911	404,668	137,493	2,667,229	—	755,083	149.6	186.7	13,707	471,271	132,249,431
1927	24,172,009	1,710,135	411,148	126,582	2,469,734	3,674,690	633,003	163.4	157.2	14,199	462,237	112,048,073
1928	25,091,760	2,003,800	433,843	151,343	942,189	3,850,016	1,069,851	165.5	188.3	14,578	458,051	148,261,342
1929	—	—	—	152,360	1,115,047	4,223,956	910,940	—	—	14,021	466,548	150,203,488

①北平地质调查所：《中国矿业纪要》第一次（民一〇），一二六，一二七至三一页；第二次（民一七至民二一），第一表；第三次（民一五至民一七），第一表；第二表。民元至民四及民六年之全国产煤额，系根据民元至民六年一六大大煤矿之产额。在民五年此一六大煤矿之产额，计占全国产矿之产额百分之五五。第二②同上，第二次，第一四表，第三次，二九八页。③同上，第二次，第一四表；第三次，一四页；④中国海关民元至民一八年，《华洋贸易总册》，上卷（报告及统计辑要）。⑤华商纱厂联合会，中国纱厂一览表，第八次（民一七），第九次（民一九）。⑥何廉：中国六十年进出口物量指数，物价指数及物物交易指数（一八六七至一九二八），1928；《Chinese Economic Journal, Feb., 1926；Apr., 1928》，第九次（民一九）。民一九，第十四表。⑦王仲武：《中国邮政统计》，《统计月报》，民一九，十月。

第一表（乙）　自1912年至1929年间中国工业化之指数

（以1913年为基数＝100）

年	煤产	铁矿砂产	铁产	厂丝出口	豆油出口	棉纺锤	烟草入口	出口量	入口量	铁路	邮政	汽船
1912	66.4	75.2	69.4	105.5	106.9	—	88.5	103.9	82.9	94.7	86.9	99.8
1913	100.0	100.0	100.0	100.0	100.0	100.0	100.0	100.0	100.0	100.0	100.0	100.0
1914	102.0	104.7	117.0	81.1	123.6	102.2	73.2	83.8	91.6	100.0	105.9	104.0
1915	108.2	114.2	131.0	124.5	207.0	116.7	47.5	96.5	92.1	100.0	107.3	97.0
1916	119.0	117.6	143.9	116.1	318.3	146.8	91.1	102.4	96.6	100.0	110.0	94.0
1917	129.3	118.8	139.4	124.6	384.6	153.0	95.3	108.3	103.1	102.6	113.3	91.6
1918	137.1	153.7	138.1	124.8	463.0	174.0	112.1	105.5	92.8	105.3	117.4	84.7
1919	149.9	193.9	174.1	168.3	480.2	282.8	98.9	140.1	105.9	106.9	130.3	102.5
1920	158.9	194.4	166.7	103.9	348.3	371.7	140.7	119.4	106.5	107.8	150.0	113.7
1921	152.9	152.4	157.0	169.5	233.5	381.4	136.9	127.0	132.9	112.0	160.7	124.8
1922	157.7	162.5	153.5	156.9	301.0	390.3	157.2	130.6	158.5	114.7	166.1	136.2
1923	183.5	180.6	133.9	152.3	432.5	403.9	195.1	137.4	155.0	117.9	168.6	156.0
1924	192.7	184.0	128.9	144.1	431.4	428.0	422.8	143.8	170.8	120.2	172.6	156.2
1925	181.3	158.3	144.1	194.3	404.5	428.8	341.4	140.9	157.0	123.2	175.5	142.1
1926	172.2	162.7	157.8	196.0	542.4	—	467.3	149.6	186.7	125.2	178.3	150.9
1927	180.7	178.2	160.3	180.4	502.2	439.8	391.7	163.4	157.2	129.7	174.8	128.8
1928	187.6	208.8	121.7	215.7	191.6	460.1	622.1	165.5	188.3	133.2	173.3	169.2
1929				217.2	226.7	504.6	563.7	—	—	136.3	176.5	171.4

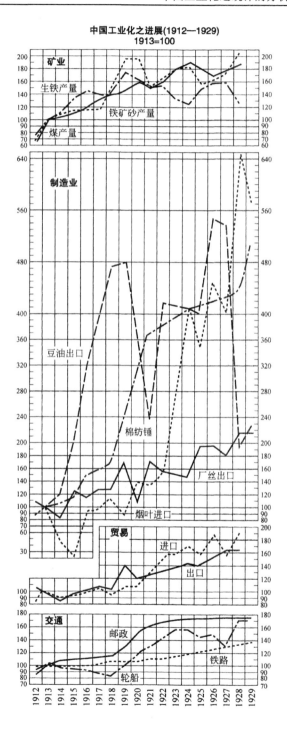

中国工业化之进展(1912—1929)
1913=100

矿业

生铁产量

铁矿砂产量

煤产量

制造业

豆油出口

棉纺锤

厂丝出口

烟叶进口

贸易

进口

出口

交通

邮政

铁路

轮船

1920 年以后，矿业、制造业、商业及交通事业之发展，其趋势较以往稍异。论矿业，1920 年煤产量为 158.9，至 1928 年增至 187.6；1920 年铁矿砂产量为 194.4%，至 1928 年增至 208.8%；而铁之产量则较前减低，于 1920 年为 166.7%，至 1928，减至 121.7%。论制造业，自 1920 年至 1929 年期间，增加最大者，厥为烟草之输入额，于 1920 年为 140.7%，至 1929 年增至 563.7%；其次纺锤，自 371.7%增至 504.6%。厂丝之输出，于 1919 年为 168.3%，至 1929 年增至 217.2%；而豆油之输出，则因 1927 年来商业凋敝之故，致有减少，1919 年为 480.2%，至 1929 年仅 226.7%。论国外贸易，我国出口贸易之物量指数，1920 年为 119.4，至 1928 增至 165.5；而我国入口贸易之物量指数，于 1920 年为 106.5，至 1928 年增至 188.3。至于汽船吨数之增加特多，于 1920 年为 113.7%，至 1929 年增至 171.4%。其次为铁路之增加，于 1920 年为 107.8%，至 1929 年增至 136.3%。邮政路线，1920 年为 150%，至 1929 年增至 176.5%。

（二）中国工业化之主因

中国工业化之主因，以富源及环境二端为最要。首就富源论之。中国人口稠密，故为工业化适宜之处。据最近内政部陈正谟君之调查，全国 30 省面积凡 4786915 方英里，人口共 485163386，人口密度为每方英里 101 人。但中有 17 省，人口占 85.5%，而面积则仅占 28.1%，人口密度每方英里为 311 人。而在此 17 省之中，复有 11 省，人口占 63.7%，仅占面积 15.6%，人口密度每方英里为 414 人。①

中国以农立国，人口已如此稠密，毋怪年来因内争、饥荒、瘟疫、贫苦而死者，为数甚多。使能驱之服役工业，则促进国家之工业化，影响必非浅鲜也。据白克教授分析研究中国人口与土地统计之结果，揭示于 1919 年，美国每人有已耕田 3.6 英亩，中国则每人不过 0.4 英亩而已；易言之，中国每人所有已耕地，仅及美国每人所有九分之一耳。②氏谓"中国如能迅速发展其制造业，使农民服役工业者之增加率，能较生于乡间食于乡间之人数之增加率为速，则农业与制造业之效率始能增高，而同时中国之人口问题，亦将因之解决。"③

人工富源，虽极丰富，足为促进国家工业化之资；不过其自然财富，则极有限，即语自给，犹嫌不足。就耕地言，据白克教授之估计，美国可耕田地现已开垦者约 39%，中国则不过 26% 而已。④中国未开垦田亩之成分，虽较美国为高，不过以每人所有耕地衡之，仅及美国每人所有九分之一。即使国内可耕地尽行开辟，每人所有耕田，仍较目前美国每人一半为少。

若言矿产，则中国工业化之前途，更为暗淡。据培恩氏云："以东方与西部之北美洲及南美洲比较，东方之矿产业不著名；而尤以远东矿产为最少。即澳大利亚及非洲，其在世界矿业中所占之地位，亦较远东为重要。"⑤兹据北平地质调查所之估计，亦明示目前中国矿产，在世界殊无地位。所产铁矿砂不过 0.5%，铜 0.02%，铅 0.09%，锌 0.09%，锡 6%，煤 1.6%，石油 0.00008%。⑥

① 陈正谟：《中国户口统计研究》，《统计月报》，民一九，六月，一〇至一二页。
② Baker. "Land Utilization in China". In Problems of the Pacific, 1927, p.329.
③ 同上，三三八页。
④ 陈正谟：《中国户口统计研究》，《统计月报》，民一九，六月，三二九页。
⑤ Bain. Ores and Industry in the Far East. 1927, p.21.
⑥《中国矿业纪要》第三次，第二三表。

其已开矿产如斯，即未开之重要矿产，亦复有限。据地质调查所之估计，中国煤矿储量不过 217.626 百万吨而已[1]，仅及全世界 4%。[2]铁矿储量亦不过 951 百万吨，[3]仅及全世界 1.6%而已。[4]石油储量，不过美国 1%。[5]他如铜、铅、锌及银等之储量，据地质调查所所长翁文灏氏之调查，俱不敷用，尤以银一项，最为欠缺。而在另一方面，许多不重要之金属，吾国所产极富，其于中国工业化之关系，实属有限。据翁氏云："中国在短期间，已一跃而为世界产锑及钨最多之国。此二项产品，因其产量特多，故其价格之低廉，亦非他国所能比。"[6]据 1927 年该所估计中国之钨产值 8366000 元，占全世界钨产额 64.3%，其锑产值 7004550 元，占全世界锑产额 77%。[7]

除依土地及矿源之统计，为说明我国富源缺乏之指数外，更可依进口统计为其指数。据中央研究院杨端六氏之分析，1928 年内，中国之饮食品烟酒等输入额，占入口总额 27.44%，而原料及半成品之输入额占 19.23%，总计占全入口额 46.67%，值五万五千七百万两关银。[8]至于矿产，于 1929 年内中国钢铁之输入，值关银五三.二一六.〇九八两，占全进口额 4.2%；煤油之输入，值关银六四.三二一.六九六两，占全额 5%；合计二者之进口额占全进口额 9.3%。

中国富源，不利于工业化，而其环境亦然。以社会环境言，

---

① 同上，第二次，一四页。

② Torgasheff, Boris, P. Coal, Iron and Oil in the Far East. 1929, p.13.

③《中国矿业纪要》第二次，一二三页。在第三次报告（见二九四页），此数已修正为九七九，〇〇〇，〇〇〇。

④ Torgasheff, op. cit., p.33.

⑤ Bain, op. cit., p.116.

⑥ China Yearbook, 1925, p.122.

⑦《中国矿业纪要》第三次，第二三表。

⑧ 杨铨、侯厚培等：《六十五年来中国国际贸易统计》，民二〇，国立中央研究院社会科学研究所专刊第四号。

则目前大家庭制度，适为工业化之障碍。[①]第一，家庭束缚甚重，冒险进取之心甚微，纵使有志青年，思图上进，然家庭大权，操之长者，而长者心理，方日怀抱孙之望，必促儿孙早日完婚，室家既成，壮志易失，一生岁月，率在家庭间消游，而家庭之团结，亦由是益固。近年内地人民之移居于东三省，即为一最确切之例。虽此种人口移动之原因，系由东省发展机会之多，而主因则由冀鲁豫各省人民，受饥荒内战之逼，乃移徙他处谋生。但于 1923 年至 1929 年期间，内地移往东三省之人民计 4952190 名，其于东省安家永居者，仅有 2408643 名，占全数 48.6%而已；余 51.4%，则每届年终，即返原籍，其向东三省移殖，睢为一时谋生之计耳。[②]第二，大家庭制度足以养成依赖习性，构成一种类似"家庭共产"之制度。普通若一家之中，一人致富，率全家赖之以食。又如有一人在政界或商界，握有要职，则其他同宗或亲戚群趋之，甚或竟有弃其前业以谋仰托其亲戚之荫庇者。[③]处此大家庭制度之下，富贫相济，相依为生，殆为惯例。且壮者须供养尊长，否则即目为不孝。此种制度，固能促成互助美德，然结果则消灭个人进取精神，养成依赖习性，致构成均产之趋势。而此种趋势，又因均分遗产之制而益强固。故一人于其生时，积有财富者，迨及其死，则其产业恒为子孙所耗散无遗也。

以政治环境言，则自民元以来，内战未息，税租繁重，中间虽得欧战之机会，然以自陷困境，亦未能充分利用，工业化

[①] Lieu, D.K. "The Social Transformation of China". In Chinese Social and Political Science Revierw, Sept., 1917, p.81.

[②] 南开大学经济学院在《大公报》刊登之《经济研究周刊》，民一九，六月二九日。吾人所宜注意者，即东北移民之一部分，非为永久居住东北，而为逐年来往者。

[③] Lieu, D.K. "The Chinese Family System". In China Critic, Sept.20, 1928, pp.330-331.

终乏进展。据最近中央研究院社会科学研究所陈翰笙君之统计，自民国五年至十七年间军费加增五倍。最先不过 15300 万元，至后竟加至八万万元之巨。中央政府之开支，用于军事者在民国五年不过百分之三四，至十二年则为百分之六四。各省政府之开支用于军事者更高：民国十四年，江西为百分之七八，十二年，山西为百分之八〇，河南为百分之八四，湖北为百分之九四，十一年，四川为百分之八八。如此巨额军费，洵足惊人。①而究其来源，又无往而非出自厘税。二十年元旦以前，厘金尚未裁撤，大宗税源，即由此出。此外则为田赋。又加以巧为诛求之附加税及各种预征，卯粮寅收，税入动逾巨万。盐税之附加税亦然。他如强派公债，滥发纸钞，滥铸辅币等之间接税，有时更较直接税为尤烈。如目前铜元充斥，市面汇价日跌，非惟中等阶级蒙害极巨，即一般苦力，亦受损莫大焉。②

　　中国之经济环境，本最利于工业化。惜交通阻滞，运输不灵，工业化亦以纾缓。中国面积大过美国三分之一，③而铁路则不过 15300 公里。以全国人口 485163386 计，每百万人仅有铁路 31 公里。在另一方面，于 1920 年美国全国人口为 105710620，而铁路则有 619614 公里，每百万人竟有铁路 5861 公里。④换言之，中美两国每人所有铁路之比较，为 1 与 186 之比。处此情形之下，无怪旅行甚难。由桂阳至南京不过 1404 英里，旅行其间，需时兼旬。若筑有铁路，则经五七小时即至矣。由南宁至广州相距 1495 英里，若筑有铁路，则昔之必行十日者，今仅五

---

　　① 陈翰笙："中国农民担负的租税"，《东方杂志》，民一七，十月十日，九至十页。

　　② 陈翰笙："中国农民担负的担税"，《东方杂志》，民一七，十月十日，一三，一七至一九，二三页。

　　③ Encylopaedia Britannica. Fourteeth edition, 1929, Vol.5, p.509.

　　④ Statistical Abstract of the Unite States, 1924, pp.2, 357.

十小时可达矣。[1]

（三）中国工业化之程度

　　就上述富源及环境二点，即可推见吾国工业化之程度。盖自农业方面观之，则农田技术，俱未受工业化之影响。收割耕耘，悉用手工。据白克氏之考查，中国农业一半利用人工，美国则不过百分之一。同时中国平均每一农家仅用四分之三马力，而美国则用八马力有奇，超过中国农家所用十倍。此因美国治农，多用机器，大抵全部工作五分之三，即由机器而成，若中国农民，则用机器之事，尚未多见也。[2]

　　中国农艺，虽多墨守旧法，然农业经营，则已渐由昔之自给政策而趋入近世之市场贸易。不但销行国内，亦且载售全球。数十年来丝茶即为我国大宗出口货品。近年来东三省产品极丰，赖中东，南满两路，运销外国。河北之棉花，海外销售，亦极畅旺。计在民国十八年中，豆丝茶棉四者，占中国全部出口货物一半，价值约五万万关两焉。其中大豆与豆制品，值关银二三二，一七九，六八二两，占全出口额 22.9%；生丝与蚕茧值关银一五一，八五三，四一七两，占全出口额 14.9%，茶值关银四一，二五二，四二八两，占全出口额 4.1%；棉花，棉籽及棉籽饼值关银三五，五三二，一三六两，占全出口额 3.5%；总值关银四六〇，八一七，六六三两，占是年全国出口额 45.4%。

　　至于矿业，则工业化风气已开。盖采矿事非轻易，非有机

---

[1] Sun Fo. "National Scheme of Construction". In China Yearbook, 1929-30, p.362.
[2] Baker, op. cit., pp.330-332. 美国农田所有之动力五分之二，系由动物供给；中国农田所有动力之二分之一，系由动物供给。

器设备及大规模资本，不易奏功。但中国矿业，目前未甚发达。计在民国十六年间，金属及非金属矿物之总产值，为298850087元，而煤铁锡三项产物所值，已占全部矿产80.8%（241626610元）。其中煤产一项，即占66.2%（197904486元）等于全世界产值1.6%。铁占7.6%（21753924元），等于全世界产值0.5%。①

煤矿业中，有十一矿，在1912年至1928年之17年间，此各矿中有一年或数年产额，每年均超过40万吨。其于1916至1928年之12年间，此十一煤矿每年平均产煤12535000吨，占全国煤产额57%（1917年之统计付阙）②。只开滦与抚顺二矿，在此期间，每年平均产8446000吨，占全额38.4%。据地质调查所报告，年产五千吨以上之"大"煤矿，于1928年共产煤17286551吨，占是年总产额（25091760吨）68.9%。中国现有"大"煤矿4处，其中年产1万吨以下者有二处；年产自1.1万吨至五万吨者十一处；五万零一吨至十万吨者十一处；十万零一吨至五十万吨者十四处；五十万吨以上者三处。③

铁矿业中，有十一矿，1916年至1928年之12年间（1917年除外），此各矿中有一年或数年产额每年均超过一万吨。当此期间铁矿之经开采者，最多之时有八处，最少之时亦有四处。在此12年间，已开之矿，其铁矿砂之产额，计有13931442吨，占全国产额（1964747198吨）70.9%。其余29.1%，均系以土法采自小矿者。1928年内，中国铁矿砂之总产额计2003800吨，其中1474900吨，占全额73.6%，系八处新式铁矿所产者。八矿之中，以振新最大，汉冶萍次之，其余是年之铁矿砂产额，若以吨计，则为540000、419950、2125333、15000、112390、

①《中国矿业纪要》第三次，第二三表。
②《中国矿业纪要》第一次，二六至二七页；第二次，第二表；第三次，第一表。
③《中国矿业纪要》第三次，第三至第四表，二三〇页。

64000、10573、454。[①]

第二表　1927 年中国矿产值之分类

矿之名称	值（银圆）	金属及非金属之百分比	金属及非金属之百分比
金属	68,492,321	100.0	22.9
铁、铁矿砂	22,753,924	33.2	7.6
锡	20,968,200	30.6	7.0
钨矿砂	8,365,000	12.2	2.8
锑	7,004,550	10.2	2.3
金	4,065,320	5.9	1.4
锰矿砂	2,853,240	4.2	1.0
铋	720,900	1.1	0.2
其他	1,761,087	2.6	0.6
非金属	230,357,766	100.0	77.1
煤	197,904,486	85.9	66.2
盐	20,672,690	9.0	6.9
碱	3,625,000	1.6	1.2
陶土	2,125,460	0.9	0.7
石	1,780,000	0.8	0.6
石灰	1,100,000	0.5	0.4
其他	3,150,130	1.3	1.1
总　　计	298,850,087		100.0

　　炼铁工业，在目前中国，更属幼稚。中国有铁厂九处，其每年之容量，产钢 110000 吨，产铁 967400 吨；于 1928 年，其开工者只四处，产铁 254973 吨，占全国产铁额（433843 吨）58.8%，其余 41.2%，系内地小矿所产。该四大矿厂之产额，南满铁路会社产 160000 吨；本溪湖煤铁公司产 84345 吨；六河沟煤矿公司产 5814 吨；保晋公司产 4814 吨，九大厂之中，仅有

[①]《中国矿业纪要》第一次，三六页；第二次二四至二五页，第一四表；第三次，二九六至二九八页。

汉冶萍、和兴、上海三处能炼钢，但自 1926 年以来，均已停工。目前炼钢之处，有上海之江南造船厂，沈阳及巩县之兵工厂，唐山之启新水泥厂等处，惟产额有限，每年尚不能超过 2 万至 3 万吨。[①]

制造业之工业化，则极明显。良以工业化一名词，通常恒指制造之技艺及其组织之改进，其他关系经济生活之变迁，则稍次焉。今日之工厂制度，可为制造业工业化之象征。但何谓工厂制度，则言人人殊。据民国十八年十二月三十日国民政府公布之工厂法定义，以通用汽力电力水力发动机器及雇佣工人三十人以上者，始得称为工厂。此种定义，未免过狭。许多制造厂坊应列为工厂者，均未及计入。最近实业部调查九省二九城市中之工厂工人，则以雇工三十人以上之工厂为调查单位，但于运用动力机器等，则不兼及。[②]此种调查，本足为中国工业化之鉴镜，但因调查地域不广，殊不能包括全国耳。综计于民国十九年，在江苏、浙江、安徽、江西、湖北、山东、广东、广西，及福建九省中之二九城市，仅有工厂工人 1204818 人。[③]此类工人，按职业性质分为十二类。中以纺织工人最多，计占

① 《中国矿业纪要》第三次。一三二页；第三次，二九九至三〇〇页。

② 工商部：《全国工人生活及工业生产调查统计报告书》，第一及第二号。工厂工人之定义，见第二号序文。

③ 该调查包括九省二九市如下：江苏省之上海、无锡、苏州、南京、武进、南通、宜兴、镇江及扬州；浙江省之杭州、嘉兴及宁波；安徽省之芜湖、蚌埠及安庆；江西省之南昌及九江；湖北省之汉口、武昌及大冶；山东省之青岛；广东省之广州、顺德、佛山、潮安及汕头；广西省之梧州；福建省之福州及厦门。换言之，其他二十一省，辽宁、吉林、黑龙江、热河、察哈尔、绥远、山西、陕西、甘肃、宁夏、河北、河南、外蒙、西藏、西康、新疆、青海、贵州、云南、四川及湖南，均未包括在内。在此二十一省中，至少有八省十八市，均为工业及矿业中心，理应包括在调查区域之内。辽宁省之大连、沈阳、营口、抚顺及本溪；吉林省之哈尔滨及长春；河北省之天津、北平、唐山、塘沽及石门；河南省之郑州；山西省之榆次及新绛（纱厂业中心）；云南省之个旧及四川省之重庆；此外即在已调查之九省中，尚有下列之工业及矿业中心，亦未包括在内：安徽省之当涂，江苏省之崇明、海门、常州、江阴、太仓及常熟；江西省之萍乡；山东省之济南、周村及烟台；及福建省之三都澳。

全体 47%，次之为饮食品，占百分之 14.7%，衣服占 6.6%，建
筑占 6.5%，化学品占 6%，机械占 5.4%，教育占 4.9%，器具
占 3.3%，其余美术、公用及交通三业，共占 1.4%，杂项占 4.2%。
此十二类工业，更细分为 111 小类。纺织业 21，饮食品工业 20，
衣服 5，建筑 6，化学品 21，机械 5，教育 5，器具 5，美术 3，
公用 4，交通 2，杂类 14。中有六小类未详，所余 105 类总共
雇工 1025356 人，占全体工人 85.14%。若以雇工百分数之高下
言，此等工业更可分为三类，第一类雇工当全体工人，（1204318
人）1%有奇者有十三业，计凡 774835 人，共占全体工人 64.34%。
第二类雇工 0.5%—1%者有十七类，计凡 128147 人，共占全体
工人 10.64%。第三类雇工不及 0.5%者有七五业，计凡 122383
人，共占全体工人 10.16%。在第一类之十三项工业中，有棉纺
（17.15%）、棉织（9.12%）、缫丝（12.36%）、丝织（20%）、卷
烟（4.01%）、机械（3.11%）及金属器皿（2.07%）等七项，大
部分都在此九省。其余六项如成衣（3.41%）、针织（1.78%）、
靴鞋（1.3%）、印刷（4.1%）、木器（2.6%）、火柴（1.27%），
虽在此九省外，亦甚发达，尤以火柴一业，到处可见。他如面
粉（0.52%）、榨油（无统计）、碾米（0.58%）及电气（0.23%）
诸业，因调查之省份不多，在第一类中皆未列入。榨油业以东
三省为中心。面粉业除东三省外，山东及河北二省，亦极发达。
在九省中碾米业应甚重要，然其雇工百分数竟如此低微，是或
由于分类不详所致。盖杂粮业雇工 8645 人，占全数 0.72%，或
者即为碾米工人，亦未可知。若然，则该业合计当有雇工 15658
人，占全数 1.3%。电气业大都为电灯厂发电之用，亦为国内普
通工业之一。鉴于上列诸业，对于中国之工业化，有极重要关
系，故特将其中棉纺织、缫丝、丝织、面粉、榨油、火柴及电
气等工业提出，从细分别论述如下。

第三表　1930 年中国之二十九城市中工厂工人之分配（依工业种类分类）

工业名称	人数	百分比	工业名称	人数	百分比
纺织业	566,301	47.02	火柴	15,254	1.27
纺纱	206,532	17.15	造纸	8,526	0.71
缫丝	148,814	12.36	医药	7,796	0.65
棉织	109,809	9.12	漂染	6,893	0.57
针织	21,452	1.78	陶瓷	6,779	0.56
丝织	26,448	2.20	玻璃	6,664	0.55
织物杂类	8,019	0.67	其他十五类	20,108	1.67
轧花	6,510	0.54	机械工业	65,501	5.44
未分类者	16,597	1.38	机械制造	37,436	3.11
其他十三类	22,120	1.82	五金器具制造	24,961	2.07
饮食品工业	176,504	14.66	其他三类	3,104	0.26
烟叶	48,333	4.01	教育工业	59,006	4.90
调味	9,076	0.75	印刷	49,391	4.10
肉类	8,666	0.72	文具	8,173	0.68
杂粮	8,645	0.72	其他三类	1,442	0.12
碾米	7,013	0.58	器具	40,195	3.34
糖果饼干	6,330	0.53	木器	29,600	2.46
面粉	6,275	0.52	其他四类	10,595	0.88
未分类者	63,254	5.25	美术	10,216	0.85
其他十二类	18,912	1.58	刺绣	7,261	0.60
衣服工业	80,078	6.65	其他二类	2,955	0.25
成衣	41,124	3.41	公用	5,432	0.45
制鞋	15,681	1.30	未分类者	1,481	0.12
未分类者	18,404	1.53	其他三类	3,951	0.33
其他二类	4,869	0.41	交通二类	1,284	0.10
建筑工业	77,737	6.45	杂项	50,044	4.16
锯木	7,306	0.61	煤	8,215	0.68
未分类者	54,432	4.52	未分类者	24,785	2.06
其他四类	15,999	1.32	其他十二类	17,044	1.42
化学品工业	72,020	5.98	总计	1,204,138	100.99

　　棉纺织业在目前中国，为最大之工厂工业。据实部所调查

之九省中，有七省从事纺纱业，计有工人 206532 人，从事织布业者有 109809 人。在运用电力或汽力之大纱厂中，多系同时兼营纺织二业，惟在中等以下之工厂中，织布多系独立之工业。关于棉纺织业之情形，自 1920 年以来，上海"华商纱厂联合会"编有统计，故知之较详。据 1930 年之统计，中国已有纱厂 127 家，中只有两家系织布厂，其余 125 家均系纺纱厂或纺织厂。在此 127 厂中，有 3 家尚未开工，有 1 家已停工。是项统计经精细修正后，其中 120 厂之资本及公积金计有 288328138 元；125 厂之纺锤，计有 4223956 锭；50 厂织机计有 29272 架；119 厂之动力量计有 126574 启罗瓦特及 38511 匹马力，共等于 155457 启罗瓦特；119 厂之工人数为 252031 人；116 厂之消费棉花量为 8750019 担；纺纱量为 2455177 包（每包重约 400 磅）；43 厂之织布量为 14779538 疋。

　　根据是项统计，可断定棉纺织业确系一种大规模工业，平均每厂需资本及公积金 2402735 元，纺锤 33792 锭，动力 1306 启罗瓦特；工人 2118。此处所谓一厂，虽系指一个工厂而言，但有时一厂，亦有数家分厂者。中国所有棉纺织厂之中，有 14 厂计设分厂 61 家。其中一厂，竟有分厂 16 家之多，至少亦多有两家分厂。此 61 分厂计有纺锤 2434280 枚（占全数 57.7%），织机 17058 架（占全数 58.3%），动力 82664 启罗瓦特（占全数 34%），雇工 136538 人（占全数 54.2%），棉花消费量 4448907 担（占全数 50.9%），纺纱 1255654 包（占全数 51.2%），织布 9178238 疋（占全数 62.1%）。总计有资本及公积金 165108893 元。①

　　纺织类中，除棉纺织业外，其次丝纺织类，亦为吾国最大

---

① 详细统计，请阅已付梓之拙著《中国之棉纺织业》。

之工厂工业。据实业部之调查，从事缫丝业之工人，有 148814 人（占全工人数 12.36%），从事丝织业者 26448 人（占全数 2.2%）。此外从事丝绒业者 2189 人，从事丝棉混织业者 3265 人，从事丝织品杂类者 5369 人，总计有 10823 人，占全体工人数 0.9%。换言之，从事丝纺织业之雇工，共有 186085 人，占全数 15.46%。但实在尚不止此数。盖实业部调查范围内之各省，其统计既不完备，他如辽宁四川之丝业工人，亦未列入。1929 年内，厂丝之输出额，值关银 130621118 两，其中江苏输出者占 44.2%，广东占 37.1%，四川占 14%，辽宁占 6.9%，山东占 4.3%。江苏与广东多系白丝，四川系黄丝，山东系野蚕丝。

缫丝业之成为工厂工业，其肇始当在六十年前；目前机器缫丝，几已遍播全国。1929 年输往外国之生丝计有 189980 担，值关银 147681338 两，其中厂丝有 152360 担，占全额 80.2%，值关银 128557129 两，占全额 87.1%。机器缫丝之产额虽大，然缫丝厂之规模则甚小。据最近调查，1928 年内，上海一处有缫丝厂 90 处，投资总额 2501900 元，工人计 52463 人。故平均每厂资本为 27799 元，有工人 583 人。[①]复据调查，1929 年内，无锡有缫丝厂 38 处，投资总额 1938960 元，工人 27245 人。[②]平均每厂资本为 51025 元，工人 722 人，故较上海之缫丝厂为大。广东之缫丝厂，其规模亦较上海者为大。1929 年内，上海有缫丝厂 104 处，使用缫丝机 23582 架，平均每厂有 227 架，其中最小之厂，有缫丝机 70 架，最大者有 600 架。但最普通者，每厂有缫丝机 200 架至 299 架；此种最普通之厂有 60 处。[③]同年广东有缫丝厂 146 处，使用缫丝机 72246 架，平均每厂有 495

---

① 《上海之工业》，上海特别市社会局，民一九。
② 《统计月报》，民一九，六月。
③ 《经济半月刊》，民一八，四月，一五，二二页。

架，其中最小之厂，有 280 架，最大者有 720 架。但最普通者，每厂有 401 架至 500 架；此种最普通之厂，有 78 处。广东之缫丝厂，平均每处有缫丝机 495 架，而上海者，只有 227 架，故前者实较后者大两倍有余也。[①]

至于丝织业，在城市中尤以苏杭宁三处为最盛。工厂之组织，已经流行，但在穷乡僻壤之区，则仍系一种家庭工业。就以往十余年内观之，各工商业中心之区，丝织业殆已适用大规模生产之制度。如 1928 年上海有丝织厂 51 处，其中 46 处资本总额 1279000 元，平均每处有资本 27805 元；工人总数 6262 人，平均每厂有工人 136 人。[②]然在南京，小规模之生产制度，则仍流行。1929 年南京有丝厂 604 处，资本总额 905790 元，工人 11534 人，平均每处仅有工人 19 人，资本 1500 元。惟缎织业一项，规模较大，平均每厂有工人 32，资本 2753 元。从事缎织业者，有 294 处，资本总额为 809450 元，占南京丝织业资本总额 89.4%；工人有 9446 名，占南京丝织业工人全数 81.9%。[③]

饮食品工业中，以面粉业为目前我国之最大工厂工业。从事是业之工人，虽为数不多，然投资于是业之资本，为数殊有可观。1928 年天津有五家面粉厂，资本总额为 2655000 元，而工人仅有 677 人。[④]平均每厂资本为 531000 元，工人 135 名。同年上海有面粉厂 19 处，其中 13 处之资本总额为 7950000 元，工人 1871 名，[⑤]平均每厂有资本 611640 元，而工人仅 144 名。

---

① 广东省政府统计事务处：《统计汇刊》，第一卷第四号。

② 《上海之工业》。

③ 工商部技术厅：《首都丝绸业调查记》，民一九，九月，三九，四七，四九，六一，七七至七八页。

④ 《天津特别市社会局周年报告》（民一七年八月至民一八年七月），五六四页。

⑤ 《上海之工业》，八六至八七页。

1929 年无锡有面粉厂四处，资本总额为 1680000 元，工人 485
名，平均每厂有资本 420000 元，工人 121 名。①在此三面粉业
中心，共有面粉厂 22 处，资本总额 12295000 元，工人 3033
名，平均每厂有资本 559000 元，工人 138 名。据实业部之调查，
苏鄂赣皖鲁五省，共有面粉业工人 6275 名，吾人如依上述津沪
锡三处平均每厂之工人数 138 名衡之，则五省仅有面粉厂 45
处。然事实上，于 1921 年，在全国 123 面粉厂中，该五省已有
61 处：江苏有 44 处，湖北 9，山东 6，安徽及江西各 1，可见
前项估计，未免过低。②据 1928 年之调查，中国共有面粉厂 193
家，其中 165 家，有资本银 3158000 两，银圆 30128000 圆，日
金 18423000 元，卢布 1020000，钱 100000000，小洋 200000。
其分布之地域，东三省有 73 处，济南 12，山东（济南除外）、
山西、河南及江苏之一部共有 14 处，天津 14 处，河北（天津
除外）绥远 8 处，汉口 9 处，扬子江流域（上海汉口除外）23
处，上海 27 处，无锡 12 处，云南 1 处。③

　　饮食品工业中除面粉业外，榨油业亦为最大之工厂工业。
据 1928 年前"经济讨论处"之调查，全国有油坊 286 处，其中
五分之三（一七六所），均设于东三省。其余 110 所，设于江苏
省 39，湖北者 26，山东省者 27，河北者 11，其他各省者 7。
其中有 94 所投资总额计日金 13080000 元，银洋 7623000 圆，银
2280000 两，小洋 465000 元，奉票 100000 元，钱 12000000。④
复据南满铁道会社调查部之调查，1929 年内，东三省共有油坊
472 所。中有 404 所设于南满，68 所设于北满，投资总额为日
金 34342251 元，平均每坊有资本 72759 元日金。共有榨油机

---

① 《统计月报》，民一九，六月。
② 《农商公报》，民一一，一二月一五日。
③ Chinese Economic Journal, June, 1928.
④ 同上。

12910 架，平均每坊有 274 架，所有油坊每天能产油饼 569921
块，平均每坊产 1207 块。[①]

化学品工业中，火柴制造为最大之工厂工业。据实业部调
查之九省中有七省从事制造火柴，计有工人 15254 名；江苏有
6028 人，占全数 39.5%；广东有 2710 名，占 17.8%；山东有
2056 人，占 13.5%；浙江有 1713 人，占 11.2%；湖北有 1230
人，占 8%；安徽有 1167 人，占 7.7%；江西有 350 人，占 2.3%。
是项工业，以其所供给者，系日常必需品，故极为普遍。据 1928
年 7 月前"经济讨论处"之调查，中国共有火柴厂 189 处，其
地域之分布几及各省：设于广东广西者 41 处，山东 27，东三
省 23，江苏 18，河北 14，四川 13，河南 11，山西 9，云南 7，
浙江 6，湖北湖南 6，安徽江西 5，甘肃、陕西及福建各有 3 处。
中有 103 处（几为全数五分之三），其资本总额为 6726000 元，
银 385000 两，日金 2195000 元，大福洋 70000 元。其中 73 处，
于 1928 年内，年造火柴 60700 箱，月造 25920 箱，日造 115
箱及 1465 吨。[②]

第四表　1929 年中国各大商埠贸易额之比较

埠名	直接国外贸易		总贸易		内地通过贸易	
	海关两	百分比	海关两	百分比	海关两	百分比
哈尔滨	55,617,170	2.4	55,197,506	1.5	290,479	0.2
安东	78,447,393	3.4	91,313,054	2.5	166,089	0.1
大连	389,086,056	16.9	473,665,052	13.1	2,221,788	1.2
天津	196,403,303	8.6	342,631,149	9.5	56,793,137	22.1
胶州	82,983,101	3.6	166,801,328	4.6	2,843,863	1.6
汉口	62,613,588	2.7	265,519,529	7.3	4,100,902	2.3
上海	988,686,714	43.1	1,035,689,733	28.1	75,310,825	42.5
广州	116,855,787	5.1	183,589,036	5.1	2,801,748	1.6
其他	326,315,497	14.2	1,001,403,098	27.7	32,575,563	18.4
总值	2,297,008,609	100.0	3,615,809,485	100.0	177,104,394	100.0

---

① 南满铁道会社调查课，满洲之油坊业，调查资料第一三五种，八至一六页。

② Chinese Economic Journal, July, 1928.

供给电灯厂及工厂电力之发电事业,亦系大工业之一。据1929 年之调查,中国共有发电厂 645 处,多数均系独立经营,非附属于工厂或矿局者。中有 499 处,有发电量 614860 启罗瓦特。有 15 处,其发电量占全数 62.3%,余 484 处仅占全数 37.7%。此 484 厂中,每厂之发电力在 1 启罗瓦特至 50 启罗瓦特者有 211 处,占发电量全数 0.9%;在 51 启罗瓦特至 100 启罗瓦特者 92 处,占全数 1.1%;在 101 至 500 启罗瓦特者 91 处,占全数 3.5%;在 501 至 1000 启罗瓦特者 31 处,占全数 3.8%;在 1001 至 5000 启罗瓦特者 50 处,占全数 17.4%;在 5001 至 10000 启罗瓦特者 9 处,占全数 11%。①

在商业交通及金融三方面,工业化之进行,尤为显著。商业大有集中数大商埠之趋向。计 1929 年上海 1 埠,占直接对外贸易值 43.1%,总贸易值 28.7%,及内地通过贸易值 42.5%。其次,大连占直接对外贸易值 16.9%,总贸易值 13.1%,及内地通过贸易值 1.2%。第三为天津,占直接对外贸易值 8.6%,总贸易值 9.5%,及内地通过贸易值 32.1%。第四为广州,占直接对外贸易值 5.1%,总贸易值 5.1%,及内地通过贸易值 1.6%。胶州、汉口、安东、哈尔滨四处,占直接对外贸易值 12.1%,总贸易值 15.9%及内地通过贸易值 4.1%。总之,在 45 通商大埠中,有 8 埠共占直接对贸易值 85.8%,及总贸易值 72.3%。在 38 埠中有 8 埠占内地通过贸易 81.6%。至各埠之直接对外贸易、总贸易及内地通过贸易,其详细分配情形,可参阅第 4 表。

交通方面,如汽船、铁路、汽车路、航空、邮政及电报之发展,俱为工业化进步之象征。计民国十八年中,中国海关进

---

① 张家骥:《我国之电厂设备》,《统计月报》,民一八,九月。

出各商船总共 154667910 吨，其中汽船吨位占 91%。①中国之铁路为数有限，其长不过 15300 公里，仅及汽车道长度三分之一（按汽车道长凡 48656 公里）②。航空为新兴事业，国内三大航线，曾与美商订约施行。其由西伯利亚飞航欧洲三线，则与德商缔约办理。然今日正式通商航线，则惟沪汉及平津间有之。邮政事业，尚称发达。统计在民国十八年中，寄递各种邮件 724512360 件，包裹 6857254 件，其有邮政局所 12263 所，邮路 466548 公里，中以 54869 公里为水道，14921 公里为铁道。③电报在民国十七年中，有陆路线 99797 公里，电线 171501 公里，河底电线 8792 公里，地下电线 16.7 公里。同时电机有摩斯机 2445 具，费士吨机 81 具，电报局 1140 所。计在该年，国内电报共发 3259025 件，合计 136569588 字。④

　　至中国之金融，则今日之银行公司皆为工业化影响所形成。据前农商部自民元至民九所调查之最高投资额，计在民国五年旧式钱庄投资额凡 246219262 元，在民国八年投资于新式银行者不过 54247711 元，仅占银行钱庄投资总额 18%而已。⑤惟自此年起，银行事业，日益发达。至民国十四年，已有银行 141家，中有三分之二或九三家，为自民国八年起陆续成立者，统计成立于民国八年者 11 家，九年者 13 家，十年者 23 家，十一年者 18 家，十二年者 15 家，十三年者 8 家，截至十四年六月以前者 5 家。合计此 141 家之额定资本，凡 375150000 元，实付资本为 158160471 元。除此 141 家本国银行外，其由中外合

---

　　① 沿岸商轮吨位，不包括航行各商埠及内港间之商轮吨位，或航行未与外人通商之沿岸商埠间之商轮吨位。

　　② Chinese Economic Journal, May, 1930.

　　③ 王仲武：《中国邮政统计》。

　　④ 《民国十七年度交通部统计年报》，南京交通部，民二〇，一月。

　　⑤ 何廉、方显廷：《中国工业化之程度及其影响》，民一九，一二至一三页。

办之银行,亦有 20 家,总共额定资本计有 24000000 元,4500000
两,50000000 法郎,55000000 卢布,60275000 日金。实付资
本计有 12045230 元,4500000 两,10000000 法郎,55000000
卢布,及 28359000 日金。外国银行共有 43 家,其额定资本计
有 50000000 元,11000000 金镑,13000000 美金,10000000 两,
182000000 法郎,140000000 荷金,543000000 日金。其实付资
本,则有 20000000 元,6644160 金镑,8000000 美金,7500000
两,150400000 法郎,135000000 荷金,及 411370900 日金。[①]
至言公司,据前《农商部统计年报》所载,以民国元年为最多,
合计 977 家,共有资本 1100 万元。营业范围,大抵不外农商制
造及运输四类。自民国元年至九年间,此四业投资额之比例,
大都无甚更变。中以制造业资本为最大,约占全体 60%—70%。
运输及商业,则各占 10%—15%。农业资本最少,仅占 5%—10%
而已。各公司资本之大小,亦极悬殊,但最普通者,多在国币
万元以下,计在民国元年至九年间,公司中资本只此数者,占
全额 25%—50%。次之为资本一万至五万元者,计占 25%—30%。
至资本超过五万以至十万元者,则不过 10%。其余 15%—25%,
大都为极大公司,资本数额约在十万元至百万元以上也。[②]

（四）中国工业化之影响

不明中国工业化之程度,实无以尽知其工业化发生之影响。
然居今日而言中国工业化之影响,仅可敷陈事实,以为学者鉴

---

① "Banking Institutions in China", in Chinese Economic Monthly, Jan, 1926,
pp.21-22.
② 何廉、方显廷:《中国工业化之程度及其影响》,民一九,一五至一六页。

往知来之资，未可据以为定论也。细察目前工业化之影响，与泰西各国百余年前之情形相仿。所有社会及经济之变迁，曾一度风行于英法者，今皆重见于中国。中国工业化之第一影响，即为生产集中化。中国虽划分三十省，然生产荣繁之地，则不过集中于江苏、辽宁、河北、广东、山东及湖北六省而已。此六省虽仅有全国面积 10%，全国人口 36.3%，而矿业则占全国 55.1%，煤矿占 64.9%，铁矿占 64.4%，棉纺业占 93%，缫丝业占 92.6%，榨油业占 86%，运用电力占 87.6%，总贸易占 84%，对外直接贸易占 92.5%，内地通过贸易占 91.9%，铁路占 53.4%，汽车路占 42.1%，电线占 42%。在此六省中，又以江苏一省之工业化为最甚，于前言各种事业，大多数列居第一，工业商业占首要地位。上海为全国最大都市，无锡为腹地发达最盛之城市，二者实为构成江苏工业化之重心。辽宁之工商业，虽逊于江苏，然矿业则远过之。大连为华北巨埠，即在该省。河北为第二矿业省份，工业商业则居江苏辽宁二省之后。天津一埠，为华北工业重镇。[①]如广东则有广州，以商业著称。山东则有青岛，工业最盛。湖北则有汉口，矿产极富。至于交通，辽宁及河北之铁道最长，山东及广东则以汽车道见称，电报则以江苏及山东最为发达。人口密度，亦以江苏为最高，每方英里有 801 人。山东次之，每方英里有 466 人。再次为河北，每方英里有 450 人。广东每方英里有 380 人。湖北每方英里有 341 人。辽宁每方英里仅 121 人。

① 欲知河北省工业化之详情，请参阅拙著"Industrialzation and Labor in Hepei", in Chinese Social and Political Science Review, April, 1931, pp.1-28.

第 5 表（甲）　中国各省工业化程度之比较（百分比）

项　　目	江苏	辽宁	河北	广东	山东	湖北	其他
面积	0.9	2.6	1.5	1.9	1.5	1.6	90.0
人口（民十九）	7.3	3.2	6.4	7.2	6.7	5.5	63.7
矿产（民十六）	2.2	29.2	15.4	1.5	5.0	1.8	44.9
煤产（民十七）	0.4	33.0	25.3	0.5	4.6	1.1	35.1
铁矿产（民十七）	—	32.7	—	0.1	—	31.6	35.6
制造业							
棉纺锭（民十九）	66.4	3.2	6.9	—	8.8	7.7	7.0
厂丝出口（民十八）	44.2	6.9	—	37.1	4.3	0.1	7.4
豆油豆饼出口（民十八）	0.1	85.5	—	—	0.3	0.1	14.0
发电量（民十八）	42.2	21.5	10.9	5.2	3.9	3.9	12.4
贸易							
总贸易（民十八）	30.8	17.8	10.4	10.6	5.7	8.7	16.0
对外贸易（民十八）	43.7	21.5	9.0	11.5	4.1	2.7	7.5
内地通过贸易（民十八）	47.4	3.1	34.6	2.9	1.6	2.3	8.1
交通							
铁路（民十三）	4.6	21.7	12.6	5.4	6.7	2.4	46.6
汽车路（民十九）	6.6	6.5	6.2	8.7	11.2	2.9	57.9
电报（民十七）	10.8	3.8	8.8	4.6	9.5	4.5	58.0

第五表（乙）　中国各省工业化程度之比较

项目	江苏	辽宁	河北	广东	山东	湖北	其他	合计
面积(65)平方英里	44,346	126,326	69,358	91,872	69,812	78,449	4,306,752	4,786,915
人口①								
总数(民十九)	35,510,882	15,274,825	31,242,050	34,876,507	32,500,218	26,724,482	309,034,422	485,163,386
每平方英里密度(民十九)	801	121	450	380	466	341	72	101
矿业(民十六出产,元)②	6,605,726	87,310,560	45,978,974	4,564,970	14,939,280	5,254,564	134,196,013	298,850,087
煤(民十七出产,吨)③	117,477	8,280,646	6,335,630	150,000	1,157,488	317,982	8,732,537	25,091,760
铁(民十七铁矿砂出产,吨)④	—	655,000	—	1,600	—	633,983	713,217	2,003,800
制造业								
棉(民十九纺锭)⑤	2,804,770	135,764	291,756	—	371,668	324,070	295,928	4,223,956
丝(民十八厂丝出口,海关两)⑥	57,743,426	9,107,613	—	48,523,422	5,635,126	141,225	9,470,306	130,621,118

民一九年九月二九日之 Nankai Weekly Statistical Service.

① 陈正谟:《中国户口统计之研究》。
② 《中国矿业纪要》第三次，第二表。
③ 《中国矿业纪要》第三次，第二表。
④ 同上，二九六至二九八页。
⑤ 《中国纱厂一览表》第九次，民一九。
⑥ 《中国海关民一八华洋贸易总册》，上下卷。

续表

项　目	江苏	辽宁	河北	广东	山东	湖北	其他	合计
大豆(民十八豆油,豆饼出口,海关两)①	44,293	68,787,575	2,276	1,360	240,506	73,929	11,261,840	80,411,779
电力(民十八,启罗瓦特)②	259,285	131,954	67,037	32,109	23,721	24,081	76,673	614,860
贸易								
全部贸易(民十八,海关两)	1,113,258,218	643,105,885	374,886,169	383,045,020	206,456,575	312,537,331	582,520,287	3,615,809,485
国外贸易(民十九,海关两)	1,002,941,727	494,231,294	206,105,579	264,333,488	94,887,994	62,863,961	171,644,566	2,397,008,609
内地通过贸易(民十八,海关两)	83,873,638	5,408,742	61,267,087	5,073,845	2,868,503	4,101,522	14,511,057	177,014,394
交通								
铁路(民十三,公里)③	700	3,320	1,930	822	1,024	363	7,141	15,300
汽车路(民十九,公里)④	3,207	3,136	3,011	4,217	5,440	1,397	28,248	48,656
电报(民十七,陆地线,公里)⑤	19,557	6,875	15,855	8,279	17,061	8,149	104,773	180,549

① 《中国海关民一八华洋贸易总册》上下卷。
② 张家骧:《中国之电厂设备》。
③ 《统计月报》,民一八年九月二八页。
④ Nankai Weekly Statistical Service, June 16,1930.
⑤ China Yearbook, 1929-30. p. 475.

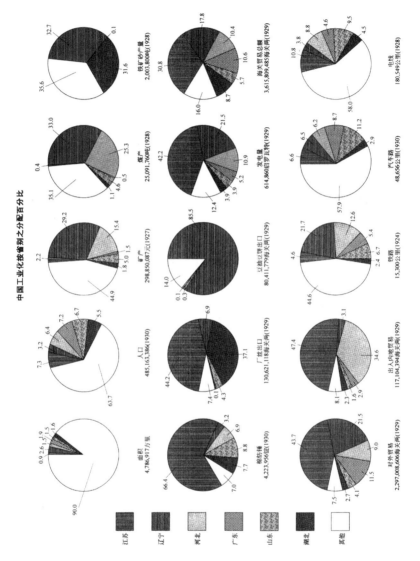

中国工业化按省别之分配百分比

人口集中为工业化之第二影响。据海关人口估计，在民国十八年人口数超过 100000 之 23 埠中,有 19 埠在光绪三十年计有人口 6656000，至民国十八年则增至 10343025，计每年中每一千人增加 17 人。有 22 埠之人口在宣统二年为 7066020，至民国十八年则增至 11172065，计每年中每 1000 人增加 22 人。

有 23 埠之人口民国九年为 9946000，至民国十八年则增至
11374902，计每年中每一千人增加 14 人。但在此 23 埠中，有
6 埠人口，则由 5235600 减至 2877832。若除此 6 埠不计其余
17 埠之人口，每年增加率每千人中当为 61 人矣。查各地人口
增加最巨者为东三省各埠。计哈尔滨在宣统二年有人口 30000，
至民国十八年则增至 252988。大连人口在宣统二年为 16000，
至民国十八年则增至 220588。营口人口在光绪三十年为 50000，
至民国十八年则增至 106242。[①]观此人口猛增之现象，多为经
济影响所促成，非皆由自然繁殖所致。盖都市工业化愈甚，人
口集中之趋势亦愈显著。虽然人口集中，亦非漫无限止。待至
一定额度，集中之事，亦有停止或衰减者，纯视一都市之经济
和社会环境为依归也。

第六表　　1928 年上海各业工厂按雇工人数之比较

工业名称	工厂数	每厂工人数	总工人数	工业名称	工厂数	每厂工人数	总工人数
棉纺业	55	1,715	94,342	印刷业	210	39	8,248
缫丝业	90	583	52,463	帽业	8	35	276
火柴业	7	391	2,737	化妆品业	20	32	630
衣服业	3	350	1,050	制皮业	18	31	554
制蛋业	1	287	287	机器业	163	31	5,122
水电业	8	223	1,781	藤竹木器业	13	30	391
造纸业	13	169	2,193	调味食品业	5	30	151
面粉业	12	156	1,871	其他化学品工业	9	28	254
轧花业	5	148	739	科学仪器业	3	28	84
卷烟业	69	137	9,478	糖果罐头业	47	27	1,251
丝织业	46	136	6,262	5 金器具业	57	27	1,518
榨油业	12	125	1,501	皂业	23	24	555

---

① 中国海关所估计之中国历年人口总数，固非完全可靠；但因缺乏其他同样之
统计，亦可藉以表示中国人口增加之趋向矣。详细批评，请阅民二〇年二月二日之
Nankai Weekly Statistical Service。

工业名称	工厂数	每厂工人数	总工人数	工业名称	工厂数	每厂工人数	总工人数
毛织业	7	118	828	煤球业	8	22	173
棉织业	99	94	9,327	其他器具工业	5	21	106
珐琅业	8	82	652	礴砂业	47	20	930
玻璃业	16	78	1,243	文具工业	4	19	78
毛刷业	6	72	431	绳带工业	23	19	440
电器业	21	69	1,445	伞业	9	18	164
造船业	2	69	137	制药业	14	16	219
其他纺织业	13	60	774	其他食品工业	4	13	51
针织业	110	59	6,536	乐器玩具业	11	13	146
杂项	10	57	566	冰冷食品业	6	12	71
日常用品业	6	50	298	其他机器业	1	12	12
建筑材料业	21	46	968	碾米业	46	9	399
造漆业	3	44	131	眼镜业	5	7	37
制匣业	15	40	601	总　　　计	1,498	149	223,691
漂染印花业	81	39	3,190				

工厂制之流行，为工业化之第三影响。民一九年实业部曾调查九省中之工厂工人，但于工厂本身之大小，则无裁考。不过前农商部，曾于民国元年至九年间，调查国内工厂之大小。此时工厂规模极小，每厂雇工由 7 人至 9 人者，占 80%—85%。其雇工由 30 人至 99 人者，占 10%。其余 10% 之工厂，规模较大，每厂雇工大约 100 人至 1000 人之间。[①]上海市社会局曾经调查各工厂，计在民国十七年间，共有 1498 工厂，雇工 223691 人，按工业性质分为 8 大类及 52 小类。[②]计 13 小类中共有工厂 328 所，当工厂全数 21.9%，每厂雇工由 100 人至 1000 有奇，合计为 175532 人，当雇工全数 78.4%。另 21 小类中，共有工

---

① 何廉、方显廷：《中国工业化之程度及其影响》，民一九，三五页。

② 《上海之工业》，上海各种工厂工人数比较表。

厂 848 所，当工厂全数 56.6%，每厂雇工由 30 人至 99 人，合计为 41671 人，当雇工全数 18.7%。最后 18 小类中，共有工厂 322 所，当工厂全数 21.5%，每厂雇工由 7 人至 29 人，合计为 6488 人，当雇工全数 2.9%。以雇工人数言，当以棉纺业工厂为第一（1715），次之为缫丝（583），火柴（391），衣服（350），制蛋（287），水电（223），制纸（169），面粉（156），轧棉（148），卷烟（137），丝织（136），榨油（125），毛织（118）。此类工业较大，雇工人数亦较多，恒自 100 以至 1000 以上焉。

工业化所发生之第四影响，即为新式劳工及劳工问题之兴起。近世工业勃兴，生产多用机器以代手工。所雇工人，仅责以司机职务，技术体力，俱非必需，故妇人孺子，亦相率入厂，积渐成为今日之新式劳工阶级。按上述实业部调查九省中之工厂工人中，女工占 45%（共计 432940 人），童工占 6%（共计 63287 人）。计在调查之 11 类工业中，纺织业有女工 365159 人（84.3%），饮食品业有 42959 人（10%），其余 9 类工业，共有女工 24822 人（5.7%）：计化学品 10315 人（2.4%），美术 5864 人（1.4%），衣服 4964 人（1.1%），器具 1207 人（0.3%），建筑 155 人，机械 143 人，公用 108 人，教育 83 人，杂项 1983 人（0.5%）。至于童工，则在 12 类工业中，仍以纺织业为最多，计占 71.5%（45209 人）；衣服业次之，占 8%（5039 人）。此外化学品业占 5.8%（3643 人），器具业占 3.5%（2195 人），其余 8 类工业，共占 11.2%（7201 人）：计饮食品占 2.9%（1830 人），美术占 1.6%（1004 人），机械占 1.5%（953 人），教育占 1.4%（879 人），建筑占 1.3%（837 人），交通及公用占 0.1%（58 人及 19 人），杂项占 2.4%（1621 人）。合计女工童工，在纺织业中共占 82.7%，计凡 410368 人，饮食业共占 9%，计凡 44789

人。其余十类工业中，女工童工共占 8.3%，合计 41071 人。①

新式劳工阶级日众，现代之劳工问题，亦愈演愈繁。时至今日，竟成一社会重要问题。第一，今日劳工之职业灾害，职业疾病，以及失业悲苦等，俱极可怜。据最近估计，上海工会工人在民国十七年间失业者，为 7.19%；十八年为 6.45%。在新式工厂中，如棉纺织厂及面粉厂，大都利用机器，然以安全设备未周，工人以是而遭伤损甚至丧失性命者，不知凡几。他如职业疾病，亦极可畏。地毯业中之瘰眼症，最为流行。在民国十四年火柴厂尚未禁用黄磷以前，业此工人，多患落颌惨疾。②此外工时延长，工资微薄，亦皆为劳工之大问题。实业部调查九省二九城市中之工厂工人最普通之工资，每月约 10 元至 15 元；最普通之工作时间，为每日 10 小时。③劳工第三问题，即为女工及童工。据实业部调查九省中之十二类工业，女工即占全体 45%，童工占 6%。雇用女工童工，影响国民健康至巨。政府为补救起见，在新颁工厂法内，虽明文规定女工童工工作每日不得超过 8 小时，童工年龄至低须满 14 岁，女工生产时须与两月休息，以及禁止女工童工服役夜工等，但迄未严格施行。加以女工童工入厂日多，虽成年男工生计，亦即为彼辈所夺，然其工资，则随而减轻矣。

劳工问题，日趋繁重，政府及工人，俱力谋解决之道，如工会组织及劳工法规等是。据实业部对于九省工厂工人之调查，综计工会会员凡 576250 人，中以属于纺织业者为最多，计凡138946 人，占全体 24.1%。次之为交通，占 18.4%，机械占 12.9%，饮食品占 10.6%，化学品占 7.5%，建筑占 5.4%，衣服占 4.7%，

---

① Nankai Weekly Statistical Service, Mar.2, 1931.
② 见拙著之 Industnialzation and Labor in Hepeio。
③《全国工人生活及工业生产调查统计报告书》，第一号。

器具占 2.4%，教育占 2%，公用占 1.1%，美术占 0.1%，杂项占 1.0%，其他占 9.8%。①劳工法规，则自国民政府成立后，曾先后颁布工会法、劳资争议法、工厂法及工厂检察法 4 种。其工厂法及工厂检察法，仅就运用机械动力及雇工 30 人以上之工厂而设。所定范围，既甚狭隘，且因事实上之困难，迄今尚未能施行也。

中国工业化之程度，既日益增高，其国外贸易及贸易政策，亦受更变。观其入口货物，第一以五金及机器为最多。计在民国二年，金属矿物进口不过 28973156 关两，至十八年则增至 70855152 关两，前后增加 2.4 倍。同时期内，其输入钢铁，亦由 151276 吨加至 639522 吨，增加 4.2 倍。输入纺织机器，亦由 836864 关两，增至 8931751 关两，增加 10.7 倍。输入电气物料，则由 2322339 关两，增至 13278567 关两，增加 5.7 倍。第二点可注意者，即制造品之输入减少，而原料进口则逐渐增加。计自民国二年至十八年间，棉纱棉线之输入，竟由 2702876 担（100%）减至 234126 担（8.7%）。原棉则由 133255 担（100%）增至 2514786 担（1887%）。以中国国民用棉之多，臆度棉织布疋之入口，必年有加增，而实际则不然。据海关报告，在民国二年为 28445700 疋，至民国十八年仍不过 28105191 疋，无甚增减。此种无增无减现象，实为国内棉纺织业发展之又一象征。卷烟业亦复如是。自民国二年以来，渐有增加烟草入口及减低卷烟入口之趋势。查民国二年卷烟输入共 6209037000 支，至十八年亦不过 8136325000 支，前后相比，不过增加 1.3 倍，极为有限。以国内卷烟之需要测之，其入口数量，断不止此。而在同时期间烟草入口，则由 161586 担，增至 910940 担，增加 5.6

① 同上第三号：Nankai Weekly Statistical Service，Mar.9, 1931.

倍矣。

第七表　1913年至1929年中国之进口贸易

货品	年	量		增或减（1913为100）	值（海关两）	增或减（1913为100）	占进口总值之百分比	
							1913	1929
棉布	1913	28,445,700	疋		101,732,770		17.8	
	1929	28,105,191	疋	98.8	164,611,609	161.8		13.0
棉纱棉线	1913	2,702,876	担		72,636,779		12.7	
	1929	234,126	担	8.7	14,346,750	19.8		1.1
棉花	1913	133,255	担		2,984,022		0.5	
	1929	2,514,786	担	1,877.2	91,123,857	3,053.7		7.2
卷烟	1913	6,209,037	千支		12,589,300		2.2	
	1929	8,126,325	千支	131.0	20,745,619	164.8		1.6
烟草	1913	161,586	担		3,572,560		0.6	
	1929	910,940	担	563.7	26,642,392	745.8		2.1
金属及矿产	1913				28,973,156		5.1	
	1929				70,855,152	244.6		6.1
钢铁	1913	151,276	吨		13,823,194		2.4	
	1929	629,522	吨	422.8	53,216,098	385.0		4.2
纺织机械	1913				836,864		0.1	
	1929				8,931,751	1,067.3		0.7
电气材料及配件	1913				2,322,339		0.4	
	1929				13,278,567	571.8		1.0
总输入	1913				570,162,557		41.8	
	1929				1,265,778,821	222.0		37.0

第八表　1913年至1929年中国之出口贸易

货品	年	量		增或减（1913为100）	值（海关两）	增或减（1913为100）	占出口总值之百分比 1913	1929
厂丝	1913	70,150	担		46,233,379		11.5	
	1929	152,360	担	217.2	128,557,129	278.1		12.7
丝	1913	78,865	担		27,276,296		6.8	
	1929	37,620	担	47.7	19,124,209	70.1		1.9
豆油	1913	491,817	担		3,732,012		0.6	
	1929	1,115,047	担	226.7	12,243,094	328.1		1.2
豆饼	1913	11,818,443	担		24,962,787		6.2	
	1929	18,715,729	担	158.4	51,209,060	205.1		5.0
大豆	1913	10,325,964	担		23,296,876		5.8	
	1929	45,192,478	担	437.7	164,739,605	707.1		16.2
棉花	1913	738,812	担		16,235,604		4.0	
	1929	943,786	担	127.7	29,603,791	182.3		2.9
煤	1913	1,489,128	吨		6,592,078		1.6	
	1929	4,123,281	吨	276.9	30,908,301	468.9		3.0
铁	1913	67,086	吨		1,430,528		0.4	
	1929	203,843	吨	303.9	6,440,256	450.2		0.6
铁矿砂	1913	271,810	吨		609,744		0.2	
	1929	971,990	吨	357.6	3,210,763	526.6		0.3
锑	1913	17,239	吨		1,092,510		0.3	
	1929	23,770	吨	137.9	4,225,997	386.8		0.4
总输出	1913				403,305,546		37.7	
	1929				1,015,687,318	251.8		44.2

至出口货物，近亦趋重于制造品，尤以纺织物为多。厂丝在民国二年时计输出 70150 担（100%），至十余年则增至 152360

担（217.2%）。他如非厂丝，则由 78856 担（100%）减至 37620 担（47.7%）。同时豆油之输出，亦由 491817 担（100%），增至 1115047 担（226.7%）。豆饼由 11818443 担（100%），增至 18715729 担（158.4%）。

在关税尚未自主以先，受不平等条约之束缚，税则莫能自定。入口税率，率为值百抽五。直至民国十八年关税主权恢复后，始行提高。然是年所行之税则，尚为民十四年与列强共组之特别税则委员所代筹者。真正国定税则之施行，则自民国二十年一月一日始。此次税则，为政府之国定税则委员会所订定，非如前之双方合定者可比也。此次新税则中，即采用保护原则。入口货物有为本国产品所不能竞争者，则加税至值百抽五十之多。其足以促进本国工业化之物品，则低至值百抽五。卷烟入口税，则按牌从量征收。中有数种，竟较最高从值税为尤高：每一千支值二一.八八金单位者（按每一金单位值美金四角），则从量征税一六金单位。丝织品多值百抽三五至四五。毛织品多值百抽三〇，地毯则值百抽三五。火柴值百抽四〇。茶值百抽三〇。国内棉业，虽日益发达，但棉布及棉纱，需要仍多，入口税率，多在值百抽七.五至一五之间。他如五金及机器，为中国工业化之必需品，则税率极微。大抵矿砂及农业机器为值百抽五，电机行擎及钢铁为值百抽七，五，铁路电车道及飞机用件，亦皆按值百抽五轻税征收。如此者尚多，不能悉举；但就上所言，已可见新税则中采用保护政策之一斑焉。

外人投资，在过去亦为中国工业化促进之原因，至今日中国工业化之基础已立，日在发扬光大之时，资本之需要孔巨，外人资，势将反因为果。盖资本之运用，常循供求原则，率由

工业发达国家，向工业退化国家移动也。①外人在华之投资，
论者恒分政府公债，商业投资，及慈善事业投资三类。其中以
商业投资一项，与中国工业化之关系最深。此类投资，以英日
两国为最多，次之为德法美三国。据刘大钧氏之估计，在民国
十八年中，英国在华投资合计 1433936516 元。日本在华投资之
估计甚多，各有出入。据中国实业发展会之估计，则为
1831965000 日金。但日本政府财政部之估计，则为 1037258000
日金。②他如美国之商业投资，据雷默氏估计，为 100000000
美金。③法国之商业投资，据刘君估计，为 51815000 法郎，
3840000 两，及 389000 元。④至其国之商业投资，则尚无统计
可稽。

（五）中国工业化之将来

自欧风东渐，时习竞效西洋，论者多以中国经济组织受欧
美工业化之熏陶，改进甚速。综观上述中国工业化之程度，主
因，及其影响，可见其殊不尽然。第一，中国幅员辽阔，交通
阻滞，民习守旧，泥于革新。工业化之传入垂七十年，而流行
稍著者不过六省，仅占全国面积 10% 而已。且工业化之范围，
亦极有限。以矿产言，在民国十六年产铁矿砂仅占世界 0.5%，
产铜占 0.02%，产铅占 0.09%，产锌占 0.09%，产锡占 6%，产
煤占 1.6%，产石油占 0.00008%。棉纺业为中国工厂工业之最

---

① Remer: American Irrvestrnents in China, 1929, p.29.
② 刘大钧：《外人在华之投资统计》，《统计月报》，民一九年，二，三，五及一二月号。
③ Remer, op.cit., p.34.
④ 刘大钧：《外人在华之投资统计》。

大者，计在民国十八年中，共有纺锭不过4223956枚，当全世界所有2.6%。[1]动力织机，亦不过29272架，当全世界所有0.9%而已。[2]丝业为中国最古工业，近已日就凌替。昔日广袤市场，今多拱手让人。此因本国丝商，拘守旧法，不思改进。虽缫丝一项，业已采用机器，然较之日本，远落后着矣。计在民国十四年，世界运销茧丝共39860000启罗格兰。其中华丝，不过8120000启罗格兰，仅占20.4%，而日丝则有25845000启罗格兰，竟占64.8%焉。[3]在日本缫丝悉用机器，中国则机缫丝据十八年海关统计，不过80%而已。[4]中国之国外贸易，以全国人口平均计之，在民国十七年不过每人2.91美金。若与太平洋各国相较，实极低微。计新西兰为327.3美金，加拿大为280.49美金，澳大利亚为218.01美金，智利为90.30美金，美国为7472美金，中国台湾为4883美金，秘鲁为30.85美金，墨西哥为30.58美金，日本为30.49美金，菲律宾为24.30美金，荷属东印度群岛为1944美金，韩国为18.19美金，由瓜多为11.73美金，安南为10.30美金，苏联为5.19美金。[5]言及交通，中国益落人后。据民国十三年之统计，中国铁路不过世界0.95%而已。若以每万人所有铁路线计之，则中国所有，仅0.2英里。除澳大利亚之康柏拉联合区 Canberra Federal District 为每万人0.02英里外，较世界任何国家为低。盖美国（阿拉斯加在内）每万人有23.6英里，法国8.5英里，德国6英里，英国5.5英

---

① 根据1928年出版之 Cotton Facts，全世界共有纱锭一六五，一〇三，〇〇〇。

② 根据第十四版第六卷之 Encyclopaedia Britannica，五四八页，民一六年全世界共有力织机三，一八三，〇〇〇架。

③ 同上，第二〇卷，六七六页。

④ 民十八年中国出口生丝一八九，九八〇担，中有一五二，三六〇担或百分之八〇为厂丝。

⑤ League of Nations, Memorandum on International Trade and Balances of Payments，1926-28.

里，俄国（欧洲部分）5.3 英里，意大利 3.3 英里，日本 1.7 英里，英属印度 1.2 英里，俄国（亚洲部分）1 英里，较之吾国，均倍蓰焉。①

　　中国之工业化，虽为救济过剩人口及提高国民生活程度必需之方剂，然以目前情形，推测将来，其进展之希望，似甚有限。盖中国财源既不甚富，加以家庭观念，入人过深，进取精神，不易发展。凡此诸端，俱为工业化发展极大之障碍。然使内战停息，政局稳定，最近数十年内之工业化，必有进展之望。但若欲其跻于泰西工业先进国之列则为势甚难。盖中国以农立国，今日之经济组织，仍多为中古式。工业之兴盛，仅限于数大都市，所关系于全国之经济生活甚微。倘能充分发达，或足以雄视东方，亦未可知。要于英美相较，必远不逮。至工业化进展后对于提高目前人民生活程度，则固极可能之事，无足疑也。

　　以国际情形衡之，则中国之工业化，极为需要。近世各国，莫不以生产过剩而起经济恐慌，以致市场萧条，商业疲敝。若中国工业化，则各国过剩之生产，必为其所吸收，经济恐慌，或可藉之以免。虽然，此就经济方面言之耳，若以政治目光绳之，则又未必尽然也。

---

① Encyclopaedia Britannica, XXI, p.104.

中国工业资本问题

自　序

　　资本为生产三要素之一。而工业乃近代生产业之中坚；其非资本莫办，尤属自明之理。顾有资本而集之不由其道，用之不得其当，则其于工业，于国民经济，利害参半，甚或害超于利。吾国近百年来之新工业乃正坐此弊：大部资本出自外人；喧宾夺主，利权日丧，而病及民生。资本之投放几全在轻工业；重工业微不足道，而危及国脉。抗战师兴，捉襟见肘。今后苟不急起直追，牢守自力更生之原则以筹资，国防第一之主旨以用资；则国家前途殊堪危惧。是殆非过甚之辞也。

　　作者深感此问题之重要，尝草"中国之工业资本"一文，载南开《社会经济季刊》（英文）一九三六年四月号，其于中国工业资本之来源，用途以往危机，与今后出路，已粗陈梗概。兹辱艺文丛书编者之征，爰依曩作规模而扩充之，为更详尽之探讨，成兹小册以应。惟以旅寄贵筑，参考资料异常缺乏，挂漏舛误，自知不免，容俟异日补正。书中引用处有未及注明者，另于编末附列参考文籍全目，读者或不难循而索之。又属

稿时，刘君悉规曾为校阅一过，不无助力。书将付梓，谨志其
缘起如右。

方显廷序于南开大学经济研究所贵阳办事处

二十八年元月二十五日

一　绪论

现代工业之特征有二，即用机械代替手工，大规模组织代
替小规模组织以从事于集中生产是。机械之运用与大规模之生
产，均有赖于资本之巨量供给，此产业革命以来不易之定律，
其在我国，自亦难居例外。我国之有现代工业，已达九十年，
而进展程度，则仍极幼稚。重工业之基础尚在树立中，轻工业
虽已略具端倪，然自抗战以来，先后被暴日摧毁殆尽。百年来
内忧外患之频仍，诚为工业进展迟滞之主要原因，而工业资本
之未能自给，在在均为外资利用而不能利用外资自亦不容忽视
也。

二　中国工业中中外资本所占之地位

外人在华投资之方式不一，据雷玛教授（Prof.R.F.Remer）
之研究，分直接商业投资与政治投资二种，而前者又分运输、
制造、地产、进出口、银行、矿业、交通及公用业七种。据雷
氏之估计，一九三一年外人在华投资总额为英金三十三万万元，
其详细分配如下表。

第一表　外人在华投资按业之分配（民国二十年）（百分比）

一　政治投资	22.1
二　直接商业投资	77.9
（1）运输业	26.1
（2）制造业	11.6
（3）地产业	10.5
（4）进出口贸易业	14.9
（5）银行业	6.6
（6）矿业	4.0
（7）交通及公用事业	4.0
合计	100.0

外人对于中国工业之投资，若按广义分析之，除制造业投资为百分之一一.六外，尚应包括矿业投资之百分之四，交通及公用事业投资之百分之四，合计为百分之一九.六。节言之，中国工业之外资占外人在华投资总额三十三万万美元之五分之一，或六万万五千万元美金，金额不为不巨。

中国工业资本之总额，尚无统计可资参考，是以外资在中国工业资本中所占成分，亦难直接测知。唯以上海之工业投资为例，则知外资所占成分，较华资约大出一倍，如表二所示，民国十七年上海工业投资总额为二九三.六兆元，内外资为一九〇兆元，占总额百分之六五，华资一〇三.六兆元，占总额百分之三五（见《上海之工业》一书。）

第二表　民国十七年上海工业之投资（元）

业别	外　资		华　资		合　计	
	兆元	%	兆元	%	兆元	%
纺织	152.7	77.2	45.1	22.8	197.8	100
化学	2.0	21.1	7.4	78.9	9.4	100
食品	23.8	47.9	25.9	52.1	49.7	100

业别	外　资		华　资		合　计	
	兆元	%	兆元	%	兆元	%
印刷	0.6	6.4	10.5	93.6	11.1	100
水电	10.0	52.8	8.9	47.2	18.9	100
其他	0.9	13.2	5.8	86.8	6.7	100
合计	190.0	64.7	103.6	35.3	293.6	100

在矿业方面，亦有与上海工业投资类似之情形。我国矿业中，发展最速产量最巨者，首推煤矿业。据地质调查所之统计，民国十九年我国各大煤矿之产量，共为一九，四七一，〇九一吨，占全国煤矿总产额四分之三（或百分之七四.八）。以言其投资国别之分配，则一九，四七一，〇九一吨之煤产量中，华矿占百分之五一，日矿占百分之三三，英矿占百分之一四，俄德矿合占百分之二。

外商对于我国工业之投资，托始于鸦片战争以后之五口通商条约，而渐盛于中日战争以后之《马关条约》。该约第六条第四节订明："日本臣民得在中国通商口岸城邑任便从事各项工艺制造，又得将各项机器任便装运进口，只交所定进口税。"又"日本臣民在中国制造一切货物，其于内地运送税内地税钞课杂派以及在中国内地沾及寄存栈房之益，即照日本臣民运入中国之货物，一体办理。"自此以后，其他各国均援引最惠国待遇，向我国取得同等权利，于是外国之工业资本遂在我国获得法律之根据，而更积极流入我国矣。欧战期间，日本复乘欧美无东顾之暇，向我国作巨量之投资，天津、青岛、上海及东北各重要商埠如哈尔滨、大连等处，莫不有日商厂矿之兴起，于是外资之侵入我国工业界，较前更甚。据雷玛教授估计，一九三一年外人在华之全部投资，英占百分之三七，日占百分之三五，俄占百分之八，英法各占百分之六，德比各占百分之三，其他各国占百分之二。此种投资之分配率，若专就工业论，容不免稍有出入，然要亦大同小异也。

三　外人对中国工业之投资

外资对于我国工业之投资，按方式言，有自营、合资及借款三种。按种类言，有重工业及轻工业之别。兹就后者分述外资在我国工业上之发展情形如下：

（甲）重工业　重工业种类繁多，其在我国，可分燃料、电气、钢铁、机器及化学五类，依次论之：

燃料工业中，以煤之开采较为重要。煤矿在我国现代矿业中，无论就事业历史言或就开采量值言，均占首要地位。而外资之投于煤矿亦最早，其经营之积极，更有令人触目惊心者。盖煤为动力之源。自五口通商以来，外轮来华贸易者，每苦我国煤矿规模既小，又多偏在内地；运输上所需大量之煤恒赖国外长途接济，费时耗财，甚不合算。故自甲午一败于日之后，外人先后与我所订条约，莫不以煤矿开采权之取得为重要条文之一。计自一八九八至一九〇二之五年间，可名外人竞争采矿权时期，英、德、日、俄等无不处心积虑，以图攫取我国煤铁及其他重要矿产之开采权。至其所采手段，不外：（一）取得铁路附近之采矿权，如一八九八年中德《胶澳租界条约》第二条第四款所云："于所开各铁路附近之处相距三十里内……允准德商开掘煤觔等项"及一九〇二年中俄协约中所订"俄国中东铁路附近扎赉诺尔（黑龙江）地方及吉林某某数处之矿产，皆有采掘权"是也。（二）外国私人或团体与中国政府交涉，求得某某省全省或一部之采矿权。如英商福公司请中国政府将山西几县煤铁矿采取权让与该公司。德商瑞记洋行要求山东五矿采取权。(三)中国中央政府或省政府特许外商以某某数矿之采掘权。如一九〇二年安徽南部铜官山煤矿,及一八九八年四川江北煤矿采取权之让与。(四)外国公司先与中国私人订立合同,共营矿业,事后迫我政府追认。如中英之开滦煤矿,中德之井陉煤矿及临城煤矿皆是。上述(一)、(二)、(三)三项,虽实际出于外人之强迫,名义上犹可云中国政府之自动让与。且其政治的意义较为浓厚。故一旦瓜分之议未成,上述要求权利之各公司均未开办,山东、山西、安徽、湖北各省矿权皆得逐渐收回。至第(四)项则经济的意义为多,然政治背景亦未尝不存在也。一九〇三至一九一〇年,为人民反对外资侵略时期,亦即政府收回矿权时期,尤以一九〇七至一九一〇之四年间为最盛。福公司之山西采矿权,德国在山东之五矿,中英企业公司之安徽南部铜官山,以及湖北炭山湾之煤矿,皆由政府以千余万元之巨资收回自办,所费亦自不赀矣。一九一一年起为外人利用矿业法律时期。在此时期内,如北京政府颁布矿业法规,规定外人可以投资吾国矿业,但其资本数不能超过百分之五十,为此后矿业法之根据。中央政治会议第一七九次会议通过之"确定利用外资方式及实施实业计划乙项原则,"且谓华股须占全部股份百分之五十以上。于是民国十九年之矿业法,遂规定华股至少须加至百分之五十一,较前更有进步。颁布后,外人尚能遵守法律,从事采矿。其在煤矿方面,除前此完全让与外人经营者,如日营之抚顺、烟台等煤矿,及中英开滦煤矿,各有特殊原因不遵守中国法律外,其余概照法规办理;可使外人侵略时代,一变而为中外合作时代,各占半资平等经营。然其后仍有二次例外,一为民国四年日人提出所谓二十一条,无理要求让与东三省数处采矿权，及加入汉冶萍煤铁公司。又一次则因热河华人杀害一日籍工程师而有阜新煤矿开采权之让与，名义上为中日合办，实际无异日人独办。

"九·一八"以前外资煤矿在我国煤产上所占之地位，前已述及。"九·一八"以还，东北煤矿尽沦日手，若以一九三三年之统计为例，则我国煤产取自外资或中外合资之煤矿者乃占十分之六，详见表三。

第三表　我国煤产按煤矿所有权国别之分布（百分比）

	1930	1933
华资	63	40
大矿	38	17
小矿	25	23
外资	37	60
东北四省（日资）		33
中国本部（中外合资）		27

据翁文灏氏在一九三五至一九三六年英文《中国年鉴》中所述，除东北四省现在日人统治下外，我国中外合资经营之煤矿，首推河北省之开滦矿务局，年产额四五百万吨。次为豫西焦作之中福两公司联合办事处，年产白煤约一百万吨。上述两矿，一如年产三十万吨之平西门头沟公司，均为中英合资。中日合办煤矿（东北四省除外）之最大者，为沿胶济路淄川及潍县之鲁大公司，年产煤七十万吨。但淄川煤矿于民二十四年被洪水冲刷，损坏甚巨。沿正太路之井陉矿务局为中德合办，年产煤约八万吨，并在石家庄设厂炼焦，日产八十吨，实为吾国唯一之炼焦处。

我国电气事业，多赖外人之投资与经营而逐渐发展，此在上海，天津及东北四省为尤甚。如上海电力公司（前上海工部局电气处），为我国电气方面最大之发电厂。自光绪十九年英租界当局以银六万余两收并华商上海电气公司以后，该厂规模日以扩充，最初所有电力，仅二千五百瓩，欧战终结时，增至二万一千二百瓩，民国十六年竟增至十二万一千瓩，最近且增加至十六万二千瓩，资本一一三兆元。此外，外资电气公司之较著者，上海有法租界之法商电灯电车公司，成立于光绪三十二年，资本十兆元，发电量一二，五〇〇瓩；天津有比商天津电车电灯公司，成立于光绪三十年，发电量一五，八〇〇瓩；大连有日商之南满电气会社，共三厂，成立于光绪三十三年，资本二〇兆元，发电容量三五，〇〇〇瓩。据建设委员会二十三年之统计，我国（东三省在外）电厂共四六〇家，内外厂一〇家；发电量五四二，三九九瓩，外厂占二七三，三四五瓩或百分之五〇.四；发电度数一，六九四，一六七千度，外厂占一，〇〇六，八〇三千度或百分之五九.四。准此，外商厂数虽仅十家，而其发电容量及发电度数，均胜过四百五十家华厂。且华厂资本，共计不过一〇八兆元，而外商仅上海电力公司一家，其资本已达一一三兆元，是可知外资在我国电气工业所占地位之重要，及华资之幼稚而亟待培植矣。

钢铁工业分铁矿，冶铁及炼钢三部分，几全为外资——日资——所垄断。考外人之投资我国铁矿，一如前述之煤矿，其方法有四：（一）敷设铁路而要求路旁若干里内之矿山开采权，如依光绪二十四年（一八九八）中德《胶澳租界条约》，即许德人开采山东金岭镇之铁矿。（二）与政府直接交涉，取得全省或一部分之矿权，如英商福公司获得山西若干县煤铁矿之采取权。（三）指定矿地得政府之特许者，如凯约翰之于安徽铜官山铁矿。（四）以武力为后盾，提出条款，迫吾国应允者，如辽宁鞍山铁矿之让与乃由于民国四年日本二十一条之提出。缘此四途，我国铁矿被侵殆尽，计国内铁矿共十四处，兹将其中与外资有关之七处表列其情况于下：

第四表 一九三三年我国与外资有关七铁矿之统计

一 中日合办者			
矿　区	公　司	储量（%）	备考
（1）鞍山等处（辽宁）	振兴公司	41.2	采
（2）庙儿沟（辽宁）	本溪湖公司	7.0	采
（3）金岭镇（山东）	鲁大公司	1.4	停
（4）弓长岭（辽宁）	弓长岭铁矿公司	27.0	未采
二 向日本借款订有售砂合同者			
（5）大冶（湖北）	汉冶萍公司	1.7	采
（6）繁昌（安徽）	裕繁公司	0.5	采
（7）当涂（安徽）	宝兴益华福利民公司等	0.6	采
合计	7	79.4	

（注）中国独资创办者有七处，除象鼻山（湖北）及保晋（山西）已开采，修武（河南）已停采外，铜官山（安徽）、凤凰山（江苏）、滦县（河北）及宣化龙关（察哈尔）等四处均未开采。至英商福公司之山西煤铁矿权。凯约翰之安徽铜官山铁矿，及英商立德约之四川江北县煤铁矿，均经政府赎回，又外商于光绪二十五年曾开采贵州铜仁县之煤铁水银矿，因经营失败而自动停止。

以上正在进行（不论中外资）之鞍山、本溪湖、大冶、繁昌、当涂、象鼻山及山西保晋公司七处铁矿，自民十六至民二十，五年中共采八，四二七，五八七吨，其中鞍山占百分之四一，本溪湖占百分之七，大冶百分之二三，象鼻山百分之八，繁昌百分之一一，当涂及保晋共占百分之一〇。据此可知，国内铁矿产量，以鞍山为最多，大冶次之。鞍山、本溪湖，均为中日合办；大冶、繁昌、当涂等矿，皆与日本有借款售砂合同。故除象鼻山及保晋公司所产之微量外（约占总产量十分之一），国内铁砂产量几尽入日人之手，可不惧哉！

　　我国冶铁工厂，以汉冶萍煤铁公司为最大，该公司成立于一九〇八年，系由一八九〇年成立之汉阳铁厂，一八九一年开采之大冶铁矿，及一八九八年开采之萍乡煤矿合并而成。在该公司尚未成立前，已于一九〇三年九月与日本制铁所签订借用日币三百万元之合同。至民国元年，积欠日款达一千万元以上，是年且有中日合办之说，卒因国人反对而未克实现。然借款之议卒又复活，计自民国二年起至十三年止，举债一十二次，借款共达日金五千七百万元之多。欧战期间，该公司虽曾因钢铁价格高涨，一度繁荣；卒以内而经营无方，外受条约束缚，不得不将铁砂低价售与日本，而日趋衰落。汉阳铁厂之化铁炉于民国八年及十一年先后停炼。大冶新铁厂，早在民国二年借日款建筑，至民十二年始竣工，四月间开始炼铁，十三年底即停炼。另有同式之一炉。十四年五月开炼，十月停炼。民十四年，萍乡煤矿，因汉冶两厂息炉，不需用焦炭，便亦停采。于是我国三十余年来惨淡经营之惟一钢铁厂遂陷于完全停顿之境矣。民十六至二十年五年中，炼铁工厂，仅鞍山、本溪湖、扬子及保晋四处，共计炼铁一，四九七，八八七吨，内中日合资之鞍山（成立于一九一五年）及本溪湖（成立于一九一〇年），分别占一，〇八二，五五六吨或百分之七二及三七四，五四九吨或百分之二五，而华资之扬子及保晋两公司合计，仅占四〇，七八二吨或百分之三。今东北失守，鞍山及本溪湖两厂，已全入日人之手，我国炼铁事业更一落千丈矣。

　　至于钢之产量，在民十以前汉冶萍公司尚可年出四五万吨，厥后该公司停止冶炼，仅上海浦东之和兴钢铁厂及其他各处之电气炼钢炉，平均年出三万吨而已。观此，与外资有关之炼钢厂，虽只汉冶萍一家，然我国钢之供给，则几什九仰赖舶来品之输入，又为不可掩饰之事实焉（见方显廷：《中国经济研究》，下册，我国钢铁工业之鸟瞰章）。

外人对于我国机器工业之投资，为数甚微，上海为我国现代工业之中心，而二，四四一，四五〇元之机器工业总投资额中，尚未见外资插足其间。夷考其因，厥为我国钢铁业异常幼稚，致机器工业所需原料，不得不仰给于舶来品，而大规模之机器制造，尚为不可能之事。况就外人立场言，机器价格既较钢铁为贵，其担负长途运费之能力自亦较高，在华投资机器制造，尚不如经营机器进口贸易之有利。故我国新兴工业之机器几全然来自海外，而在国内制造者微不足道；目前我国所谓机器工业，只限于简单舶来机器之仿造及一般舶来机器之修理而已。

化学工业之堪称为重工业者，厥惟酸碱工业。是乃一切化学工业之基础，而为国防化学原料之所从出。酸分有机无机两类，有机酸又分硫酸、盐酸及硝酸，简称三酸。我国酸类向赖外洋供给，近年来国内制酸工业始渐见发达，全国在民二十二年共有六厂，内仅上海之江苏药水厂系英商经营，年产硫酸四万五千担，在市上占有相当地位。至最近在南京附近成立之华资硫酸铔厂，论规模虽首屈一指，惜二十六年冬南京失守，该厂在日军炮火下，不免同付一炬，至可慨也。碱分天然与人造两种，我国除人造碱之一部分系舶来外，其余尚堪自给，外资亦无插足该业者。

（乙）轻工业 轻工业分纺织、食品及化学三类，外资对于我国轻工业之发展，参加甚早，投资亦颇可观，兹依次论之。

纺织业按采用原料之不同可分为棉、丝、毛、麻及人造丝等五业。外人对于棉丝毛三业，均有相当投资，而以棉业为尤甚。

我国棉纺织业之发展，分草创（一八九〇）、渐兴（一

八九五一）、勃兴（一九一四一）、衰落（一九二五一）及复兴
（一九三三一）五期。外资之参加我国棉纺织业，始自渐兴时期。
是期初年，即一八九五年，日人迫我签订《马关条约》，开放制
造权，于是外资之投入我国工业，遂得法律之根据。而各国商
人，在华设立工厂者，亦接踵而来。就棉纺织业言，在本期中，
英人设立者有一八九五年之怡和及一八九六年之老公茂，德人
设立者有一八九六年之瑞记；美人设立者有一八九七年之鸿源，
此等外资纱厂除英商者外，虽以后有转售与他国人民经营者，
但其能在我国旺盛一时，自不得不归因于《马关条约》。日人为
首先获得在我国境内设立工厂之权利者，其时日人在华初未设
有工厂，乃采用收买华商纱厂之政策，一九〇二年大纯与三泰
两厂。均由华人转售与日人，前者更名为上海纺织株式会社第
一厂，后者称为上海株式会社第二厂。此后外人在上海相继设
立纱厂，年有数起。计自一九〇五至一九一三年期间，日人设
立者有二，英人设立者有一。

一九一四年欧战发生，为我国棉纺织业之发展辟一新纪元。
盖战事既起，欧美物品来源断绝，我国与日本均乘机设立纱厂，
而造成棉纺织业之勃兴时期。在此期内，华商纱厂虽处领袖地
位，但日商纱厂之势力则更形重要。盖彼等多数均组为大联合，
资本雄厚；而华商纱厂，除少数外，均系孤军奋斗，其财力多
不充实。总计此期内，全国共设有纱厂八十七家，其中属于华
商者五十三，属于日商者三十三，属于英商者一。五十三家华
商纱厂共有纺锤一，七六八，五〇〇锭，平均每家三三，三六
八锭。日商厂数虽为三十三家，但纺锤则有一，二三九，一五
六锭，平均每家达三七，五五〇锭，复次，三十三家日商纱厂
隶属于十七个公司，而五十三家之华商纱厂则隶于四十个公司。
又在日商公司内，有四处各领两厂或两厂以上，如内外有十三

厂，日华有三厂，大康同兴各有二厂；华商纺织公司之领两厂以上者则有六处，如申新有五厂，华新有四厂，宝成、永安各有三厂，大生、溥益各有二厂。华商纱厂之转售与日商者有三家，同时日商纱厂亦有一家售与华商。

一九二五年以后为我国棉纺织业之衰落时期。因大战告终，欧美纱布复源源输入我国，华商纱厂之在欧战期内兴起者，多因资本薄弱，受外货竞争之威胁，相继倒闭。加之民十六年以来，国共分裂，内战又起，农村购买力减低，纱布销路因亦大受影响。一九三三年政府为挽救计，于全国经济委员会下设立棉业统制委员会，一方求原棉之推广与改良，以图原料之自给；一方谋制造上之改革，以促进技术之合理化；棉纺织业始稍见起色，而转入复兴时期。不幸，"九·一八"事变以来，日人谋我更急，东北之棉纺织业既尽沦入日手，华北方面，如天津纱厂，多有因经营不良，迫于债负而出售与日商者。长此以往，行见我国之棉纺织业，将尽受日人操纵而无余矣。

据一九三三至一九三六年四年间之统计，全国纱锭自五，一七二千锭增至五，五四六千锭，内华厂（东北在内）纱锭自二，八八六千锭减至二，八二五千锭；日厂者则自二，〇九八千锭增至二，四八八千锭；英厂纱锭亦自一八八千锭增至二三四千锭。若以一九三三年之纺锭为基数（等于一〇〇），则一九三六年之指数，全国纺锭为一〇七，华厂纺锭为九八，日厂纺锭为一一九，英厂纺锭为一二四。由是可知近年来外资在我国经营之棉纺业渐有压倒华资之趋势焉（见《十年来之中国》，一五七至一五八页）。

我国缫丝工业之发展，所资于外力者亦甚大。盖生丝为我国主要输出品之一，丝质之良窳，直接影响国外市场之需要，间接影响在华出口外商之营业，故外商之于我国缫丝工业，或直接投资开厂，或间接协助技术改良，均不遗余力。远在同治元年（一八六二），外人即在上海试办百釜之机器缫丝工厂。旋因试验失败，于同治五年倒闭。同年，又有某外人在上海设立十釜缫丝工厂，亦于数月后歇业。考当时外商在华设立丝厂之动机，完全为在中国作蚕丝改良之试验。因中国七里丝条份不均，不合彼国之用，故利用中国工价之廉，成本之低，而自行设厂制造。但几经试办，迄未成功。至光绪四年（一八七八），法人卜鲁纳氏又于上海设二百釜之新式缫丝工厂，名曰宝昌丝厂，始渐有成效，是为我，国缫丝工业之先导。一八八一年上海方面复有怡和与公平两英商丝厂之设立，次年开工，多聘意人为技师。

光宣之交，我国生丝出口贸易，已为日本所压倒。彼国自叠颁防除蚕病条例以来，其缫丝业之进步，更非我国所能企及。民国初年，日本在我国之缫丝业，已有长足进展。上海、汉口、青岛、烟台、安东等处，均有日商丝厂之设立。上海一区，日商丝厂尤多，其最著者，则为钟渊纺织株式会社所经营之上海制造绢丝公司，资本达四十万两，较任何华厂为多。一九一七年日商三井洋行在汉口创设中日合办之意大利式三井丝厂。不久停业，一九二二年由国人接盘，改名成和丝厂。一九二〇年日人小川爱次郎在同地创设日本式中华丝厂。惟是日人之注意点不在沪汉，经营最力之地，山东则烟台青岛，东北则安东等处。其规模最大者当推富士瓦纺绩株式会社在安东所设之工厂，该厂系合并安东数个日商工厂而成，资本日金四百五十二万元，每年出丝六十余万斤，其势力之雄厚，诚非华厂所能望其项背也。

外人除直接投资于我国之丝业外，其于技术上之改良，亦有足称述者。中外合设之改良华丝机关为数不少，其最脍炙人口者，厥为合众蚕桑改良会。该会由各洋商商会代表及丝茧总公所联合组织，成立于民国九年。会中经费由中央政府、补助，年达九万六千两，自丝类出口增加关税项下拨发。会址设于上海，并在上海、苏州、横林、南京、嘉兴、诸暨、青阳等七地，设立制种场。会中专门技术上之设施，皆出法技师费咸尔氏之手。每年制造无病蚕种约百万张，更由意法两国购入约三百万张。往常江、浙、皖三省旧式蚕种，十之七八为有病者；自该会所制无病种行销以后，三省蚕病之比例年见递减。其次烟台方面，民国十年亦有芝罘万国蚕丝改良会之创立。该会除研究地质、购地植桑、检验蚕体外，并设一男女同学之蚕桑学校，一九二二年四月开办。是年年底又设一缫丝实验所。其在附近所设之蚕桑试验场，规模之大，在我国堪称首屈一指。此外，教会学校如南京金陵大学及广州岭南大学，均设有蚕桑系，关于我国蚕桑改良之研究，颇著成绩。一九三三年国联蚕桑专家意人玛利博士复应全国经济委员会之聘，来华擘划蚕丝改良事宜，可谓更进一步之新发展。

此外有上海生丝检验所，为华美丝界中人合办之机关，专事检验及保证出口生丝之品质，有裨益于生丝贸易者尤非浅鲜。盖自该所成立以后，输往美国生丝，得其保险证明，信用昭著，销售较易。唯自国民政府成立以后，该所工作已移交各重要商埠之商品检验局经办矣（见曾同春：《中国丝业》，第三编第三章）。

外人对于我国毛纺织业之投资，多集中于天津、辽宁两处。盖北方所产羊毛，均荟萃于天津，由毛店批发与洋商；洋商加以整理，始行运输出口。津埠输运羊毛出口之洋商，大小约二十余家，其中以此为专业者，则仅英商隆茂洋行与高林洋行，美商新泰兴洋行与仁记洋行等四家；均设有打毛厂，其设备虽各不同，然大致均备有打土机、干毛机及打包机等。至洋商之经营毛纺者在天津有美商海京、倪克及达绅三家，前两家且兼营地毯之织造。海京为用机器纺制毛线之第一工厂，有纺锭一，五〇〇枚，民国三年开始营业。除纺毛线织地毯外，兼营制毯所用之棉线及毛呢制造事业。达绅于民国四年始用机器纺制毛线，有纺锭一，三五〇枚。倪克有纺锭二，一六〇枚，自民国六年起纺织地毯。在上述三厂中，除纺毛线外，其他如羊毛之洗涤，除净，及着色，皆以机器为之（方显廷：《天津地毯工业》，页三一至三二）。

外商在华最大之毛织厂，当推民国七年在辽宁成立之满蒙毛织株式会社，亦我国最大之毛织工厂也。该厂名为中日合办，实则全系日营，由东洋拓殖会社代表及东京千住制绒所等创办，原定资本为日金千万元，专以中国之羊毛及驼呢制造毛呢及绒线等。并在天津设立羊毛整理厂，从事选毛、洗毛、打包等工作。至民十三年，辽宁总厂失慎，烧去厂屋之大半，乃减资金为日金三百万元，收足一百九十五万元。民十四年三月重行开工，计划每年出毛呢四十五万码，毛线十万磅。所出粗呢，多售于我国军队，作被服之用，毛线则在东三省及天津等处推销。该厂规模宏大，有线锭七千二百枚，织呢机一百六十架，允称我国各厂之冠。

外人对于我国食品工业之投资以面粉、精盐、精糖、制茶、蛋品及卷烟等业较为重要，兹依次分述之。

英、法、日、俄等国，对于我国面粉业，均有相当之投资，而以日资为尤甚。光绪十二年（一八八六），德人在沪设立正裕面粉厂，实开我国机制面粉业之先声。然该厂是否即光绪二十二年改组之英商增裕面粉公司，无从考证。光绪二十六年，俄人以侵略旅大为日本所忌，故增益北满驻军，以资防御。旋以食料缺乏，乃于哈尔滨设一满洲制粉公司（广源盛），以赡军需，资本三十四万卢布。该公司不特为俄人在华设立面粉厂之嚆矢，亦即哈尔滨跃为北满面粉工业中心之起点也。三十年法商设立永胜公司，三十一年俄商设立满洲联合制粉厂，三十二年俄商设立松花江制粉公司。同年，日商在铁岭设立满洲制粉会社。唯此时以原料供给关系，面粉业全盛于北满；南满所需之面粉，则什九取给予美国及上海。然自民国以来，日商在东三省之势力，突飞猛进。民国元年满洲制粉会社即设分厂于长春，民国二年，中俄边界自由通商线取消后（在五十俄里内，原设有自由贸易地），开征关税，一普特（一 Pud 十六公斤）征四十五戈比（一〇〇戈比＝一卢布），北满之面粉业，遂竞以南满市场为尾闾。其在南满，因运费之多寡及中外人士口味嗜好之不同，外来面粉渐被排斥，而本地面粉业因以愈趋兴盛。加之欧战勃发，日本遂乘此时机，在东三省广设工厂。民国三年富顺设日本面粉厂；民国八年大连设大陆面粉公司；同年十月开源设亚细亚制粉会社（中日合办）；民国九年长春设中华制粉株式会社（中日合资）。此外，辽阳有中日面粉公司，亦系日资。日本面粉业之插足于哈尔滨，始自民国七年，即俄国大革命之后一年。其年满洲制粉会社设工厂于哈尔滨，北满制粉会社亦于同年设立。其由中日合办之面粉厂，则有傅家甸之万福兴，成立于民国六年。

　　东三省诸厂之中，以满洲制粉会社规模为最大，该厂除在铁岭、长春、哈尔滨设有工厂外，民国七年（或云九年），在济南亦设分厂，其重要机器，皆由美国购入。然犹以为未足，民国九年三月该公司在东京召集股东特别大会，议决增加资本为四百二十五万元；四月又开特别会议，决与朝鲜两面粉厂合并，增资本为五百七十五万元。九十年间，又与北满制粉会社合并，故该公司不特为东三省第一之大规模面粉企业，即推之中国全境，亦当首屈一指也。

日商对中国之面粉事业，除东三省外，在山东之济南、青岛，江苏之上海，湖北之汉口，亦均有投资。天津之寿星，于民国十四年已改归华商，兹姑不论。济南之满洲制粉会社分厂，上文已述及。其在汉口者有和丰面粉公司，系中日合办，成立于光绪三十一年。其在青岛者，有青岛制粉会社，成立于民国七年。其在上海者，有三井制粉工厂及内外棉经营之面粉工厂。三井制粉工厂原系英商之增裕面粉公司，民国六年由三井洋行出资收买；于是英商在中国面粉工业之地位遂完全消失。内外棉株式会社所经营之面粉厂，即光绪三十二年华商设立之裕顺面粉公司，不幸于民国七年，正我国面粉工业最发达之际，该厂竟以出售于内外棉闻矣。由此以观，日商在中国所营面粉工业，规模之大，分布之广，均非任何国所能及，国人可不知所惧哉！

外人对于我国精盐业之投资地，仅限于山东及东三省。光绪二十四年（一八九八）德占青岛后，即从事精盐业之经营。三十年营业渐盛，政府始加注意，规定每担征税四元。欧战期间，日人接管青岛，对于精盐业更积极加以扩充。民国十二年，青岛收复，在德日经管时期设立之精盐厂，政府乃招商投标承购，结果由商人张成勋所组成之永裕公司承办。其时工厂计有十七处，唯厂屋敝坏，多不适用，其存者仅小港一厂，台西两厂。该公司法定资本为三百二十万元，应缴盐田及工厂全部价值三百万元，分十五年缴清；于民国十四年二月开工制盐（见《中国实业志：山东省》，页四四一）。东三省之日商精盐工厂有四，规模较大者为东洋拓殖会社之旅顺双岛湾再制盐工场，设于民国十六年，资本四百万元，年产粉碎盐，洗涤盐三千万斤，值三十万元。又日本制盐业会社之普兰店工场，资本亦四百万元，年产精盐一千万斤，值十万元。

我国精糖业，以外人经营者为最早，至今仍操于外人之手，但其发展则尚极幼稚。初英商怡和洋行于光绪四年（一八七八）在香港设中华精糖公司。至三十年英商太古洋行又于香港设立太古精糖公司，规模均甚宏大。其后数年太古洋行复在汕头崎碌地方创设分厂，收购韩江流域之甘蔗为原料，以期独占广东之糖业，然未及开工而停业。至甜菜糖厂，则创始于宣统元年波兰人在哈尔滨以东阿什河所设立之工厂，资本一百万卢布。由波兰购买机器，次年始开工制糖。最初三年，未能获利。入民国后，始见起色。民国八年，俄境内乱，运输不便，该厂乃多制白糖。后因经营不善，十二年改树法旗，现已归哈尔滨著名商人阔干所有。与阿什河糖厂同年（即宣统元年）设立者尚有呼兰之华资富华公司。然该厂于未设工场以前，资本已耗大半，乃向德商借款五十万卢布，并借垫机器费十万卢布，仍以经费不足，迄未开工。至民国元年，始由东三省当轴摊还所欠德款，收归官办，改名东三省呼兰制糖厂。后因经营无方，于民国七年完全停办，十二年始行复工，每月消费甜菜根三百五十吨。宣统三年，日本南满铁道会社所设立之产糖试验场，试植甜菜，已大有成效，因于民国五年设厂于沈阳车站之西南，资本定日金一千万元，先收三分之一，续收一百五十万元，共约五百万元。机器为日本及中国所制。所需甜菜，概由该社自行种植，不虞缺乏。民国八年，种菜面积为二万五千亩（东省亩），十一年增至六万亩，十三年增至七万亩，十四年略减。因菜量之增加，于十一年在铁岭设立分厂，同年又设酒精厂于总厂附近。该厂每日能制糖五百吨，酒精一百五十斤，规模在我国为第一。但自民国十五、十六年，铁岭及沈阳工厂，先后停工；至十八年资产复归债权者——朝鲜银行——管理，现在是否复工，因缺乏资料，无法查明。至前述之英商太古及中华两厂，每日各产糖一二，五〇〇及四，〇〇〇吨云（《东三省物产资源与化学工业》，上册）。

茶为我国出口之大宗，英俄商人对于我国之制茶业，在清光绪年间已开始投资于汉口、九江、福州等处，而以汉口为尤甚。汉口为我国输俄砖茶之中心。是项砖茶，在一八七七年即有俄商阜昌洋行设厂制造。一八七九年，俄商顺丰洋行继之。一八九九年，俄商新泰洋行又继之而起。此三厂者，资金均在一二百万两左右，年制砖茶最少亦有数十万担，可云极一时之盛。但自俄国革命后，彼等相继停业，唯新泰茶行停闭数年后，十九年由英商继续营业，改名太平茶砖厂，制造红茶砖及青茶砖，每年营业达三十万元之谱，二十年水灾时，损失颇巨，水退后，仍复原状（朱美予：《中国茶业》，一一七至一一八页）。

我国制蛋工业之兴起，多赖外人之提倡。考蛋品之制造，创于欧洲；至光宣年间，传入我国。其时英商和记公司在南京、汉口、天津分设大规模之打蛋厂三处，营业极其发达。于是外人之经营斯业者，接踵而起，尤以德人为最力。迨欧战发生，在华德人全数回国。德商蛋厂同时歇业；其在汉口、青岛蛋业所占之地位，遂由日人取而代之。当时欧美各国以面粉或牛肉粉和蛋粉制成饼干，以为军食，故蛋粉之行销极畅，市价亦高，赢利常在一倍以上，是为蛋业之黄金时代。欧战告终，各国一方极力提倡养鸡，以谋自给，一方借口卫生，限制外货进口。我国蛋业，尤其国人经营者，因规模较小而渐见衰落。其尚能继续发展者，多属外人所办。上海蛋厂较大者有六家，外商占其四，即英商培林，资本二百万元，年产量一万吨；美商班达与海宁及英商怡和，资本各五十万两，年产量各五千吨。汉口外商蛋厂十一家，内以和记洋行开设者为最大，在我国亦为第一，其在汉口与天津二厂年各生产五千吨，足以垄断汉口之蛋业。该行在我国各地所设采办鸡卵等原料之机关不下一百五十余处。其南京分行每日生产力达三百吨（约五千担），年产百余万担，超过上海六家蛋厂生产力之总额，每日需蛋四百万个。影响所及，苏、皖两省之蛋价，较之他省乃高出数倍。近虽因国外销路不佳，存货颇多，生产力已渐减低，然其力量之雄厚，仍为国内各厂之冠（《中国经济年鉴》，第一六三页）。青岛现有蛋厂五家，外商居其四，以英商培林公司为最大，总厂在英国；上海、汉口均有分厂，青岛亦有一分厂；所出为冻蛋及鲜蛋，年产共值三百十五万元。其余三厂，规模较小，即美商美丰与华北及德商保和，保和且因资本亏折殆尽，今已停业矣（《中国实业志：山东省》）。

　　洋商在中国经营卷烟业者，首推英美烟公司。该公司于光绪二十八年（一九〇二）在英伦注册，为英美两国六公司所合办，资本总额达英金二千二百五十万镑。在华经营者，有中国英美烟公司，大英烟公司，及其他附属公司。在上海、汉口、天津、沈阳、哈尔滨、坊子（山东）等处，均设有工厂，六厂之中以上海、汉口两厂为最大。上海工厂二百亩，工人七千五百，并附设完美之印刷部。汉厂虽较沪厂稍逊，然每日亦能出卷烟六百万枝。该公司并在潍县坊子一带，租地栽种烟草。制造而外，兼营卷烟输入事业。其资力之雄厚，即首屈一指之华资南洋兄弟烟草公司，亦难企及（见《上海之工业》，九九一一〇〇页）。次于英美烟草公司者，有日商东亚烟草株式会社，成立于光绪三十二年（一九〇六），初仅为南满高丽之烟草输出商，资本约日金一百万元；至宣统元年，乃于汉城及奉天之营口设立制造厂，宣统三年复于平壤（高丽）设立分工厂，民国初年又于全州（高丽）设立分工厂；自后营业区域，日益扩张，故至民国六年，乃于上海收买希腊人经营之安利泰制烟厂，又于天津设立分厂。该公司目下资本为日金一千万元，已缴足五百八十万元，营口一厂之生产力，每日可达卷烟一千万枝，故其在东北方面，势力非常雄厚。

外人对于我国化学工业之投资，有水泥、火柴、玻璃、制革、油类等业。兹依次分述之。

外人之投资水泥工业，最早者为英商青州水泥公司，于光绪十二年（一八八六）在香港成立，设制造厂于澳门（青州岛）及九龙。光绪二十四年，开平矿务局复就其煤矿附近设立水泥厂。该厂延聘英人为技师，用旧式直窑烧制，旋以管理不善，致亏本停工，光绪三十二年，乃让归华商经营，更名为启新洋灰公司。光绪三十四年日本小野田水门汀会社设分厂于大连之周水子地方。民国六年日人设山东水泥会社于青岛。二十二年日人复筹设吉林洋灰公司于吉林。统计三十余年间，国内先后已设及筹设之外商水泥厂共五家，内日商三，英商二。至每年产量，则大连为一百五十万桶，仅次于启新之一百六十万桶；而青州为一百二十万桶，山东为十万桶（方显廷：《中国经济研究》，下册；中国水泥工业之鸟瞰章）。

火柴业之有外资，肇始于光绪二十七年（一九○一）中日在重庆合办之有磷火柴厂。其次则为光绪三十二年中日在奉天合办之日清磷寸株式会社。自兹而后，日人单独设立者，如吉林磷寸株式会社、东亚磷寸会社、奉天磷寸会社、大连磷寸会社等。其中以吉林磷寸株式会社为最大，设分厂于永吉及长春，后又卖与瑞典火柴商，为瑞典火柴业侵入吾国之根据。此外日商更设东亚磷寸会社分厂于天津、济南，并于青岛设明石、山东、华祥及青岛等火柴厂，又于上海及镇江设立燧生火柴厂。

此日商在吾国设立火柴厂之大略情形也。至瑞典火柴商之侵略我国火柴业尤甚。缘该国瑞典火柴股份公司，本握有国际火柴业之霸权；其势力及于二十八国，足以支配全世界之火柴业，其资金之雄厚，消息之灵通，及技术之精良，远非吾国火柴业所能与竞。自其与日本磷寸会社合并后，即向吾国同业进攻，以吾国火柴业不为利诱，乃收买东三省日清、吉林、大连等磷寸会社之股票，占十之六七；以大股东之资格，主持厂政，设办事处于哈尔滨及香港，以事侵略。吾国东三省及广东之火柴业，于此受一重大之打击。其在长江方面者，则以巨金投资于日商燧生火柴厂，从事制造，并以贱价倾销其出品，以期打倒吾国火柴业。其经营之机关，为瑞中洋行及民光公司；所出火柴，或称欧制，或称华制，更或称德法等国制，以淆惑视听，借避攻击，此皆瑞典火柴业侵略之大概情形也。

外人在我国设立之玻璃工厂，为数虽甚有限，然以规模宏大，影响所及，亦颇可观。秦皇岛之耀华玻璃厂，成立于民国十年，为中英合办之开滦矿务局所经营，资本一百五十万元。此外，日人在上海、天津、大连、安东、汉口等处均设有工厂，资金共约四百余万元，每年出品，约值六七百万元。其中上海之宝山玻璃株式会社，有资金五十万元；大连之昌光硝子株式会社，有资本三百万元；南满洲硝子株式会社有资金三十万元。

我国之外商制革工厂，天津、上海等处共有六家，内日商四家意商二家，皆资本雄厚，生产力极强，任何华厂不能望其项背。家之中，以中日于民国七年在天津合办之裕津制革公司为最大，资本五十万元，产量年三千余担，占天津各厂出口总额半数以上其次为日商在上海创办之中华皮革厂及江南制革厂，资本各五十万元。意人所设立之上海皮革厂，资本十四万元。其他在上海之外商制革厂：一为意商大利皮革厂，尚未开工；一为日商官崎制革厂，现已停闭。综上所述，外商皮革厂，寥寥数家，合计资本将及三百万元，生产数量，几占我国各厂产量之半。华商工厂财力薄弱，统计数百家制革厂，资本满五十万元者，不过三两家，诚不免相形见绌矣。

外商在华所经营之油类工业，有桐油、豆油及烛皂等。我国桐油，多集中汉口，以便外运。国内油行有精炼厂者甚少，所有毛货，往往由出口洋行代炼，或向洋行借厂提炼。汉口各洋行所设油厂，具备炼净机及储油池者颇多；计十六家洋行，共有油池容积一五六五〇吨，内以其来、美孚、福中、三井、三菱、怡和、安利、立兴等八家为较大，其油池容量均在千吨以上，合计已达一一，六五〇吨，此外，万县油行有德商瑞记及永利，日商武林等数家。上海有奥地利人所创办之东方油厂，直接运货出国，不经洋行之手。民国十八年该厂联合十四家油行，集股二十万元，开办振业机器榨油公司；并拟在浙江各县设法劝导，推广桐树种植，改良桐农生计，就地收买桐子，用机器榨油，运至上海，经该厂精炼后出口，销售欧美，卒以金贵银贱之影响而停止进行。

豆油业盛行于东三省，北有哈尔滨，南有大连与营口，均为榨油业之中心。日商对于榨油业之投资，初颇积极，卒以油业富投机性，而工作及待遇均非日本工人所能堪，故榨油业仍全在华人掌握中。然日人对于榨油业之促进及操纵，则不遗余力。南满铁路之兴建，予豆油及豆饼之外输以交通上之便利，油业中心之渐由营口移往大连，职是之故；繁荣一时之营口，遂见衰落。以是油品制造，虽多属华人经营，其输出则由日商经手，大连交易所及油厂公会均受日人统制。东省油坊产额年为五六万万元，而经由大连日商输出者，达二万万元云。

新式制皂工业，首由德人于宣统元年在沪创办固本制皂厂。

至民国三年，欧战爆发，德人返国，因欠有华人张某少数款项，乃托其代为暂管。迨至民国六年，该德人返沪，拟再经营，遂为张某所拒；几经交涉，卒偿其值，另招华股，由五洲大药房经理，更名五洲固本制皂厂，于是一变而为纯粹之华商矣。五洲自接办以来，成绩斐然，资本亦激增至百余万元。目下外商在华所开设之皂厂，其较著者有日商上海油脂株式会社，资本五十万。英商中国肥皂公司与白礼氏洋烛厂，均规模宏大，设备齐全，为我国新法烛皂业之劲敌。除五洲外，我国烛皂业工厂虽多，然资本有限，多者不过三四十万元，少者仅一千元耳。

四　民族工业资本之发展

我国工业除外资经营部分外，其由自身积聚资本而经营之民族工业，亦堪一述。民族资本可分公有私有两大类。公有资本，或为国有，或为省市县所有。私有资本之供给者，不外官僚（包括军人），买办，华侨，商人，以及银行钱庄等等。兹请依次分陈之。

（甲）公有资本　公有资本经营之工业，按行政单位之不同，分国营、省营及市县营三种。国营工业发展最早，范围亦最广，然成效则甚微。考我国新工业之发展，其第一期（一八六二——一八七七）为军用工业兴起时期，亦即官办时期；期中主要事业，如制炮局（一八六二）、江南制造总局（一八六五）、马尾船政局（一八六六）及天津机器制造局（一八六六）等，均由国款创办。至第二时期（一八七八——一八九四）即商品工业兴起时期，完全国营或官办工业，虽因国款之支绌，新兴者渐见减少；然官商合办或官督商办者，则方兴未艾。在此期内之工业，虽有官办、商办、官督商办乃至外人经办者，而以官督商办为最著，故又称官督商办时期。计本期官办工业有甘肃织呢总局（一八七八）、湖北织布纺纱制麻缲丝四局（一八九三）及各省兵工厂（其中如汉阳兵工厂，尤为卓著）等。官督商办之工业，则有织布局（一八九○）、机器纺织总局（一八九三）、开平煤矿公司（一八七八）、漠河金矿（一八八八）、大冶铁矿（一八九一）及汉阳铁厂（一八九三）等。自此以后，国营工业日趋衰落。民营工业渐有取而代之之势。然国有铁路之机厂、造币厂、兵工厂、印刷厂、织呢厂等，则仍均为国营。单就各路机厂而言，据第一次《中国经济年鉴》工业章所述：吾国国有铁道，"计有北宁（一九○四年开工），平汉（一八九七），平绥（一九○五），津浦（一九○八），胶济（一八九九），京沪（一九○三），及沪杭甬（一九○七）七线。北宁线之机厂有皇姑屯，山海关及唐山三处。平汉线则只长辛店一处。平绥线只南口一处。津浦线有西沽，济南及浦镇三处。胶济线之机厂在四方。京沪线之机厂在吴淞。沪杭甬线之机厂在闸口"（第六三八页）。国府成立以来，党政军当轴，秉承总理实业计划，发展国家资本，节制私人资本，于是国营工业又复抬头。军事委员会设资源委员会（现改隶经济部）兴办国防或基本工业如煤铁、机械、电气、化学等。国府复有建设委员会（现已归并于经济部）主办电气工业及煤矿。而行政院实业部在抗战期前亦拟有实业四年计划：关于工业方面，拟举办钢铁厂、硫酸钜厂、机器厂及细纱厂等。其中除硫酸钜厂已在南京附近开工，不幸于南京失守前被日机炸毁外，余于抗战发生前，亦均在进行中。此我国国有工业之概况也。

省营工业以矿业及电业较为普遍。光绪二十一年（一八九六）湖南设立官矿局。三十一年江西赣州举办铜矿。宣统元年直省又开办鸡鸣山煤矿。二年湖南官矿局以新法采水口山铅锌。此皆各省官业之要者。入民国后，此数矿中，其未停办而仍获利者，惟湖南一处耳。近年来，各省官营之矿业为数又渐多；最著者有河南之中原煤矿，陕西之延长石油矿，湖南之水口山铅锌矿及黑铅炼厂，湖北之象鼻山铁矿，河北之临城煤矿，广西之富贺钟锡矿，贵州之铜仁县大峒喇汞砂厂，安徽之烈山煤矿，以及辽宁之黑山县八道壕官矿等。其营业情形则各省不同：有因亏累而不振者，如贵州铜仁之汞砂厂，有仅能勉强支持者，如陕西之延长油矿，亦有获赢颇为可观者，如湖南之水口山铅锌矿及黑铅炼厂，河南之中原煤矿（地质调查所编：《第四次中国矿业纪要》）。此外各省官商合办之矿业，较著者有云南之笛旧锡务公司及察哈尔之龙烟铁矿公司。中外合办者，有河北省政府与德商合办之井陉矿务局，辽宁省政府与日商合办之本溪湖煤铁公司，弓长岭铁矿公司等。此我国近年来各省官办矿业之概况也。

　　我国电厂，据民二十一年十月之统计，共五一八处，资本三一一兆元，发电容量五五六，〇四八瓩。内公营（包括国营、省营、市营、县营）者二七家，资本三一兆元，发电量七七，七七五瓩。此等公营电厂之分布，有如下表：

第五表　民国二十一年中国公营电厂之分布

省别	厂数	投资额（千元）	发电容量（千瓦）	备　考
江苏	3	6,008	24,236	国营二　县营一
浙江	5	5,150	21,640	省营四　县营一
安徽	1	300	640	省营
四川	1	20	100	市营
广西	2	595	1,088	市营
贵州	1	200	150	市营
河北	2	6,000	3,100	国营一　市营一

省别	厂数	投资额（千元）	发电容量（千瓦）	备　考
山东	1	70	100	国营
甘肃	1	32	80	省营
辽宁	3	150	10,275	省营一 县营二（官商合办）
吉林	3	11,960	15,800	省市县营各一
黑龙江	4	330	566	市营一　县营三
合计	27	30,815	77,775	

照上表所列，公有电厂之国营者四家，省营者八，市营者七，县营者八。公有电业之不发达，由上述统计已可窥见一斑。吾人若进而考察各地之大电厂，可知多数均为外资或民营，如上海、南满（只沈阳有省营者一家）、广州、天津、武汉、哈尔滨、青岛等处均无公营电厂；而有公营电厂者，只北平、杭州、南京、武进（戚野堰）、苏州等地而已。

市营工业，除电业外，尚有自来水。我国自来水厂，分外资、商办、官办及官商合办四种。外资及商办者不论，其官商合办者有广州增步水厂（一九〇五）及昆明自来水公司（一九〇二）。官办者有南京市自来水厂（一九三三），杭州市自来水厂（一九三一），青岛自来水厂（一九〇五），及吉林省城自来水厂（一九二九）。此外，广西之柳州梧州，安徽之蚌埠安庆，江苏之苏州常州，河南之开封，及湖北之武昌，亦均有自来水厂之设置，或办有成效，或未及完成而中断。

（乙）私人资本　私人对于工业之投资，分官僚、买办、华侨、商人及银行钱庄五种。官僚阶级，起源于周末之士大夫。其时诸侯及贵族虽为自治体之支配者；然因政治与社会之混乱，政治实权渐旁落于士大夫之手，是为官僚阶级发生之萌芽。秦采中央集权制，彼等一时虽销声匿迹，然不久秦亡汉兴，彼等又重整旗鼓，掌握政权。此种阶级，由于历代之注重考试，故能踵起继进，永久延续；不似欧洲之贵族阶级，随时代之变迁而没落。即民国以来，士大夫之地位仍未衰替。彼等在朝为官，在野为绅，无形中把持中央与地方政权，且互相勾结以榨削平民，积聚资本。往昔我国经济落后，产业未兴，故官僚阶级之资本，尽以土地投资为出路。鸦片战争以后，工商百业受帝国主义经济侵略之刺激，日益发展。官僚资本逐渐由土地之买卖转向工商业之经营，而形成民族工业资本之首要源泉。新工业之由官僚兴办者，自官督商办时期后，日以滋多。如聂潞生设恒丰纺织新局于上海（一八九〇）；李鸿章设伦章纸厂于上海（一八九一）；盛宣怀设华盛纱厂（一八九三）及大德机器榨油厂（一八九六）于上海；张謇设大生纱厂于南通（一八九八及一九二四）；崇明（一九〇七）；海门（一九二一），及耀徐玻璃公司于宿迁（一九〇八）；鲁督胡廷干设博山玻璃公司于博山（一九〇四）；熊希龄设醴陵瓷业公司于醴陵（一九〇五）；郑孝胥设日晖毡呢厂于上海（一九〇六）；两江总督端方设江西瓷业公司于鄱阳（一九〇七）；黎元洪设中兴煤矿于山东峄县（一九〇八）及鲁丰纺织公司于济南；周学熙设华新纱厂于天津（一九一八），青岛，卫辉及唐山（一九二二），倪嗣冲等在欧战期间设纱厂于天津；如此等等，均其较著之例也。

私人资本之第二来源为买办。买办（Comprador）一语，源于西班牙文之 Compar；Compar 在英语为 to buy，有购买之意。吾国译作买办，谓其代人买卖也；于原义尚能吻合。买办制之起源，说者谓为西历一七〇二年，由我政府正式批准之特许商人（其初此种特许商人仅只一名，嗣后名额渐次增加，在一七二〇年达十三名，有公行 Cohong 之组织）之变体。惟征之史乘，外人在华早有使用买办之事实。自《南京条约》（一八四二）

承认外人自由贸易，废止特许商人后，外人利用买办之范围亦随之而扩张。买办至此，亦变其本来之性质，且侵入从前公行之业务范围矣。

往时欧洲人来华经商者，悉以南方之广东为中心。自我国政府开放南方各港为商埠以来，南方之对外贸易，乃有急激之发展，同时更促进利用买办之机会。故买办制之发达以南方为最早且盛；而买办职务殆为广东人所独占。斯时之买办咸以外人不谙华语，不明吾国商业习惯及一般社会情形，乃居奇制胜，往往过索佣金，或于买卖价格上，播弄手段，获利颇为可观。于是各省人士，苟能通晓外国语言，莫不竞趋斯业，以求致富，甘为外商执役而不辞。然就人数言，依然以历史上对外贸易中心地之广东人占多数，其次当推宁波人。此两地人本以长于商略闻；其多操斯业，非无故也。如上述买办以粤浙两省籍居多数，故现代资本之积聚，亦以两省为较巨。日人长野朗氏至谓我国财阀可分粤浙两派；虽不免过甚其词，要亦有相当之理由在焉。该氏且谓："中国的财阀，是由与外国通商而产生的；其发展地为通商口岸及生命财产有安全保障之租界。随着开港场之发展，他们的势力便愈扩大。所以中国财阀，在目前的状况，与租界及开港场是有着重大关系的。"（长野朗著，胡雪译：《中国资本主义发达史》，页三四〇）职是之故，经营工业者亦以粤浙两省人为多。据长野朗氏统计，上海工业财阀势力之分布：在纺织工厂之一七家中，浙江系占六家，广东系占四家。缫丝业之九家中，浙江系占四家，广东系占一家（见长野朗书，三六〇页）。

私有资本之第三来源为华侨。据陈达氏之调查，我国海外侨民分布五十余处，合计在一千二百万人以上；其中有万人以上者二十二处，分列如下（以千为单位）：台湾四，三〇〇；暹罗一，一〇〇；荷属东印度群岛一，〇〇〇；香港八二一；马来联邦七一二；印度支那四〇〇；西比利亚三五一；缅甸三四九；印度一〇八；美国七五；澳门七一；日本与高丽七一；菲律宾七〇；英属北婆罗洲四八；加拿大四〇；夏威夷群岛二七；巴西二〇；澳大利亚一七；墨西哥一五；比鲁一五；古巴一二；法国一〇（见陈达：《人口问题》，页三五五）。观此，华侨之分布区域虽广，然多数集中于南洋一带；其经济发展，亦以在南洋为最显著。盖其他地方，物质文化进展至相当程度，工商业均甚发展者，华侨颇难有插足之余地也。南洋华侨在产业上之势力介乎欧人与土民之间，如法属安南之西贡一带，粤人经营者有绸缎店、米店、制板店、材木店及砖瓦、石灰、平底帆船之制造、毛皮、兽骨、雄黄、小豆蔻等特殊土产之输出，及舢板船修理用材之制造等。闽人亦以西贡为中心，从事活动。图伦之工场与米商，多在彼等掌握中。暹罗经济全权，亦操于华人之手。华人不但经营输出入业，且设有保险公司十余家，与欧美及日人竞争而无逊色。银行业虽不发达，亦设有三家之多。航业亦曾一度经营，不幸失败。农业以园艺为主。暹罗之主要物产为米，而米之贸易，自熟米以至输出，均由华人经理。制材业亦以华人最占势力，且有兼营木器制造者。其他器具及机器工场，亦颇不少；盖暹罗工业，尚甚幼稚，华人精巧的小工业自易发展也。英领马来半岛华人之经济地位，亦极巩固；橡皮制造业者，交易商，零卖商及劳动者占多数；富豪亦不少。至锡矿之开采，亦以华人为较多而有成效。荷属东印度诸岛及英领婆罗洲之华人，以经营贸易为主，在欧人与土人之间，形成一种中间商人。菲律宾华侨之经济地位亦甚高。岛内之小商业，什九在华人之手；冗卖亦然。彼等握有主要产物之收买权，且设有一千万元资本之中兴银行，以为金融周转之中心。

华侨在海外经济势力之雄厚，已如前述。其对于祖国经济发展之影响，除在国外推销国货并年输巨额资金回国以补偿历年来国际收支之不平衡外；对于祖国工业之促进，在资金与技术方面，更有莫大之助力。考华侨返国作工业之投资者以潮州人张振勋氏为最早。张本南洋华侨，因事晤法领，得葡萄酒饮之甚甘，回国后，访得天津烟台地方多产葡萄，乃出资三百万元，在烟台购地三千余亩，采集各种葡萄植之。最初十年所植美法等国葡萄种多不能活，后用接种之法，始获成功。又延聘造酒名师，在烟台开设张裕酿酒公司，从事酿造。于是销路大畅，名闻遐迩；其出品每年输出新加坡等处者，为额殊巨；且曾陈列中外博览会多次，获有金牌证书甚多。政府为提倡国内实业起见，特许注册，免其厘税。该公司并附设有玻璃厂，制售酒瓶。

继张氏而起者为简照南昆仲，创办南洋兄弟烟草公司。该公司肇始于光绪二十八年（一九〇二），名为南洋烟草公司，三十二年始在香港正式注册，资本十万元。未及一年，资本告罄，乃宣布停业，并决将机器及生财拍卖。宣统元年，简氏昆仲鉴于纸烟输入日多，利权外溢日甚，遂自合资接办，改称今名。简氏之叔某饶于财，投资该公司亦甚巨。于是，营业日有起色。其出品极得两广及港粤人士之欢迎。欧战起后，外国烟草及材料输入减少，该公司乘机扩展营业，于上海、广州、北京、汉口各处皆设分公司。继而内地各行省及南洋群岛等地，亦有代销处。其时资本已增至一百万元。上海方面已增设规模甚大之卷烟厂；并聘海外烟业专家来厂烤制纸烟。民国七年，南洋获利益丰，资本扩充至五百万元。翌年，国内各商会各团体及海外华侨海内巨商，皆以英美烟公司之在吾国，实力雄厚，欲与其竞争营业，非集合巨额资本，组织规模宏备之工厂，不克有济；于是南洋应时势之要求，遂以公司公诸国人，而成为一股份有限公司。不数月而一千五百万元之资本，遂告收齐。改组以后，惨淡经营，年有盈余。惜以年来沪上烟厂林立，竞争销路，外商如英美烟公司则利用其大量之资本，低价求售，不惜亏本。加以烟税增加，工潮迭起，原料昂贵，出品迟缓，种种原因，该公司乃渐有动摇之势。其在国内之工厂，上海有第三第四两厂，汉口有第六厂，余均在香港。第三厂设于民国五年，为各厂之最大者。浦东之第四厂系因民国十四年五卅事变时英人限制电力而设立，叠受罢工影响，于十七年十一月停闭。汉口一厂，成立于十五年，只以近年营业欠佳，迄未开工。

国人自办之新式制糖厂，以宣统元年南洋华侨郭桢祥氏在闽南所设之华祥公司为嚆矢，资本四十五万元。设立之初，由爪哇菲律宾购入蔗苗二百五十万株，在龙溪县之王四爷洲及田边与同安县之水头等处设甘蔗栽培场，于水头及浒头设制糖工场二所，其水头工场每日可用蔗八十吨。

国内之有新式针钉业，始于光绪三十四年张之洞在汉阳创办之湖北针钉厂。所购机器共值银二十一万两。开办数年，未能获利。宣统三年五月，由南洋华侨梁祖禄承租续办，仅制针而不制钉。

华侨对国内工业之又一投资，为上海之永安纺织公司。该公司为沪滨著名百货商店永安公司之附属事业。永安乃四十余年前澳洲雪黎金山（Sydney）华侨所经营之百货商店，今在广州、上海、香港等处，均有店号。民国九年，该公司董事议决拨盈余之一部，在上海创立纺织工场，次年遂在杨树浦引翔港购地筑厂，十一年秋竣工，是年十月即开始纺纱。十四年又收买吴淞蕴藻浜大中华纱厂为第二厂。第三厂在上海麦根路，系民国十七年该公司收买者。三厂资本，共六百万两，管理工程者均美国留学生。为我国华侨归国经营之最大纱厂。

树胶业为华侨投资之又一工业。初南洋归国华侨某目睹树胶业工资之廉，获利之厚，乃携款回国，于民国六年就广州河南之鳌州设立广东兄弟树胶公司，营业发展，获利颇巨。十七年又有留日华侨薛福基纠股设立大中华橡胶厂于上海，发展颇为神速，资本达百余万元，工人二千余，执橡胶界之牛耳。

华侨对于化妆品业之投资，除著名之先施公司而外，尚有上海之香亚化妆品公司，为美国华侨所创办，民国四年设立于美国旧金山，七年迁至上海，出品数十种；几经改组，始臻稳定。

东三省毛织厂兴起最早者：辽宁有裕华毛织工厂、哈尔滨有裕庆德毛织工厂，均为海参崴鲁籍华侨所创办。裕华发起于民国九年，至十一年正式开工。有英国纺毛机两部，共一，〇二〇锭，每一昼夜可出毛线一千磅；木制织毯机六千架，每架每日按十小时工作计，可出长六英尺半宽四英尺之绒毯五条；销售于东三省及天津等处，颇博一般人之称誉。裕庆德发起于民国十年，至十四年始正式成立，资本六十五万元。购德国纺织机七百二十锭，铁制织机十架；所出毛线及绒毯，在天津市场亦颇有名。

酒精制造业亦为我国新兴工业之一，以上海为中心。上海各酒精厂之规模及产量，以民国二十三年实业部与爪哇华侨黄氏合资创办之中国酒精厂为最大。黄氏在爪哇素称巨富，其财产达三万万之巨。酒精厂资本一百五十万，在黄氏创办之事业中，尚属规模较小者。该厂机器购自英国，所用蒸气电力及水等，均系自备。厂内设有一百万公斤之酒精储藏槽。全年产量为一百二十万加伦，占上海六厂总产量（二百二十二万加伦）二分之一以上。

华侨而外，国内商人对工业投资之较著者，有无锡商人荣宗敬氏之于纺纱与面粉业，宁波商人刘鸿生氏之于火柴水泥及手织业。荣氏在我国有面粉及纱厂大王之称。刘氏亦有火柴大王之称。兹请分述荣刘两氏所手创之工业于次。此外则仅加列举，不及详陈。

荣宗敬氏所办之申新纱厂，为华商纱厂之最大者计有六厂：第一、二、五、七等厂在上海，第三在无锡，第四在汉口。第一厂创立于民国五年。第二厂原为中日合办之久成厂，曾一度全属日人，旋以亏耗过巨，至民国五年停办，次年由无锡祝兰舫氏收买，改名恒昌源纱厂，民国八年始归申新，改今名。第三、第四两厂，均创于民国十年。第五厂本名德大，成立于民国三年，至十四年始由申新收买，改今名。第七厂本为英商之东方纱厂，十七年申新以一百七十万两买得。六厂以外，尚有申新第六厂，在江苏常州，系十四年向常州纺织公司租办。故申新经营之纱厂，实际上达七家之多，资本达六百万元，三十万两。各厂均为半合股有限公司性质，资本大半为荣氏亲属所摊，故其实际情形，外间难知底细。

中国最大之面粉事业，当推荣氏所经营之茂新福新面粉公司，资本在五百万元以上，每日生产量逾三万三千六百袋（每袋五十磅），由十四所面粉工厂制造，其中公司自行经营者十二所，租与他人经营者二所。自行经营之厂，以福新名者八，以茂新名者四。福新有七所在上海，一所在汉口。茂新有三所在无锡，一所在济南。租与他人经营之厂，为上海之元丰及无锡之泰隆。其自营之十二厂除茂新第一厂成立于光绪二十六年（一九○○）外，其余十一厂均成立于民国年间。茂新第一厂最初之资本为二十万两，每日生产力为二千六百袋。其始经营困难，颇多亏折。入民国后，渐臻佳境。欧战期间，获利尤丰。于是在无锡设立第一、第二分厂，旋于民国六年在济南设第三分厂。民国九、十年间，茂新总厂之资本已增至五十万元，近复增至六十万元。而第一、第二分厂，亦自三十万增至四十万。福新第一厂创于民国二年，第二厂成立于民国三年，时值欧战爆发，面粉之需要陡增。原有各厂，无不获利，于是又有第三、第四两厂之设。民国七年又设第五厂于汉口；旋又于上海设第六、七、八三厂。以第八厂最为新式。各厂所备机器，以购自美国者为最多；购自英国者仅两架，购自德国者仅一架耳。

吾国火柴工业，起源于同光时代。欧战起后，因外货来源断绝而大盛。欧战告终，欧货复来，而日货复形活跃，大事跌价倾销，国内资本微弱之小厂，受此打击，遂多停顿。十六年以后，瑞典火柴商又挟其雄厚资本及国际火柴霸权之势力，加入竞争。国内火柴业更岌岌不可终日。上海巨商刘鸿生氏有鉴于此，乃集资组织大中华火柴公司，先事收买小厂，集零成整，一方借此免除同类相残，一方厚其实力以与外资抗衡。故该公司系由上海镇江荣昌火柴厂，上海中华火柴厂，苏州鸿生火柴厂等发起，合并为大中华火柴股份有限公司，于民国十九年七月一日成立，共计股本一百九十一万零八十元。嗣于二十年二月收买汉口荣昌厂，更名为大中华火柴公司炎昌厂，同年十月成立。是年五月，益以九江裕生公司，于七月一日成立。其资本扩充至二百三十六万七千三百元。更于浦东设厂一所，专制梗片，以供各厂之用。该公司现有工厂共七所，资产总额达五百六十六万余元。民二十年纯益为五十四万元。其总事务所设于上海，分总务、营业、会计、厂务、考工、技术等六科，各厂组织，亦有条不紊。出口销路遍于长江流域及南方诸省，诸如福州、厦门、汕头、宁波、南京、芜湖等处，皆设有分销处，实吾国火柴工厂中最有希望者也。

刘鸿生氏除以火柴大王著称外，复从事于毛织及水泥业之经营。民国七年筹设上海水泥公司。经理刘伯烈氏曾费四五年之时间，游历欧美，访购机器，卒以马克价低，向德国之秘鲁苏斯厂购得，价约五十万元。直至民国十一年，始兴工筑厂，十二年完工，开始出货，年达三十六万桶以上。厂中聘有德籍工程师三，化学师一。此外，刘氏复于民国十八年创办章华毛织厂于上海，资本八十万元；其大部机器系接收日晖织呢厂者，新机则购自比国。该厂现有毛织机七十二架，利用国产羊毛，从事织造，每年出品约值二十万元左右。

上述二氏而外，商人之投资工业者，不胜枚举。如光绪初年有沪商祝大椿以资本十万两在上海设立源昌机器五金工厂，植我国商办工业之基。光绪二十三年（一八九七），夏瑞芳、高凤池、鲍咸恩、鲍咸昌等共集股银四千元，在上海创立商务印书馆有限公司，开我国印刷界之先河。民国七年上海棉商吴麟书集资一百万两在上海创办溥益纺织公司第一厂，十三年复以一百五十万两之资本创设第二厂。与溥益第一厂同年成立者有沪商陆伯鸿在上海浦东所办之和兴钢铁厂，资本五十万，欧战期间获利独厚，复增资至一百万元。民国十四年丝商朱节香等以二十五万两之资本设立上海中孚绢丝厂，购日、意、法、德国等式机器，以制造绢丝。同年甬商虞洽卿在上海设立江南造纸股份有限公司，资本四十万元；十七年添装大造纸器一部，扩充资本为八十万元。

上述商人所营工业，均在上海。此外内地商人亦有作同样之经营者。例如宣统二年浙江平湖有高姓者，以织机有利可图，其时上海以外，尚无织袜机；乃购机数架，仿制洋袜。以出品价廉，供不应求，业务发达，工人日众，无法容纳；乃以织机分租与各农户，给以原料，而收其租金。不数年间，营业益盛，至民国十五年，平湖共有织袜机一万架，而高姓一家即占一千具左右。嘉兴、嘉善、石门、硖石诸地竞相仿效。福州附近，亦有类似情形。直隶之高阳县，早在光绪二十八年（一九○二），即有士绅向天津购织布机，仿造洋货，其机均分租与农户。宣统二年，有合记者，以资本二万元购置织机。复逐渐扩充，至民国二年，租出之织机有二百余架，日出布百余疋；其留在工场内之织机仅八架耳。及十五年，高阳布业年产至少二百万元，以合记为巨擘；其余五家，共仅有机四十架。

我国金融界，分新旧两大类，旧者曰钱庄（或银号），新者曰银行。金融界对于工业之投资，恒为短期信用或抵押借款，而极少长期固定之投资。至新旧两类之于工业：在通商大埠，银行较钱庄为重要；其在内地，则适得其反。

钱庄对于工业之投资，在上海一带，以丝厂、碾米厂及其他规模较小之工厂为多。其投资于纱厂面粉厂及规模较大之工厂者，在欧战期间，亦尚不少；今则渐有被资本雄厚之银行取而代之之势矣。吾国丝厂之金融流通，恒唯钱庄是赖。因钱庄之放款与银行不同，毋须先缴担保品，放款数量，全视缫丝厂之信用为转移。在民国二十年以前，如丝商有资本二三万元，即可借款七八万元。其手续通常系将资本存入钱庄，作为垫款，至购茧时，向钱庄零星挪用，收茧完毕后，其收得之茧存贮于附近仓库，将仓库存单交与钱庄，以为担保，至其丝售脱，复以售价购茧。如此转辗流通，不断循环。上海缫丝业之克臻繁盛，实有赖于金融组织之完善也（见沈文纬：《中国蚕丝业与社会化经营》，页四六）。

钱庄对于内地工业之投资，可以高阳之织布业为例。高阳工业组织，以布线庄为中坚。其业务为：（一）直接从外埠（如天津、青岛、上海）大批购入原料，或在高阳线市及布线庄购入，以备撤机之用；（二）散发原料与四乡织户，令其依照规定标准，织成布疋，送布线庄验收，布线庄即给以预定之工资；（三）布疋收来后，如需经过染色或轧光拉宽等手续，则即发交染坊或整理工厂为之；（四）在各埠择地设立分庄，推销本店货品，以求赢利。布线庄在天津购纱时，即与天津银号发生借贷关系：由银号垫借纱款之一部或全部，迨其在外埠售布得款后，即汇至天津银号归还借款，或更存款。不过"九·一八"以后，东省市场丧失，布业因之衰落；而银号放款，亦较前更紧矣（吴知：《乡村织布工业的一个研究》，页五七）。

银行对于工业之投资向不重视。北京政府时代，大小银行，几竟以政治借款之投机为务。近年来，识见较远大之银行对工业投资虽渐加注意，然为量尚甚有限。试就中国银行放款之性质言，民十九至二十一三年中，工业放款，占放款总额之百分比，仅分别为六.五七、一〇.一四及一一.四六。我国银行之业务范围，以中国银行为最广；而该行对于工业之放款，已如此其微，其他殆不难想象而知。新进活跃如上海银行，民二十与二十一两年之工业放款，亦只及全行抵押放款总额百分之三四、三〇及四一.四四。交通银行，系政府特许之实业银行，但该行民二十一年所有"货物抵押及其他工商业投资"之数额，亦仅"约占总数百分之九"，则银行业与工业关系之浅，概可想见。

吾国银行对于工业之投资，不但为量太少，其分布于各业亦极不均匀。例如二十一年中国银行营业报告书，对于国内各业放款三八、四三五、四二三元之分布，曾有下列简括之统计：

表六　民国二十一年中国银行工业放款按业务之分布（百分比）

纱厂	61.9	火柴厂	0.7
面粉厂	11.9	衣着厂	0.5
丝厂绸厂	5.5	布厂	0.5

蛋厂	4.9	染织厂	0.4
饮食厂	4.0	铁工厂	0.3
化学工厂	2.6	橡胶厂	0.2
烟厂	1.5	纸厂	0.2
建筑材料厂	1.1	其他	2.8
手工业	1.0		

见吴承禧：《中国的银行》，页五五〇。

五　工业资本之筹集与运用

（甲）以往之错误　我国之有新工业，历九十余年；惟就工业资本之筹集与运用言，则以往之错误至少有二：即在筹集方面被外资利用而未能利用外资；在运用方面为民生工业之发展而非国防工业之树立是也。

外资利用我国工业之方式，第一在以其雄厚力量把持我国工业之领导权；第二在其决定投资门类与地域时，一惟彼方利益是视，而于我国之权利，则漠不顾及。此征之外资工业在华发展之实况，固灼然可见者。考外资之侵入我国工业；为时颇早。远在同治元年（一八六二），上海即有外人设立之百釜机器缫丝工场。此后外人于吾国各地开设工厂者时有所闻。甲午一役（一八九四），我国败北；迫于日人之要求，签订《马关条约》，许其在华有制造权。于是各国纷纷援例，外资工业遂如雨后春笋，蓬勃滋长，而造成今日外商在我国工业上之霸权，几于牢不可破。仅就上海一埠而言，外资工业势力之雄厚，已非国人所能望其项背。据该市社会局民十七年之统计，全市工业投资总额三万万元中，外商即占二万万元，或三分之二。上海为我国工业中心，全国二分一至三分二之工业荟萃于此。上海如是，其他各埠自不待言。观以上各章所述，可知我国主要工业如煤铁、电气、棉毛纺织、精糖、制茶、制蛋、卷烟、水泥、火柴、玻璃、制革、桐油等，均以外资占优势，而最大之工业组织，如煤矿业之抚顺与开滦，电气业之上海电力公司，钢铁业之振兴（鞍山）与本溪湖（宿儿沟），棉纺织业之内外棉（上海十一厂，青岛三，辽宁锦州二），缫丝业之富士瓦（安东）及上海制造绢丝公司，毛纺织业之满蒙（辽宁），面粉业之满洲制粉会社（铁岭、长春、哈尔滨、济南），精糖业之南满（铁岭、沈阳），砖茶业之太平（汉口），制蛋业之和记（南京、汉口、天津），烟卷业之英美烟公司（上海、汉口、天津、沈阳、哈尔滨、坊子），火柴业之瑞典火柴股份有限公司（东三省、上海、镇江），玻璃业之耀华（秦皇岛）及昌光（大连），制革业之裕津（天津），及桐油业之其来洋行（汉口），亦全系外资经营。其中以日英两国资本为尤巨。

　　各项外资工业兴办之动机，莫不以外人之利益为前提。析言之，计有下列四大类：第一，输出品如丝、茶、蛋品、桐油、豆油及豆饼等之加工；第二，输入品如棉毛纺织品、面粉、精糖、卷烟、水泥、火柴、玻璃、皮革、烛皂、硫酸等之仿造；第三，外国工业基本原料如铁砂、盐、油等之采掘与加工；第四，在华外资工厂所需动力（如电气）及燃料（如煤）之供给。具此四种动机，故其兴办之工业，类无关我国国防之巩固，而一以民生消费之促进为主眼。其中虽亦有煤铁及电气等有关我国国防之重工业，然全由彼等操纵，华人无插足余地，或屈居附庸地位。其地域之分布，则以集中沿海沿铁路之通商大埠为原则，藉便收集原料，推销制品，且易与其本国往来，而劳力供给之集中，与商业金融机构之灵便，犹其余事也。"七·七事变"起，我国弱点悉露；不惟国防工业之基础，十分薄弱，即经营有年之民生工业，亦因位于交通线附近，首当其冲而次第沦毁。九十年来利用外资之结果如是；良堪痛心！

其次，我国以往工业资本之运用，偏于民生工业之发展而忽于国防工业之树立。其铸错之主因，首为内忧外患之频仍，造成恶劣之工业环境；次为朝野上下之昏庸，缺乏经营现代工业之才识。考我国新工业初兴于同治元年。时值英法联军及太平天国二役之后，国人既慑于机器文明之威力，益以曾李等军政大员之提倡，军用工业，遂以勃兴；国防工业之基础始见萌芽。惜乎尚未数年，而内忧外患，纷至沓来。光绪十一十二两年，安南缅甸相继失守。甲午之耻未雪，辛丑之约又缔。鼎革以还，袁氏称帝；南北纷争；国共阋墙；东省沦陷。数十年来，国势日削，国库日绌。军用工业在此恶劣环境中，未及发育滋长而已摧残殆尽。同时外人援引《马关条约》，取得在华工业制造权，驯且握有我国工业领导权。驯致消耗民财之民生工业日见兴旺，充实国力之国防工业乃益无由树立矣。

至朝野上下对于现代工业之经营，缺乏远大之才识，只就近年来硕果仅存，具有悠久历史与巨大规模之汉冶萍公司而言，即可窥见一斑。吴景超氏于分析该公司之档案后，曾作如下沉痛之断语："汉阳铁厂的开办，距今将近五十年；汉冶萍公司的正式成立（一九〇八），距今也有三十年。在这个时期里，假如主持这种事业的人，有眼光，有能力，勤谨的去工作，那么中国的钢铁事业，应该很早便有基础。果能如此，中国的工业化，一定早已突飞猛进；中国的国防力量，一定比现在要坚强巩固。可惜事与愿违，中国现在的钢铁工业，比张之洞的时代，相差无几，比盛宣怀的时代，还要退化。我们真是虚度了五十年！"（《新经济》一卷四期，一〇六至一〇七页）考汉冶萍失败之因，除环境不良如前节所陈外，据吴氏之分析，尚有三端：第一，计划不周。张之洞开办汉阳铁厂时，"度地则取便耳目，不问其适用与否；汉阳沙松土湿，填土埋桩之费，至二百余万两之多。造炉则任取一式，不问矿质之适宜与否。购机则谓大须可以造舟车，小须可以制针钉。喜功好大，以意为师，致所置机器，半归无用"。第二，用人不当。"汉冶萍事业，矿分煤铁，工兼冶铸；非独工程之事，赖有专家，即经理佐辅之人，亦须略具工商知识。乃公司中人，率皆闲散官绅，夤缘张之洞盛宣怀而来，只图一己之分肥，与公司无利害之关系"。至"职员技师，类无学识经验，暗中摸索。即实力经营，已不免多所贻误，况再加以有心蒙混，任意开销，其流弊自不可胜纪"。第三，管理不善。此又可分为人事与帐目两方面。人事方面，股东既未监督董事与经理，而董事与经理，亦未严密的监督公司属员。是以民国元年，"公司亏耗之数，已逾千万，问诸股东，殆无知者"。盖总公司与董事会，均"设在上海，距各厂矿两千余里；消息不灵，鞭长莫及。况复事权各执，手续纷糅，凭三数坐办，一纸呈报，真伪是非，无从辨析"。账目方面，"公司在开股东会时，有时也作账目之报告，其不可靠之程度"，张轶欧氏于民国七年二月，于代表政府参加该公司股东大会后，曾有如下之报告："上海公司收入总计不过一千一百二十六万二千余两，其支出则有一千一百十七万九千余两，出入相较，所赢无几。其所以称有盈余一百三十三万三千余两，得发股息六厘者，谓盘存项下，各厂矿较上届均有加存之故。及观其所谓盘存，则除所存钢铁及煤焦可以待时而沽，然所值亦属有限外，余皆厂屋基地炉机舟车之类。此类财产，照外国厂矿通例，除地价外，均应逐年折旧，递减其值。而该公司则十余年前设备之旧物，尚照原值开列，其历年所添之物，尤必纤毫具载。故虽通国皆知其亏累不堪，股票市价不及额面之半，而就其账略通收支存三项计之，往往有盈无绌，或所绌无几。"汉冶萍公司之经营如此，其他厂矿，亦不免有类似情形。盖我国工业，官营者，厂矿即为衙门之变形，而私营者，又何以别于封建式之大家庭。荣宗敬氏经营纱厂业及面粉业，在我国首屈一指；而其成绩除范围之庞大，亲友僚属之众多，与汉冶萍公司不相上下外，他无可述焉。总之，经营者不得其人，事业无不失败。我国国防工业之不振，岂尽环境使然耶？

（乙）今后之途径　今后我国工业经营，苟欲惩前毖后，趋回合理之途，则在筹集方面，应仿苏联先例，力争积聚民族资本；虽间亦利用外资，但务须保持主动地位。在运用方面，应适应世界现势及本国急需，以国防高于一切之原则，定事业之缓急先后。兹请依次分述于后：

民族资本之积聚，除鼓励华侨投资外，其在国内，不外促进生产与节制消费两端。我国应促进之生产事业甚多。惟今后之工业建设当以重工业为主；而重工业所需之机械，在最近期内，势须仰给外国。则为平衡贸易收支计，自惟有于输出产品换取外汇之要求下，从事生产之促进。此据过去情形，应为下列二类：（一）农林渔牧业。其产品如桐油、猪鬃、鸡蛋及蛋制品、生丝、茶叶、牛皮、羊皮、羊毛、肠衣、芝麻、棉花、杂粮等物，每年输出总值，在过去放任政策下，已达二万万元；此后政府如能采行鼓励与扶植政策，则其输出量值，自必大有增进。苏联在第一五年计划下所需外汇，其大部分亦系借农产品之外输而筹得，堪供吾人借镜。（二）矿业。我国矿藏甚富，亟须开发。矿产如煤铁铜石油等等，当留供自用，以建立国防工业。但其他工业上必需之矿物如钨锑锡及煤之一部，或为我国特产而目前尚不急需；或自用有余，外销较为合算；则不妨酌量输出，以换取外汇也。

　　所谓换取外汇，大部分实即换得重工业机器。第国防工业之促进，不仅在置备机器而已；尚须建筑厂屋，购置原料，付给工资，及应付其他必要开支。凡此在在需款，诸待筹集。筹集之方，依苏联之经验，最有效者为消费之节制。惟此有一先决问题，即筹集之款能否尽供国防工业建设之用是。欲实现此点，则政府对于生产事业——尤其工业之投资，应加统制。按我国私有资本之运用，素乏统制。资本所有者得专以个人利益为前提，任意投资，虽与社会利益相背者如投机性或浪费性之事业，亦可任便经营。今后欲矫此弊，当一反以住之放任政策，而仿效德国之严格统制。考德国之第二个四年计划，将拟办事业，按其轻重缓急，定一次序。最重要者为军需工业，其次为粮食供给，其三为工业原料之自制，第四为输出品之增加，第五为工人卫生宿舍之建筑。私人投资，须经政府核准，尽先投入较重较急之事业；凡政府认为不必举办者，私人即不得投资。我国情形，与德不同，虽不能如彼等之严格；但必需采用其原则，俾国内有限之资本，得适应目前迫切之需要。限制之后，更当继以鼓励，或保息，或津贴；如去年六月七日府令修正之特种工业（指制造电机，原动机，工业机及运输器材，冶制金属材料，采炼液体燃料而言。）保息及补助条例，即其一例。该法规定保息之限度，实收资本年息五厘，债票年息六厘，至多以七年为限。补助则以各品类每年生产费及市价为标准，酌量给予现金。至十一月二十五日立法院更进一步，通过非常时期工矿业奖助条例，规定中华民国人民在后方所办有关国防民生之重要工矿业，实收资本已达必要数额需要扶助者，得受下列一种或数种之奖助：（一）保息：以实收资本年息五厘债票年息六厘为限度，期限至多五年；（二）补助，以出品每年出产费及市价为标准，酌量给予现金；（三）减低或免除出口税；（四）减低或免除原料税；（五）减低或免除转口税及其他地方税捐；（六）减低国营交通事业交通费；（七）租用公有土地，免除地租；以五年为限，免租期满，得按照当地租金标准酌减，但减低之数，不得超过租金标准二分之一；（八）协助向银行或以其他方法借用低利贷款；（九）协助向交通机关谋材料成品机件及工人生活必需品运输之便利。

用途既定，请言节制消费之方法。此等方法多少含强制性，其最理想者当为定量分配。欧战时英、法、德、比等国曾一度行之。我国自抗战以来，对于外汇及汽油等，亦颁有同样办法。然以民众组织之不健全及统制机构之欠完备，尚难应用于衣食住等方面之大宗生活用品。迩来全国上下所提倡之节约运动，意义虽佳，而多赖国民自动实行，亦颇难收预期之效果。今退而求其次，惟有先后输入统制，及强制储蓄两端入手。

关于输入物品，我国素乏统制，是以民元后二十三个年度中，进口之奢侈品仅装饰品（如香水脂粉等）饮食品（如雪茄烟查古律糖白兰地酒等）两项平均，每日已达二一七，五〇〇元，每年约为七九，四〇〇，〇〇〇元，合计为一，八二六，一一〇，〇〇〇元，占同时期内入超总值百分之二二.三五，诚属惊人之巨量。而其他奢侈品如衣服方面之丝织、毛织及人造丝等，尚未计入。至必需之消费品如米棉等，本应自给者，输入亦不少。反观生产物品之输入，则为数甚微。二十三年机械输入为二八，〇五一，一〇八金单位，而最多之民二十年，亦仅为八〇，一一六，〇〇〇元，民七以前最多之年，则不过八百六十四万元而已。今后欲谋补救，当实行统制。一方增加农矿产品之输出，一方减少奢侈品及其他消费品之输入，而增加生产物如机械等之入口，庶资本有积聚之可能也。

其次关于储蓄，较易实行之方式有二：一曰摊派建设公债，一曰强制建国储金。

抗战以来，沦陷区域日广；其中工商百业，均已停顿，国内巨额流动资金，因亦无法利用。政府正可乘此时机，发行建设公债，令各工商机关——尤其金融机关——按照规定标准，如金融机关吸收得来或代人保管之现款至少提出百分之几，购买债券。故二十三年七月四日国府公布之储蓄银行法，规定凡办理储蓄业务之银行，对于农村合作社之放款及农产抵押放款总额，不得少于存款总额五分之一，允为饶有意义之立法。

强制建国储金之举办，可先就各类所得税，依其应缴税率，加收相当倍数，作为储金；即由所得税机关负责收存，不需另设机关，以免增加财务行政之负担。按我国自二十五年十月开征所得税以来，税收年有增加，计二十五年度平均月收为七十二万，二十六年度为一百六十五万，二十七年度（七至十月）则略减为一百十四万。即照二十七年度之统计，年收亦可达一千三百六十八万；加倍储蓄便可达二千七百三十六万。其于资金之积聚，亦不无相当裨益也。

促进生产与节制消费而外，华侨资金之招致，亦为积聚民族资本之主要方法。过去华侨现款之输入国内者为数亦颇不赀，历年来国际贸易入超之抵补，多赖此项为挹注。据去年十二月二十六日《大公报》中央社福州专电称："海外侨胞以往汇款回国年约三万万元，本年以侨胞热烈拥护祖国抗战，益以中央再三鼓励，中、中、交、农四行及闽粤两省银行复予以汇款上之便利，汇款数额骤增；截至十一月份，总额已达五万万元，预计至年终止，可达六万万元。"至华侨汇款之用途分配，尚乏统计可查；然据前章所述，用于工业者自亦不在少数。吾人固知侨胞中不乏拥有巨资而愿回国投资工业者，如在上海开设中国酒精厂之黄氏，素称爪哇巨富，其财产达三万万元之谱；其以一百五十万元办酒精厂，尚属小规模事业。以后国内他项工业之发展，借助于黄氏之处正多。目下黄氏在沪所办工厂，虽已为暴日强占，政府正可予以特殊便利，俾得继续投资西南西北等省工业。

国府为奖励华侨投资祖国工业起见，曾于十八年二月二十七日，颁布华侨回国兴办实业奖励法，对于华侨兴办之建筑、交通、制造、农矿及其他依法允许人民经营之事业，予以下述之便利：一、当地官署关于安全上之特别保护；二、交通机关于其所需材料及出产物予以运输上之便利；三、由侨务委员会派遣专员或行知地方官署予以指导保护；四、华侨兴办实业确有成绩者得由侨务委员会呈请国民政府给予奖章褒状。该项奖励法，用意至善。设能再进一步，予以非常时期工矿业奖助暂行条例中对于国内同胞所定奖助之一部或全部，则华侨回国兴办实业者，自将源源而至矣。

此外，为补充民族资本之不足，外资自不妨利用。即中山先生之实业计划亦主利用外资。然必利用得法，庶不致造成过去被外资利用之恶果。考实业计划中明订利用外资之原则，为平等与互惠，务在不妨碍中国之主权及行政范围内，双方各得其利。中央政治会议第二二二次会议，依据上项原则，曾有如下三种方式之决定：一、借款与中国政府，外人仅居债主地位；二、外人与中国政府合办各项事业，可居股东地位；三、特许外人在中国法律范围内，完全使用其资本与技术，以事经营，如开矿等，但期满后产权须无偿的交还中国。依第一方式，中国政府可向外国银行团或私人厂商借款，兴办实业。在第二方式之下，外商虽可与中国政府共同经营，唯外商须负为中国设计及供给机械设备之责任；盖不如此，则中国不能得合作之实益也。第三方式系就特种实业而言，于特许期内，外人得代中国创办各种事业，如开采金矿之类。以中国资本与经验之缺乏，特许外人经营，自亦有相当利益。惟享有特许权者，对于特许事业，必有长久经验，并能供给丰富资本而后可。

凡按上述三种方式组成之公司，必须遵守中国法律如公司法等。过去外人享有之领事裁判权，今后自不能适用，否则仍将受不平等条件之束缚，不如不用外资之为愈也（见马寅初：《中国经济改造》，下册，三三二至三三四页）。

今后我国工业资本之运用，宜以国防工业为首要。而民生工业次之。盖立国于兹武力压倒公理之世界，欲图富强，自必先强而后富。国防工业之建树，乃至强之唯一途径；正如民生工业之发展，为致富之要道也。观乎欧战以还，苏德两国之卧薪尝胆，亟亟于国防工业之树立，其理更见显然。苏联在资本主义风行全世界之环境中，独行社会主义。执政当局，于推翻旧政权之后，即感有被外界攻击之危险；故于内政渐上轨道，秩序渐见恢复时，即着手实施五年计划。第一五年计划完成后，立继以同样之第二第三计划。其计划之内容，均以国防工业为主体。列宁且谓："苏联之前途，不系于农产之丰收或轻工业之发展，而系于重工业之及早完成；盖无重工业，即无独立之苏联也。"是以在过去十余年中，苏联人民之物质享受，远在英美诸国之下，而其国防事业，却有惊人之进展；最短期内，一跃而为世界一等强国之一。此由其工业生产与投资之统计，更可窥见大略。如一九三四年，工业生产总值中，消费品只占百分之四二.六，生产品则占百分之五七.四。同年度苏联政府之支出预算中，重工业占百分之二一.五，轻工业只占百分之二.六。是以吴景超氏于考察苏联返国后，曾有如下之结语："苏联把重工业放在轻工业之上，乃是显而易见的。所以在西比利亚一带居住的人民，可以没有鞋袜可穿，但苏联的飞机，却可从莫斯科绕过北极而达美国旧金山之南。莫斯科的房子可以不够住；但等到阅兵的一天，莫斯科的红场上，坦克车却是成群结队的。"

德国自希特勒执政以来，数年之内，由一战败受压之国家，一跃而为独立自主气焰逼人之强国。考其致此之因，端在善用德国已有之工业基础，以发展国防工业。是故德国近数年来，重工业日在猛晋途中，轻工业却进展甚缓。如以一九二八年工业生产指数为一百；重工业指数竟由一九三二年之三五.四激涨至一九三五年之一〇二.四；一九三六年十月更升至一二三.七。轻工业生产指数，一九三二年跌至七四.〇，一九三五年，仍为八五.六，一九三六年十月，亦升至一〇二.四。要之，自一九二八至一九三六年之九年间，德国重工业生产已增加四分之一，而轻工业则并无若何变动。一方面政府又持工资不动政策；故德国人民之物质享受，近年来因物价高涨，反较一九二八年为低。其刻苦奋斗之精神实不亚于苏联，而尤为我国所急应效法者也。

我国自国府成立以来，即于军事委员会下设立国防委员会，旋亦称资源委员会，以从事于国防工业之树立。去年正月中枢改组，该会改隶行政院经济部。按照二十七年八月一日府令修正公布之组织条例，会中分设工业、矿业、电力、技术、经济研究及购料等处室，司掌（一）创办及管理经营基本工业；（二）开发及管理经营重要矿业；（三）创办及管理经营动力事业，及（四）办理政府指定之其他事业等项。据去年十一月一日国民参政会议开会时经济部翁部长之报告，上述各种工业，多为国营；且已进展至相当程度。如钢铁方面，将汉阳钢铁厂及大冶铁矿之重要机件，酌量运入四川，六河沟化铁炉，亦商购运入，运费逾一千万元；期在择地另建钢铁厂，继续炼制。又因国产纯铜，亟须增加，故早在长沙设厂，兹又在川省另建，并收购川康原铜，兴办滇北铜矿，以期所得产额，至少可供一部分之需要。至采运出口以换取外汇之锡锑钨等矿亦在集中管理，设法改良。关于锡矿，并已与桂省政府合办平桂矿务局，资本五百万元，拟以电气炼锡，产锡量预计年达千吨。机器方面，以五百万元之设备在云南创设机器厂，即可开始制造工业机械、工具及发动机。而在桂滇之电工器材厂四处，资本合五百万元，能制电线电话、收发音管、灯泡、电池、变压机等件。化学方面，则在四川设立酒精厂，制造强度酒精。动力方面，近数月内，迭在兰州万县贵阳等处，增加电力；又在汉中辰溪沅陵昆明等处新设发电厂，共费约三百万元。

民生工业建设，在目前之中国，其重要虽远逊于国防工业，然亦未可因噎废食，而完全停顿。故抗战以来，政府于此方面亦有相当措施。战事初起时，军事委员会即有工矿调整委员会之设立，去年元月中枢改组，该会易名工矿调整处，隶经济部。该处依去年九月七日部令公布之"办事细则"，分总务、业务、财务、秘书及会计等五组室。其主要工作，在协助轻重工业之重要厂矿，由接近战区之前方移至比较安全之后方，并于其到达后，予以金融技术或行政上种种扶助。计截至十月二十九日止，经政府协助迁移内地之厂矿，除汉阳钢铁厂及六河沟化铁炉外，共计三四一家，机件共重六三，四〇〇吨。并汉阳钢铁厂内迁机件计，当达十二三万吨之多。此中纺织机件占三万一千六百余吨，机器五金机件八千余吨，电气机件三千二百余吨，陶瓷机料三千四百余吨，化学机料二千二百余吨，煤矿机件三千六百余吨。各厂内迁后，除汉阳钢铁厂系由国营外，工矿调整处对于各民营工厂，共贷出款项四百五十万元；又为代向银行借款，购置供一年用之材料，共三百五十万元。

此外，小工业方面，亦有相当进展。党政当轴鉴于小工业之不容忽视，故"抗战建国纲领"中，有"发展各地手工业"之规定。经济、教育、内政三部，复于去年八月十二日会同公布章程，组织推广小工业设计委员会，俾负此方面之专责。去年夏季中外人士所主张以五百万元资本组织三万个工业合作社，以为抗战期间轻工业生产主体之议，亦蒙当局采纳，由国库如数拨发资金，成立中国工业合作协会，全国暂分西北、西南、东南、华中四区，每区设办事处。除华中区办事处尚在筹备中外，其他三区办事处，已分在东南之赣县，西南之重庆及西北之宝鸡等地，先后成立分会矣。

参考书目

实业部编：《中国经济年鉴》，第一、二、三次，民二十三、二十四、二十五年，商务出版。

《中国实业志》：江苏、浙江、山东、湖北等省，实业部国际贸易局编。

Chinese Year book, 1936-37 and 1937 issues, Chinese Year book Publishing Company.

《十年来的中国》，中国文化建设协会编，商务，民二十六年。

马寅初：《中国经济改造》，商务，民二十四年。

方显廷：《中国经济研究》，商务，民二十七年。

长野朗著，胡雪译：《中国资本主义发展史》，中华，民二十五年。

漆树芬：《经济侵略下之中国》，民十四年。

Remer, C.F.: Foreign Investments in China, 1933.

《日本对沪投资》，中国国民经济研究所编，商务，民二十六年。

Fong, H. D.: Industrial Capital in China, Nankai Institute of Economics, Industry series bulletin No.9, Tientsin, 1936.

吴景超：《中国工业化的途径》，艺文丛书之五，商务，民二十七年。

龚骏：《中国新工业发展史大纲》，商务，民二十二年。

吴承洛：《今世中国实业通志》，商务，民十八年。

杨大金：《中国实业志》，商务，民二十七年。

刘百川编：《国防与军需工业》，上海汗血书店，民二十五年。

胡博渊等：《中国工业自给计划》，中华，民二十四年。

李雪纯等：《民族工业的前途》，中华，民二十四年。

《东三省物产资源与化学工业》，日本工业化学会满洲支部编，沈学沉译，商务，民二十五年。

《上海之工业》，上海特别市社会局编，民十九年。

《上海之机制工业》，上海市社会局编，中华，民二十二年。

《矿业纪要》，地质调查所。

Ting, Leonard G.: "The Coal Industry in China", Nankai Instituta of Economics, Industry Series Bulletin No.11, Tientsin, 1937.

方显廷：《中国之棉纺织业》，商务，民二十三年。

王子建、王镇中：《七省华商纱厂调查报告》，中央研究院社会科学研究所丛刊，民二十四年。

吴知：《乡村织布工业的一个研究》，南开大学经济研究所专刊，商务，民二十五年。

曾同春:《中国丝业》,商务,民二十二年。

沈文纬:《中国蚕丝业与社会化经营》,生活书店,民二十六年。

方显廷:《天津地毯工业》,天津,民十九年。

朱美予:《中国茶业》,中华,民二十六年。

吴觉农、范和钧著:《中国茶业问题》,商务,民二十六年。

李昌隆:《中国桐油贸易概论》,商务,民二十三年。

吴承禧:《中国的银行》,中央研究院社会研究所丛刊,商务,民二十三年。

陈达:《中国人口问题》,商务,民二十三年。

沙为楷:《中国买办制》,商务,民十九年。

丘汉平撰述、庄祖同助编:《华侨问题》,商务,民二十五年。

《新经济半月刊》,民二十七年十一月一日创刊。

《经济动员》(半月刊),民二十七年六月十五日创刊。

天津地毯工业

穆　序

　　国民政府成立以来，提倡生产事业，不遗余力，欲使一般国民，咸晓然于增加生产之重要，而力谋所以发展之道；盖振兴产业实目前经国之要图也。吾国生产落后，人皆知之。今后欲求国家之自由平等，须先促进国民之经济独立；而促进之法，则在吾国人民共同努力于生产之增加，以能自供国人之需要，为专心致力之目标。能如此，则吾国之经济独立，将必有达到之一日，其迟速缓急，不过为时间问题耳。惟此事之重要，近虽已为政府与民众所认识，而如何达到之方，则能知者殊少，尚有待于专门学者之研究提倡也。大凡经济事业之研究，必以实地调查为前提；盖有实地调查，始可得精确之统计。昔时我国朝野上下，对于调查统计，讲究甚少；故从事生产事业者，常苦无准确之调查统计，以为经营事业之根据。今中央各机关，已渐知注意矣：对于民间事业之调查统计，已有着手进行者。然幅员广阔，不易遍及，民之情伪，未能尽悉。尚赖有学术团体从事各地各业之个别研究，为之辅助。昔苏子曰，天下之祸，莫大于上作而下不应；上作而下不应，则上亦将穷而自止。处今日之中国，倘能上下一心，继续努力实地研究之工作，以为改革建设之准备，则振兴实业，增加生产，特指顾问事耳。其为贡献，岂可胜言哉。天津南开大学社会经济研究委员会，从事于实地研究，已经数载，工作成绩，蜚声中外。现拟梓行工业丛刊，其第一种为天津之地毯工业。付印之始，来书索序。窃以此举为增加生产之必要步骤，故乐述余意，以弁其端。使他日国内各学术团体，群起研究，蔚为利国福民之盛举，则尤余所深望也。

民国十九年七月穆藕初

自 序

中国工业化之现象，二十年前，即渐具雏形。大战之时，欧美之制造品，输入锐减；吾国各种工业，因之相继勃兴，发达之征，遂得由微而著。虽尚未脱离幼稚之状态，然其影响于国人之经济生活，已大非昔比矣。中国今日，既已入工业化之途，则如何使旧式之组织，改新易观，以适合于近代化之经济制度，实为目前惟一之要图。且此种改变，影响甚广；对于国内之农业交通商业金融财政各项，均具有密切之关系。此本会研究工作，所以集中工业方面也。

地毯报告，为本会工业丛刊中之第一种。书中所述，不甚注重于工艺及美术，要以社会经济方面之研究为主体。所用材料，多本诸民国十八年时之实地调查。探讨研究，力求详尽；故所获结果，与从前各种工业研究者之所得，多不相同。此后继续出者，尚有天津纱厂业，织布业，针织业，及面粉业各种。此种丛刊之梓行，不第欲引起经济研究者之兴趣，且思以之供工商界之考镜也。

　　本书工作研究之经费，其中一部分，由北平社会调查所津贴。本会对于该所所长陶孟和先生提倡学术研究之热忱，佩渤无似。本会主任何醉帘（淬廉）先生，对于工作进行，曾为悉心擘画；书成后又复展读数反，予以极有价值之批评。赞助之处，无人心感。此外本会同人如薛迪铮李锐李进元诸君，亦多助力。特附志之，以示谢忱。

　　民国十九年八月序于天津南开大学社会经济研究委员会

第一章 地毯之历史及其织造之区域

一 地毯工业之历史

地毯为纺织工业之一，故在人类文化之历史中，发现最早。

有谓此项工艺始自埃及，因吾国地毯上常见之卍字形，在埃及古代记载中，亦往往见之；且埃及人以此形为幸福兴旺之征。然此形之来源，世人多信其始自中国，谓其偶现于埃及记载中，殊不足为地毯创始于埃及之据也。又有谓始于波斯者，因该地古代工业之发达，疑地毯织造，亦始于彼，此亦不足深信；盖波斯之里尼滑（Nineveh）与中国交通，著自古昔，苟当时有地毯之纺织，何故与中国地毯之样征，毫无影响？至引中国地毯上之"波斯结"（Persianknots）以为印证者，尤属附会之谈。要而言之，中国自古以瓷器及其他技艺著，对于地毯，似亦宜然；且中国地毯，与其他各国所织者绝异，尤足征其为本土之产也。追溯中国地毯所受外来之影响，大约出于模仿者少，出于同化者多。中外接触甚早，其间受有影响，固可断言；如印度因佛教东来，对于中国地毯之织造，贡献甚多，而尤于样征为最显。迨至现在，有人见吾国地毯受外来影响之深，遂谓将来必有完全外国化之一日；殊不知中国之地毯，购买之者，十分之九为匿洋各国，如英美加拿大以及日本；将来地毯业之兴衰，全视该业能否博顾主之欢心，为转移耳。

地毯织造，始于北方各省。最初大抵以之供家庭之用，或以覆炕，或作鞍布，或用以盖物。自佛教东来，庙寺林立，于是地毯始作为庙寺挂帐及覆地之用。织造地毯，以应祈祷者之需求，尤为西藏人之普通职业。自此以后，地毯一物，渐为富贵家庭中之装饰品矣。

前清中叶，织毯工业，仅流行于西北各省而已；宁夏归化两处，尤为著名。地毯初至北平，传为入贡清廷之品，因清廷喜之，织毯工业，遂始行于北平。又有一说，谓织毯之至北平，系为一喇嘛和尚所输入；当咸丰十年时（西历一八六〇年），一喇嘛和尚来平，因怜贫民之无业，始立织毯学习所于报国寺。其始也只在西门，嗣后学习者众，扩充至于东门。迨至该僧因公归寺，其学习所亦停。当是时西门所织之毯，远胜于东门，递嬗至今，尚有所谓东门西门之别。该僧既归，织毯者亦复星散，各尽其力，以谋发展；然结果失败者多，而成功者少。

十九世纪末叶，西洋各国，始欣赏中国之地毯及其技艺。初有一德人，居于北平，购小毯二，一为毛织品，每方尺一元二角，一为丝织品，每方尺六元，寄至柏林，赠予其友；其友甚爱之，赞扬备至。

是后不久，即有拳匪之乱，各国军队，闯入宫廷及民家，掳掠什物，于是地毯输入欧美者甚多，见者莫不喜之。自此之后，欧美两洲人民，对于此物之需要，日见增长。后光绪二九年(西历一九〇三年)，中国地毯在圣路易国际展览会得第一奖，于是需要者愈多，国内地毯工厂，亦相继设立矣。

第一表　中国地毯之出口数（民元年至一七年）

年	块数	价值（海关两）
民元	一一，九六九	五七，一〇九
民二	一二，三九六	九九，八六三
民三	九，九二三	一〇三，七七六
民四	一四，七八二	一六四，八三五
民五	二二，八九七	七七四，八七六
民六	三〇，九〇一	七八九，六九八

年	块数	价值（海关两）
民七	一七，七六九	三六七，九四五
民八	五一，二〇五	四六〇，五五〇
民九	七四，七二五	一，四二四，二三七
民一〇	九〇，四五九	九七五，三二七
民一一		三，二九九，七二七
民一二		四，六九一，〇五二
民一三		五，九八九，八〇八
民一四	一七九，〇八一	六，三六二，六三三
民一五	一八〇，〇九四	六，五四七，二一八
民一六	一七六，五四三	六，五二六，六四六
民一七	一五八，七八〇	五，九三五，四一二

　　自光绪二九年后，地毯工业，日见发达，尤以大战发生以后为甚；盖大战发生之后，近东来源闭塞，欧西各国欲得毯者，遂相率东来，购买而归。就上列第一表观之，可见地毯出口之数，渐渐上增，直至民国五年；在此年出口之数目，虽不甚多，然因需要甚巨，以致价格暴涨，故所得之值，为数甚巨。此种需要，影响之所及，仅为北平天津两处；其制造之数量，大率用以供给需要者之定约。第以供不敷求，织造家遂乘机于羊毛内参以棉花及其他便宜之毛，希博厚利；且使用多数无经验之学徒，以致出产之质，每况愈下，结果商业跌落。加以民国四年及五年银价甚低，故所定之货，出口时可获赢利；迨至七年与八年，银价日高，定货出口时，较定货时之银价，几高两倍，而地毯之价，须付以银，所以大批定货之出口商人，相率失败；定约既销，商业遂衰。民国九年商业渐就回复，但因一〇年英美各国之商业衰落，需要减少，价格低落，结果输出之数目虽增，而其所得之价值锐减。其次年又渐回复，地毯输出之价值，从民国一〇年之九七五，三二七海关两，增至一一年为三，二

九九，七二七海关两。

自民国一一年后，地毯工业，相继发展。输出之数目，在一一至一三年之中，海关无统计可稽；但就毯价之统计观之，则一〇年至一四年之间，增加六倍又半，其输出之数目，增加两倍。民国一〇年地毯输出者共九〇，四五九块，统计海关两为九七五，三二七，至一四年，地毯输出者增至一七九，〇八一块，统计海关两为六，三六二，六三三。在此两年之中，华北批发物价，由八八点九一涨至九七点三八，此亦为是期中地毯输出数量及银价差异之原因。但每块地毯之长短宽狭，多不相同，其相差之数，有自六方尺至二一六方尺者，而其标准长宽，则为一〇八方尺也。一四年以前，海关报告对于出口地毯之分类，付之阙如；即在是年，出口之毯，亦仅分为两类：一为超过一〇方尺者，一为一〇方尺以下者。就此分类观之，亦不准确，盖超过一〇方尺以上者，为类甚多，如三尺宽五尺长，四尺宽七尺长，六尺宽九尺长，八尺宽一〇尺长，九尺宽一二尺长，一〇尺宽一四尺长，一一尺宽一六尺长，一二尺宽一八尺长等，两两相较，差异甚远，殊不能概括也。譬如在一四年，超过一〇方尺以上地毯总出口之数为一四七，四一二块，其价值为六，一四五，九六六海关两，迫至一七年，总出口之块数，减至五分之四有余，其价值则仅减少五分之二，各块长宽之不同，即此可以推想矣。

第二表　一〇方尺以上地毯之出口（民一四至一七年）

年	块　　数	价值（海关两）
民一四	一四七，四一二	六，一四五，九六六
民一五	七六，二七三	四，一〇二，〇四一
民一六	二八，二〇五	三，四六一，八〇四
民一七	二七，五七七	三，六二三，〇七八

民国一五年出口之地毯，多于一四年，但一六年之出口，则较前减少，其出口之总值，自一五年之六，五四七，二一八海关两，减至一六年之六，五二六，六四六海关两，民国一七年吾国地毯出口之总值，为五，九三五，四一二海关两，较之一六年竞减去五九〇，二三四海关两，或十分之一。此三年内地毯衰落之情形，为平津地毯工业所共感觉。推其致此之因，约有数端，而以政治情形之变动及经济组织之不善为最要。当民国一六年时，适国民革命军北伐，交通梗塞，以致转输艰难，运费甚高，内地之羊毛，不易运达平津。

加以战事一起，银根甚紧，利率增高，借款不易，对于地毯工业，影响匪浅。各地毯工厂，所出货品之质，远不如前，于是欧西顾主，恶其质之劣，一变从前欣赏之态度，相戒不买；卒使各储货之出口商号，不能脱手。各商号之旧货，既不能转卖，于是定购新货者，愈益少矣。

二 地毯织造之区域

地毯工业盛行于新疆、西藏、蒙古、绥远、甘肃、陕西、山西、河北、山东各省。新疆自昔为此种工业之起源地，富于丝及羊毛，故至今所产之货仍为各省之冠。所产之货，除供国内之用外，其输出国外者甚多。出口所经之地，大率为腾越与思茅两处。西藏之地毯工业，不如新疆之重要。其制造之地，均在拉萨，所织之毯，率供庙寺之用，故购之者多为进香之人。甘肃之地毯工业，织造之处，较西藏稍为普遍，而宁夏一处为最著。其日用地毯，由蒙古输入之羊毛及骆驼毛所织成者，尤为人所乐用。此种工业在上述各处，均系家庭手工，规模甚小，非有工厂之设备也。

绥远、山西、陕西之地毯工业，其织造之处，均在作坊或工厂之内，与上述之家庭手工不同。陕西之榆林城中，在民国一五年，有两地毯工厂，每年出品在一万方尺以上。山西之大同，在是年亦有两工厂，其一除地毯外，尚织内衣、袜、手套、围巾及其他毛织物。

绥远省中地毯工业之中心有二，一为包头，一为归化。包头一埠，共有织地毯者约四〇〇余人，民国一四年，冯玉祥氏曾命其行政部组织一公记地毯工厂，计费开办费五，〇〇〇元。至于归化，则地毯工业之普及，较榆林，大同，包头三处尤进。民国一四年计有工厂及作坊二〇，其中有七，所用工人均在二〇以上。

东北各省中之地毯工业，以河北及山东为最重要。在此二省之中，织造地毯，均在工厂及作坊之内，与绥远，山西，陕西相同，非复如昔日之家庭手工也。河北地毯工业之中心，为天津与北平。

其始输入者为咸丰一〇年间（西历一八六〇年）之喇嘛和尚，上已言之。自此之后，继续发达。根据民国一二年包立德朱积权之调查，北平地毯工厂共有二〇六家，所用工人，为六，八三四人，是数与民国一〇年甘博所报告之五，〇〇〇人相比较，可见北平地毯工人在二年内已增加一，八三四人之多。然近年来北平地毯发达之速度，实已远逊于从前；盖因北平所织地毯，均为次货，多销行于美国，现美国已能用机器织造次等之地毯，以供其本国之用，故增高海关税率，以杜绝中国次等地毯之输入，北平地毯之市场既失，出产之量，自不能复如昔日。此外尚有数因，足以使北平地毯工业之衰落：（一）北平地毯输出口时，较天津者须多负自北平至天津之运费；（二）北平地毯输出至天津出口时，须纳沿途厘金，此亦天津地毯所未有也。下列第三表表示天津自内地输入地毯之数目，其中以北平为主要。从此表中，并可注意天津自内地输入之地毯量，日就衰减之情形。当民国一五年时，地毯输入之数为八八四，六三二方尺，至一六年则减至五一〇，八四三方尺。在一七年尚有五八三，三七二方尺，至一八年七月止，则仅二八六，〇二七方尺耳。

第三表　内地输入天津之地毯（民一一至一八年）

年	数量（方尺）
民一一	五二六，六六六
民一二	七七五，〇〇三
民一三	六八〇，六〇九
民一四	七二六，五四九
民一五	八八四，六三二
民一六	五一〇，八四三
民一七	五八三，三七二
民一八（七月止）	二八六，〇二七

天津为今日中国地毯织造之中心点，然在大战前，较之北平，其重要尚属不如。据本会天津地毯工业之调查，目前各厂之内，共有织机二，七四九架；其中仅三九八架系民国五年前所设置。自民国五年至一〇年之间，设置新机共五〇二架；自一一年至现在，则日就扩大，新机添置，年年均有：计一一年八八架，一二年二七七架，一三年三七六架，一四年二五二架，一五年一七〇架，一六年二八〇架，一七年一九四架，一八年（六月底止）二〇〇架。

第四表　天津地毯工厂及作坊逐年开设之数目及织机数

（民一八年六月止）

开设年	工厂及作坊数	织机数
民元以前	三	八〇
民元	一	四
民二	一	四八
民三	一	七〇
民四	七	一九六
民五	二	一七
民六	一	二七
民七	一	三
民八	二〇	二二二
民九	九	七四
民一〇	一九	一五九
民一一	九	八八
民一二	二三	二七七
民一三	二九	三七六
民一四	二九	二五二
民一五	三三	一七〇
民一六	二三	二八〇
民一七	三一	一九四
民一八	五八	二〇〇
未知者	三	一二
总计	三〇三	二，七四九

就上表观之，目前天津共有三〇三工厂及作坊，共有织机二，七四九架。此数虽为实地调查所得，恐尚有未周之处，盖天津地毯工业，率为小规模之作坊及工厂，故虽竭力搜计，亦终不免遗漏。

然此种调查之结果，虽非十分准确，要与事实之真相，相差不远。

简括言之，约可代表天津地毯工业之八成也。民一七年天津特别市社会局，对此工业亦有调查，其所得结果，则工厂与作坊仅一二七家，织机之数，仅一，一四五架耳，与本会调查之结果相较，益觉不完备矣。

河北之外，地毯工业在山东亦甚发达；因彼地富于丝与羊毛，原料充足，且该省当局对此业曾经提倡甚力。光绪二六年（西历一九〇〇年）济南即设有工艺局，提倡地毯之织造，并自甘肃觅人，教其织造之方法。迄至今日，济南一城，已有一二工厂之多，大隆德昌，其最著者也。

至于南方，则以上海为织造地毯之中心；工厂数目虽少于天津及北平，然规模较大。其所织毯，多为出口之货。其最著者为义昌恒，恒丰永，大北，公义，北方，北洋，金龙七厂，合计资本共有四〇〇，〇〇〇两。除此之外，上海尚有作坊及工厂三〇余，规模大小不一，其所用之工人学徒，为数亦各不同也。

第二章　工业组织

一　绪言

工业组织之进化，在欧西各国，由家庭制而行会制而商人雇主制（Merchant Employer System）而工厂制，大率均已完成。而在今日之中国，工业中最盛行最占优势之组织，尚为行会制。然工业组织之逐起变革，已到处可见；唯其演进之程序，则稍缓耳。如棉纺织业、缫丝业、榨油业、精盐业、矿业、钢铁业，莫不一一采用工厂制度；不过其范围仅以工业中心之城镇为限，未免失之过狭。如上海、无锡、通崇海、武汉、天津、唐山、青岛、大连、奉天、广州等处，工厂制度之引用，均甚发达。商人雇主制度形式不一，有成立于昔日而至今犹存者，亦有成立于现在或数年前者。现在丝织业、织袜业、刺绣业、制带业、纸花业，以及火柴盒制造等业中，无处不见此制之应用。至其他工业中，均可见此制之过渡变态，天津之地毯业为一显明之实例。其组织之方式，既非商人雇主制，亦非工厂制，而为一种由商人雇主制进至工厂制过渡中之变态组织。此种过渡式之变态组织，为数种不同组织或数种制度之混合产物。其特质在富有伸缩性，使之易于由商人雇主制进至工厂制。吾人为现在分析与将来研究之便利计，于各种工业制度及其分类，不得不为简要之讨论。

二　工业制度之分类

德国学者对工业制度之分类，试拟甚多，其中以碧克尔（Beecher）最为著名。但碧克尔之分类学识，并非出其一人之力。其先辈学者之工作，于彼亦有莫大之贡献，尤其雪目勒尔（Schmoller）之工作为最要。英国一八八七年，亚雪来教授（Professor Ashley）始以其有统系之分类公诸世。亚氏之分类，以吐因（Thun）之分领为基础。吐因分类之完成，约在碧克尔分类十年之前（即西历一八七九年）。

碧克尔分工业组织为五种制度与五个时期。其分类法颇为后来学者所推崇，采用之者尤多。其所分之五种制度，即家庭制（Housework）、工资制（Wagework）、手艺制（Handicraft）、散活制（Commission）与工厂制。碧氏之分类，长处固多，予工业制度之进化，以透脱之解释。但从其他方面论之，亦有不少缺点。最大者碧氏谓依时间之顺序，工资制之实行，在手艺制之前。但与由仔细研究而得之中古史实，有显然不符之处。

工资制与手艺制在中古断乎不能分离存在；因依当时之市场，与技术之情形论，二制并存乃为必然之现象，碧氏竟完全忽略之。其次碧氏谓在手艺制下之生产方式为"主顾生产"，其生产仅为"范围狭小限于一地之主顾"之需，即谓"主顾直接从生产者手中购货，生产者直接售其货于消费者"，此说即在中世纪，已证明与事实显然不符。一八四〇年时，英国有数种工业，属于手艺制度；其生产之目的，均为供给市场之需求，并非直接供给于消费者。碧氏于散活制度之分析，亦有显明之错误。在当时各种经济情况之下，商人雇主与其"散处工人"（Outworker）之间，多须有中间人。而碧氏论散活制，未能注意及之，亦一缺点也。

德国经济学者，自桑巴特（Sombart）以下，对于工业制度分类之方法，尚有其他各种建议。但其中大多数方法，不徒不能使人对工业制度格外明了，且益使读者混杂不清。桑巴特分工业制度为个人工业制、过渡工业制及社会工业制三种，亦可名为小工业制、中工业制与大工业制。桑氏分类，仅以协作工人之多寡为基础，不免单弱。此等分类法，在玄想家如桑氏者之心目中，尚无前后矛盾之弊。若竟以之为各种工业制度特质之解释，鲜有不令人入迷者也。其余经济学家之工业制度分类，亦不尽同，有以生产规模之大小为分类之标准者，有以工艺之不同为标准者，又有以工人收入之性质为标准者。然彼等之成绩，往往较诸桑氏为尤劣。英国甘宁汉教授（Professor Cunningham）分工业制度为"资本的"与"家庭的"二种，其分类虽不免失之空洞，然在英国经济史家中，甘教授实为拟议工业制度分类之第一人。

总之碧克尔之分类计划，比之其余，实较完善。故吾人可采其说以为分类之骨干。然为分析现时中国之工业组织计，内容与名词方面，均须有相当之变更。作者于研究一八四〇年之英国工业组织时，曾用此法。按此法之分类，内容上与碧氏不同之点有二：

（一）以市场生产之现象为手艺制度之一特质，（二）以中间人之任用，为散活制度之一特质。在吾人之分类中，所用之名词与普通习用者稍异。于每一工业制度中取其最显明之特质，以为命名之由，以便识别而利记忆。故此，工业制度可分为四种，一曰家庭制（Household System），二曰匠人制（Craftsman System），三曰商人雇主制，或名散活制，四曰工厂制。

三　工业制度之定义

在家庭制之下，生产之进行，完全在一家之中。所需之原料，为其家所供给，生产之货物，亦为其家之消费。家庭制为工业组织进化之最初制度，无交易之必需。此等制度于工业不发达之中国，固触目皆是，即在工业化素著之英国，迄今亦仍未尽废。英人日常所著之衣服，其中至少有一部分为其家庭所制，惟此部分，今已逐渐减少矣。家庭织袜及缝衣等，虽于大城市中不多见，然在各村野中，尚数见不鲜。此外工人阶级之家庭，仍多自己裁缝衣服，修理皮鞋。即在伦敦，亦不为稀。然分工愈进，以上所列举之家庭工业，其地位均逐渐为作坊及工厂所取。其余之家庭工业，如制面包，蒸酿，保藏食物等，亦莫不有同一趋向。现在之片段的家庭工业，即可视为原始村庄社会家庭经济之遗迹。中国之家庭工业，比较英国，更为盛行。在英国可以视之为原始村庄社会家庭经济之遗迹者，在今日中国之内部，尚为日常习见之事。交通利器之缺乏，物质文明之不进步，为中国家庭工业继续存在之主要原因。今日中国之农人，不徒其食品衣料，皆系其自己之生产，即其所居房屋，亦多由其亲手自造。

在匠人制之下，匠人以其自己之工具，在自己作坊中，或为其主雇工作，或自购原料，造成货品，以售于消费者或商人。依此定义，匠人制又可细别为二种：即主人匠人制（Master Craftsman System）与家庭匠人制（Family Craftsman System）。从下列之表中，可以详见二种制度区别之所在。

工业组织

工业制之区别	匠人之区别		技术之区别		出售之区别
	甲性质	乙工作	甲技术	乙工作厂所	
家庭匠人	母妻子女之助可有可无	副业　工人监工　商人	简单无须先受学徒制训练	家庭	售货于商人
主人匠人	主人学徒与手艺人可有可无	主业　工人监工　雇主商人（老板）	复杂普通须先受学徒制训练	家庭与作坊	售物于消费者或商人

二种工业制度不同之处固多，然相同之点，亦复不少。如工作之原料及工具为己有，与直接售其制成品于消费者或商人等是也。二者之中，以主人匠人制（即通称手艺制或行会制），较为普通。实际上此种工业制，在中国最为盛行。家庭匠人制，则见之于乡农之家庭中。副业如帽辫工业等，均由家庭匠人制下之妇女任之。盈亏由彼等自己负责。货品制成之后，则售之于市场，但多半售与游行商人。

在商人雇主制之下，商人雇主自己购买原料，在自己办事所内，发给散处工人；或由自己及其所雇之散活员，将原料送至散处工人之家中。散处工人，将此项原料，造成制成品或半制成品后，或径自送至商人雇主之办事所，或由商人雇主及其散活员亲往收集。收集之后，于是售之于消费者或其他商人。然商人雇主依契约法，可以任用中间人，收其原料交与之，而约定交货日期。届时商人雇主，即向中间人取货。中间人自商人雇主处取得原料后，再分付之于散处工人，约期交货。届期由中间人收集散处工人所造之制成品或半制成品，交之商人雇主。依商人雇主与中间人之工作契约论，中间人事实上为商人雇主之雇员；但有再与其他代理中间人或散处工人订立工作契约之自由。有时亦可招集散处工人于其所没之作坊，从事制造。从任用中间人一点言，商人雇主制亦可名曰中人制。其间彼此之关系，可于下图见之。

在上图之中，依（甲一）与（甲二）二线所代表之关系言，可名之曰商人雇主制。依（乙一）与（乙二）二线所代表之关系言，则可名之曰中人制。

在中国工业中，吾人欲择一实例，以为研究中人制之用者，苏州之刺绣工业，最为适当。苏州各顾绣商号之锦绣工作，经过号内工人剪裁整理，缀成各种品件之后，再分送于各种女工。女工均在自己家中，从事刺绣。分送工作之事，往往由另一种商号任之，所谓代绣者是也。代绣商号，包揽顾绣商号之工作，再分配于技能适当之女工。代绣商号，对于某妇娴于何等工作，以及各女工有无暇时之情形，知之甚悉。一俟各种货品制成之后，即由代绣商号交予顾绣商号，以便出售。

中人制或商人雇主制，除苏州之刺绣工业外，采用之者甚多，如丝织业、织袜业、花边业、纸花业等，不胜枚举。

在工厂制之下，工人群居于制造家所设之工厂中，用制造家之原料与机器，或他种固定生产之工具，以从事工作。且工人之工作，须受厂主或其代理人之监督。依此定义，则工人集中而受厂主之监督，与使用固定生产之工具二点，实为工厂制所必具之要件。

前者较诸后者尤为重要。凡工人集中一处，而其工作又受厂主监督之制造厂所，均可名曰工厂。同时具有机器或其他固定之生产工具者，则名之曰"成熟工厂"，无之者则名之曰"幼稚工厂"。

中国之工业，已采行工厂制度者，有棉纺织业、缫丝业、面粉业、榨油业、火柴业、钢铁业及电业等。在上述各工业之中，工厂制度，已甚发达。其表现特点，亦甚明显。棉纺织业，采用工厂制，在钢铁业之后。然今日中国最大之工厂工业，首推棉纺织业。棉纺织业起于一八九〇年李鸿章氏首建一厂于上海，时仅有纱锭六五，〇〇〇，布机六〇〇耳。现此项工业，已发达至一二〇工厂之多，共有资本二九七，四〇〇，〇〇〇两，纱锭三，八五〇，〇一六，布机二九，五七九，工人二四一，五五九。每年出产之量，计有纱二，二〇二，九六六包，布一三，七六七，七八八匹。第此一二〇纱厂之中，有非独立营业者。其中有五八厂，为一四公司所有，共有资本九一，二〇〇，〇〇〇两二，一〇二，一一〇纱锭，一七，七一七布机，一四一，〇六四工人。

四　天津地毯工业之组织

依本会之调查，天津地毯工业之制造所，共有三〇三家。其所用之工人总数，为一一，五六八人。依国民政府工商部暂行工厂法所下之工厂定义，凡任用三〇人以上之制造厂所，即为合法之工厂，则天津一埠，有地毯工厂一〇五所，共用工人八，五一九人，为天津该工业工人总数百分之七四。其余一九八家地毯制造所，共用工人三，〇四九人，为总数百分之二六。此等制造所，只可名之曰地毯作坊。依工人之多寡，各地毯制造所之分配见下表。

第五表　天津地毯制造所工人之分配

每所工人数	制造所数	工人总数
一——一〇	五六	四二〇
一一—二〇	九六	一，四八四
二一—三〇	四六	一，一四五
三一—四〇	二四	八六六
四一—五〇	二六	一，一五〇
五一—六〇	一〇	五四三
六一—七〇	一二	七六七
七一—八〇	四	二九七
八一—九〇	四	三四三
九一—一〇〇	三	二九〇
一〇〇以上	二二	四，二六三
总计	三〇三	一一，五六八

天津一〇五家地毯工厂中，其用原动力以转运机器者，殊不多见。其所有固定工具，亦不过木制长方形之织机而已，殊极简单。此类工厂，不用机器而仅用手工者，吾人可概称之为"幼稚工厂"。一〇五家工厂之中，有少数不能成一独立制造单位，与其名之曰工厂，不若名之曰商人雇主制式之作坊，比较恰当。不过彼等间亦承受出口商号之定货，但其原料及图样，均由定货商号供给之。吾人所以亦名之曰工厂者，因其具有工人集中与工作受监督之两要素也。凡已经过工业革命，脱离中

古情形，而真正近代工业化之国家，其工业制度，自然比较中国完善。若以此等国家之工业制与天津之工业制相提并论，则天津地毯工业制之混淆不清，显然易见。然吾人未尝不可视之为过渡期中所应有之特征也。

天津地毯工业作坊之组织，有属于主人匠人制（简称主匠制）者，有属于商人雇主制者。作坊之主人，固可以用其自有之资本制货出售，亦可承受出口商号之定货。定货之时，即言明工资若干，以方尺计算。无论作定货，或自己负责制造，织机与作坊，均为其主人所有。其原料或制造样式，可由主人自己购买，自己计划，亦可由出口商号供给。若主人自具织机及作坊，自购原料，并自备样式以织毯者，即可称之曰主匠制下之主匠。若主人虽自具织机及作坊，但其原料及样式，完全依赖出口商号，且须从商号预支款项，以资周转；关于工资，亦须事先言明者，则可称之曰商人雇主制下之散处工人。

在天津地毯业中，作坊主人在某时为一主匠，而在他时又为一散处工人之事，并不罕见。欧西各国，工业革命，正在进行之时，其工业组织之伸缩性极大，其方式亦每因市场情形之不同而起变化。天津之地毯工业，正在改进之际，其组织之随时改变，不成定形，乃理之固然，无足奇也。

数载以前，天津之地毯制造者—即工厂与作坊之主人—可分之为大中小三级。细经分析之后，最小阶级制造者之情形，与商人雇主制下散处工人之情形，大同小异。最大阶级之制造者，与工厂主人相似。最小制造者，其资本自五〇元至二〇〇元或三〇〇元不等。承做出口商号之定货，其毛线由商号供给，图样亦由商号规定，织机由其自购，织匠与学徒，由其自雇，经纬线亦均由其自备。出口商号支付工资，以方尺计算。此处之所谓工资，包括经纬线之成本及杂项开支在内，与严格之工资定义有别。中等制造者承做定货时，制造式样，均由商号规定，但毛线则由自备。其所预支之款项，至多不得超过定造地毯价值百分之三十。最大制造者，承做定货时，仅制造式样，由商号规定，其余一切，均由其自办，不预支任何款项。此种制造者，必其信用素著，否则必无人向其定货也？此大中小三等之制造者，均常承作出口商号之定货。其工厂没备，以及在商界中之信用，商号亦均有详细之调查。定货契约之交货日期，通常均为一日或二日，但迟交之事，亦所难免。出口商号向小级制造者定货时，即予之以自染之毛线。毛线之重量，常较织成毯量为多，以备织毯时之意外消耗。

近数年来，大中二级制造者所用之毛线，往往品质不佳，颜料不真；故出口商号，渐渐均以其自制之染色毛线，备制造者之用。出口商号之供给毛线，通常有二种方式。一种由商号言明价格，将毛线售之于制造者，不付现款，俟地毯制成后，即将其所造之毯，售之于商号，商号将制造者之毛线欠款，从毯价中扣除，而找补其余数。此数等于商号付制造者之净利。第二种方式，商号以毛线供给大中二级之制造者，与供给小级制造者取同一办法，上文已详言之，不再赘述。两种办法，有同一之结果，即渐将制造者由工厂制造家之地位，降至商人雇主制下之散处工人之地位。

无论在何种情况下，外人所立之出口商号，其定货手续，均经买办之手。商号之经理，并不亲身担任。外人出口商号之未没买办者，则此事由该号之大写代办。买办对于定货之事，有忠实执行之责任，并同时须担保所发出毛线之全价。故买办常从中取定货全价百分之三或百分之五之佣钱，以为酬劳之用。买办之责任既重，且受外人出口商号之委托，担保所有发出毛线之价值，故必须先付该商号以递款，以为保证金，其数约为二〇，〇〇〇元或三〇，〇〇〇元。除此之外，为买办者，必须与外人商号之经理定一契约，以规定彼此间之权利义务，其期限通常为三年。满期之时，可以续定，亦可取消。但于三个月或四个月前，须先为通知。

上文所论及之工业制度，有使制造者受制于出口商号之趋势。出口商号之资本，自五〇，〇〇〇元至一〇〇，〇〇〇元或二〇〇，〇〇〇元不等。商号之资本既丰，营业之技术又灵，且能直接得市场情形之详细报告，故每与制造者办理交易事务，常占上风。地毯制造者，无论中级大级，一遇经济界发生恐慌之时，均难持久。出口商号，每于此时，乘机降低工价，以获意外之利。至小级制造者之不能抵抗出口商号之压迫，更不待言矣。

乘经济界发生恐慌之际，商号压迫制造者，舍上述方法外，尚有一法。制造者承做定货，言定一种式样之地毯，如九十道而半寸厚之地毯，并言明价钱每方尺二元。一切商号应供给之物品，舍图样外，皆付于制造者。制造者将地毯完成之后，当然依约交货，并希望依言明之价钱，每方吹二元，立时付款。然当地毯市场不振之时，出口商号往往百般挑剔。即使所制之地毯，毫无瑕疵，商号亦故意留难。或谓底质不佳，技术太劣，或谓颜色不匀，或谓重量不足。有时所制之地毯与契约所定，亦许略有出入，商号以此为借口，则要求减低价钱，每方尺只有自二元减至一元九角者，甚至低至一元七八角。除非价钱减低，商号绝不接受。此等压迫挑剔，制造者实不堪忍受。尤使其不能堪者，即定货之商号，若不接受，该毯只可作退货出售。即使货质无殊，一经视为退货，则其售价降低多矣。

出口商号对制造者榨取之甚，可用具体实例说明之。以机纺线所织九十道半时厚之地毯，其通常之价格，每方尺约值二元一角五分；制造所用之成本，均已包括在内：机纺毛线 1.25 元，经纬棉线 0.18 元，工资（包括膳费）0.45 元，房租 0.10 元，其他各项 0.17 元。制造者所用之毛线，多半为出口商号所供给。依此计算，定货契约每方尺予制造者八角五分。但后来小级制造者兴起之后，出口商号竟将每方尺之价格，减至七角，有时减至七角以下。各制造者之间，因剧烈之竞争，结果对商号之减价，毫无抵抗之能力，惟束手以听其价格之下落。此等势力薄弱之资本家，所以忍受生意缺乏之苦而犹死守者，半因彼等无他营之良机，故对于已立之生意，虽无利可图，仍不忍抛而弃之。然彼等唯一补救之法，只有互相欺骗之一途。其用棉花，头发，以及劣等毛线掺入所制地毯之事，上文已道及之矣。再有一取巧之法，即减少每方尺道数之数目。以比较粗糙之经纬线代之，期省原料。九〇道者可减至八八或八五道。以上二法之外，尚有第三法，制造者将承做之货，分配最末级之生产者之时，乘机以榨取其应得之利。地毯工业中最末级之生产者，均在生产边际线之上，时运稍有不佳，即不免遭失坠之虞。

五　资本织机及产量

依本会之调查，天津一埠之地毯制造者，共有三〇三家。其中一〇五家为工厂，一九八家为作坊。工厂制造者之中，其组织亦有为商人雇主制者，与作坊无异，前已言之。因此之故，此等工厂之资本，亦如作坊，为数甚微。仅足供付流动开支，如工资与房租之用。工资之中，包含其所雇工人之宿费与膳费。据本会之调查，三〇三家中，二九三家资本之总数，为二五三，六八八元。其余一〇家之资本，现尚不知。然此总数，并不能代表大部分工厂与作坊之实在情形；因外人所没之乾昌

（Tavshanjian），倪克（Nichols），海京（Elbrook）三厂之资本，
既占一，八〇〇，〇〇〇元，二九〇家国人所办之工厂与作坊，
其资本仅为二五三，六八八元。二九三家资本之详细分配情形
见下表。

第六表　天津地毯工厂及作坊投资额之分配

每厂或每作坊之资本（元）	厂数或作坊数	投资总数（元）
一一 —— 一〇〇	七七	六，一三六
一〇一 —— 二〇〇	七三	一三，〇六八
二〇一 —— 三〇〇	四三	一二，六〇四
三〇一 —— 四〇〇	一九	七，二〇〇
四〇一 —— 五〇〇	三九	一九，四〇〇
五〇一 —— 六〇〇	四	二，三八〇
六〇一 —— 七〇〇	二	一，四〇〇
七〇一 —— 八〇〇	一	八〇〇
八〇一 —— 九〇〇	二	一，八〇〇
九〇一 —— 一，〇〇〇	一〇	一〇,〇〇〇
一，〇〇一 —— 二，〇〇〇	一〇	一七，四〇〇
二，〇〇一 —— 一五，〇〇〇	一〇	一六一，五〇〇
一五，〇〇〇以上	三	一，八〇〇，〇〇〇
总计	二九三	二，〇五三，六八八

上表之调查，最足使吾人注意者，为二九三家中之二五一
家，每家之资本，均在五〇〇元之下。总数仅为五八，四〇八
元，约占资本总额百分之二又十分之八。此二五一家作坊与工
厂之资本，均仅足支付房租之用，遑论工资。二九三家作坊与
工厂之厂所，均由租赁而来。其中有二五三家，每年所付租金
之总额为四八，八九七元，其余四〇家之租金总额，为四〇，
三七三元，详情见下表。

第七表　天津地毯工厂及作坊年付租金额之分配

每厂或每作坊租金额（元）	工厂或作坊数	租金总额（元）
一 —— 一〇〇	八二	六，四〇二
一〇一 —— 二〇〇	八一	一二，六〇七
二〇一 —— 三〇〇	四三	一一，一〇八
三〇一 —— 四〇〇	三一	一一，二八一
四〇一 —— 五〇〇	一六	七，四九九
五〇一 —— 六〇〇	一一	六，四九五
六〇一 —— 七〇〇	五	三，二一〇
七〇一 —— 八〇〇	八	六，〇六〇
八〇一 —— 九〇〇	二	一，七二〇
九〇一 —— 一，〇〇〇	三	二，七九二
一，〇〇一 —— 二，〇〇〇	九	一二，八四六
二，〇〇〇以上	二	七，二五〇
总计	二九三	八九，二七〇

各地毯作坊及工厂之资本，所以多半为数甚小者，由其自身之工业组织与经营方法所致。在商人雇主制之下，地毯制造者，承做出口商号之定货，所用之毛线，均由商号供给。制造者须自己备办之事，仅少数织机及工人与学徒之住所，与其他工具如刀剪及织毯所用之经纬棉线而已。此外则为负担工人与学徒之膳费。为开销以上各种费用，即小量资本，亦足应用。但因房租之支付，为数较大，几乎居全部资本百分之八〇，故制造者尚须另设他法，以资周转。其最常用之方法，为向其定货之买办处，先行借款。此等借款，除制造者之个人信用外，不须任何担保品。不徒可以从买办处借款，且可赊欠食物，以供给其工人之需。此外当铺，亦可为救济制造者一时财源短乏之用。近年中有许多当铺，专以放款于地毯制造者为业，其利率有月利二厘者，有二厘五者，以年利计算，其利率多为二分

四或三分。制造者向当铺借款，至多不得超过其所有地毯价值百分之七○。且须先告知当铺其地毯出售之最低价格，无论何时，只要有出此价格者，当铺即可代为出售，以便还本。当铺之代售，并不向制造者索取佣钱，但在借款之时，制造者受当铺之逼迫，其所言明之最低出售价格，往往至无可再低之程度，当铺乘机，可以从中渔利。

织机为大多数制造者所有唯一之工具，工人即织毯于其上。织机为一极重大之长方木架。地毯作坊及工厂范围之大小，即依织机之多寡而定。近年商业情形，时有变动。地毯市场，亦兴衰不定，有时一作坊或一工厂所有之机数，与其实在使用之机数并不相等。商业兴隆之时，亦许添购，衰颓之时，则又置而不用。读者必须明此，以免误解。依织机数目之多寡，天津地毯工厂与作坊之分配如下表。

第八表　天津地毯工厂及作坊按其所有织机数之分类

每厂或每作坊之机数	工厂及作坊数	织机总数	每厂或每作坊之机数	工厂及作坊数	织机总数
一	六	六	九	六	五四
二	三八	七六	一〇	一六	一六〇
三	四三	一二九	一一 —— 一五	二六	三二四
四	五四	二一六	一六 —— 二〇	一六	二八九
五	二四	一二〇	二 —— 三〇	八	二一二
六	二二	一三二	三一 —— 四〇	五	一七四
七	一三	九一	四一 —— 五〇	四	一八九
八	一七	一三六	五〇以上	五	四四一
总计				三〇三	二，七四九

依上表而言，天津三〇三家地毯制造所，其用织机之数目为二，七四九架。各制造者所用工人之总数，为一一，五六八

人，故平均每机有四又十分之二之工人工作。此平均数与地毯工业之实情，颇相符合；并可与上文所言织机未必全数使用一事，互相对照。实际上固有置而不用之织机，然其为数必甚微。

　　二三八家工厂与作坊每年之总产量，为二，五三三，五六〇方尺，共用织机二，五一一架。其余之六五家，因均属年内设立，其成立时期均不及一年，故其每年产量，无从统计。下表示民国十七年中二三八家之出产数量。

第九表　天津地毯工厂及作坊之出产量（民国十七年）

每厂或每作坊之出产量（方尺）	厂及作坊数	总量（方尺）
一 —— 一，〇〇〇	四	三，六〇〇
一，〇〇一 —— 二，〇〇〇	二三	四二，三〇〇
二，〇〇一 —— 三，〇〇〇	二五	七三，八六〇
三，〇〇 —— 四，〇〇〇	二八	一〇八，二〇〇
四，〇〇 —— 五，〇〇〇	二五	一二二，一〇〇
五，〇〇 —— 六，〇〇〇	二五	一一九，〇〇〇
六，〇〇 —— 七，〇〇〇	一三	七一，二〇〇
七，〇〇 —— 八，〇〇〇	二二	一七一，〇〇〇
八，〇〇 —— 九，〇〇〇	四	三五，六四〇
九，〇〇 —— 一〇,〇〇〇	一七	一六八，八〇〇
一〇,〇〇 —— 二〇,〇〇〇	二七	三九一，八六〇
二〇，〇〇〇以上	二五	一，二二六，〇〇〇
总计	二三八	二，五三三，五六〇

　　依据上表，可见民国一七年二，五一一架织机，其余之地毯数，为二，五三三，五六〇方尺。但本会之调查，殊不能视为完善，因小级之制造厂坊，往往位处僻地，不易探寻，遗漏在所难免。即有时能寻知其地址，又往往因制造者不明本会调查之用意，不肯以实况相告，则本会所派之调查员，便无法探明。故本会之调查，仅能代表天津地毯工业实况百分之八〇耳。

若依此而论，则天津本年之地毯出产总量，应增至三，一六六，九五〇方尺矣。

天津地毯每方尺之价格，上下一元七角五分至二元二角五分之间。地毯之质地，上品者比较居多，故每方之平均市价约为二元。此种估计与事实相去不远。吾人若以每方尺二元之平均市价，为计算产量总价之用，天津地毯总产量在民国一七年为三，一六六，九五〇方尺，其总价则应为六，三三三，九〇〇元。

第三章　地毯之织造方法

天津之地毯工厂，多从事于织造。惟在织造之前，尚有若干预备步骤，如羊毛之洗刷，除净，梳栉及着色，毛线之纺织，花样之计划等项，在各大工厂，皆同时举行。故于了解织造以前，此项预备步骤，似应略予解释也。

一　羊毛及羊毛之整理

天津为羊毛出口之中心点，且为蒙古、青海、甘肃、山西、陕西、绥远、察哈尔、热河、河北、山东等地所产羊毛之最大市场。各类羊毛，或以铁路，或以舟车运至天津，多为输出外国之用。地毯工业，所以集中于天津者，最大之原因，即为原料之供给充足。惟连年以来，军事繁兴，水灾纷至，以致交通废弛；故羊毛之成本，因而增加，遂致地毯工业，蒙极巨之影响。

羊毛出产地方及剪取季节不同，故其原质亦因之而异。如蒙古所产之羊毛，剪取于春季者，恒值最高之价格。同时羊之年龄，亦与羊毛之品质，有相当关系，极老极幼之羊，所产之毛，皆非良好之品。

无论选择何类，羊毛在其本来状态之下，皆不适合于制造地毯之用。在中国所产之羊毛原料，率为无光紊乱污秽毛皮相杂之物。用以应付较为优美工艺之需要，似应采取精进之方法，为之整理。按土法整理羊毛，较为简单。但最新之方法，在各大工厂中，已逐渐取而代之。两种方法，虽工作之实施，则迥乎不同，然均须履行下述种种步骤。各种羊毛，一经按其长短及品质鉴定分类之后，首须加以洗刷，以除其所含之污秽及残烬等物。其次，凡有碍及染色之质，必须剔去，故羊毛之脂肪，当应没法除净。最末一步，在着色以前，一切植物之杂质，如树皮上症瘤等物，亦必须剔除净尽。果着色迟至织造以后，则此项步骤，尤为重要也。

按照土法，羊毛须经过最初之洗刷。洗刷之方法凡三种：最普通之方法，将羊毛置于大筐之内，浸入水中，反复升沉数次。其次则以清水灌浇于所剪羊毛之上，俟其洁净而后已。至于第三种方法，将羊毛置于小桶或大缸之内，浸水其中，用长竿搅动或捶击之，其污秽之水，使之流出，更以清水代之。此项方法，可重复行之，俟其净尽，然后置于日光之下，晒之使干。至用以洗刷羊毛之水，恒包含若干钾质及他种盐类之化合物，但设法保存而利用之者甚少。

姑无论曾经洗刷与否，羊毛之整理，即用种种之方法，去其脂肪。去其脂肪之法，第一可用羊尿为之，或加以他种陈腐之尿质亦可。第二种方法，则为将羊毛沉于一种豆类液体之内，以火煮沸之，去其脂肪。第三种方法较佳，应利用良好之皂，以洗涤之，惟需费较巨故鲜有用之者。此法需要软皂为之助，而软皂则由家庭所制之碳酸钾液作成。碳酸钾液，即由土灰加水过滤而得者也。

除净最新之方法，与土法不同，用以去净一切化合杂质，以便易于着色。所有羊毛内附带之植物杂质，应用炭化之方法以分解之。炭化之后，应设法促使之干。土法即将其晒于日光之下，而最新之方法，则用电扇吹之使干，或用适当之温暖气流通亦可。

果羊毛已完全干透，即应予以梳栉。在较大规模之工厂中，则用机器为之。或送至厂外，雇工梳栉，纺成毛线。土法甚形粗糙，其中之一法，用一木板，密布若干大钉，用手梳栉羊毛，经若干次，直至其能用以纺造而后已。第二种方法，利用大弓一张，悬于房梁或他项合宜之地；其悬挂之高低，应以其弓弦能及羊毛为准。羊毛则置于桌上。此弓之位置，应与此桌之长构成直角，而距此桌边外者凡数尺。此桌上铺薄席，下乘及地。弹动之时羊毛落地上，用以接取，较为便利。弹毛之人，或以木槌，或以短棍，挑动弓弦，工作迅速，砰然有声。弓弦继续颤动，则羊毛内所含之杂质，罔不剔除净尽。工人之另一只手，在羊毛上推动其弓，直至全数羊毛蓬松，落于地上。如此反复行之，俟其品质合于应用而后可。间亦有极少数应用第三种方法者，将羊毛撕成若干小块，然因此往往失其功用。盖此项方法，毁及毛之纤维，致产较劣之质也。一经梳栉之羊毛，集合之再加以纺造之工作。

羊毛线之纺制，方法凡二：或以手术，或以电机，因其纺制之方法不同，按其毛线是否手纺抑或机纺，分地毯为特种及国产二种。最近在天津只海京（Elbrook）、倪克（Nichols）及达绅（Karaghcusian）三厂，用机器以纺毛线。而其中海京（Elbrook）及倪克（Nichols）二厂，则兼营地毯织造事业。至纺毛线锭数，倪克厂有二，一六〇锭，海京一，五〇〇锭，达绅一，三五〇锭。倪克厂内之多数纺锭，正在装置之中。海京为用机器纺制毛线之第一工厂，开始营业于民国一三年。除纺毛线织地毯外，兼营制毯所用之棉线及毛呢制造事业。该厂共有二场，在其中之一，织造地毯与纺毛线，制毛呢及做棉线，同时并举。全数工人，凡四五〇人，内计三〇〇织毯工人及若干学徒。此为规模最大之厂。达绅自民国一四年，始用机器纺织毛线，在厂内则无织毯部。其出口之地毯，则由他工厂直接批购者。每年需用生毛约一，〇〇〇，〇〇〇磅，在厂内共用工人一六〇名。倪克在民国一六年起始纺织地毯，在天津为惟一拟用化学方法洗毯之厂。每年需用生毛凡三五〇，〇〇〇磅左右，雇工计一〇〇名。在上述三厂之内，除纺毛线外，其他如羊毛之洗涤，除净，及着色，皆以机器为之。

在天津用机制毛线织造之地毯，于全数出产中，仅占十分之一。根据最可持之核计，十分之九，尽用手纺毛线。机制之毛线，较人工所纺者为优，以其毫无纷乱及结团等事情。不惟坚固而能抵抗今日所常用之化学洗涤方法，且易于着色而无碍于染工。

大部分手纺之毛线，多由出产羊毛之区域运到，来自河北及山东两省者尤多。在该区之内，纺造毛线，为家庭工艺之一种。用纺车将羊毛制成毛线，率由妇女为之。此项人工纺造羊毛事业，农人任之居多；盖利用其余暇时光，以从事于此项副业。纺制完竣，则送至集市中，售与收买毛线之商人。间或此项商人，逐户登门收买。在内地各处收买之后，运至平律一带，即在当地之客寓中，设置临时办事处。或直接售卖，或由经纪人经手，出售与各出口商店及各大工厂。各商店及各工厂再交与散处工人，以备在其坊内织毯之用。但纺线一业，不尽为家庭工艺，间亦有经营大宗羊毛之商人，将原料交与散处工人，使之纺成毛线。

在天津地方，亦有以手工纺成毛线者，或在作坊之内，或在大厂之中，然大部分则在工人之家庭中纺制之。此项工人多为妇女，每日能纺毛线约二斤；每斤之工价，约一角或一角三分。本会以取样法，调查其中五〇家，多数在河北及小刘庄一带。每斤能得工价一角者，凡二六家，得一角一分者，计六家，得一角一分五厘者，共七家，得一角二分者仅两家，得一角二分五厘者亦七家，得一角三分及一角三分五厘者，均各一家而已。羊毛原料，每日发给一次每一斤零五钱重量之生毛，须制成一斤重之毛线。所发给羊毛之价值，既然如是之微，故新进之纺工，亦无觅保之必要，仅由介绍人具证书即可。工资每日一付，或存于厂中，积集成数，将来再行取用。较劣工作，或以水分沙土及次线杂入于毛线中者，得酌减其工资。因上述种种，多不满意处，故近年以来，若干工厂，恒弃散工不用，而聚工人于厂内，时时予以监督。甚或赞成纺毛线应用机器代手工者，于前项原因，亦有一部分关系。

二　颜料及着色

着色一项，为制毯方法中最要之一部。中国地毯之特点，固由其精美结构之计画。同时其美丽之着色，尤能使其维持优美之地位，经久不异。着色不仅为制造法中最要之一步，同时尤须专门技术，精巧专家，对化学之成分及羊毛之性质，均研究有素者，始可胜任。

总而言之，颜色必须经久不易，其化学行为较为可持，价格亦较低廉。夫颜色固赖有持久性，然须能抵抗日光之曝晒，及不畏酸碱胰皂等物之洗刷。城内之空气，含量混杂，尤应设法避免化合。综计上述种种，以日晒是否变色一点为最要。销路之兴衰，率由是点卜之。着色之结果，一部分固由于所用之颜料若何以为定；但应用方法若何，染液温度之高低，成分质量之分配，亦皆与成品不无相当关系也。

现在地毯业所用之颜料，大别之可分为二种：即所谓植物或自然颜料及综合颜料。顾名思义，可知植物颜料，由于植物作成，如花木根枝等物，无不可用。从前可供应用之原料，来源甚多；后经应用之结果，对不叮用者，则弃置之，仅留少数较为可持者，以资应用。颜料中比较为重要之来源，约略如后：黑色之制造，大都以各种蓼科植物内觅得之五倍子为之。此项颜料，包含 Digallic 酸与铁之化合物。将五倍子打碎浸入水醋之中，则 Digallic 酸即可得矣。蓝色之制造，将靛青原料，浸入染缸中若干次即成。靛青之原料内含靛草精，在中国极易觅得之。如上所述家庭制造之碳酸钾液，即可采用。红色之制造，乃用普通击碎沉浸之方法，由茜草根茎内提取之。其中主要元质，为丹红色及紫色精。无色便成白色，再晒于日光之下，或以他项方法，漂之使白，事前或磨擦去其 Gleditschia Sinensis 皂性之皮壳。多数黄色，率由茱萸树内得来，内含大部分大黄替代物。其树枝树叶，一并可用。其内含最大成分，却为树皮酸。山茶亦为绝好来源。各颜料之淡色，即用最简单之方法，将颜料稀薄之即可，但亦有用两项调匀者。根据上述之方法，所得淡色结果究竟若何，仍属疑问。以化学眼光观之，其成功未取必也。是以上述五项标准之颜色，至今仍为国人所最注意者也。

直至二〇世纪之初，吾国所用颜料，完全由植物制成。是时适留欧之学生，将综合颜料输入中国。时执地毯业者，以不明新色之用法，拒绝采用。嗣后乃知新色易于应用，且价格较贱，因是疑团顿解，争趋用之。其后又一时期之内，复起反感，盖因不善应用新色，致生不良之结果故也。后再加以试验，始知新色之鲜明。从此执毯业者之疑虑，始完全冰释矣。迨至今日，所有各家大小工厂及染房，对于综合颜料，无不乐用。

综合颜料，按其用于羊毛所生之化学作用，大别之可分为三类：即盐基、中合及酸性是也。盐基颜料如洋红，可直接染于羊毛之上，因羊毛有酸性之作用也。然如此染法，见光极易脱色，且抵抗胰水及化学之洗刷力量亦薄。故在该项之内，加以微量硫酸，使之变成酸性颜料，则虽晒于日光之下，亦毫无变色之虞。中合之颜料，如靛黑色，很少直接应用，或加以酸化，或加以茜草色素等之潘料。酸性颜料，约占综合颜料之大部。就化学名字言之，此类颜料，为氮气化合物，Azo 化合物，或硫化盐基颜色等。在此类颜色中，尚有其他数种须预加酪酸，然后始能着色。此项酸性颜料，最合于染羊毛之用，手续简单，光不褪色，且能抵抗一切洗刷，经久不易。如能预加潘料，或加酪酸或酪盐，则上述优点，始能实现；否则未必能较他种为佳也。此类颜料，其专门名词，则谓之为酪酸颜料。

染色之方法，无论为自然或综合颜料，运到工厂之后，首即予以初步试验，以证验其颜色。试验方法，先以颜料溶化于相当数量液体之内，俾可得适用之颜色。至液体内所含杂质，尤须注意，并为随时避之之计。

着色之始，先将细末或液体之颜料，溶之于水，置于大染缸中。

在其下用火或气管，以增热度。水与颜料之数量，必须准确，则结果较为匀称。如颜料能直接着色，则手续比较简单。如需酸性化合作用，应预为加以酸性原料，然后将羊毛置此温暖液体之内。其温度应有相当变化，以适合于各项原料之需要。历时数分钟或一时之久，则取出成缕之羊毛，立即浸入温水以洗涤之。如仍须酸性，则略予增加之。最末取出，置于晒物器上，以俟其干。

惟今日所用颜料，大多数非直接着色之品，此外尚有他步手续之必须。颜料之性质，既然不同，采取之方法，当然亦因之而异，其大部多用酪酸钾一类之化合物。

潸料定色液，可置于另一染缸之内，将羊毛浸入，历数分钟或数时之久，应有相当适合时间，根据于染匠之经验而定。然后将羊毛取出，置于染色缸内，照前法行之。或有将定色料及颜色溶于一缸者，如酪酸颜料，须先着色而后再用潸料，方法不尽相同。

天津市内除上述外人经营之三处工厂及国人举办之庆生恒等数家外，有五家染房，专为各地毯工厂司染机纺及手纺毛线之事。五家染房，共有资本约五五，〇〇〇元，每月所染色线约一〇〇，〇〇〇斤。五家染房之各项统计，详见下表。

第十表　民国一八年天津毛线洗染工厂之统计

名称	开办年	资本数（元）	锅数炉目	染数缸目	每月染量（斤）	工人数
华光	民国一五年	二〇，〇〇〇	一	一三	二五，〇〇〇	二八
天津	民国一五年	一五，〇〇〇	二	一五	二〇，〇〇〇	一七
合聚成	民国一七年	一〇，〇〇〇		一二	二〇，〇〇〇	三〇
渤海	民国一六年	七，〇〇〇	一	九	一五，〇〇〇	一七
同盛大	民国一七年	三，〇〇〇		一〇	一八，〇〇〇	三三

在此五染线工厂之内，以渤海资格为最老，最初即营染线之业。至民国一六年，又复重新改组。同盛大乃一七年由协兴泰染房改组而来。除合聚成外，其余四家，厂房均租自他人，每年租金一，二〇〇至二，〇〇〇元。除华光为合股公司，余则或为私人之经营，或为合伙之事业。

毛线之染价，人工制者每斤一角三四，机制者则一角五分，染线期限恒为一星期。所用综合之色，其中之八成约为酪性颜料，其余二成，则为酸性颜料。染工工资，平均月得六元，食宿由厂方预备。

三 花样及其计划

中国地毯之花样，为数甚少，又甚陈腐，执是业者，大率墨守不改。以往地毯事业幼稚，花样陈旧，尚可维持。欧战之时，环境变迁。异邦人士，对吾华之地毯，需要日殷，故新厂之成立，有如雨后春笋，竞争亦因之渐形剧烈。各厂均力谋所以出奇制胜之道，以供应其主顾之需求，故花样之改良日多（至于按地毯之花样，予以分类，见第四章，兹不赘述）。迨至今日，多数地毯之花样，率含西方色彩；盖因异国人士订货之时，恒预为指定其所喜之花样故也。此称花样，或由顾主供给，或由出口商店及工厂雇用技术人员绘成。凡制造地毯以供输出之商店或工厂，恒从事于新花样之制造，送之于异国顾客，以备其选择及鉴定。

花样之计划，需要专门学识及高尚技术。司花样计划者，在工厂中之位置，仅低于经理，恒与工头平行。在大工厂内，如海京等，率用数人，以司其事。简单言之，花样之计划，包含以下几项步骤：第一步在图画纸上画一图形，再用墨水将此图描于透明纸上。惟描写之时，须注意其尺寸及比例等项，应力谋精确。然后将透明纸反过，用蓝色或白色粉笔描其黑道，过于另纸，即可得其反印。同时各项优美之颜色，亦可着于精细之图画纸上。俟各种颜色稍干后，更将粉笔所画之反印，加于其上，用力压之，即留相当痕迹。用粉反印之时，应特别小心，以促图之成功。事毕之后，应以胶质（Shellac）遮盖之，避免损坏。此项图案，储以备用，可随时加以复印，留其一份，以备事后之参考。同时另以其副张之一，交与织毯工人，作为范本。颜色之分配，式样之制订，以及尺寸之比例，完全在此小图案内有相当规定。用以代表制成之大地毯，丝毫无差。

四　织造之方法

地毯之织造，虽在西洋，已采用机器，但在吾华，仍为手工技业。中国之织机，殊甚简单，由四木板钉成，作长方形。每机价格自三〇元以至六〇元不等，其平均价格约在四五至五〇元之问。除毯机之外，则刀一柄，梳一只，及剪数把，即敷应用，约值数元左右而已。

地毯之织造，异常简单，其方该约合以下八项步骤：（一）挂经，（二）画经，（三）打底，（四）拴头，（五）过纬，（六）剪花，（七）下活，（八）平活。

地毯机一架，有直木两支，各长一〇尺左右。上下各有横木一支，惟下面横木，可以移动，使之升降，罔不尽如人意。上下两横木间之距离，须与毯之宽狭，有相当关系。凡遇挂经时，恒将下横木提高半寸，直至经线围绕于上下二横木后，再将下横木放下，其重以能使绷紧线绳为合格。过紧过松，均非所宜。下横木放下后，复以木楔将该横木与两直木定住之，以免动摇。所用之经线，恒为棉制，惟中国地毯内有之。此项棉线，则赖当地纱厂为之供给。

在挂经完竣之后，应将花样放大，与实在尺寸相合，过于经线之上。其法系将放大花样，置于前后两面经线之间，然后将颜色粉笔划于前面经线之上，即可得之。

同时织匠即预备开始工作，在织机之前，安置木架。合于应用颜色之毛线，业已缠成球状，系于木架横杠之上。在此横杖之上，更有一杠杆，杆之中间，系有与后面经线相连之棉线，以便工人将杠杆向前拉时，前后经线，即可分成两层，则易于过纬。为织二三尺宽之毯，则一支杠杆，即已足用。至普通标准地毯，约宽九尺，长一二尺。必须用四支杠杆。每织工一人，用其一支。又架上置木板一，以为织工之座位，可使之随意升降。当织造起首之时，木板距地面甚近，织工继续工作，板座亦因以逐渐提高。

既将花样划于经线之上，织工坐于座位，则用棉线打底。此项棉线即纬线与经线系紧，用铁梳加重其力，则其底愈趋坚固，然后始行着手织制。

严格言之，毯非织成而结成。选毛线一条用于毯末，工人将此线塞于前后两经线之间，用拴头之法，由左而右，打成一结。俟第一排纬线上之各结，均已打成后，用一手伸入两层经线之间，其另一手拉动第二排纬线而塞入之。多数地毯，恒在线结以上，加纬线一排，计共两道。纬之粗细，不必尽同，第一道纬，或须较第二道纬线为粗，但二者合而为一，应与前后二经线之粗细相同。

打底拴头之后，工人始用剪刀，裁剪其线结至相当长度，约长一寸之四分之三。裁剪之后，于是另行线结，又复起始，纬线之增加亦然。如是则地毯由下往上，逐渐织成。若此毯甚长，已将最初之经线用尽，应再续增新线，继续织造。

在地毯由织机取下以前，例须从事剪花步骤。花样中之任何部分，均须使之呈露，应将其旁之枝节，尽行除去。剪花既毕，毯面高下适达，顿呈美丽之观。然后由工头一人，将毯置于地面，或铺于席上，予以剪平。剪平之后，再以刷刷之，量其尺寸，以待输送。

织成之品，在送至购者以前，仍须以化学方法洗涤之，毋使褪色，且有光泽。然此项洗涤，恒毁其毯毛，且不易耐久。颜色虽较前鲜明，但其毛已较为缩短，毫无旧毯柔软之性。旧毯所以较为柔软者，以其历时较久故也。此项洗涤，损及其毛，有以此为古物之象征者，殊可怪也。时至今日，洗毯之事，恒在美国办之。惟工业界保守秘密，未肯发表其方法。但其原理，在十九世纪中叶，已为 Mercer 莫沙氏所发明，在实用化学中，异常著称。现在天津方面，倪克厂已从事试用此法，闻已有相当成绩矣。

第四章　地毯之分类及销售

一　中国地毯之分类

中国地毯种类之繁多，固足以博人之赞美；然因其复杂之故，往往易使人混乱。故欲采取一单纯之标准，以为分类之基础，殊甚难也。至中国地毯所以为西人乐用者，全在其所具有之特点，饶有美术之价值；不仅以应用，且可呈美观。惟特点既多，每一特点，皆足为分类之根据；使选择不慎，则不免有挂一漏十之弊。例如海关报告，按面积大小，分之为十方尺以上及十方尺以下两种。此项分类，不第不令人满意，有时且杳无意义。欲得有用之分类，第一须所包括者甚广，第二须遵从惯例。故较善之法，宜以技术上之差别及地理上之来源为标准。

自技术方面言之，地毯可按其面积之广狭，量之轻重，每方尺之道数，毛之长短，及花样之异同等分类。以面积论，中国地毯有六方尺（二乘三），八方尺（二乘四），一五方尺（三乘五），一八方尺（三乘六），二一方尺（三乘七），四〇方尺（五

乘八），五四方尺（六乘九），八〇方尺（八乘十），一〇八方尺
（九乘一二），一四〇方尺（一〇乘一四），一七六方尺（一一乘
一六），及二一六方尺（一二乘一八）之分。最普通之面积，则
为一〇八方尺者。各种地毯，多为四边形，但有时亦有为椭圆
形或圆形者。椭圆形或圆形之地毯，制造价格，与四边形者同。
其面积以两轴或两直径测量。过大或过小之地毯，亦可定制；
但顾客须预付定银，免致将来制成之后无法脱售也。以重量论，
最普通之地毯，为每方重一磅者。地毯之重量，视组织与毛而
异；组织愈密毛愈高者则愈重。例如道数一〇〇毛高八分之五
寸之地毯（俗称五分），较道数九〇毛高八分之四时者为重。另
一分类，根据每一方尺之道数或结数以定之。地毯每方尺之道
数，自最低四〇道至最高一五〇道不等；最普通者在八〇道至
九〇道间。每方尺之道数愈多，地毯之价格愈昂；故七〇道之
地毯价格，约在一元三角左右，八〇道者一元九角左右，九〇
道者二元二角左右，一〇〇道者二元四角左右。射出于经纬线
外之毛线之长短，亦为分类之根据；此项分类，以毛愈高者为
愈佳。毛之高度，自八分之三寸，二分之一寸，至八分之五寸
不等；但以二分之一时者为普通之高度。

　　中国地毯之花样，至为复杂。有一出口商人曾分之为下列
六种：即几何画、中国古代相传之画、道教画、佛教画、杂征
及草本之形。就中几何画为最古模型之一。追溯其源，始于有
史以前，古时地毯上，多用之以饰边。中国古代相传之画，有
龙，雷，云，水，火，电，山岩，阴阳，八卦，王节等。此种
图画，为孔教之仪征；然非创自孔子，不过孔子集前圣之大成
而已。道教画出自老子（纪元前六〇四年生）之教义，具有八
仙之品质及凤凰、鹿、鹤、桃各形。佛教画传自印度，有狮及
八吉祥，即红色法轮、法螺、黄伞、华盖、连花、宝瓶、双鱼

及万字。此八吉祥之地毯花样可分可合；万字一种，尤多与其他八吉祥之象征合用。至第五种杂征，则有珠、币、书、画、犀角杯、乐工、艾叶、菱形等之八宝，及琴棋书画与文字。第六种有自然草卉之描写，肖拟逼真，雅足鉴赏；非若波斯地毯花样之因袭者所可比拟也。有所谓百花者，即桃花、菊花、水仙、梅花、兰花、牡丹、莲花及石榴花等类是也。

以地域分类，则有寗夏毯、包头毯、北平毯、天津毯及蒙藏毯五种。寗夏毯之工艺甚佳，织造亦细。普通道数高至一二〇，以蒙古羊毛织成之，不甚长亦不甚宽，作四边形，多为覆炕及床之用。经纬线悉纺之以棉，组织之细，约与毛同。其结为单复两种合并物，且常为右手结。色率为深蓝及红棕，点以黄绿。上缀之花样，以古代象征及自然风景等为多。

包头毯之工艺亦佳，组织亦细。每方尺道数，有时至一六〇，亦为四边形。其用处与寗夏毯不同，只作铺地之用，尺寸亦较大。其颜色华美，不第为寗夏毯中所不多见，即在所有中国地毯中，亦鲜其比。花样多属祭仪神话及杂画，而尤以后者为多。

北平地毯，其艺术价值尤高，花样之繁，久为人所称道。形或四边或圆或椭圆，尺寸或大或小，俱无一定。道线自八〇至九〇，毛高多为半寸。北平毯与寗夏毯或包头毯不同，常以英尺为度。结则单结，全出自右手。且大半为输出国外之货，故其色彩及花样，亦多受国外影响。天津之毯与北平之毯，多相似之点；惟近年来天津制毯各商，多趋于织造较精之地毯，此所以天津地毯工厂中所用之学徒之百分数，常较北平者为低也。计北平每一织匠有学徒二点八六，在天津则每一织匠仅有〇点三九学徒而已。

蒙藏毯大半为家庭工艺品，专售于进香拉萨之旅客；其花样中，多带宗教色彩。道数视所用羊毛线之尺寸而异；线之粗细，亦无一定。其供庙宇寺院之用者，大率面积较大；至供家用者，则较仄小。形多为四边，色彩之配合，多受阿拉伯及波斯之影响；红，黄，蓝白各色，满布全毯。

二　销售方法

中国所产地毯百分之九〇，大都行销海外。盖需要地毯者，多为世界生活程度较高之人民；至中古式经济制度下之国民，必无购用大批地毯之力也。地毯既为世界之消耗物，故销售手续，多由出口商店主办。出口商店在全工业中，殊甚重要；因其拥有雄厚资本，熟悉市场情况，故能操纵供给，而创一特有之工业组织及销售制。

按商业习惯，地毯共分三种，即定货现货退货是也。定货为照购买合同或定单上所载明之色彩、花样、尺寸、毛高、道数及染料各项所承制之货。现货为花样尺寸皆有一定标准之现成货。退货则为所制造之货，不合于所定之质。天津市场上，三种中定货包括退货，几占百分之九〇；其余百分之一〇则为现货，可由制造人直接或间接售之出口商店。间接售法，即先经商店之买办或大写购买。现货除在清皮时期凑成余货，以补济工厂或作坊之营业外，不常制造；盖因其不能尽合地毯顾客之意，价格须较定货为低故也。

定货单之收到与执行，甚多曲折。中国地毯，既多供出口国外之用，其定单必来自国外之顾客，发定货单之顾客，无论其为最后消费者或中间人，必先决其地毯之花样，及其他各要点；决定之后，将此项定单与图案，一并送至中国之出口商店要求执行。出口商店在国外有许多委托人，其收入之定单甚多。若其出口事业甚大，可设经售处于国外，如纽约等处。此类经售处或为总处，而以中国之出口商店为分处，如达绅是。出口商店于地毯之外，多兼营其他货物。所收到之定单，其执行之者为各类之制造家，且有买办为之协助。定单执行之方法，已具述于第二章工业组织中，兹不赘论。

地毯无论为定货或现货，经出口商店收进后，即可立刻输至外国。然为航运安全之计，必先妥为打包。从前采用之打包方法，约有三种，即折叠卷拢及装箱，就中以装箱为最佳。照第一法先将地毯折叠成数层，先装入麻袋，再以席裹之；如用此法，地毯易皱。照第二法先将地毯卷于木轴上，然后以麻袋或席裹之如第一法；用此法则地毯虽不致皱，然包裹太大，处理困难。最安全而最通用之方法，即平铺地毯于箱中，既不至绉，亦易处理，照例每箱装标准尺寸九乘一二尺之地毯四块。

地毯既已包妥，预备装运，尚须保险，并须缴纳各税，始能着手运行。地毯税分统税，出口税，进口税三种。第一二两种由市府及海关征收，末一种由外国海关征收。统税之缴纳，初创于民国一二年，为中国城市运地毯至天津租界之权利代价。税率定每一〇〇方尺六钱二分五，不问其质，一律按征。迨至民国一五年二月二五日，此税取消；是年七月一〇日，复以同样税率课征。一二月又有军事善后捐，税率仍与上同；民国一六年一月一五日，复代以新统税，其率如下。

第一一表　　地毯在天津缴纳统税时之税率

地毯种类	每方尺税率（元）
七〇道	〇点〇五
八〇道	〇点〇七
九〇道	〇点〇九
一〇〇道	〇点一〇
一〇〇道以上	〇点一五

新统税较旧者约高数倍，一〇〇方尺，视地毯之品质，自五元至一五元不等。民国一七年三月九日，因地毯商人之请愿，又复中止。但为防止天津以外制造之地毯漏税，规定凡在天津各工厂作坊制造之地毯，须有地毯同业公会之证明书。

根据前清道光二二年（西历一八四二年）之南京条约，地毯出口税与他种土货相同，应按值百抽五率征收。民国一二年华盛顿会议以后，始于原有百分之五出口税外，加征百分之二点五，即合两种税率共缴百分之七点五。天津地毯之估价，每半年由海关办理一次；但最后数次估定之价，并无变更。此种估价，对于地毯之价格，视每尺之道数而定，兹列于下。

第一二表　地毯在天津海关缴纳出口税时之评价

地毯种类	每方尺价（海关两）
七〇道	〇点七〇
八〇道	一点〇〇
九〇道	一点二〇
一〇〇道	一点五〇
一〇〇道以上	二点〇〇

外国之输入中国地毯者，率课有进口税。美国国会最近曾提出新关税案，主张减低中国高等地毯输入之进口税，自值百抽五五至值百抽四五，加高中国低等地毯之进口税，自值百拙五五至最高之从量税，每方尺五角五美金。盖因美国工厂不能以机器制造高等地毯，故减低其税率；低等地毯之制造，已有相当之成功，故加高其税率，以杜绝中国地毯之输入。此提案将来如果通过，其影响于北平之地毯，当非浅鲜也。

三　地毯出口商协会及出口统计

民国一六年八月，天津地毯出口商协会成立。其成立之原因，半由于当时军事当局欲加特征所激成，半由于天津各出口商欲谋共同利益之发展。是年初，当局于值百抽七点五出口税外，加征特税百分之一〇，于是激成地毯出口商之罢业。定货拒绝承受，现货拒绝出售，且皆于其店外张贴通告，谓在特税未取消前，不再购买地毯，并请地毯制造家不必携货前往。同时提议组织地毯出口商协会，以谋对罢业作一有组织之表示。继续开讨论会三次，结果天津地毯出口商协会，遂告成立。民国一六年八月一六日，正式通过组织法。按其组织法，该会目的以保护天津地毯出口商之利益，发展国内外之地毯工业，及代表出口商与当局接洽以除掉各种障碍为最要。至如提倡合作事业，解决各种争端，该会亦甚注意。其仲裁之结果，且多记之以为日后之循例。

凡与地毯之制造或输出有关之商店或个人，信用卓著者，皆得为该会会员；每一会员，须纳入会费一五元，年费一〇元。目下有出口商会员约二〇人；倪克地毯公司（Nichols Super Yarn Carpet Inc）经理倪克君，为该会秘书。该会向为一关于地毯税捐及劳工要求之保护机关。美国国会所提出之新关税案，意在杜绝北平低等地毯之输入；虽该会对此尚无正式表示，然已引起其多数会员之注意矣。外人主办之工厂中，劳资纠纷，日见增加，如最近美隆及乾昌海京数工厂之罢工，该会尤甚关心。诸会员所抱之政策，大率趋向消极；对于各发生问题之工厂，拟以关闭为最后之手段。美隆地毯工厂，业已实行歇业；其他工厂，则因工人为避免失业计，对要求上表示让步，故尚得维持原状。

地毯经打包、保险及完纳各税之后，即可运往外国或中国其他各埠。出口商埠多为地毯工业之中心，或距离工业中心最近之埠。天津自来为中国第一地毯出口之商埠；除民国一〇年因商业清淡外，其余自民国建立以来，均能维持其出口第一之地位。同时期内上海居第二位；第三位在民国一一年及一一年前，属于烟台，是年后则属于胶州。济南为新兴之地毯工业中心，胶州距之甚近，故能于民国一六年夺上海之第二位而代之。第四位民国九年前属思茅，是后转属腾越。盖思茅腾越密迩新疆、蒙古、西藏及其他地毯之中心点，且为地毯由陆路运往法属印度支那之要道，故地毯工业发达甚易。自民国元年至一六年中国各埠在地毯输出上之相对重要，约如下表。

第一三表　民国元年至一六年中国各埠在地毯输出上之相对重要

（括符中之数字为百分数）

埠＼年	天津	上海	胶州	烟台	安东	汉口	腾越	思茅
民国元	1(75.5)	2（17.4）			4（1.8）			3(3.4)
民国二	1(76.3)	2（19.0）				4（1.5）		3(1.6)
民国三	1(78.8)	2（16.1）			4（1.3）			3(1.4)
民国四	1(83.8)	2（12.0）				3（1.5）		4(1.3)
民国五	1(94.1)	2（4.3）	3（0.9）			4（0.3）		
民国六	1(92.1)	2（5.8）	3（0.5）	4（0.4）				
民国七	1(88.2)	2（6.9）	3（2.7）	4（0.8）				
民国八	1(83.1)	2（10.1）			3（0.8）	4（0.7）		
民国九	1(84.2)	2（9.5）	3（1.8）				4(1.7)	
民国一〇	2(25.0)	1（60.4）		4（3.4）			4(4.5)	
民国一一	1(85.9)	2（11.2）	3（1.5）				4(0.4)	
民国一二	1(88.2)	2（7.7）	3（2.9）				4(0.5)	
民国一三	1(90.8)	2（4.4）	3（3.6）				4(0.5)	
民国一四	1(93.3)	2（3.4）	3（2.7）				4(0.4)	
民国一五	1(92.0)	2（4.0）	3（3.4）				4(0.3)	
民国一六	1(90.4)	3（4.1）	2（4.3）				4(0.4)	

注：表中所列各埠，仅为民国元年至一六年中，曾在地毯输出上占前四位中之任一位者。

以实在价值表示，中国地毯工业首埠之天津，其地毯输出之额，民国元年仅四五，七四三海关两，民国一六年则上涨至六，一六五，七四一海关两，增加之巨为一三五倍。下表按海关两表示民国元年至一六年所有中国各埠之地毯输出额。

第一四表　民国元年至一六年中国各埠之地毯输出额（海关两）

年＼埠	天津	上海	胶州	其他各埠	所有各埠
民国元	45,743	10,538		4,317	60,598
民国二	73,952	18,405		4,505	96,862
民国三	77,475	15,863		5,041	98,379
民国四	131,792	18,819		6,569	157,180
民国五	737,994	33,921		12,288	784,203
民国六	735,311	46,736	2,133	14,259	798,439
民国七	349,146	27,247	133	19,481	396,007
民国八	447,926	54,235	1,351	35,714	539,226
民国九	1,151,726	129,650	15,686	69,963	1,367,025
民国一〇	125,495	302,623	7,217	66,097	501,432
民国一一	2,907,881	379,421	48,917	48,729	3,384,948
民国一二	4,183,235	366,815	136,182	56,986	4,743,218
民国一三	5,516,024	270,281	216,096	69,720	6,072,121
民国一四	6,118,138	221,177	174,413	40,466	6,554,194
民国一五	6,679,107	288,305	244,413	47,682	7,259,507
民国一六	6,165,741	277,687	296,081	78,669	6,818,178

自天津输出之地毯，如第一章中所述，非仅为天津之工厂作坊所制造，即北平工厂作坊所制造者，亦在其内，民国一七年自天津输出之地毯，共值五，六五九，五八七海关两，或七，八六〇，五四七元，按照天津常关报告，其中五八三，三七二方尺，来自内地各城，尤以自北平输入者为最多。北平地毯，既多属次等，故每方尺可平均以一元八角估计；则五八三，三

七二尺地毯之总值，共为一，〇五〇，〇七〇元，自天津之地毯总输出值七，八六〇，五四七元中减去此数，则天津输出之地毯总值为六，八一〇，四七七元，此数较诸估定天津地毯工厂作坊出产为六，三三三，九〇〇元者略高，此中所差，或系由于内地各城输入天津地毯数，因漏税而少报所致也。

下表所载，为最近二年中天津地毯输出之目的地。可注意者，即民国一六年共有百分之七六点三直接运往外国；一七年中则增至百分之八八点九矣。

第一五表　民国一六年至一七年天津地毯输出之目的地

目的地点 \ 年 值	民国一六		民国一七	
	海关两	百分数	海关两	百分数
美国	3,503,920	56.8	3,529,299	62.3
日本	867,092	14.1	802,185	14.2
英国	268,231	4.3	610,453	10.8
中国香港	40,924	.6	22,984	.4
其他各国	28,616	.5	69,698	12
所有各外国	4,708,783	76.3	5,034,619	88.9
中国其他各埠	1,456,958	23.7	624,968	11.1
总数	6,165,741	100.0	5,659,587	100.0

中国地毯销售之主要国为美国，日英次之。自民国元年起至一六年，美国常居第一位，其中不居第一位者，仅三年耳。至输入美国者，舍不居第一位之三年外，占天津地毯输出之百分数，岁有不同。在民国一三年时为最高点，占百分之八九点一；民国六年时最低，仅占百分之五四点六，盖是年适美国加入大战也。在此时期中，日本居中国地毯输出上之地位，约在第一至第四之间，但于一六年中，曾保持其第二位者凡九年。英国之地位，亦在第一至第四之中，计一六年中，曾保持共第

三位者凡七年。加拿大自民国六年即代中国香港而居第四位，保持第四位而未失者，在一六年中计有八年。中国香港在民国一〇年前，列诸第三或第四，是年以后，降至第五，然此固不能完全表现香港之地位，盖香港输入之地毯，常复输出，非他国所可比也。下表以相对及绝对之数字，表示民国元年至一六年外国在中国地毯输出上之相对重要。

第一六表　外国在中国地毯输出上之相对重要
（括符中之数字为百分数）

年＼国	美国	日本	英国	中国香港	加拿大	其他
民国元	2（14.5）	3（9.9）	1（38.5）	4（8.3）		
民国二	1（55.5）	4（6.3）	2（18.2）	3（7.1）		
民国三	1（58.1）	3（10.8）	2（16.3）	4（3.7）		
民国四	1（61.6）	2（30.6）	4（1.5）	3（2.8）		
民国五	2（38.2）	1（60.2）		3（0.8）		4（0.2）
民国六	1（54.6）	2（41.7）			3（1.5）	4（0.2）
民国七	2（36.4）	1（49.2）		3（6.3）	4（4.0）	
民国八	1（64.0）	2（15.1）	3（6.0）	4（2.2）		
民国九	1（72.5）	2（12.1）	3（8.1）	4（2.2）		
民国一〇	1（66.4）	3（9.0）	2（9.6）		4（3.8）	
民国一一	1（81.7）	2（10.1）	3（3.2）		4（1.5）	
民国一二	1（85.6）	2（8.1）	3（2.5）		4（1.1）	
民国一三	1（89.1）	3（3.2）	2（4.0）		4（0.7）	
民国一四	1（82.4）	2（9.9）	3（3.8）		4（0.8）	
民国一五	1（85.8）	2（7.3）	3（3.2）		4（0.9）	
民国一六	1（74.3）	2（13.9）	3（6.8）		4（0.8）	

注：表中所列各国仅为民国元年至一六年中，曾在中国地毯输出上，占前四位之任一位者。

第一七表　民国元年至一六年中国地毯之输入国及其总值（海关两）

国 年	美国	日本	英国	其他各国	总值
民国元	13,971	5,631	22,015	15,492	57,109
民国二	55,463	6,268	18,208	19,924	99,863
民国三	60,287	11,161	16,961	15,367	103,776
民国四	101,590	50,402	2,440	10,403	164,835
民国五	296,523	466,343	534	11,476	774,876
民国六	431,091	328,999	54	29,554	789,698
民国七	134,057	181,092		52,796	367,945
民国八	294,833	69,625	27,758	68,334	460,550
民国九	1,033,067	172,675	114,999	103,496	1,424,237
民国一〇	648,182	87,366	93,332	146,447	975,327
民国一一	2,697,175	332,284	104,764	165,504	3,299,727
民国一二	4,016,820	377,170	118,530	178,532	4,691,052
民国一三	5,336,633	190,178	242,791	220,206	5,989,808
民国一四	5,245,943	631,366	240,410	244,914	6,362,633
民国一五	5,616,359	478,637	207,526	244,696	6,547,218
民国一六	4,850,822	908,477	442,887	324,460	6,526,646

第五章　地毯工人及学徒

一　人数及其分类

天津地毯工人之数目，有谓在二〇，〇〇〇至三〇，〇〇〇之谱。此种数目，多系地毯商人请求政府减税或要求他项救济时所用，意在悚动听闻，固无统计之根据也。同时天津地毯工人数之各种调查结果，亦彼此互异。昔年之实业局及现在之特别市社会局，其所得皆不及实际人数之一半，直隶商品陈列所及天津地毯公会之所得，约及实际人数三分之二。本会之调查，为时最近，包括人数亦最多。兹得各调查之结果，列表于下。

第一八表　民国七年至一八年之天津地毯工人数

调查机关	调查年	制造家数	工人数目
直隶商品陈列所	民国七	四三	二，〇〇〇
直隶商品陈列所	民国一二	一六二	七，〇八〇
天津县实业局	民国一五	七〇	二，二一九
天津地毯同业公会	民国一六	二五〇	七，九〇〇
天津县实业局	民国一六	九〇	三，四六四
天津特别市社会局	民国一七	一二七	三，八〇七
南开大学社会经济研究委员会	民国一八	三〇三	一一，五六八

地毯工厂中工人数目之多寡，视营业范围之大小而定。在直接以羊毛制造地毯之工厂中，其工人可按制造技术之次序，分为几类；但在大多数工厂中，织造为惟一之手续。毛线购自商家，或供自出口商店，花样之图案，亦由出口商店拟定。在此等厂中织工之外，须用缠线工人，将已染之线，缠绕成球，以便织造。然缠线之工作，在中小工厂中，率由粗工及学徒任之。此类工人及学徒，除缠线外，尚治其他杂项，故鲜能自成一类。据本会之调查，天津地毯工厂及作坊之工人，共分三类，即细工、粗工及学徒是也。粗工人数甚少，占全数百分之五点七，细工占百分之六六点一，学徒占百分之二八点二。细工工人在大工厂中，虽间有作工头及学徒之教习者，然大多数则专从事于织造也。

第一九表　天津地毯工人分类

类别	人数	百分数
细工	七，六四一	六六点一
粗工	六六五	五点七
学徒	三，二六二	二八点二
总数	一一，五六八	一〇〇点〇

天津地毯工人之数目，按上表为一一，五六八人。本会未能全数调查，故采用选样之法，以求得一经济而适用之分析。盖选样方法，便利殊多。既可省时间与人工，以作全部之调查；且地毯制造商人，亦愿调查者只妨碍一部之工人，为详细之问答，而不愿其有碍全部也。故本会于全数三〇三工厂作坊中，仅调查一五二厂之劳工状况。此一五二工厂及作坊，共雇用工人五，五四六人，占全数百分之四八。其中经本会实地调查者，有细工粗工合三五四人，学徒二六一人，共六一五人。换言之，本会之劳工状况调查，只包括天津地毯工厂作坊之一半，由每九工人中选择一人调查之。此种选样调查之法，其结果殊能代表劳工之状况，可从下列表中见之。

第二〇表　天津地毯工厂已经及未经本会于民国一八年四月至六月中调查其劳工情形者之比较

每一工厂或一作坊之工人数目	已调查		未调查	
	工厂或作坊数目	工人数目	工厂或作坊数目	工人数目
一——一〇	二七	二一二	二九	二〇八
一一——二〇	四二	六四八	五四	八三六
二一——三〇	二六	六三六	二〇	五〇九
三一——四〇	一四	四九二	一〇	三七四
四一——五〇	一三	五五五	一三	五九五
五一——六〇	五	二七七	五	二六六

每一工厂或一作坊之工人数目	已调查		未调查	
	工厂或作坊数目	工人数目	工厂或作坊数目	工人数目
六一——七〇	八	五一一	四	二五六
七一——八〇	二	一五一	二	一四六
八一——九〇	二	一六八	二	一七五
九一——一〇〇	三	二九〇	〇	〇
一〇〇以上	一〇	一，六〇六	一二	二，六五七
总数	一五二	五，五四六	一五一	六，〇二二

二　工人之分析

天津地毯工厂及作坊之中，细工约占地毯工人全数百分之六六点一，粗工占百分之五点七。兹按照其籍贯、年龄、已婚、未婚、教育及宗教等分析之。关于工人之籍贯，经本会调查之三五四人中，仅一〇人为天津籍，余三四四人，计有三二六人籍隶河北省各县。一五人隶山东，三人隶山西、察哈尔及辽宁。三三六河北人中，几一半（一六二）来自武清、枣强、束鹿、深、南官五县。

第二一表　民国一八年天津地毯工业中细工粗工之籍贯分配

县名	工人数目	县名	工人数目
河北省	三三六	雄县	五
武清	四七	易县	五
枣强	三七	安国	五
束鹿	三六	沧县	五
深县	二九	新河	四
南官	一三	文安	四
衡水	一一	大兴	四
武邑	一一	宁晋	三
冀县	一一	宝坻	三

县名	工人数目	县名	工人数目
天津	一〇	肃宁	三
盐山	一〇	安次	三
北平	九	其他	五一
景县	六	山东省	一五
香河	六	其他	三
宁津	五	总数	三五四

三五四工人之年龄，最低者为一五岁，最高者四四岁。其中一七岁至二九岁之工人，凡三三二人，即百分之九四。二一岁至二五岁之工人，凡一八七人，即百分之五三。

第二二表　民国一八年天津地毯工业中细工粗工之年龄分配

年龄	工人数目	年龄	工人数目
一五	一	二五	三三
一六	四	二六	二四
一七	一一	二七	二二
一八	一五	二八	一〇
一九	二六	二九	一〇
二〇	二七	三〇	八
二一	二九	三一	五
二二	三八	三二——四四	四
二三	四五	总数	三五四
二四	四二		

地毯工人经济地位之低下，可从其结婚之年龄，窥见一斑。中国人之结婚年龄多为一六或一八，但工人之结婚年龄，可提高至二〇。按照此项标准，已达结婚年龄之地毯工人，有二九七人，而事实上已结婚者，仅一一九人或百分之三一。其余百分之六九，所以未结婚者，率因其能力薄弱，不能完婚故也。

三五四人中，仅一三九人能写读，其余皆未受教育者。此一三九人之中，只七七人能写信看报，其中三一人，更能读浅近小说、剧本、三民主义及各种宣传品。关于宗教，则三三九人或百分之九六为佛教徒，二人为耶教徒，二人为无宗教信仰者，其余一一人，未知其详。

三　雇用条件

雇用条件中之可述者，有雇用制，工资给付制，工作时间，健康与卫生各项。天津地毯工业之雇用制，殊不一律，或系自请于制造商家，无介绍信，仅有一学成之织匠证书而已，或由朋友、亲戚及师兄弟为之介绍者。兹按三五四工人入厂之方法，予以分类：计由介绍而入厂者一六五人，其中大半系由朋友介绍者；因个人与雇主之关系而入厂者七一人；自请入厂者五一人；经其他手续入厂者一八人；入厂原因不明者四九人。

经本会调查之三五四人中，仅三一○人得知其入厂之年。此三一○人中，内有二二一人或百分之七一，入厂在民国一四至一八年之中。是项较大之百分数，固由于此期内全工业中织机之增加（二，七四九架织机之中，一，○九六或百分之四○设置于民国一四至一八年)，然亦可表示地毯工业中劳工之转移率颇高也。劳工转移率之高，与地毯工业之摇动状态及雇用制，常有一致之趋势。地毯工厂及作坊中之工人，多雇于营业活动之时，一至营业停滞，即行解雇，年终生意清淡，厂坊工人，例多被辞。下表即按其入厂之年，为之分类。

地毯工厂及作坊之工资给付制，为月资、件资两种之混合制度。细工与粗工，同领一种月资，但视作活之多寡，以为增减。细工即地毯织工，每日须完一工。欲领得十足月资，一月中大建须完三○工，小建二九工。不足此数，便为拉工，多过此数，即为赶工。拉工及赶工之赏罚相同，每工三角至四角。此项赶工拉工之赏罚金，或加入月资，或从月资扣去，较平常每工之代价为高。然此单从名义之工资着眼，而未计及实际之工资；盖地毯工业中房饭两项，皆由雇主于工资外供给也。

第二三表　天津地毯工业中细工粗工入厂年限分类表

年份	数目	年份	数目
民国五	一	民国一三	一九
民国六	三	民国一四	三六
民国七	二	民国一五	二三
民国八	一二	民国一六	三八
民国九	七	民国一七	七二
民国一〇	二〇	民国一八	五二
民国一一	一〇	未知	四四
民国一二	一五	总数	三五四

天津地毯工业中所谓一工，即代表织造八〇道地毯一方尺所需之工，惟亦因各制造商而异。如每方之道数愈多，则每工所能织之面积愈小，故八〇道之地毯，每工可织一方尺；九〇道者则只能织长一尺宽九寸；一〇〇道者长一尺宽八寸；一二〇道者长一尺宽五寸而已。

经本会调查之三五四工人，其每月货币工资自最低四元至最高一一元不等。最普通之月资，在六元至九元之间；计有三〇二工人，或即百分之八五，其所得在此数之内。货币工资每月付给一次，多在阴历月初或月半。

第二四表　民国一八年天津地毯工业中细工粗工每月货币工资之分配

工资额（银元）	工人数目	工资额（银元）	工人数目
四点〇至四点五	一	八点〇至八点五	九一
五点〇至五点五	二	九点〇至九点五	二四
六点〇至六点五	七六	一〇点〇至一一点〇	二五
七点〇至七点五	一三五	总数	三五四

饭费以每月六元为最普通，计在三五四工人中，共有二七九人月得此数，然亦不一律也。房费统计缺乏，但据理估计，每月约在五角之谱。房饭费相加，每人每月之费用，约如下表。

第二五表　民国一八年天津地毯工业中细工粗工每月房饭费之分配

额数（银元）	工人数目	额数（银元）	工人数目
四点五至五点〇	一五	七点五	一
五点五至六点〇	三九	未知	一六
六点五至七点〇	二八三	总数	三五四

与货币工资相加，每人每月之实入如下表：

额数（银元）	工人数目	额数（银元）	工人数目
九点五至一〇点〇	二	一四点五至一五点〇	二三
一〇点五至一一点〇	一九	一五点五至一六点〇	二〇
一一点五至一二点〇	七三	一六点五至一七点〇	一
一二点五至一三点〇	一二九	未知	一六
一三点五至一四点〇	七一	总数	三五四

按照上表，细粗两工最普通之每月实入，约在一一元五角至一四元之间，共有二七三或百分之八三工人，属于此类。

上述之工资给付制，仅适用于月入无定按工加减之工人。另有一类工人，不问作工多少，月得一定之资，但为数较少耳。其位置为一般按工得值之工人所羡慕，惟须品行端正，勤苦耐劳，及工作有年者，始能得之。其任务不一，或为织匠之工头，或为学徒之教师，非专于织造也。

就外人主办及中国自办之大工厂中观之，其工人之实入，较在中国主办之小工厂及作坊者为高。海京、倪克、乾昌及庆生恒各工厂，每月皆付货币工资八元，赶工每工四角至四角五分。此外房饭之设备，亦较在中国小工厂及作坊为优，且有餐室及厨房，较中国小工厂及作坊，便利尤多。然说者谓中国小工厂及作坊之工人，其生活程度较低，储蓄稍易，故所入虽较少，而其所余之数，与在大工厂之所得者，差相若也。

三五四工人之中，每日工作一〇小时至一二小时半（不包括餐时）者，计有二三九人，即百分之七二。兹按其每日工作时数，分配如下。

第二六表　民国一八年天津地毯工业中细粗工人每月工作时数之分配

每日工作时数	工人数目	每日工作时数	工人数日
九点〇至九点五	三九	一三点〇至一三点五	四四
一〇点〇至一〇点五	五七	一四点〇至一四点五	一〇
一一点〇至一一点五	一〇一	未知	二二
一二点〇至一二点五	八一	总数	三五四

地毯工业中之工作时数，随季节变迁而不定。冬季工作较在他季为重。计有夜工者，共二四一人。其中二一六人，均有夜工时数报告，自二小时至五小时半不等。最普通为四小时，约有一二七人，属于此类。

大多数工人之作夜工者并无工资，仅有一〇人得额外之给付。其所得之数，与加工工资率相同。海京工厂之夜工，可得两倍工资；此种方法，在别处殊不多见。

第二七表　民国一八年天津地毯工业中细粗工人夜工时数之分配

每夜工作时数	工人数日
二至二点五	五
三军三点五	二六
四至四点五	一五六
五至五点五	二九
总数	二一六

地毯工业中之假日，与一般工业界放假之日数相同，如新年、灯节、端阳节、中秋节等。业经调查之三五四人中，计有二九五人，曾以各节放假日数报告。新年普通放假一〇天，端阳节三天，中秋节三天。在此放假期内三五四工人中，二三四人或三分之二，有膳宿而无工资；其余一二〇人，则于膳宿之外，兼得全部或一部分之工资。除上述之假日外，多数工厂及作坊，又于初一十五放假半日，或免除夜工。仅美隆工厂一家，曾于星期日给半假，但该厂已于民国一八年春季，因罢工纠纷而倒闭矣。

地毯工厂或作坊中之工作情形，对于健康卫生之不讲求，已达极点。天津如是，北平亦然。一进地毯工厂或作坊之天井中，便见杂乱无章，肮脏不洁之状。大多数厂坊，占房屋仅数间，皆挤集一处，光线暗淡，空气恶劣，又乏卫生上之设备。其工作房中唯一之光线，即来自其门，若在春冬两季不宜于开门时，则并此亦无之。其余则由久经尘土堆积之窗户，透入极微弱之光线而已。且工人不知卫生，随处吐痰，惰于沐浴。一离天井，即为露天厕所，臭气几偏全室。地上满布渣滓、碎屑、羊毛、垃圾、灰土等等，龌龊不堪。多数厂坊之空气中，充满干燥游荡之微物，即从屋之一端，视其他隅，亦感困难，呼吸几不可能。扫地时率不先洒以水，故徒增加灰尘。泥墙乌黑，破烂污秽，垃圾堆积，不勤清扫，实无卫生之可言。惟外入主办及中国自办之大工厂中，其情形则差强耳。

在上述之工作状态下，各种疾病，自易流行。关于天津地毯工人所患疾病之相对分配，至今尚无准确统计，可资参考。惟沙眼之流行，已为一般所承认之现象。河北青年勉励会，曾附设医院一处，专为地毯及其他工人治病，惜其病人之统计，甚形简单。劳工阶级之病人，未按其职业分类，故欲从中求出

地毯工人之统计，实不可能。惟北平燕京地毯工厂，民国一五
至一六及一六至一七年两年之工人体育测验，对于地毯工人所
患各种疾病之相对分配，颇为完全。照此项测验，地毯工人之
病症，多发生于眼、牙齿、淋巴腺、皮肤及喉咙等处。民国一
五至一六年之间，九九九地毯工人中，患眼病者占百分之五七
点八，患牙齿痛者百分之七点二，淋巴腺病者百分之二点三。
此种种疾病之详细分配，示于下表。

第二八表 民国一五至一七年燕京地毯工厂工人体育测验之结果

年份	民一五至一六		民一六至一七	
测验工人总数	九九九		二八六	
病症	实数	百分数	实数	百分数
营养不足	五四	三点五	七	一点四
血亏	四三	二点八	八	一点六
头部	四六	三点〇	三	〇点六
沙眼	八九三	五七点八	二五六	四九点六
鼻腔	一二	〇点八	五	一点〇
耳朵	一七	一点一	一二	二点三
牙齿	一一一	七点二	五八	一一点二
喉部	五〇	三点二	二四	四点七
颈部	九	〇点六	一	〇点二
肺部	三七	二点四	一〇	一点九
心脏	三五	二点三	三	〇点六
腹部	一五	一点〇	〇	〇
生殖器	五九	三点八	一四	二点七
四肢	一四	〇点九	七	一点四
腺部	三六	二点三	五八	一一点二
皮肤	七六	四点九	四二	八点〇
其他	三九	二点四	八	一点六
总数	一，五四六	一〇〇点〇	五一六	一〇〇点〇
每人平均患病次数	一点五		一点八	

本会调查地毯工人（包括工人及学徒）疾病状况之报告，尚欠完善，因所调查六一五人中，仅二七四人具有统计。然所得结果，与上表所示，颇能趋于一致。对于沙眼之流行一点，尤甚明显。下表所示二七四地毯工人中，包括工人及学徒各一三七，自入厂坊后，患病共计三二九次。

第二九表　民国一八年天津地毯工人及学徒所患疾病之分配

病名	患病次数		合计	
	工人	学徒	实数	百分数
沙眼	六九	七四	一四三	四三点五
头痛	二一	二三	四四	一三点三
霍乱	一七	九	二六	七点九
胃病	八	一三	二一	六点四
冷热	一二	四	一六	四点九
皮肤红肿炎	一二	八	二〇	六点一
痔疮	四	一一	一五	四点六
疟疾	五	五	一〇	三点〇
伤寒	四	三	七	二点一
其他	一二	一五	二七	八点二
总数	一六四	一六五	三二九	一〇〇点〇

地毯工人患病，多请中国医生诊治。惟海京工厂与马大夫医院（Lond on Mission Hospital）有约，每年出资若干，由该院包疗其厂中之工人。请中国医生诊治者，医药费由其自负，惟膳宿费则仍由雇主供给。货币工资，在染病期中，停止付给。如为学徒，医药费及膳宿费，均由雇主担负，盖学徒本无所谓工资也。

工作时间既长，工资之率又低，二者合并，致使工人娱乐之机会，减至最低限度。即稍有之，亦不足以使其体力发展，精神愉快。有某工厂，共雇用一〇九人，仅备有足球三只，以为早晨游戏之用。其他如海京工厂，则有宽大之场，以备工人运动，此其较善者耳。至大多数工厂及作坊不第无运动之所，即工作及宿膳之室，亦嫌不足。又工人未受教育者太多，凡须略识国文之娱乐，便不能享受；仅少数地毯工会之办事人，能读三民主义、宣传文字及浅近小说。大多数工人，率将其有限之余暇，虚掷于鄙俚之谈话，或玩弄胡琴梅笛之类，或下棋以资消遣。假期中及新年时，工人被新衣，出访亲友，三五成群，徘徊于热闹街市及转角之处，无所事事。又因天津地毯工人之家多在城外，故光顾新三不管一带，逛嬲为乐者，并不乏人。且该处有各种廉价之娱乐及消憩，如鼓词，戏法，戏剧，及茶馆，饭铺等是。小贩叫卖，亦多麇集于此。近顷于特别一区，复开设电影院一处，均可供工人之娱乐。总之地毯工人，因生活单调，寻求娱乐之欲甚大；惟因收入无多，赡养家庭之责又重，故其所耗亦甚有限耳。

四　学徒之分析

学徒在北平地毯工业中，甚为重要，在天津则比较次之。北平每一工人，计有学徒二点八，在天津则学徒与工人之比例，仅为〇点四与一耳。上节所述北平学徒之盛，乃由于制造次等地毯，需用技术极少。天津地毯，大多数为中上两等，若用学徒过多，反为不利；故仅制造低等地毯之工厂及作坊中用之。各大工厂无论为外人或国人主办，学徒所占之比例，为数甚少。

第三〇表　民国一八年天津地毯厂坊中学徒之相对比例

每厂或坊	学徒		工人		合计	
之工人数	实数	百分数	实数	百分数	实数	百分数
一至三〇	一，一七〇	三八点五	一，八七〇	六一点五	三，〇四〇	一〇〇点〇
三〇以上	二，〇九二	二四点五	六，四三六	七五点五	八，五二八	一〇〇点〇
总数	三，二六二	二八点二	八，三〇六	七一点八	二，五六八	一〇〇点〇

按照本会所调查之地毯学徒二六一人，仅二人为天津籍；

其余二五九人中，二二八人籍隶河北省各县，二九人隶山东，二人隶山西及湖北。河北省之二三〇人中，六九人或百分之二六点四，来自枣强、束鹿、深县及武邑。

第三一表　民国一八年天津地毯学徒之籍贯分配

县名	学徒数	县名	学徒数
河北省	二三〇	任丘	四
枣强	三〇	新城	四
束鹿	一六	静海	四
深县	一二	香河	四
武邑	一一	安平	三
清河	八	肃宁	三
武清	八	文安	三
安次	七	雄县	三
故城	七	大城	三
宁晋	六	北平	三
交河	六	东光	三
南皮	六	衡水	三
景县	六	天津	二
易县	六	其他	三九
武强	五	山东省	二九
保定	五	其他	二
霸县	五	总数	二六一
大名	五		

　　上表与二一表比较，可见河北省之枣强、武清、束鹿及深县四县，为工人学徒供给之主要来源。计有工人一四九，及学徒六六，或地毯工人总数百分之三五，来自此四县。兹再将地毯工人及学徒，按其籍贯，列表于下。

第三二表　天津地毯学徒及工人之籍贯分配

县名	工人	学徒	总数
河北省	三三六	二三〇	五六六
枣强	三七	三〇	六七
武清	四七	八	五五
束鹿	三六	一六	五二
深县	二九	一二	四一
武邑	一一	一一	二二
衡水	一一	三	一四
南官	一三	一	一四
冀县	一一	二	一三
天津	一〇	二	一二
北平	九	三	一二
景县	六	六	一二
易县	五	六	一一
盐山	一〇	一	一一
安次	三	七	一〇
香河	六	四	一〇
其他	九二	一一八	二一〇
山东省	一五	二九	四四
其他	三	二	五
总数	三五四	二六一	六一五

　　从上表中可得一结论，即天津之地毯工人，多来自河北，山东各县，而绝少天津本地之人。即此情形，可以明了雇主多为工人备膳宿之原故。亦足见省内或省际间人口之移动，多趋于城市化也。

　　据本会调查，四分之三学徒生于农家，四分之一出于小贩、叫卖、铺掌、手艺人、粗工、苦力及仆役之家庭。故未入地毯工厂及作工前之学徒，从事于农业者，二六一学徒中，有一八三人。其他七八人未入厂前之业务如下：肄业四二人，拾柴一六人，织毯三人，裁缝三人，杂务二人，闲居一二人。经调查之二六一学徒中，仅有四二人或百分之一六曾肄业于学校，此实足表示地毯学徒中识字者之少。征之事实，二二〇学徒或百分之八四，其年龄在一四岁至一八岁间者，尤其如是。

第三三表　　民国一八年天津地毯学徒之年龄分配

年龄	学徒数目	年龄	学徒数日
一〇	二	一九	一〇
一一	二	二〇	一
一二	九	二一	二
一三	一二	二二	
一四	三二	二三	一
一五	六一	二四	一
一六	五八	二五	一
一七	四一	总数	二六一
一八	二八		

地毯学徒之家庭，大小不等。其中一九二人或百分之七四，来自四口至七口（包括学徒自身）之家；孤儿三人；仅有父或母者一三人。

第三四表　　民国一八年天津地毯学徒家庭人口之分配

每家人口数	家数	每家人口数	家数
一	三	六	四九
二	一三	七	四五
三	二八	八	一七
四	四七	七	八
五	五一	总数	二六一

五　学徒之条件

天津地毯学徒制之历史甚久，但学徒之条件，在民国一三年以前，殊无明白之规定。是年一月，地毯同业公会成立，于是始汇集各种传俗习惯，而订为章程。根据此次章程，凡欲为学徒者，必须年在一四岁以上，一六岁以下，品行端正，经人介绍后，尚须另觅铺保，担保其遵守学徒之本分。入厂坊后，先试学半年，不合得自行辞退，或由雇主开除。学习之期，共三年零四月。在此时间，学徒得习织毯手艺，非至学习期满，不得离去。生活费如膳宿及其他杂费，若学徒能完毕其学习期，则由其匠师担任，否则介绍人或铺保，对于其生活费，须按每月四元五角计算，代负偿还之责。在学习期内，学徒如离开其匠师，而为他匠师工作，其匠师得召回其学徒，并诉该匠师于地毯同业公会，请加惩罚，学徒有例假，如端阳中秋各一日，旧历新年六日。此外非有婚丧大故，不得请假。婚丧所旷时日，亦须于学习期外补足。如遇有疾病，死亡，逃走，被拐，及不端行为等情形发生时，率由介绍人或铺保负其责。学习期满之后，则由匠师请求地毯同业公会，发给地毯织匠证书，然后始为细工。

以上所述，为规定学徒之章程，兹再就实际观之。介绍学徒于厂坊者，多为其同乡或其亲朋及家属。在本会调查之二六一学徒中，一二四人系由同乡介绍，三七人系由其亲戚，三五人由其朋友，三二人由其家族，三三人由其他关系人。介绍地毯学徒之人，多半自身即服务于地毯工业界，此类约占五分之三。由农人介绍者约五分之一。其余五分之一之介绍人，职业甚杂，自车夫以至工厂经理不等。

学习之期，按章程所载，为三年零四月，通称三年零一节。经本会调查之二六一学徒中，二三八人之学习期限，与章程符合。其余二三人之学习期，自三年半至四年不等，在本会调查时，二六一学徒中，已完毕其全部或一部之学习期限者，约如下表所载。

第三五表　天津地毯学徒按其居留厂坊之时间分配

居留时期（以月计）	学徒数目
一至四	二七
五至八	一三
九至一二	三三
一三至一六	一八
一七至二〇	三〇
二一至二四	四三
二五至二八	一六
二九至三二	一九
三三至三六	四八
三七至四〇	一八
四一至四四	一
四五至四八	五
总数	二六一

据一般人之忖度，地毯学徒必能学习织毯之手艺，实不尽然。凡工厂之公事房与工厂在一处者，公事房之学徒，与工厂之学徒迥异。前者系学习地毯之营业，后者乃学习织毯之技术。前者在全工业之学徒总数中，殊不甚多，仅占百分之一至五耳。地毯工厂及作坊之学徒，初半年中，多从事于杂务及纺线缠线各项。在此半年之中，或半年之后，其所学习之多寡，纯视其能力及其所得之指导为转移。已经本会调查之二六一学徒中，有二二三人，于六月内即开始学织：计在一月后者三八人，两月后者二九人，三月后者八四人，四月后者三八人，五月后者一六人，六月后者一八人。其余三八人，则系在一年内开始学织者。新学徒之教授由旧学徒、细工、工头或匠师担任之。计由旧学徒教者凡一〇〇人，细工教者六一人，匠师教者六〇人，

工头教者四〇人。其教之之法，亦因学徒而异。或用口述，或用手演，或使从旁观察，惟使其与他人一处工作，借以学习者，为数最多，计有一四六人。

地毯工业中之学徒，无工资之给付，惟膳宿费由匠师担任而已。经本会调查之学徒，有四分之一，其衣服亦由匠师供给。学习期满之后，学徒例得一笔礼金，自六元至四〇元不等。最普通之数，约在一八元至二四元之间。

就全体观之，学徒之待遇，殊多不善。小作坊之匠师，对雇用学徒，尤为苛刻。惟大率因其为小工厂或作坊，故于此种制度，多忽视之。有时学徒不仅工作过度，且其食品缺乏充分之滋养料。许多匠师对学徒训诫之严厉，虽在旧工业情形之下，亦不可谓不过。无论有无过犯，匠师辄随意鞭笞。关于学徒非有婚丧大故，不准归家之规定，厉行尤严，意在使其无离开匠师之机会也。本会所调查之二六一学徒中，仅四三人或百分之一六，入厂后曾经归家。一〇八人或五分之二，曾经家属探访。其因不堪虐待而私地逃走，旋被寻获，重返厂坊者，计有七人。盖因其家属慑于赔偿饭费之负担，不敢留之于家也。

地毯工业中学徒制之弊，相续不绝。今日之小匠师，大半皆昔日之学徒，故一旦得势，遂尽以自身所受者，转施之人，循环相继，变本加厉。又因不能抵抗出口商店之克扣，欲图微利，故不免彼此竞争。竞争之方法类多克扣其学徒。某地毯制造商曾谓地毯工业之最大弊病，即在互相欺骗与克扣也。

要而言之，学徒之劳工，以长时论，亦殊不廉。北平地毯之退化，正由于多用学徒之故。现因美国之抵制，北平地毯工人之失业问题，即已产生。天津学徒劳工之任用，不如北平之多，故问题亦较易解决。夫学徒劳工，效率甚低，效率既低，需费自巨，故将来此问题之能否解决，全视制造商家之能否洞悉此点耳。且学徒虽不须工资，然其生活费之供给，亦甚昂贵。若将学徒之训练费、生活费及浪用材料费，一并计算，结果其所费者，实超过雇用细工之所费也。

第六章　劳资之组织

时当中世纪，在欧洲方面，业主与工人，同隶于一行会。近代工业发展结果，劳资分立；除少数富于旧观念之地方外，是项制度已不复继续存在。数十年前，吾国已往之经验，亦复类是。惟自海禁开放，中外通商以来，西方工业活动，逐渐影响于吾华之经济生活；故中国之行会，亦呈变化之趋势。国民政府成立以后，此项改革，进展尤速。故一方面雇主之组织兴起，而另一方面，劳工之联合，亦因以成立焉。例如天津地毯工业，地毯同业公会，成立于民国一三年，织工匠人，不列入会员之内；工人方面，因国民党之宣传，后亦成立工会。在民国一七年一年之内，先后成立者，计有地毯分会七处，工人中全数百分之一五，参加是项组织。虽劳资组织尚未臻于理想地步，但其组织及活动，与西方劳资组织相比，已有相当成绩。

一　地毯同业公会

中国地毯之出口，增加异常迅速。民国一〇年，其数为九七五，三二七海关两，次年此项工业，在天津突呈发展之象。西方顾客，率皆乐用之。天津地毯闻名一时，其出口之价值，竟增至三，二九九，七二七海关两。此项事业，初在北平方面甚形发达，后渐流入天津。良以其运输较便，且与出口之商店，较为接近也。因之新厂成立，逐渐增多，同时旧厂亦力图推广营业，以应需要。惟于地毯工业中，各厂分立，毫无联络，感觉有设立公共团体，以谋公众利益之必要。是项工业中之中坚分子李竹修者，在厂主方面，提倡创办组织；但未经前农商部批准，故厂方成立公会，直至民国一二年年终，一二月三〇日，始正式成立。次年举行第一次会，会员到者凡一五〇人，创办人李竹修亦在内。董事预为推举，经是会再行选定。董事部共四〇人，内计正副主席各一人。继由董事部主席郑福明君讲演，大意略谓天津同业约数百家，缺乏组织，并极力主张提倡共同合作，促进工业之进展，俾便与外商逐鹿于竞争之场，而谋所以战胜之道。后会员及来宾相继演说。最末决定以下数项：（一）拟在是项工业之内，规定工作标准，对于各厂织工，均发给学成出师之证明书一纸；（二）每年会费由五角至四元，视每厂出品之多寡而定之；（三）公会之董事计四〇人，应轮流供职。同年三月一六日复开大会，参加会员由一五〇人增至三〇〇人。讨论问题中之足注意者，为如何改善工人之待遇，用以避免劳动界之罢工，及如何教育工人，以谋工作之进步两点。并议决由二月一二日起，织毯工人，必须出示其出师证书方可。

公会最初情形甚佳，经久则难于维持，故连年来，会员人数亦因之以减。在民国一三年，公会之会员凡四五〇人，一四年会员凡三七〇人，一五年则为三〇〇人，一六年尚有二七〇人，至一七年仅余二二〇人，一八年亦为二二〇人，公会会员人数，在民国一三年为四五〇人，至一八年仅余二二〇人。会员人数之减少，其一部之原因，由于近年来之小规模毯厂发展之结果。因此项规模较小之毯厂，不明了合作之利益，绝不愿在公会内有所活动，且其对于公会之要旨，茫然无所知，于是宁愿退会，藉省会费。延至今日，公会之名义虽存，实际上之工作，甚形稀少矣。惟年来劳工问题日渐增多，地毯销路亦

不若当日之盛，或有立谋恢复振兴公会组织之必要。盖在长久
时期内，此类公会，如能组织得当，将来对于与外人竞争上，
必能予以绝大之实力，殊不可轻忽视之也。

公会范围，包括天津县内之各地毯工厂。任何工厂经会员
二人以上之介绍，均可加入。入会之前，须填写志愿书，并表
示赞助此会之进行。每年会费，最初之规定系由五角至四元，
按各厂出品之多寡，分别缴纳之。其后修改之结果，则改为每
厂年纳会费三元。董事部每二年由会员共同选举，部中之正副
主席，则由董事中相互公推之。主席负会中一切行政全责，并
代表全会，与他项组织谋相当之联络。因事不得参加时，得委
托副主席代行其职责。董事部对于公会有建议之义务，及监察
之责任。公会之聚会，约分年会、半月会及特别会三种。年会
于每年二月内举行之，所有会员，均须列席；特别会得由会员
以充足理由，请求董事部主席召集之，会员亦应到会；半月会
初一日及十六日分别召集之，仅由董事部人员出席即可。

会中之职务，约为颁发学徒卒业证书，与公私机关合作销
售政府公债，收集印花税及军事附捐，调查天津地毯工业，及
裁决争议之事。此种争议，或起于会员之间，或起于会员与其
职工之间。倘一学徒由甲厂进入乙厂，公会得令乙厂将此学徒
退还之。各厂之间，如有转包工作之争议，亦由公会秉公处理。
此外倘学徒到相当年限，而不准其毕业，其间难免争议。此等
事件，率由公会予以裁决。

二 地毯工会

国民政府自一六年成立以来，对于工会之组织，特别注重。
意欲努力于劳工之组织，用以改善工人之经济环境。工会之成
立，率由中国各地国民党党部为之指导。在各大工商业中心点，

此事尤为显著。在天津方面，工会组织之兴起，异常奇突，事前向无所闻。例如地毯工业，根据天津特别市社会局调查之报告，加入工会之人数，为一，六九二名，约占全数地毯工人中百分之一五。虽加入者为数不多，但成立时期不久，即有此成绩，亦属不可多得之事。天津地毯业工会，先后成立分会共七处，计第一分会，成立最早，始于一七年八月一二日，同年九月一〇日，第二、第三、第四等分会组织成立。第五分会成立于一〇月一一日，第六分会成立于一二月八日，第七分会则成立于一二月三〇日。第三分会之会员，多数为协泰地毯厂之工人，不久团体解散。其余六处分会，则依然存在，总共尚有会员一，六九二人。惟当一八年五月时，根据本会之调查，仅及一，二五五工人而已。此数较社会局所调查者为小，因该年四月间，美隆毯厂关闭，其全数工人，完全解雇，而美隆毯厂之工人，率皆第二分会之会员也。此六处分会之会员，及他项统计，根据本会之调查，有如下表。

第三六表　天津六处地毯工会分会会员人数及进款统计
（民国一八年五月调查）

分会	成立日期	会员人数	进款来源		每月进款	每月出款
			厂方补助	会员会费		
第一	十七年八月一二日	二六二	五〇元	二六点二元	七六点二元	七〇点〇元
第二	九月一〇日	一〇〇		二〇点〇元	二〇点〇元	二〇点〇元
第四	九月一〇日	四一〇	七〇元	四一点〇元	一一点〇元	一〇〇点〇元
第五	一〇月一一日	一六三	三〇元	一六点三元	四六点三元	四〇点〇元
第六	一二月八日	二七〇	五〇元	二七点〇元	七七点〇元	七〇点〇元
第七	一二月三〇日	五〇	一〇元	五点〇元	一五点〇元	一〇点〇元

由上表可知工会之进款，大部分由于厂方之补助。除第二分会外，补助费约占进款三分之二左右。补助费，率皆由出售

织毯时所遗之花毛得来，惟第一分会则为例外。此项由厂方补助工会之习惯，与纺织工会之习惯，完全相同。

地毯工会成立之目的，在联络会员之感情，提高工人在社会上之地位，改善工人生活之状况，及实现合作精神，以谋社会之福利等四点。凡入会者，年龄须在一六岁以上，经二名会员以上之介绍，填写入会志愿书，并应声明愿遵守一切定章。每年应纳相当会费，但至多不得超过其所入之百分之五。如有恃强凌侮同人，或反动团体行为，则均拒绝参加。关于组织方面，每月全体大会或其代表会议，有处理之全权。未举行会议之时，一切会务，则由执行委员会司管之。执行委员会，则由秘书及总务组织宣传训练等四股，共同组织之。委员之任期，为六个月，为工作之效率计，期限似稍嫌短。会员率皆分组，每团体约一五人左右。每二星期聚会一次，由领袖为之指导。

毯业各分会之成立，须先经国民党党部及总工会之批准，始可向天津特别市社会局登记注册。

此六处分会，成立之历史，虽甚短促，亦尝参加少数罢工运动。对于训练会员，培植合作思想，亦颇注意。但各工会之财源不丰，实际上无力改善其会员经济之环境。在六处分会中，第一分会会员，多为泰隆毯厂职工，团结力较强，曾参加两次罢工，结果皆得胜利。一八年五月一八日之罢工，仅两小时。经国民党党部及总工会之调解，旋即解决，工人方面得获胜利。第二分会之会员，多为美隆毯厂工人，会员原有三八〇人之多，该厂因工潮而致关闭，故会员仅余一〇〇人左右，会员与执行委员积不相能，但执行委员绝不挫其锐气，依然努力进行。第四分会会员，多工作于乾昌毯厂，曾经罢工风潮，而感受绝大影响。第五分会会员，多为大丰工厂工人，该厂对于工会之组织，异常反对。但经工人努力奋斗之结果，工会终得最后之成功。第六工会包括多数庆生恒毯厂工人，合作精神极佳，曾极力赞助其工友三人，从事涉讼，该会大部经费，因之用尽，其涉讼之判决，终归失败。第七分会则没于旷野地点，会员甚少，加入者即庆记毯厂工人，活动能力，仍极薄弱，无甚可言。

三 最近工潮撮要

最近之各工潮，恒发生于外人所办之工厂中，如美隆、乾昌及海京等厂之工潮，即为实例。此等事实之发生，率由于劳资双方国籍之差异，语言之隔阂，及反对帝国主义者之声浪，有以致之。第一次美隆厂内之罢工，延至七日之久。此次罢工，乃由第二分会为之主动，二月以前，亦有类此事情发生于该厂。此次罢工，参加者凡三〇〇人。厂方态度强硬，拒绝工人之要求。盖因该厂在一月以前，早有停办之准备也。地毯之销路，以美国为最大市场。惟当时营业不佳，因美国本地毯厂，正努力从事排斥中国次等地毯之行销。此次工人方面所以采取罢工之手段，系欲以抵抗厂方拟定月底关闭之计划，并竭力反对厂方拒绝以出售花毛之费，补助工会之要求，及援助被裁之工友。

工潮起后，厂方立即采取相当步骤，停止工作进行，计划付清工资。同时并拟停止备膳，第迟至罢工后第三日，方始实行。此次工潮，资方为美人，中国党政当局，如特别市政府、党部及总工会之代表，相偕往谒美领事，以谋解决之法，往返磋商数次。最末由美领事高梓氏及厂长陶慕森致电美国纽约总厂，请求指示。直至四月六日，始得回电，令津厂再延长一个月，以便将未竣工之地毯织毕。至四月九日，工潮解决之契约，始行签字，至十一日该厂始行复工。其双方所订之契约，约有以下九点：（一）复工二七日；（二）二七日内不辞退工友；（三）二七日后停业系厂方自由；（四）前经辞退之六名工友，均准复工；（五）如因过犯辞退工友，须经工会方面及特一区方面认可；（六）工作时间内不得退出开会；（七）花毛仍归厂方；（八）发给工友四〇元奖金；（九）发给工友一元花红。

复工延长之时期，仅限二七天，党部更计划所以救济失业工人之道。遵照契约执行之结果，该厂于五月六日即行停办，经五日之久，一九六名失业工人，均安置于中国工厂以内。又一月后，于六月五日，忽发现该厂秘密复工，新补充工人，增至二〇名以上。地方党部立即持反对态度，但经调查之结果，该厂仅将其约定二七日内未完之毯，继续织毕之。尚未织竣之毯，约二，〇〇〇方尺左右，需用工人约二〇人。尽一月之力，即可毕事，故该厂旋于七月一七日实行关闭。

第二次工潮，在五月一二日发生于乾昌毯厂，延长至三日之久。五月一日休工，厂方拒绝支付工资，并开除工人两名，此为此次风潮之起因。时特别市政府及总工会又复从事调停，工人要求厂方须即支付五月一日之工资，允许被辞退之工人复工，每月补助地毯第四分会津贴洋四〇元，同时并罢免工头毛某。厂方最初坚决拒绝工人要求，但经仲裁调处之结果，乃有以下四条之规定。工潮即于五月一四日下午三钟解决。

（一）工厂得辞退两名工人，但须每人津贴二〇元。

（二）厂方得保留工头毛某。

（三）厂方须支付五月一日之工资。

（四）厂方在本月须补助工会洋四〇元。

四月之后，此厂于九月一一日，又复发生工潮。此次工潮，影响其全体工人四分之三，其发生原因，系厂方鉴于营业不振，拟辞退全体工人之半（二〇〇人），以为缩小范围之计。在罢工风潮发生之前一日，厂长阿道林曾将此种计划，通告特别市当局。于是特别市当局，总工会及厂长，开一联席会议。讨论结果，工厂在九月二〇日以前，可辞退工人一二〇名。但除工资外，每人须给补助洋一元，以作旅费。在二〇日以后，厂方可再辞退八〇名，但每人须给补助洋二元。此种建议，工人闻之不满，遂于一一日发生工潮。后纽约总厂来电，嘱厂方在此年之内，继续进行如前，以免工潮之纠纷。于是厂方始收回前议，六日之后，工潮遂完全解决矣。

第三次工潮之发生，较为奇特。在八月二〇日晨，海京毯厂工人凡四〇〇名，预为约定，相率质问工头殷某，要求厂方在中秋节以前，不得辞退工人。盖该厂惯例，辞退工人，恒在中秋节以前，工人鉴于已往，恐其又将复现，故预为此种要求。殷某不能由经理处得具体之答复，于是工潮立起。工潮起后，厂方遂请英工部局协助一切。该局立即派来华捕六人，西捕二人。甫进厂门，即由工人持短棍包围，并将厂门关闭，同时工人并将厂之四围及房顶屋隅，尽行围绕，以防外来人之侵入。不久英领事及警察，亦相率而至，但无由入内。旋致电公安局，曾局长派李君解决工潮。厂外围观者，迭数千人。李君表示调停善意，经工人之许可，逾垣而进。工人仓促间，未计及调解条件，旋有一短时期之会议，始提出临时要求，约略如下：

（一）罢免俄籍副理。

（二）罢免中国副理。

（三）厂方须允许永不辞退工人。

（四）厂方须准许请假之工人恢复工作。

（五）若厂方停办，须发给工人一月工资。

以上种种要求，既呈递于李君，李君即对工人从详解释，谓工人之要求，需合于理。首二条立即撤销，第三条加以修正，改为厂方无充足之理由，不得开除工人。五项要求，即改为三项。李君旋即离厂，通知英领事及厂方。三项要求，经厂方完全认可，厂内工人，同时亦将华洋警察尽行释放。此项奇突事件，发生于午前十时，至下午四时，即告平息，解决异常神速，出人意料之外。其契约延至二三日，始行签字，修正条文，约略如下：

（一）厂方无充足理由，不得辞退工人，倘工人经数次警告，未能悔改，或其行为恶劣，如故意毁损器物等，致厂方有不合理之损失者，得辞退之。

（二）工人请假辞职，须得经理之许可，假满以后，当可复职，假满而仍不至者，经理可辞退之。

（三）倘厂方停办，具充足之理由，对于工人，应按下列标准，以补助之。工人在厂工作，未满五个月者，厂方得给予津贴一元。工作时间在五个月以上三年以内者，厂方应按其工作时期之久暂，每月补助二角（例如一工人曾在厂作工十个月者，即应给予补助金二元）。其在五年以上者，由厂方酌量情形，给予特别津贴。

（四）倘工人因病请假，在医院治病时，由厂方担任医药费。如其乐居厂内，并经大夫之证明，厂方不得由其工资内扣除膳费。倘工人病剧而欲返家，厂方应补助旅费五元。

（五）为维持营业之声誉计，厂方所织八四道之毯，至少须有八一道。工人必须按此项规定而工作，并应努力改善其所织之毯。

前项契约，于工人似较有利，可为他厂之模范。契约签订以后，工人致函英工部局声明道歉，因值工潮时期，曾拘留警察八名，此种行为，认为不当。并盼望嗣后无类是之意外发生。第三次工潮，至是始完全解决。

第七章　结论及建议

一　地毯工业之概况

织毯之术，发明甚早。在上古时代之埃及与米索不达米亚二地，已可见之。中国之织毯工艺，亦早发达，惟近来之进步，确受西洋之影响。中国织毯工艺，昔日只限于新疆、蒙、藏诸地。在咸丰一〇年（西历一八六〇）间，一喇嘛僧始传此工艺于北平。北平者，清室政治文化之中心也。织毯工艺，一至北平，即大受满清官贵之垂青。故为时虽暂，发达则速。其后分为二派：一为东门派，一为西门派。西门派所出之货品，恒较东门派为佳。当拳匪变乱之时，因各国联军之掳掠，北平地毯，渐渐输入西洋各国。光绪二九年（西历一九〇三）在圣路易之国际展览会中，中国地毯获得第一奖。西人对中国地毯，益加称许，于是市场需要日增。需要既增，北平之地毯工业，亦日就兴盛，遂蔚为今日之巨观。民国四年时，欧战发生，近东各地出产之数量大减，故西人对于中国地毯之需求，因之更殷。天津一埠，既为交通便利之地，又为出口商号荟萃之所，故地毯工业，乘机勃兴。不数年间，竟与北平之地毯业，居于竞争地位。除自民国七年至一〇年中之四年，略见萧条外，天津地毯工业，实有意外之发展。但制造者之规模，多半狭小；货品之纸质，往往卑劣。故至民国一七年，又呈衰退之象。中国之地毯工业中心，除北平天津外，尚有宁夏包头等处。至上海与济南，亦可视为地毯工业中心，不过所产之量，甚为有限耳。

天津一埠地毯工业之制造者，大小共有三〇三家。任用工人之总数为一一，五六八人。每家用工人三〇以上者，三〇三家中，仅有一〇五家。故依工商部暂行工厂法之工厂定义，天津之地毯制造家，可称谓工厂者，仅此一〇五家而已。此一〇五家共用工人八，五一九人，为全城地毯工人总数百分之七四。其余一九八家所用之工人，均在三〇或三〇人以下，故概可以作坊名之，共用工人三，〇四九人。无论工厂作坊，其组织均属商人雇主制。其所需之原料，即已染之毛线，均由出口商号供给，由制造者制成之。至于织机，厂坊及经纬线等，则由制造者自己备办，织匠亦由其自雇。出口商号付于制造者之款项，统名之曰"工资"。实则其中包含棉纱经纬之成本，及一切开支等，不仅所雇织匠之工资已也。在此种制度之下，无论制造者或出口商号，均可互相欺骗。出口商号每每利用制造者无组织，及财力微薄等之弱点，施以压迫；使工资减少至最低限度。而制造者则故意制造品质恶劣，与定货标准不符之地毯；或偷工换料，用劣质之毛线代替，以漠抵制。此种相互之欺骗，实于地毯工业之发展，有极大之不良影响也。

天津之地毯工业，除去外人所办之海京（Elbrook）、倪克（Nichols）、乾昌（Tavshanjian）数大工厂外，其余工厂与作坊之资本，均极薄弱，不过仅足为房租工资等开支之用。依本会之调查，国人所办之工厂与作坊，共有二九〇家，而其资本之总额，则不过国币二五三，六八八元，其中有二五一家之资本，在五〇〇元或五〇〇元以下，以制造者之数目论，约占全数百分之八五，而其资本之总额，则不过五八，四〇八元而已。各工厂与作坊之资本为数所以甚微者，不外二因。第一因设备简单，无须巨量资本，即可开始营业。第二因所用之原料及伙食等，均可赊欠，且有当铺之助，以济其不时之需也。

天津三〇三地毯制造家，共有织机二，七四九架，工人一一，五六八人。每机一架需工人四人至五人。民国一七年，二，五一一架织机，共出地毯二，五三三，五六〇方尺。民国一八年四月至七月，为本会调查之期。在此期内，凡已倒闭及未调查各厂坊之产量，均未计入。若计入之，则民国一七年天津地毯工业之总产量，当为三，一六六，九五〇方尺，其价值约国币六，三三三，九〇〇元。

地毯之织造，为事本甚简单。但未织之先，必须有数步之预备工作，如羊毛之治理，冲洗，擦梳，净毛之染色，毛线之纺成等皆是也。预备工作亦有以机器代人工者，但大多数之制造者，除染色外，一切仍用土法。昔时染色均用自然染料，多半取之于植物，今则因化学染料之便宜，均已采用之矣。羊毛之洗梳，仍用人工，纺线亦然。近世纺线工厂均已采用机纺法，如海京、达绅、倪克三厂是也。其所出之毛线，俗名之曰机器毛线。以此毛线所制成之地毯，则为特种地毯。但人工所纺之毛线，仍居百分之九〇。至于化学方法冲洗地毯之手续，从前须运到外国之后，始能举行，以使地毯显露线色。但近年来各大制造厂多已起首设备，使此步工作，可在国内完成。倪克即其中试验成功之一也。

地毯之分类，可依技术之差别而定，亦可由出产地之不同而分。依技术上之差别论，地毯之大小、轻重、每方尺之道数、毛之高低以及式样等，均可为分类之标准。以出产地之不同论，则有宁夏、包头、蒙藏、北平、天津之别。其中以北平、天津为地毯工业之中心。二地之产量，约居全国总产量百分之九〇。其大小之标准，长一二尺，宽九尺。重量之标准，每方尺重一磅。道数之标准，每方尺自八〇至九〇。毛之高低约为半寸。至于地毯之式样，则多以西方购者之好尚为定。

依商业习惯，地毯可分为定货、现货、拒受货三种。其中定货与拒受货约居天津全产量百分之九〇。其余百分之一〇，则为现货；其价格每较定货为低。

出口商号之定作地毯，或收买地毯，均经买办之手。未行外运之先，将地毯包装保险。同时复向海关及地方政府，纳出口税及统税。运往之地以美国，日本及英国为多。自民国元年至一六年之间，运出之数尤以美国为最巨，其中仅三年为例外。运往美国之数量，以民国一三年为最高，约居全输出量百分之八九。在同一时间，运往日本之数量，则时有变动。有时居第一位，有时居第四位，但在以上所调查之一六年中，日本有九年居第二位。英国之地位，亦时有变动，自第一位至第四位不定。但一六年中，有七年居第三位。

天津地毯工业之工人，可分为细工、粗工及学徒三类。在一一，五六八工人中，有七，六四一人为细工，约居总数百分之六六又十分之一；粗工共有六六五人，约居总数百分之五又十分之七；学徒共有三，二六二人，约居总数百分之二八又十分之二。所谓细工，多指织匠而言。然其中亦有监工与学徒之教师者。粗工则多半担任传送信息，有时亦专任缠线工作。以供织匠之用。

本会为求明了一般工人之生活状况起见，曾择三五四工人为选样之调查，其中粗工细工均有。此种工人，均自天津地毯制造厂坊之一半中选择之。调查结果，知工人之大半，皆为河北人。其中一半来自武清，枣强，束鹿，深，南官五县。其年龄自一四岁至四四岁不等。其中自一七岁至二九岁者，居百分之九四。自二一岁至二五岁者，居百分之五三。三五四人之中，有二九七人已及婚年（二〇岁）。但已婚者，只一一九人，约为总数百分之三一。其余百分之六九之所以不能成婚者，即为彼等经济状况不足之明征。目不识丁之现象，亦颇值人注意。三五四人中，能写能读者，仅一三九人。彼等之宗教信仰，百分之九六信佛教；其余百分之四有信耶教者，亦有不信教者。

天津地毯工人之招雇，由亲朋或伙友荐举者，三五四人中，计一六五人。因与雇主有亲朋之关系者七一人。自荐者五一人。已呈报之三一〇工人中，二二一工人，或百分之七〇，均于最近五年中上工。由此足证地毯工人之雇佣转移率其高也。工人实在之所得，较工资为多。因工人之住所饮食，均由雇主供给，并不包括于所付工资之内。照此计算，工人每月所得，约在自九元五角至一七元之间。三五四人之中，有二七三人之每月所得，在一一元五角至一四元之间。至工作时间，每日约自九小时至一四小时半不等。但工作忙时之夜工，并不计算在内。最通常之工作时间，自一〇小时至一二小时半。三一〇人之中，作以上所言之工作时间者，有二三九人，约居全数百分之七二。多数厂坊之设备，均欠完备。工人之工作情况，于其健康，颇多妨害。其恶劣为今日西方工人梦想所不及。如厂坊之狭窄，光线之暗淡，与新鲜空气之缺乏，以及任意吐痰、污秽堆积等等，均为天津地毯制造厂坊常见之情形。其可称为例外者，不过极少数而已。在此情况下工作之工人，虽以抵抗力素称强大之中国工人，亦不免染罹疾病。民国一五年至一六年之间，关于工人之健康，在北平燕京地毯工厂中，曾举行一次调查。所调查之工人，共有九九九人。调查之结果，其中有目疾者居百分之五七又十分之八，患齿痛者居百分之七又十分之二，有肤病者居百分之四又十分之九，患喉病者居百分之三又十分之二，有腺疾者居百分之二又十分之三，至有其他各疾者，约居百分之二四又十分之六也。

地毯工业中学徒之地位，在天津不如在北平之重要。在北平织工与学徒之比，为一与二又十分之八，在天津则二者之比为一与十分之四。本会曾从天津各制造厂坊中，择学徒二六一人为取样之调查。调查结果，得悉彼等大半均为河北省人。其中百分之二六又十分之四来自枣强、束鹿、深县与武邑等四县。来自农家者居四分之三。故其中一八三人在入织毯业之先，均曾从事于农业。有一九二人，约居百分之七四，来自大家庭。其家庭之人口，自四人至七人不等。其年龄在一四岁与一八岁之间者，有二二〇人，约居百分之八四。其余之年龄，则自一〇岁至二五岁不等。

依普通习惯，学徒概无工资。但其居处饮食等，则全由制造者供给，其衣服亦有由制造者为之担任。在学徒期满之时，由厂方予以由一八元至二四元之酬劳金。其学徒之期限，普通约为三年至四年。世人多以为厂坊抵偿学徒之工作，即为授之以织毯之技术，使其学徒期满，可成为织匠。夫学徒之制，本为使青年得受工业上之教育而设。然现在中国之学徒制，昔日之教育厚意，已多不可复见，递变而为工资榨取之制度。不独织毯工业如是，其他各业，亦莫不然。近来又加以小规模制造者之兴起，愈使改良学徒待遇之希望，难于实现。当此地毯同业问竞争激烈之时，小规模之制造者，非多任用学徒，几乎不能营业。此天津地毯工业中之学徒所以独多，而其生活情况，所以最受压迫也。

天津地毯工业因受西方工业化之影响，社会阶级化之现象，亦逐渐显著。无论资本家或劳动者，皆已觉悟其利益有设法保护之必要，一方制造者组织地毯同业公会，他方工人则组织地毯工会。制造者之同业公会，在李竹修氏领导之下，于民国一二年已告成立，但近数年来，此会工作之成绩，未能与日俱进。会员之数目，既逐渐减少，其活动之范围，亦多受限制。至会员减少之最大原因，则为小规模制造者昧于公会成立之意义故也。劳动方面之地毯工会，已有分会七所，皆于民国一七年成立。其会员约有全体地毯工人百分之一五。其中有一分会，成立不久，即行解散。因该分会之会员，均为协泰工厂之工人。分会成立之后，该工厂因故停业，故该分会亦随之而消灭。其余各分会，在天津市党部与总工会领导之下，有时帮助罢工之会员，使之知组织之必要。但因基金不足之故，不能扩充工作之范围，为可惜也。

天津地毯工人之罢工，强半限于外人所办之工厂，其中包含海京、乾昌、美隆三厂。在外人所办之工厂中，因国籍之不同，与言语之隔膜，劳资两方，往往不易互相谅解，故动辄发生纠纷。此外中国工人对帝国主义者之工厂，复多仇视之心。经济原因之外，又加以上述各种原因，此外人工厂之罢工，所以独多也。乾昌、美隆二厂之罢工，系因地毯市场情形之萧条，厂方图免损失，故欲停业，以致激成罢工。结果美隆工厂倒闭，而乾昌工厂则允继续一年，以待市场情形之改善。海京工厂之罢工，因厂方欲裁减工人而激成。乾昌工厂之第二次罢工，则因厂方拒绝支付五月一日劳动节之工资而起。结果工人方面，多获最后胜利。但为顾全厂方之利害，工人亦不得不予相当之让步也。罢工共有四次，其中三次内参加之工人，均系工会会员。工人之所以最后获胜，一方因各工会领导之得法，一方亦因工人团结之后，其阻力非厂方所能抵抗也。

二　衰落之原因

在光绪末年时，中国之地毯工业，因出口之骤增，发展甚速。惟近数年来，日呈衰败征象。天津为中国地毯出产之中心，同时亦为输出之口岸。故自民国一六年地毯市场逐渐萧条以来，天津所受之影响特显。读者诸君既对该工业之各方面，业已略知梗概，则于其衰退之原因，不难推知。第为该业前途起见，作者不厌烦琐，复将该业衰败之主因及改良之步骤，约略述之。

地毯工业衰败之第一原因，为内战之循环不已。不仅地毯工业如是，其余一切工业，亦莫不然。工业衰颓，故国民生计，日就凋敝。民国一六年，党军与北京政府战争之时，平津两地与出产羊毛地域之交通，顿告停止。平津均为地毯工业之中心，羊毛之供给既断，二处地毯工业之进行，受一打击。日原料之运输，皆赖铁路；今则铁路不通，惟有以帆船与大车为运输之工具。运费既增，地毯之成本自加。不特此也，内战频仍，大局摇动，金融紧张，借债甚难，虽出高息，仍不免无处可借之苦。战费所需，为数甚巨。推其来源，多赖税收。故地方捐税繁重，苛征百出，其阻碍工商业之进展，不可胜言，不独地毯一业受其剥削已也。北平所出之地毯，运至天津出口时，有时竟须付三次地方税捐，其繁重可见一斑矣。

地毯工业衰落之第二原因，为工业组织之不良。一般小规模制造者，不但不能彼此合作，以保护其本身之利益，且互为自残之竞争，予出口商号以压迫之机会。彼等不徒资本不足，技术智识之缺乏，亦为其衰落之主因，，又兼之不谙市场情形，故努力经营之结果，仅足维持生活而已。此种制造者既无冒险创造之兴趣，亦少建设企业之志愿。惟日以偷工减料剥削学徒之法，以期获涓滴之余利。实际上适足破坏自己之销路，摧残自己之生机。彼等所有之资本，微薄已极。以之付房租尚可，若以之付工资则不足矣。故所制之货，必须立即出售，不能待价而沽。售价时常喜锱铢计较，然此项蝇头之利，殊无益于全局也。

地毯工业衰落之第三原因，为生产技术之不善。所谓生产技术者，如纺线、染线、绘样、织术等是。无一不亟待改良。

手纺毛线仍为一般制造者所通用，其品质与机纺毛线比较，相去甚远。机纺毛线不但均匀无结，尤便洗染。且为力较强，颇便机织。其颜色之持久，虽药水冲洗，亦不易损伤。故今日用之者，日见其广。中国现在亦有以机器纺毛线者，然仅见之于外人所办之工厂中。此外国内所用之机纺毛线，英美二国，曾有微量之输入。至所用之毛线颜料，往昔皆取之自然，今则代以化学颜料，不特质美，其价亦廉。中国之制造者，尚不能以化学方法，自造染料，故所需者，全赖国外输入。此亦为中国地毯工业上之一大弱点。地毯之样式，普通均由西方消费者自己规划，中国之制造者，不过照样制货而已。结果一般制造者，不能自创新样，以迎合世好。至中国之织毯工人，其技术均由传统而得，死滞呆板，不易改进。现在之学徒制度，目的多在劳动榨取。工业教育，杳无可言。购地毯者，每以美术之眼光，为测量地毯价值之标准。由此等学徒制度而产生之织匠，其工艺之不能满足消费者之希望，不言自明矣。

地毯工业衰落之第四原因，为劳资纠纷之日增。工人工作情况之污秽不洁，久为一般工人所不满。然南京国民政府未宣布其劳工政策之先，工人对不能忍受之生活情况，迄无显明之反抗表示。现在之局势，已非昔比。保护工人利益，已为政府所注意。工会之组织，亦为党中之重要工作。于是国内各业工人之要求改良工作情况，亦无足怪。外人在津所办之地毯工厂，其歇业或非因真正罢工之损害所致。但因彼等心目中对罢工有极大之恐惧，故相率事前歇业，以免损失，美隆工厂之歇业，以生意损失为借口，实则罢工之恐惧，其主因也。其余外人之工厂，莫不有同样戒惧之心。作者与其负责人谈话时，观其神情，听其言辞，深信其如是。中国之工人对资本家已往之压迫，一旦觉悟，立图自拯，即群起罢工。此点与他国之工人，自无不同。在制造者之目中，彼等之要求，全属过分，有时且以为极不合理。故对工人之罢工手段，不但不予让步，且起而要求招雇权与解雇权之行使自由；并谓彼等对其生意之措置有完全之自由，工人绝无干涉之余地。劳资冲突，于是继起不已。地毯工业之发展所以止而不进者，此亦一要因也。

三　改良之建议

天津地毯工业衰落之普通原因，不外以上所举之四种。故欲谋改良，非设法铲除此四种阻碍不为功。内乱虽暂时（一八年）已见平定，然仍危机四伏，秩序之完全恢复，恐尚非短时期内所能奏功。故欲振兴国内之地毯工业，必须另寻改良之途。该工业组织之不善，前已言之。故改良组织，亦为谋图振兴之要道。其改良之法，首在收集国人小规模之营业，合并扩充，以厚其生产之能力。各工厂之流动资本与固定资本，皆须增加。其组织之方式与营业之方法，亦应改善。然欲改良，须有适当专门之人才，如化学家、工程师、美术家以及经理人等，其中尤以经理人为最要。必能精通该业之商情与金融及技术各方面者，方能胜任。次则工厂须自身没法兼营出口，不然亦须互相合作，以图销路之推广，而免受中间人之侵渔。此外买办之制度，亦须彻底废除。最后生产规模之大小，与企业前途之发展，关系最巨，尤宜注意。夫事业之成功，既有赖乎雄厚之资本，与完善之组织，则小规模生产者之必被淘汰，亦势所当然。彼等一方压迫工人，一方又为互相摧残之竞争。绝无长久存在之理。依经济学者之定义，彼等纯属"边际生产者"。机会偶有失常，即不免倒闭之虞也。

改良之第二要著为设法巩固制造者之联合，将已有之地毯同业公会加以扩充，组织上再予改良。此种联合组织，若运用得当，制造者诚心维持，必能使其同业之公共利益，充分发展。第一此会可以制定工艺之标准，以提高生产之品质。亦可设立职业学校，以造就优秀之织工。此等职业学校，不但可以造就精良之织工，若指导得宜，经济上亦可自给，不必依赖外助。上海中华职业教育社所办之中华职业学校，即为显明之实例。地毯制造者若取为模范，经营得方，将来亦必有同样之成功。第二此会可以时常调查其会员工厂中之工人工作情形，以谋改善。公会可任命一委员会，调查各工厂之卫生设备，制定工资之最低标准；同时监督各工厂之实行。如是则劳资之纠纷，必因之而减少矣。第三此会可指导其会员工厂设立购买合作，销售合作，与信用合作等事业，以图成本之节省。此等合作组织，在外国本为常见之事。尤以德国为著。最后此会可设一广告部，以引起国内外一般消费者对于中国地毯之兴趣。广告部可印刷小册，广事宣传。知者既多，购者自增。亦可参加各国或国际间之美术展览会与工业展览会，俾中国地毯之美质，为世人所周知也。

改良之第三要著，须由政府负责，制造者本身无能为力。吾国地毯出口税之取消，早应实行；无奈政府需款孔多，迄今未办。对于本国之所产，征出口税，无论在何种情形之下，皆非善策。所谓统税者，为救济工业之计，尤须即刻免除。不然则公私两受其害，民生日益困难矣。

华北乡村织布工业与商人雇主制度

"倘除去五六个大都市不计，中国之工业革命，迄于现今，几乎尚未肇始"①，故值此之际，吾人之舍小规模工业而就大规模工业，乃极自然之事。然而，战后发展所显示于吾人者，世界工业发展之趋势系侧重分散化而轻集中化，侧重小规模之工业而轻大规模之工业。姑无论系出于个人对于小工业之同情，或系受大工业之限制所致，工业分散化之呼声，近已甚嚣尘上。即就事实而论，甚至在工业化之国家，如英，如德，如美，小而分散化之工业，非但已根深蒂固，纵在将来，亦未可轻易动摇也。俄国之工业化，固为世人目为近年来唯一可以矜式者，而其小规模工业，苟以人民委员会之言辞道之，"在苏联国民经济上，仍极端重要"②，且占五年计划内未可忽视之地位矣。

中国之小规模工业，无论系在城市或在乡村，其发扬滋长之势，仍牢不可破，固不因最近有趋向工业化而有所变动；如棉织业，其所供给者，乃人生之必需品，而小规模手工织布业所生产布匹，占国内布疋生产总额五分之四。③大多数之工业物品，非但由小工业所供给，且此种工业所雇用之工人，亦较大工业为多。是以中国最近将来之工业发展，必循斯道而行矣。乡村小工业，较之城市小工业，更能据一特殊之重要地位。盖乡村小工业，在一农业国家（如中国）内，为较普遍之工业，用沙尔德氏（Sir Arthur Salter）之言辞道之，乡村工业"一方面增加经营者生产及自食之能力，一方面除农产品外，对乡村中心，尚可输入辅助之财源"。④

一九三三年四月间，南开大学经济研究所，因感于乡村工

① Tawney, R. H.: Land and Labour in China，页一二六。
② Encyclopaedio of the SocialSciences，卷七，页二五八。
③ 方显廷：《中国之棉纺织业》，商务，民23，页二七五。
④ Salter, Sir Arthur: China and the depression, National Economic Council, 1934, p. 133.

业在中国经济所占地位之重要，曾对华北高阳区之手工织布业，作一选样之调查，此处所论者，即其概况之缩影耳。吾人之所以选择高阳者，不仅因其织布工业甚为发达，且因其织布业之组织可为一般乡村工业组织之典型；在中国之乡村小规模工业中所已发展者，如"家庭"，"散活"，或"商人雇主"制度，实能于高阳证之。此种工业组织制度，高阳较任何区域为发达，若将其作一精密之研究，而为介绍另一较善工业制度之根据，则小规模之乡村工业，在近代工业领域内，不难无立足之地。本文只就调查中之显著事实列为七端作一概述：（一）高阳工业制度之演进，（二）商人雇主制度下之工业体系，（三）工业组织——散活制度，（四）商业组织，（五）金融组织，（六）商人雇主制度之特点，（七）乡村织布工业中新工业制度之展望。

一　高阳工业制度之演进

　　高阳县位于平汉铁路之东，在河北省会保定东南约七十里。此处引用"高阳"二字，其所指者，非为高阳县之一千八百八十五方里行政区域，而为以高阳县为中心之织布区。依此界说，高阳所囊括之部分，尚有其邻近四县即清苑、安新、任丘及蠡县，其面积为 4,000 方里，其人口为 434,510，其人口密度每方里为 100 人或每方英里为 780 人。此若与江苏每方英里 801 人之密度相较，所差无几，倘与河北省每方英里 450 人之密度相比，[①] 则高阳之人口密度远驾乎河北省之人口密度之上。此种人口密度，实为乡村工业发展之一有利因素。此外河水泛滥成

---

① 陈正谟：《中国户口统计之研究》，见《统计月报》二卷六期十至十二页。

灾，土壤复甚硗薄，两者皆为促进工业发展之主要因素。华北雨量，恒集中于夏季六、七、八三个月内，而高阳区之河流，系在大平原上，因流行甚缓，时有沉泥淤塞，致引起循环泛滥之患。地富碱性，土壤因之硗薄，故在人口密集之区域内，不适于集约耕种。据吾人调查之结果，357 户织布家庭，其主要农作物之收获，每亩之全年净余，平均不过两元。若详细言之：小米每亩净余一元一角，高粱一元三角七分，麦一元六角，玉蜀黍一元六角二分，棉花二元一角四分。

或问曰：他处有类似之情形，是否亦足促成乡村织布工业之兴起？曰，然。于包括高阳之河北省内，据省政府民十七年所搜集之统计证之①，一百二十七县内竟有八十九县，其织布工业，具有相当之发展。然形成"高阳织布区"五县之土布出产，几占河北省土布总产量四分之一，即 5,498,035 疋，或占总额（23,981,805 疋）23%。交通之便利，或为其织布工业发达之一重要因素，盖高阳有铁道、汽车、水道、交通便利，四通八达。该县西北七十里为保定，乃平汉铁路一重要车站；其东北三十里，为位于白洋淀东端之同口镇，乃一繁盛市场。白洋淀乃大清河流至天津必经之湖，距天津仅三百里。此外，天津、保定间筑有长约三百里之公路，每当冬春封河之期，天津、高阳间则日有汽车开行②。

高阳及其邻近乡村织布工业之兴起，远在若干年前。而所谓之"商人雇主"，虽为织布工业之主要人物，但其发生为时甚

---

① 《民国十七年河北省行政统计概要》，民二二年五月二十九日《南开统计周报》。
② Tawney 教授对工业化之借重交通一问题，曾有精辟之议论："现代工业恒集中于某种有限之地域。中国之工业区可划为三大区域——大商埠、铁路及水道之后地，及内地。第一区域内，历来为外货入口之总汇，工业资本主义非但庞大，有时极端重要；第二区域内，工业资本主义虽呈欣欣向荣之势，但仍滞于幼稚时期中；第三区域，乃其中之最大者，其发展虽渐令吾人注意，但究尚甚有限也。"（见 Land and Labor in China，页一二七），高阳即此"铁路及水道之后地"之善例。

晚，仅在逊清末年之间。彼时之农民，自行植棉，其家属则纺之为纱，并织之成布。其织成之布疋，虽大部分留作家中自用，但剩余者则不得不乘集市之期，出售于人。此种生产，纯系工匠或家庭工业时期之现象；其织成之窄面土布，宽不过一尺二寸，长亦不过五丈。至于所用之木机，则只需一手投梭，双足动其踏板而已。

此种方式之生产，受有两种限制：一为由家庭所用纺车而产之纱量，殊属有限；二为织布机之构造，异常笨拙，如此，工匠或家庭制度，始能永存。然一旦纺织之方法，虽非由发明乃由模仿而发生变易时，工业革命立即随之而发生。二十世纪初，高阳农民渐知利用输入洋纱及改良铁机，便一举而数倍其生产。随此而发生者，复有金融问题。昔日之农民，以生产数量有限，对其副业所需之金融资助，尚可应付裕如，今日则生产激增，其所遭遇之问题，固不仅在积蓄充分现金以购棉纱，尤须为其自给有余之布疋，觅一稳妥之市场。①在此时期内，业已供给农民织户洋纱及铁机之商人，其所处之地位，日臻优越，盖此等商人皆系资本家，能予农民机户以金融上之贷助，并能购置其所出产之布疋，以向外埠销售。卖者与买者之关系，因之亦立即变为雇主与雇工之情势，而曩昔之商人，今则具备"商人雇主"之双重资格。此种蜕变，使社会上及经济上咸受重大之影响。土布之生产，虽仍于农民之家庭内为之，但不得不遵守商人雇主之旨意。布疋之织成，非在售之于市，乃在工资之获得。织布之农民，不能售其所欲售，仅织成商人雇主所愿织。至于织造之目的，今已非为家庭之自给，而以市场之需要为转移，换言之，织户既失其独立性，则其生计之保障，遂不

---

① 每架织布机约需经线与纬线各三捆，——共六捆（每捆重十磅）——按一九三二年价格约值四十二元。

得不以商人雇主是赖矣。

织布工业内，商人雇主之地位日臻优越，则布疋之运销，成为一专门业务，不复为农民织户所担任。高阳县城，客商云集，贸易兴旺，宜其变为布业之重心，邻近之乡村布业，莫不遭其左右。每遇市集期间，邻村之织户，咸挟其织就之布疋以俱至，并于城中商人雇主之店铺，换取棉纱并领工资，彼辈昔日尝于市集上售其货品与布商及布贩之形势，今已荡然不存矣。

上述各情，推演于欧洲大战爆发前夕之一八九〇与一九一四年间；一九一四以还，以入口洋布来源断绝，此种蜕变，遂一日千里。全国对于土布之需求，既属空前未有，而高阳之织布工业，亦遂演成史程上未有之奇观。高阳布疋之运销，非但扩充于河北全省，且遍及全国各部，东三省与西北诸地，亦已达及。需求激增，结果已有各区农民织户之生产，虽加工赶织，亦不能应市场之需求，故不得不自邻村招雇织户，从事织造。织布区域扩张之后，商人雇主苟欲再使其织户作神速而有效率之工作，实戛戛乎甚难。盖以织户为数甚多，散居之区域日广，生产监督，问题滋多，深感困难。因此织布区域之各镇市及乡村，乃发生一种中间人商号，作为高阳城之商人雇主与邻村织户问之联系。中间人商号，多为高阳布商之支店，亦间有名义独立，实与高阳布商保持极密切之营业关系者。彼辈向高阳布商赊购棉纱，然后以赊来之纱发给邻村之农民织户，令其织成布疋而予以相当之工资。布疋一经织就，即运往高阳布商处求售。在一定之期日，中间人商号与高阳布商，清算账目，结账所获，除去工资及杂项开支，即为中间人商号之利益。乡村之中间人商号，给与织户以工作之先，恒以高阳布商所指定布疋之宽、长、色彩及式样等，告诸织户，以便照样织造。此制度下之廉价使役与剥削（Sweating），固不可避免，然多数实视市场之情形为转移：若市场畅旺，利益优厚时，织户中往往有以其工资积蓄自购棉纱，自织自销者。彼时资力较厚之织户往往亦可向高阳各布商赊购棉纱，自行织布，但其织就之布疋，则须售予该赊纱之商号。更有简单之规定者，即以重量若干之纱，换取重量较少之布，其差别即为织工之工资。斯举非仅可节省记账手续，犹能于极端繁荣期间，免除商人雇主与织户双方时间上之不经济。据可靠之估计，一九一五至一九二〇间，其最兴旺一年中，以十万捆或四十兆磅之棉纱，可出布四百万疋。

虽然，高阳织布工业之第一繁荣时期，正如昙花一现，为时不久。欧洲大战告终，世界经济常态渐次恢复，洋货遂复出现于市场。同时，国内各大纱厂见织布有利可图，增添动力织布机织造布疋。一九二〇年中国所有之力织机，仅 16,993 架；一九二一年增至 20,662 架；一九二二年，23,672 架；一九二三年，25,818 架；迄一九二四年，增至 29,232 架——四年之间，竟增至百分之五十。①此外，乡村工业范围内，潍县布业之兴起，可谓为高阳布业之劲敌。潍县乃胶济铁路一重要车站，非但对棉纱供给之来源，即对布疋推销之市场，俱较高阳称便。胶济铁路，西与津浦铁路及其所达之市场相连，东则及于华北纱厂业中心之青岛，价廉物美之日商厂纱，亦由是购入焉。总之，外货再度流入所激起之竞争，国内中外纱厂力织机之扩充，及潍县乡村织布工业之异军突起，诸如此类之因素，莫不使高阳之第一繁荣时期告一结束，并导其入于相当衰落之境。一九二一年春，经济上初呈不景之象，故高阳各商号营业之规模，亦即着手缩减。若干织户中心区中间人商号之倒闭，前仆后继，实可视为先兆。盖此类商号分配工作于遥远区域之织户，而此

---

① 方显廷：《中国之棉纺织业》，页九。

类织户尝为高阳商人雇主所视为边际织户（Marginal weavers）也。是以织布区域，遂不得不出于缩小之一途，而仅包括高阳县城较近之乡村。直接之"散活"制复兴，恢复一九一五年前之原状，其原因一方面固由于中间人商号之倒闭，另一方面则以布疋种类之繁杂，而需较密切之监督也。白布之织造，今以潍县所产者成本较低，高阳则弃而不织，另觅途径而从事于条布格布色布之织造。同时，人造丝亦目为一新兴原料，而被利用。其始也，以人造丝为纬线，与棉纱之经线交织，乃有棉丝交织布之出现。此类布疋之成功，有赖于提花机之输入者盖亦不少。提花机于一九一三年，首次输入，一九二〇年前增至百架以上，迄一九二五年，竟达八百架之多。

虽然，自一九二六年春，高阳织布工业之第二繁荣时期，实已见端倪。其重要因素有二：（1）为物价之高涨，一九二六年前后，以用金国家之货币紧缩政策，渐次抬头，白银跌价而群向我国输送，白银巨量输入后，全国物价因而激增，倘以一九二六年为一〇〇，一九二七年华北物价指数当为一〇三，一九二八年为一〇八，一九二九年为一一一，一九三〇年为一一六，一九三一年竟达最高峰为一二三。[①]斯类物价之继续高涨，反映一般经济之繁荣，结果，购买力随之俱增，高阳之织布工业既以供给人生必需品为鹄的，亦易受其青睐也。（2）为人造丝用途之扩充。此实系于人造丝借重新发明之浆经程序所致。缺乏伸展力，为人造丝之一弱点。一九二六年，人造丝浆经法首次发明于天津，而以纯人造丝织成之布疋，则用"明华葛"之新名号，出售于市场矣。不久，高阳即获得斯项新发明之消

---

① Monthly Bulletin on Economic China，卷七，页二十九。

息，乃相率输入人造丝，或购置提花机，①争织人造丝布。所谓高阳第二繁荣时期，亦遂因此而肇始，一九二九年即其最发达之年，但继则衰落甚速。高阳该年所消耗之棉纱，共计八万捆或三百二十万磅，及人造丝二万箱，或四百万磅（即三万担）。

第二繁荣时期内，商人雇主制度，在高阳布业发展至最后阶段。以棉织方面而论，直接散机制，仍极流行，但因织制各种较繁杂之布疋计，雇用稍久技术稍佳之织户，遂择为领机，负责指导其它织户工作。以麻（即人造丝）织部分而言，虽名义上大多数织户以信用赊购人造丝，复以织就之布疋售诸同一之商号，实际上则织户与商号，并非买者与卖者，而为雇主与雇工之关系。值货价高涨期间，此种关系，织户殊愿接收，以便享受因布疋涨价而获得之利润，但值货价跌落之际，商号多拒绝履行此项关系，盖将来所受损失虽系由织户承担，但恐织户无力偿清而必使商号陷于不拔之境也。一九二九年，麻织部分之发达，可谓盛极一时，遂有若干织户，以其储蓄所集，着手组织小规模之工厂，以织造麻织品。换言之，此类织户，亦遂一跃而为"小厂主"（Small master）矣。

第二繁荣时期，仅四年，即自一九二六年至一九二九年是也。一九三〇年春，高阳织布工业，复呈衰微之兆，但其严重之危机，则自一九三一年始——"九·一八"事变及长江水灾，乃其最大之打击。织造棉布之平面机，一九二九年，为 24,900 架，一九三〇年，减为 23,463 架，一九三一年减为 20,452 架，

---

① 高阳之人造丝由天津供给。外国人造丝之输入天津者，1926 年为 7,282 担，1927 年增至 19,318 担，1928 年增至 34,253 担，1929 年竟达 58,354 担；但 1930 年则减为 29,410 担，1931 年减为 22,354 担，1932 年减为 8,143 担，而 1933 年竟减为 1,296 担。自 1930 年激减之原因有二：一由于一般之不景气；又一由于进口税按价征收之数，竟达百分之六十，故有私运。因此，高阳之提花机，1925 年仅 862 架，1926 年增至 1,644 架，1927 年 2,508 架，1928 年 4,056 架，1929 年 4,324 架；但 1930 年减为 3,089 架，1931 年 2,355 架，1932 年 1,118 架，迄 1933 年四月竟减至 209 架。

一九三二年，减为 15,813 架，迄一九三三年四月竟减为 7,096
架；同时，织造麻布之提花机，一九二九年为 4,324 架，一九
三〇年，减至 3,089 架，一九三一年，减至 2,355 架，一九三
二年，减至 1,118 架，迄一九三三年四月竟减至 209 架。各纱
厂力织机织就之棉布，却见激增，一九二九年，为 14,779,538
疋，一九一〇年，增至 16,179,844 疋，一九三一年，增至
20,233,710 疋，迄一九三三年，则增至 23,465,437 疋[①]。而潍县
棉织工业之生产，复蒸蒸日上。双管齐下之下，曩昔高阳棉布
所垄断之市场，遂大部丧失。此外，数用金国家废止白银为通
币，因而造成金贵银贱之局势，[②]一九二九年进口人造丝之成
本以金折银，突然高涨，影响所及，竟使人造丝织品之成本加
高而难于推销。人造丝织业，终不得不涉于破产之一途。其它
因素，如中俄中东铁路之争执与其于一九二九年后半期之兵戎
相见，蒋阎之内讧，以及一九三〇年西北各地水旱灾之交迫，
在在足使农民群众对于高阳布疋之购买力受莫大之摧残。是以
一九三一年以后之发展，如"九·一八"事变，一九三一年长
江水灾，一九三二年春之中日淞沪之战，及该年夏季热河之被
占，一九三三年福建之叛变，数年来之江西剿匪等等，不过使
一九二九年已见衰落之高阳织布工业，更趋于衰落之境矣。

　　高阳之工业制度，既经历此类凶岁，遂生剧烈之变动。麻
织业方面之"小厂主"，多被迫结束其企业，盖以信用赊购商号
之人造丝，今后殆不可能。购置人造丝之代价，须以织就之布
疋出售后所获之布价以为偿付，但处于布疋市价激跌情形之下，
以织就之布疋作为偿付之价值，尝不足清付十日或十五日前所

---

　　① 第九至第十三次《中国纱厂一览表》，上海中国纱厂联合会一九三〇年至三四
年。

　　② 中国外汇指数，以一九三〇年为一〇〇，一九二九年仅为六九，但一九三一
年年则增至一三二。见 Monthly Bulletin on Econmic China，卷七，页五二六至五二七。

购得人造丝之成本。至于棉织业方面，白布虽难推销于市场，然而以色线织成之色布格布条布等，却仍能立于不败之地。因此，一九三二年前后，染线厂即自染其线，以分散于织户。斯类染厂，以其必须接近乡村之织户，故多分布于乡村，而少设立于城镇；彼辈有时亦以信用赊染线与资力较厚之织户，迄布疋出售之后而清偿之。至于布疋出售，经织户之手，或由染厂代理，皆无不可，而无一定之方式也。

二　商人雇主制度下之工业体系

值吾人于一九三三年进行调查高阳织布工业之际，上述之商人雇主制度，为盛行之工业组织。彼时之商人雇主，形势优越，自棉纱之购买，至布疋之销售，莫不受其操纵。此种制度下之织户，多于家中工作而求工资之获领。故彼辈尝借助于其家属，共同努力，但有时以事务繁忙，每由邻县各村雇用若干助手也。自其同辈视之，于社会上及经济上，此类织户，俱较高超，且俨如前世纪初期英国工业内盛行之"小厂主"（Small master）。总之高阳之工业体系，可列为三类，即商人雇主，织户或"小厂主"及雇工是也。

高阳之商人雇主，复可分为两类，其一为布线庄，其又一为染线厂。依一九三三年南开大学经济研究所之调查，前类商人，约六十家，其所事之职务如下：

（一）于高阳本地线市，或于天津，上海及青岛，大批购入原料如棉纱人造丝或染料（只限于资本雄厚之商人，一九三二年其家数约为二十）；

（二）将其购入之棉纱之一部，于高阳之线市或市集，批发出售；

（三）散发棉纱或人造丝与四乡农民织户，织户即依规定之标准织成布疋后交与布线庄验收；

（四）值布疋需要孔急之时，亦于市集上收买现货；

（五）布疋收妥后，如须经染色，轧光，印花等手续，即交染色及整理工厂处理之；

（六）于外埠设立分庄，销售本号布疋，其最大之布线庄有分庄七家，但平均仅二，三家而已；

（七）售货所获之现金，由分庄汇于天津之钱庄，或作购买原料之用，或仍汇往高阳。

至于染线厂，其营业之规模，较布线庄为小，且其数目于一九三三年亦仅三十家，其中十一家位于高阳城内。其余则散处四乡，而以县城西南之于留左村为最多，约十二家。染线厂之业务，与布线庄之业务不同，兹分述于下：

（一）只于高阳本地线市购买棉纱，并不于天津等大商埠采办；

（二）雇用工人于本厂染线；

（三）将染成色线散发与四乡织户，但其出品只限于条格布而不织白布；

（四）赊售色线与资力较大之织户，织户于布疋售出后，再行清付；

（五）染线厂将织成之布用骡车运至城内货栈，以备于市集之日售与布商等。

布线庄之业务，初非专限于布线之经营；至少其中一部，则自运销粮食，棉布，日用品等之商号蜕变而来。据吾人以六十家布线庄分析研究之结果，其最早成立者，为一八七七年之一家，其后一八八一年、一九〇二年、一九〇八年及一九一〇年，每年俱有一家成立。倘以五年为一期计算，则其余五十五家之成立年份，如下列：一九一一年至一五年，成立七家；一九一六年至一九二〇年，十一家；一九二一年至一九二五年，十八家；一九二六年至一九三〇年，十二家；一九三一年至一九三三年，七家。此与染线厂之成立时期相较，则大相径庭。第一染线厂成立于一九一六年，七年以后，始复成立三家。迄于一九二六年，以色布之畅销，染线厂始相继成立，其中一九二七年成立五家，一九二八年一家，一九二九年二家，一九三〇年四家，一九三一年二家，一九三二年七家，一九三三年五家。换言之，自一九二六年至一九三三年间，六十家布线庄中成立者仅十九家，而三十家染线厂内，成立者竟有二十六家之多。

　　复就营业之规模而论，斯二类商人雇主，亦形成一惊人之对照。据吾人之调查，二十五家染线厂每厂之资本，不过五千元，但五十六家布线庄内，仅三十二家之资本，等于此数。①其余二十四家布线庄内，有十四家每家投资数目，在五千元至一万元之间；有六家，每家在一万元至二万元之间；有一家，约三万元；有三家，每家约五万元。再者，一九三二年每家布线庄之平均资产及负债，为 50,533 元，而染线厂，每家仅达 10,966 元，或五分之一。上述投资大小之差异，或资产及负债之二致，业已解释斯二类商人雇主所营业务之各异而无余，故不再赘述矣。

　　上述二类商人雇主，其所收集布疋或购买棉纱之数量，亦有不同。关于一九三二年棉纱之购买，布线庄内有二十九家，每家约购百包或稍弱（每包四百磅），复有二十四家，每家所购

---

① 其中五家染线厂及四家布线庄所投之资本，无可考证。

在百包至一千包之间，更有七家，每家所购竟自一千包至四千包之巨；而二十五家染线厂，每厂所购仅一百包与一千包之间耳。由此可知，布线庄所购，其中虽有较染线厂为多者，然亦有较其为少者。是以倘吾人由此比较，而推断大半布线庄之营业规模比染线厂为小，殊为不当。购买较小数量棉纱之布线庄，则往往向市集采购现成布疋，且其所以不将其棉纱发散与四乡织户者，恐于纱价惨跌期内，遭损失赔折之累耳。除棉纱外，布线庄复需购入人造丝；而染线厂因只染线，仅须出其一部资本，购买颜料，装置染具耳。六十家布线庄内，有十八家所购之人造丝达 3,773 箱，若以现时流行每箱（二百磅）四百八十元之价格估之，实值 1,811,040 元，而二十五家染线厂，所购各种颜料，共计不过 121,853 元。

表一　高阳商人雇主按一九三二年收集布疋之数量分配

每一商人雇主收集之数量（疋）	布线庄		染线厂		共计	
	家	疋	家	疋	家	疋
5,000 或以下	13	37,404			13	37,404
5,001——10,000	17	128,400	8	67,700	25	196,100
10,001——15,000	11	128,025	10	124,800	21	252,825
15,001——20,000	7	119,999	2	36,000	9	155,999
20,001——25,000	4	87,863	3	68,500	7	156,363
25,001——30,000	2	51,872			2	51,872
30,001——35,000			1	30,400	1	30,400
35,001——40,000	1	36,903	1	40,000	2	76,903
40,000 以上	5	353,213			5	353,213
共计	60	943,679	25	367,400	85	1,311,079

关于一九三二年布疋数量之收集，布线庄平均每家为 15,728 疋，而染线厂平均每厂为 14,696 疋；但就价值而论，则前者较后者超过甚多，盖前者除棉布外，尚虽有麻布在内，布

线庄内有十三家，每家所收集之布疋数量，仅五千疋，或稍弱，而染线厂所收集之最小布疋数量，则在五千至一万疋之间，此种事实，与吾人上述之结论，——布线庄之营业规模，实较染线厂者为大，——并无抵触之处，因该十三家商号，专营棉纱及人造丝之销售，而以布疋之收集，为副业也。

至于织户，就其现状观之，其间甚难划一清晰之界限。织布工人大多数固工作于商人雇主或"散活"制度之下，但一经解雇，彼辈为谋生计，亦可家庭或主匠制度之下，自织其布疋。故一年之内，一家农民织户，有时为"织定货"之工人，有时亦为"织买货"之主匠。虽然，若以其一年内所工作之大部分时期为准则可将织户分列于此两种制度之一。因此，一九三二年，高阳织布区内 50,793 家织户，或可粗分如下。

表二　一九三二年依工业制度而分配之织户表

	平面布之织制		提花布之织制		总数	
	数目	百分数	数目	百分数	数目	百分数
商人雇主制度下之织定货织户	42,954	90.5	1,473	43.9	44,427	87.5
主匠制度下之织买货织户	4,485	9.5	1,881	56.1	6,366	12.5
总　数	47,439	100.0	3,354	100.0	50,793	100.0

吾人可由上表获一重要之结论：平面布方面，商人雇主制度下之织户，占百分之九十，但在提花布方面，商人雇主制度下之织户百分数，则减至百分之四十四。复因 50,793 家织户内，仅有 3,354 家，从事提花布之织造，故商人雇主制度下从事平面布及提花布织造之织户总数，44,427 家，或百分之八七，五仍为绝对之大多数，其余仅 6,366 家，或百分之一二.五工作于主匠制度之下。

织户间，吾人所熟谙之典型组织厥以家庭为单位。织户家庭之中心人物为家主，家主主持经营上之一切事务，如棉纱之赊购，布疋之织造及发售等。其余如浆经，络经，整经，络纬等轻便工作，大都由其家属任之。有时以工作繁忙，彼亦雇用专任织布之外人，即所谓"雇工"是也。此外尚有一类似之工业组织，亦颇盛行，此即独资经营之主匠织户。主匠乃昔日之"织定货"工人，今既以历年积聚之资本而加以扩充，自购棉纱，织成布疋，在市集上售诸布商，至"雇工"之雇用较之"织定货"织户，更为普遍，而主匠之业务，则俨然与"小厂主"无异矣。且其织就之布疋，亦往往以人造丝织之提花布居多，而以平面棉布为较少。

主匠与雇工之间，曾有类似合作形式之组织，以共同经营之方法，满足普通之经济需要者，高阳附近织户合作建立作坊，即其例也。建筑此种作坊，所需之资，不过四五十元。其建筑方式，多掘地为坑，建于地面之下，故名之为窖。昔日极盛之时，此种地窖作坊，为数达三十家之多，今所存留者，仅十家耳。合作之第二种方式为生产合作。值高阳布业二次繁荣之际，安平农民恒结队来高阳，加入高阳四乡之染线厂以为染工。该项工人年来因高阳布业衰落而失业，不得已，遂出其已有之储蓄，组成一合作经营之小织布工厂。织机与厂所悉自行出资购置，惟原料则须凭信用向染线厂赊购。织出之布疋须交与染线厂出售，从售得之货款中扣去其所赊购之纱线欠款，将其所余，转归该厂。另有一种生产合作，与所谓劳资合伙经营（Copartnership）相似。较富之农民，自行购置厂所及织机，并自行购置或向商人雇主处赊购棉纱，而织布之工作，则全由雇佣之职工任之。织工无工资，但依契约可分取红利。第三种合作方式，为合作运销。布疋之花样，虽由多家共同详细议定，但生产则于各个家庭内举行之。所织造之布匹多系定货，其向各商号包揽条件优越之定单，亦即合作之一种功用。上述诸种合作事业之地位，本非重要，但今之所以论及者，盖斯类合作事业，或可对最近将来之织布工业，开辟一新兴之社会的及经济的局面耳。

织"定货"织户与织"买货"织户之经济地位，大不相同。其不同处可以统计数字证明之。吾人所调查之三八二家高阳织布家庭内，若以以前所述之提花布织工，为主匠或织买货织户，而以平面布织工，为织定货织户。则属于前类者，一〇七家，属于后类者二七五家。且也，主匠织户之家庭，平均言之，范围较大，耕地较广，织机较多，而雇工亦较伙。再进而以确数证之，提花布织工之家庭，有家属七.三人，"雇工"二.一人，织机二.七架，耕地二七.二亩，而平面布织工之家庭，仅有家属六.二人，雇工〇.五人，织机一.四架，耕地一二.六亩而已。此外，一〇七家提花布织工家庭内有七十一家，或66%，有雇工，而二七五家平面布织工家庭内仅有八十三家，或30%有之。

吾人由此三八二家之调查，或能推断织布工业影响主匠织户或定货织户之家庭经济状况，至何程度。于此若干家庭内，平均人口为六.五人，其家属总数（内有男1,371口，及女1,099口）从事织布者为百分之十九，半织半耕者为百分之五十，专务耕作者为百分之七，务他业者为百分之六；其余不能工作或失业者，为百分之十八。无耕地者二十六家，有耕地者三百五十六家，平均每家仅一七.九亩。且此三百五十六家内，仅二百五十家平均每年可收净利四十五元，余则竟遭赔折之累。土地出产，既不富饶，于是织布工业于农民之家庭经济上所形成之重要，不难意想矣。吾人曾将三四四家织户之家庭收入作一分析，一九三二年平均为每家一五三元，由织布而获之进款，占总数百分之七十九，由务农所得，仅占百分之十八，由其它来源所得，占百分之三。①

最后，吾人必须一述工业体系内之下层阶级，即雇工是也。溯自第一繁荣时期，四乡织户，易获利润，业务一经扩充，所谓雇工，遂源源受雇。斯时织户之雇用此类织工者：其比例高达三分之二，但迄于一九三二年，三八二家之织户家庭，仅一五四家，或40%，能雇用之。此一五四家织户，共有雇工三六九人，平均每家二.四人。其详细分配情形，为仅有雇工一人者五十九家，二人者四十七家，三人者二十家，四人者十一家，其余十七家，有此类雇工自五人至十二人不等。

高阳织布区所供给之雇工，为一五七人，或43%，其余二一二人，或57%，则多来自其邻县。以年龄论，此类雇工十分之九，系在十六至三十五岁之间，盖织布工作需强健之体力也。以其原有之职业论，曾习织布者约占半数，务农者约占四分之一，习其它手艺者约占四分之一。彼辈多系由熟识之亲友荐于主匠织户，雇用期间，或系按年，或系按月。其主要工作虽在织布，然值忙碌之季节，亦从事务农。属于后类者，三六九位雇工中，有一四七人，占40%。景气之年，每人每年之工资可达六十元至八十元，但自一九三一年以还，仅四十元至六十元而已。工人膳宿所费，平均每年约值四十五元，由厂主供给，不另收费。月工工资虽较高，然集一年所得，实不如年工所得为多，以其终年雇用之期间无定，时雇时辍也。

---

① 此三四四家，平均每家有家属六.五口，织机一.八三架，雇用之工人〇.九四名。

三　工业组织——散活制度

吾人于分析高阳织布工业之工业体系时，已对工业组织有所论列。今所欲详述者，包括雇用，织户数目，散布之范围，织布之季节性，造访商人雇主之日期与次数及散发棉纱与四乡织户及其缴纳布疋之手续等。

今有一织工，欲于商人雇主处觅求工作，该商人雇主之店伙或旧织工，具可为其介绍人。求雇之织工，往往呈纳其昔日织就之布样，以备工作技术之考验，至于其人品如何，手艺如何，则由介绍人陈述之。一经初步录取，即可向商人雇主，领取纱线，开始工作。俟第一疋布织就后，缴于商号，经商号详加检查，倘认为合格，彼即为该商号之一雇工矣。否则，不但不为商号所雇用，且往往因其工作过劣，尚须对商号赔偿损失。手艺高妙且富有经验之织工名为"领机"，领机亦可介绍新织布工人于商号。每村有领机一人，彼不在金融方面，而在道德及技术方面，为该村之织户对商号负责。自最近市面萧条以还，铺保制度突形重要，因藉以防备穷乏之织户，以饥寒交迫，将其领取之棉纱，不予织布而转售现金，致商号受损失之累也。

吾人欲于高阳商人雇主之织工名册中查知商人雇主究有若干织户，自理论方面言之，虽属可能，但实际上，姑无论调查如何周密，终难获其真相。商人雇主制之优点，在富有伸缩性。雇用与解雇之绝对自由，乃商人雇主之重大特权，由此可按市场之情形以控制其生产之多寡；但织户亦有其自动辞织之自由，以便于忙碌季节，辞工以从农。因诸上述种种原因，商人雇主之织工名册所载之织户数目，时有变动；故于一定期内，觅一

特殊之数字，终不如一年之平均数字为有用。一九三二年高阳
五十五家布线庄，二十五家染线厂，平均每家布线庄所雇用之
织户一一六人，织机一三一架，而每家染线厂所雇用之织户七
四人，织机一二五架，每家染线厂之织户，其所用之织机平均
数一.七架，虽较每家布线庄织户所用之织机一.一架为大，然
依业务之规模观之，布线庄实较染线厂为大也。

关于布线庄及染线厂雇用之织户数目，布线庄内有最多者，
亦有最少者。五十五家布线庄，于一九三二年间每家所雇用之
织户约为五十户或以下者有二十一家，或38%，而二十五家染
线厂内仅有五家，或20%，其情形与此相仿。此外复有八家布
线庄，或15%，其所雇用之织户，每家竟超过二百户以上——
此乃任何染线厂所不可及者。

表三　高阳之商人雇主按一九三二年雇用织户之数量分配

每一商号之织户	布线庄		染线厂		共　计			
	家	织户	家	织户	家	百分比	织户	百分比
49 或以下	21	783	5	171	26	32.5	954	11.6
50——99	20	1,545	13	790	33	41.3	2,335	28.4
100——149	4	527	4	436	8	10.0	963	11.7
150——199	2	387	3	450	5	6.2	837	10.2
200——249	2	461			2	2.5	461	5.6
250——299	1	272			1	1.3	272	3.3
300——349	1	322			1	1.2	322	3.9
350——399	1	370			1	1.3	370	4.5
400——449	1	443			1	1.2	443	5.4
450 以上	2	1,265			2	2.5	1,265	15.4
共　计	55	6,375	25	1,847	80	100.0	8,222	100.0
织机共计		7,206		3,124			10,330	

生产分散化制度下之织户，尝散布于全织布区域内。高阳

之织布工业，即其善例。一九三二年，50,793 家织户，布满于 4,000 方里之区域内，平均密度每方里一二.七户，或每方英里百户。虽然，实际之分配，则殊奇离，盖于囊括所谓"高阳织布区"之五县内，蠡县有织户 16,749，或 33%；其次始为高阳，计为 16,032 户，或 31.5%；清苑计为 10,335 户，或 20.4%；安新计为 4,095 户，或 8.1%；任丘计为 3,582 户，或 7%。高阳之东为任丘，北为安新，西南为蠡县，西北为清苑，故沿高阳织布区西部一带，实为织户萃集之所。

　　吾人倘依织户所在之乡村数目而获得之高阳商号分配情形，或能对高阳织布区内织户之分布，作一粗略之推测。布线庄之织户，其所分布之乡村，为三四二，而染线厂之织户，其所分布之乡村，为一九八。每家商号之平均乡村数目，布线庄为六.二，染线厂为七.八。此二种商号之乡村平均数目，虽达六.七，但实际上其众数平均数（mode），尝在三与六之间。虽然，每家商号织户所在之乡村数目，只可目为该商号织户地域分布之概括指数，盖各村距高阳商号之远近，恒不相同也。

　　终年从事织布之织户，为数不多，是以大多数之织户俱以织布为副业。吾人于三八二家织户家庭之调查，即可证之。据此调查，其家属终年从事织布者仅百分之十九，其余百分之八十一，或向不作织布之工作，或半织布半务他业。务他业者，以农为最，因其家属百分之五十，系半织布半务农者。虽然，耕种乃一富有季节性之事业，全年工作百分之八十四系于五月至十月之半年内为之。[1] 结果，织户之织布时期，俱相率集中于十一月至四月之半年内。其中值二月，适逢旧历新年，约有例假半月，以资庆祝。自布税收入之畅旺上，亦可证明织布时

---

① 见拙著：《中国之乡村工业》，载《经济统计季刊》，二卷，三期，页五五九。

期系集中于十一月至四月（二月除外）之半年内。每疋布课铜元二枚，由高阳县商会征收之；每二月征一次，以商号账簿上收进布疋之数目为标准。吾人据一九三二年之税收，可知二月至三月问之布产，仅为全年布产（1,329,181 疋）百分之十三.七，盖旧历新年在其中也；而自四月至五月之税收，则达百分之二十二.五之最高峰。六月为农作季节肇始之月，税收因布疋产量减少而减少，六月至七月减至百分之十四.七；八月至九月为百分之十七.九；十月至十一月，为百分之十五.八。自十二月至一月，其出品仍为百分之十五.四。此时期之产量本应增高，奈以受不景气之影响，织布工业亦惨遭袭击，故产量因以降低。①

表四　商人雇主按一九三二年织户所在乡村之数量分配

每一商号之乡村	布线庄		染线厂		共计	
	家	乡村	家	乡村	家	乡村
1—2	7	11	1	4	8	15
3—4	21	75	6	24	27	99
5—6	14	76	6	33	20	109
7—8	3	22	6	47	9	69
9—10	2	20	1	10	3	30
11—12	2	22	3	35	5	57
13—14	2	28	—	—	2	28
15—16	1	15	1	16	2	31
16 以上	3	73	1	29	4	102

棉纱散发及布疋收集之日期，多依市集之期而定，每五日有市集一次，即每逢阴历初四、初九、十四、十九、二十四及二十九是也。为双方便利计，织户亦可每五日、十日或十五日，

---

① 一月至二月，三月至四月，……等之税收，原按旧历计算者。今则依国历，故一月至二月约合于二月至三月，以次类推。

依契约以织就之布疋缴诸商人雇主。但此种办法，仅适用于高阳城中布线庄而已。染线厂因多位于各乡村，收集布疋及散发棉纱之日期须较早，即初一、初六、十一、十六、二十一、二十六日，以便有充分时间，于市集之前，输送织就之布疋于城中，向布线庄或其它顾客求售也。

每值市集之期，商号例皆洒扫庭院，招待自各处携布前来之织户。织户系散居于织布区，其距商号之路程，自五里至四十里不等，其来也，或以步行，或乘自行车，或坐骡车。庭院中心置一长桌，将织户所缴之布，顺列其上，以待检验。商号之掌柜或其重要职员，于是查验布疋之技巧，经纬重量，长宽，及湿度等。若重量不足，湿度稍过，经纬欠密，或技巧平平，则科以罚金，其方式不外扣减其工资，或赔偿其所消耗之棉纱值。一俟验竣，遂将布疋运存堆栈，同时通知收布员，某织户缴来布疋，若干，及应得工资若干（若有罚金，应注明扣除）等。收布员即草一清单，载明收入布疋之数量及应付之工资若干，交于织户。织户凭此清单至司账处领取工资。同时，收布员以收进布疋之数量，告知发纱员，使其于发给棉纱时，对该织户领取棉纱之数量上，能加以斟酌。

若欲为适应市场需要而改织一种新花样之布疋，则花板方面，应有变动，此类变动，姑无论系出自商号，抑出自织户，皆须嘱诸技巧精练，经验丰富之织户任之，因此类变动而牺牲之时间，无需偿以额外工资，但恒常川雇用之，以为报酬也。

织户因送布疋或领取棉纱而时常造访商人雇主，此乃一殊饶兴趣之问题，盖由造访次数上，可以看出织户是否常川被雇用也。吾人乃任选二家商号，加以分析，以便对实际情形，获一概念。据表五所示，可注意第一点为，无论为领线，或为缴布，其次数大都依所织之布之种类而异，白布最低，色布最高，而人造丝布则介于二者之间。织造技术复杂程度，及急需商号指导之频仍，可谓为此类次数差异之一部解释。白布织造技术简单，故其造访商号次数亦较少，每值造访之时，俱系以大量布疋交换大量棉纱。可注意第二点为，造访次数之最高与最低，其中之差额甚大，领线次数为一至四十六，而缴布次数则为一至六十二。此足表示雇用之变动。其中若干织户，几乎全年为商号所雇用，余则时作时辍。其它如商号营业之兴衰，织户之技术与工作之是否按时可靠，一年内织户所服务之商号数目，织布于农民织户家庭经济上所占之地位等，均为此种差异之因素。可注意之第三点为，领线之平均次数，较缴布之平均次数为小，盖经线上机，需时较多故也。

表五 一九三二年二家高阳商人雇主之织户按其因领线及缴布而引起之造访次数之分配

布疋种类	织户数目	领线：次数	每次数量（磅）	缴布：次数	每次数量（疋）
商号甲					
人造丝布	73	7（1—24）	24.5	13（1—42）	1.96
白布	62	6（1—11）	61.0	7（1—13）	4.14
色布	34	10（1—23）	37.8	15（1—25）	3.30
商号乙					
人造丝布	42	10（1—42）	25.8	17（1—64）	2.76
白布	39	9（2—22）	28.5	11（2—27）	2.81
色布	6	21（10—31）	27.0	28（15—41）	3.36

注：括号内之数字，乃次数之最高者及最低者。其它数字，为平均数字。

四　商业组织

高阳织布工业之商业组织，其功用有二：即（一）原料之购买与（二）布疋之销售是也。为发挥斯二种功用计，高阳商人曾于高阳及全国若干城市内建立一精密之商业机构。高阳城内市集按期举行，棉纱与人造丝，棉布与人造丝布，皆于市集交换之。而棉纱之现货及期货交易，亦可每日于线市为之。为购买大批棉纱及人造丝，高阳各家商号于天津，上海，青岛，榆次，及唐山俱立有分庄，为高阳布之销售，各地亦有类似之分庄。一九三三年，是类分庄，在十四省内，达六十八处。甚至值不景气之一九三二年，高阳布业之贸易，亦颇活跃，吾人可于下列数字证之：该年高阳城从外埠（特别为天津）购入之棉纱为 25,031 包（或 10,012,400 磅），人造丝为 4,034 箱（或 816,800 磅），而由全国之高阳商号分庄所销出之高阳布为 1,200,361 疋，值 10,740,225 元之巨。

原料如棉纱人造丝及颜料，多购自天津、上海、青岛等地，购入棉纱之商人，计有二种，即布线庄与线庄是也。一九三二年六十家布线庄内仅二十家，由其外埠分庄购买棉纱，其数为 18,831 包，而线庄仅三家购入棉纱 6,200 包，共计合购 25,031 包，其中来自天津者 15,541 包或 62.1%，上海 3,200 包或 12.8%，青岛 3,100 包或 12.4%，榆次 2,860 包或 11.4%，唐山 330 包或 1.3%。二十家布线庄购入之 18,831 包，其中半数系散发与四乡织户，半数亦如三家线庄购入之 6,200 包，俱于线市售诸下列四种顾客，即其余之四十家布线庄，二十五家染线厂，线贩，及外县线商是也，前二种占重要地位，分购 3,407 包及 6,414 包，合计为 9,821 包。

棉市乃高阳唯一之组织，一九一三年创始于一庙宇之天井内，但今则移于城中一近代式之房屋中矣，除办理棉纱交易外，兼办国内汇兑。棉纱交易，分现货及期货二种，期货买卖以十日为限。线市之会员，分卖买二方，卖方，有大布线庄廿家，线庄三家；买方则有小布线庄四十家，染线厂廿五家，线贩，及外县线商。其会员人数，合计约在二百左右。每人每年须缴纳会金二元，方可享受交易上之种种权利。每家派三四店伙，参加棉纱之交易。交易以半包为单位，成交只以口头相约为凭。若遇数目较大之买卖，则用单据为凭。交易时期为上午十时至十二时，及下午四时至六时，交易方法，并无明文规定，只依习惯而已。每逢交易时间，交易场所聚集之商人，多在百人以上。人声嘈杂，但其所论者往往以闲谈为多，以业务为少。作者迄今犹能记忆于某日下午访问该市时，所受之欢迎，人人精神饱满，态度闲适，此诚城市交易所内所罕见者。

线市之买方，如小布线庄、染线厂及线贩，复于白线市及色线市将其购入之一部或全部，售诸主匠织户及主匠染坊。二种市集，每五日举行一次，依阴历计之，为每月之初四、初九、十四、十九、二十四及二十九。白线市之卖方，有线贩及小布线庄。小布线庄，将其自线市购入棉纱之大部，散发与四乡织户外，其余则在白线市求售。买方有主匠织户及主匠染坊，彼辈将线染就后复求售于色线市。色线市之卖方有主匠染坊及染线厂，买方则为主匠织户。下图即可表示高阳布业所消耗棉纱之分配程序。

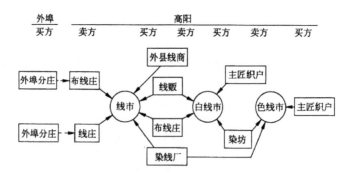

图 1　高阳织布工业消耗棉纱之分配程序

自外埠购买人造丝者，计有线庄三家，布线庄十二家，分购 520 箱及 3,564 箱——共计 4,084 箱。其中 3,584 箱或 87.8% 系购自天津，500 箱或 12.2%系购自上海。复有六家布线庄直接或间接自此二种商人处购买人造丝达 209 箱。主匠织户尝直接自布线庄或线庄购买若干捆，每捆十磅。至于颜料，一九三二年二十五家染线厂所购之数量，达 20,796 桶，值 121,853 元。此种颜料为少数高阳布线庄之天津分庄所供给。

出售之布疋，计有三类，即白布、色布及麻布（包括麻纱交织布）是也。布线庄之货，大都来自织户。其它三种布商——布商、布店及布贩——则专于白布市、色布市及麻布市购买各式布疋，以便另行转售。此四种商人于一九三二年共计售出白布 661,440 疋，色布 448,103 疋，麻布 90,818 疋，——共计 1,200,361 疋。其分配情形如下：布线庄所售者，为 855,599 疋或 71.3%；布商为 194,873 疋或 16.1%；布贩为 87,737 疋或 7.3%；布店为 62,152 疋或 5.3%。由织户代布线庄所织成之布为 618,175 疋；由上述四种布商于五日一次之三种布市自染线厂及主匠织户所购买者为 582,186 疋。一九三二年，染线厂出布 367,400 疋，且此种布疋，亦系其织户于散活制度之下而织成者，因此其余各种主匠织户所出者，仅 214,786 疋而已。[①]

一九三二年，上述四种布商所售出之布，共计 1,200,361 疋：其中布贩售出者计 87,737 疋，布店售出者计 62,152 疋。其顾主悉为高阳当地之农民。其余之 1,050,472 疋或 87.4%，则经由布线庄及布庄遍设于十四省七十六城市之分庄所售出。依第六表观之，将高阳当地所消耗之 146,889 疋亦计于内，是则高阳布之销售地域，大都集中于中国北部及西北部。北部吸收

---

① 吾人承认 214,786 疋布中之一部，或为织户所织成，盖此种织户有时亦自织布疋，另行出售也。

高阳布为 938,658 疋占 78.3%，西北部吸收高阳布达 184,095 疋
占 15.3%；其余仅 77,613 疋或 6.4% 为中国其它各区所吸收。倘
依省界言之，十四省内河北，山西及河南三省所吸收之布疋，
占销售总数 77.7%，即河北占 43%，山西 19.9%，河南 14.8%。
倘依城市言之，一九三二年十四省七十七个城市（高阳亦计于
内）内之十五个城市或总数五分之一所吸收之高阳布，占总额
十分之七。高阳、北平、洛阳、西安、太原及榆次六城分别吸
收之布疋，为 12.5%，12%，8%，6.9%，5.3% 及 47%——共计
49.4%，当一九三二年所售高阳布之一半。

表六　一九三二年各省区所售高阳布之分配表

区及省	城市数目	售出数量（疋）	百分比
北　区	**57**	**938,653**	**78.3**
河北	34	515,581	43.0
山西	13	238,857	19.9
河南	9	177,515	14.8
山东	1	6,700	0.6
西　北　区	**9**	**184,095**	**15.3**
陕西	1	82,610	6.9
绥远	5	52,327	4.3
甘肃	1	27,386	2.3
察哈尔	2	21,772	1.8
中　区	**6**	**36,498**	**3.0**
湖北	1	23,309	1.9
湖南	4	11,571	1.0
江苏	1	1,618	0.1
西　南　区	**5**	**41,115**	**3.4**
四川	3	31,966	2.6
贵州	1	7,184	0.6
广东	1	1,965	0.2
共　计	**77**	**1,200,361**	**100.0**

表七　一九三二年售出之高阳布按城市分配表

	疋	百分比		疋	百分比
高阳（河北）	149,889	12.5	大同（山西）	29,463	2.5
北平（河北）	144,451	12.0	兰州（甘肃）	27,386	2.3
洛阳（河南）	95,402	8.0	开封（河南）	24,444	2.0
西安（陕西）	82,610	6.9	南宫（河北）	24,130	2.0
太原（山西）	63,130	5.3	汉口（湖北）	23,309	1.9
榆次（山西）	56,425	4.7	重庆（四川）	20,800	1.7
获鹿（河北）	38,768	3.2	其它61	349,338	29.1
顺德（河北）	36,975	3.1	共　计	1,200,361	100.0
包头（绥远）	33,841	2.8			

表八　一九三三年高阳布商分庄按地域分配表

	布线庄	布庄	共计		布线庄	布庄	共计
河北（24）	30	24	54	陕西（1）	8	1	9
北平	14	1	15	西安	8	1	9
栾城	3	3	6	四川（3）	7	—	7
顺德	2	3	5	重庆	4	—	4
获鹿	2	2	4	其它2	3	—	3
其它20	9	15	24	绥远（5）	6	1	7
山西（12）	30	7	37	湖北（1）	5	1	6
太原	7	3	10	汉口	5	1	6
榆次	7	1	8	湖南（4）	6	—	6
大同	4	—	4	察哈尔（2）	4	—	4
其它9	12	3	15	山东（2）	4	—	4
河南（9）	23	3	26	江苏（2）	2	—	2
洛阳	9	1	10	甘肃（1）	2	—	2
开封	3	1	4	贵州（1）	2	—	2
许昌	3	1	4	广东（1）	1	—	1
其它6	8	—	8	共计（68）	130	37	167

　　一九三三春，高阳布商遍设于十四省六十八城市之分庄，达一百六十七家。其中为布线庄所设立者，计一百三十家，布

庄所设立者计三十七家。河北、山西及河南三省所设之分庄合
计为一一七家或 70%，河北占五十四，山西三十七，河南二十
六。倘依城市言之，六十八个城市内有十三个城市或 19%，有
一六七家分庄之八十九家或 53%。此类城市，包括北平、太原、
洛阳、西安、榆次、栾城、获鹿、汉口、顺德、大同、开封、
许昌及重庆。

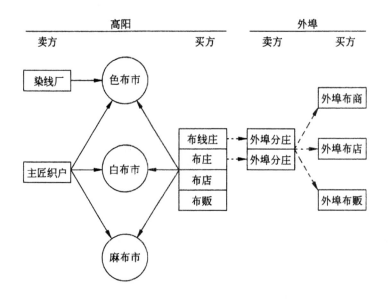

图 2　高阳布之分配程序

上图所示者，乃高阳布分配于高阳及中国各地之情形也。

五　金融组织

一九三二年，高阳所售出之布疋，其价值既达 10,740,225
元之巨，高阳织布工业为满足其金融上之需要计，似宜有一完

善之金融组织，然事实适与理论相反。兹请先言资本方面，再论金融组织。高阳商人所投之资本并不大，历年之公积亦极有限，是以欲求金融之周转灵活，非另行设法不可。吾人若将五十五家布线庄及二十家染线厂之资产负债表加以分析，即可洞悉此点矣。

表九　（甲）一九三二年岁末，高阳五十五家布线庄之平均资产负债表

资　产		负　债	
现金及存款	$13,578	应付未付账	$ 20,042
应收未收账	7,298	股东贷金及存款	17,285
存货		开办资本	8,918
布	19,783	盈余及未分红利	7,555
棉纱及人造丝	7,310	当年之损失	-3,267
房地产	1,844		
家具	720		
共　计	$ 50,533	共　计	$ 50,533

表九　（乙）一九三二年岁末，高阳二十家染厂之平均资产负债表

资　产		负　债	
现金	$ 584	应付未付账	$ 3,069
应收未收账	1,305	股东之贷金	3,741
存货		开办资本	2,585
布	7,243	盈余及未分红利	1,035
棉纱及颜料	1,424	当年之纯利	536
家具	410		
共　计	$ 10,966	共　计	$ 10,966

据此资产负债对照表，可知借入之资本（指股东之贷金与存款），较布线庄之开办资本及盈余大一.三一倍，仅及染线厂者之〇.九〇倍。另一资本来源，即以信用购买原料是也。上述二种商人之资产负债对照表，颇足表示一重要现象，即应付未

付帐目较应收未收帐目为大。布线庄应付帐目较其应收者大二.七四倍；染线厂应付帐目较其应收者大二.三五倍。换言之，高阳商人雇主之资本来源有三：（一），借入之资本，占布线庄资本总数百分之四十，占染线厂资本总数百分之三十八.七；（二），开办资本及盈余，占布线庄资本总数百分之三十.五，占染线厂资本总数百分之四十三；（三），以信用购买原料占布线庄资本总数百分之二十九.五，占染线厂资本总数百分之十八.三。倘将上述三种资本来源合计之，一九三二年岁末五十五家布线庄每家为 43,235 元，共计为 2,377,925 元；而二十家染线厂每家为 9,661 元，共计为 193,220 元。布线庄与染线厂，合计七十五家，共有资本 2,571,145 元。

表十　一九三二年岁末，高阳商人雇主之资本按来源分配表

资本来源	布线庄		染线厂	
	数目	百分比	数目	百分比
借入之资本	$17,285	40.0	$3,741	38.7
开办资本及盈余	13,206	30.5	4,156	43.0
以信用购买原料*	12,744	29.5	1,764	18.3
每家总数	$43,235	100.0	$9,661	100.0
全体总数	$2,377,925（55）		$193,220	

*此项即"应付账目"减去"应收账目"

吾人对资产负债对照表负债部分之"应付未付账"及资产部分之"应收未收账"，须予较详之分析，盖此二项账目，实与地方及县际之金融发生密切关系。高阳之地方金融，素盛行"拨条"制度；高阳与全国其它各县（以天津为最）之金融周转，则大部分借重天津及内地各县（以有高阳商号之分庄为限）之钱庄。该项县际之金融周转关系，可用上图说明之。该图表示天津、高阳及洛阳三地间棉纱、棉布及金融之三角运行。高阳

商人为运销高阳布疋，曾于六十八城内设其分庄，洛阳仅其中之一而已。棉纱自天津运往高阳（如断线所示），以织成布疋。

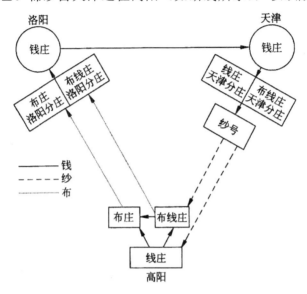

图 3　天津高阳洛阳间棉纱棉布钱币三者之三角运行图

棉布自高阳运往洛阳分庄（如点线所示）求售；该地人民以金钱购买布疋。售货所得之现金，则自洛阳运往天津（如黑线所示）。循棉纱棉布，及金钱之三角运行，即形成各级商人间之金融关系。第一，请先论布线庄，此乃高阳织布工业界之巨擘。高阳之布线庄，既自天津纱号购买棉纱，即为负债者。彼运棉纱至高阳后，即以一部散与四乡织户，以另一部求售于线市。买方有以现金购买者，亦有以信用赊购者。卖纱所得现金之用途有三：（1）付给织户之工资，（2）在布市购买主匠织户之现货，（3）接济布庄，使彼亦能在布市购买主匠织户之布疋。至于偿还方法，则由布庄之洛阳分庄汇款至布线庄之天津分庄以结帐，汇兑乃由洛阳及天津两地之钱庄为之。同时，布线庄之洛阳分庄，因于洛阳售货，既有所得，亦可经洛阳及天津两地之钱庄，解款至其天津之分庄。布线庄既有上述二种财源，即可用以偿付天津之纱号或存于天津之钱庄以备将来之需。

次于布线庄者，厥为高阳之线庄。高阳之线庄，自天津纱号购买棉纱，运至高阳，并于线市求售。其售货所得，为现金，或为信用，俱为接济布线庄及布庄庞大需要之资——此乃上段所详述者。倘高阳布线庄及布庄之洛阳分庄，售布之后，获得现金，即可经两地之钱庄，解款至线庄之天津分庄以结帐。线庄之天津分庄，遂以此款偿付其所欠天津纱号或钱庄之债务。

布庄以布线庄及线庄所接济之现金（已如上述），在布市购买布疋。其洛阳分庄，于售货后，既有所得，即经洛阳及天津之钱庄汇往天津，分偿布线庄及线庄之天津分庄以结帐。

天津供给棉纱，高阳供给棉布，洛阳供给金钱，此三地之三角运行关系，实可代表高阳与外县间之交换关系。虽然，洛阳销售其土产亦为普遍之情形，是则由洛阳至天津购买布疋，实无载运现金之必要，且可以免除载运之费用与危险。

上述之县际金融制度，与高阳之地方金融制度，相辅而行；而后者之推行，多赖于"拨条"之引用。① 凡高阳本地大宗之布线交易，皆用拨条为支付之工具。甲商向乙商购入棉纱十包，价二百五十元，共值二千五百元，如甲商之信用素着，乙商即将款暂存甲商处，双方可落帐记数，备他日用款时，乙商可向甲商开拨条支款。倘乙商须付款与丙商，即对甲商开一拨条与丙商；丙商如持拨条向甲商取款，甲商收妥乙商开出之拨条，并不支付现金，亦开一拨条交丙商向甲商有存款之丁商处支取；丁商收妥甲商开来之拨条后，亦开一拨条交丙商向丁商有存款之戊商取款。倘丙商认戊商为可靠，拨条即交戊商，款存戊商

---

① 据最近调查报告所称，此种制度今已绝迹，另有一由商号改组之钱庄，专任高阳各级商人间清算汇划之业务。

处，以为他日付款时向其开拨条之用。高阳本地交易，即尽用拨条支付，其间又无一划汇之机关，为交换之清算，故市面全系纸码，现洋绝不可见，其中错综复杂，帐目均延而不结；每一商家所存之纸码俱甚厚，若以拨条兑现洋，必须出若干之贴水，谓之"贴现"，每日均有行市，其趋势与津汇相似。以拨条购津汇亦须贴水，每千元自数元至数十元不等。于是商号于市面存有大宗款项者，为避免此种损失计，遂有"跑街"之举。其法即向其有存款之商号，猝不及防，开出拨条，派店伙若干人，各持拨条若干，分赴各商号兑取，凡有存款之各商号，亦开一拨条为支付，如是辗转持拨条向付款人兑取，直至将全部拨条尽行结除之后，即可寻出其最后亏款之人，而向其支付，如彼无现款，但于天津钱庄中有存款，如此，亦可以津汇抵作现款，成为两平，不再出贴水矣。是以每"跑街"一次，市面上所有拨条即可清除一次。"跑街"虽为由拨条兑取现洋之不二法门，但有一点须注意者，即"跑街"之商号，其富余之款，必须在若干万以上，方为合算，盖市面上纸码甚厚，用数十人（本号不足时，可向熟悉之商号借用）"跑街"，复须三数日方能毕事，款少则恐得不偿失。又款过少，每家所担负之欠款甚少，"跑街"所需之日数更久，或竟无法兑得现洋，欠款者可于他处通融，而不必以天津存款抵偿，则汇水之损失仍不能免。是以"跑街"者常限于规模宏大之布线庄与线庄。一年中发生"跑街"之次数，多不过五六次，少则一二次，亦有全年无"跑街"者（参见第十一表）。因此，以拨条兑现洋或购津汇，未有不折扣者。一九三〇年，高阳拨条之折扣，平均为百分之三；一九三一年，为百分之一.四；一九三二年，为百分之一.七。

表十一　一九三二年九月内高阳某布商"跑街"之统计

日期	开出拨条	收进拨条	收进现款	津汇	应收未收现款
廿六日	$ 24,065	$ 24,065			
廿七日	因结账停止跑街				
廿八日	67,146	22,323	$ 2,656	$ 26,100	$ 16,067
廿九日	46,338	6,733	15,072	13,798	9,735
合计	137,549	53,121	17,728	39,898	25,802

　　线市非但为棉纱交易之处所，尤为买卖天津高阳间汇兑之市场。高阳既为缺乏现金之拨条市场，故对天津汇兑常须贴现。虽然，津汇亦因商业情形及现金或津币之需求，而时时变动，一九三〇年平均每千元须贴现二九.二一元，一九三一年为一三.三九元，一九三二年为二〇.七九元。但值举行"跑街"之际，津汇即跌，盖彼时商人为抵偿其债务计，必须竭力收藏现金或津币也。因此，拨条折扣之多少，与天津汇兑之高低有密切之关系，且呈同一之趋势。吾人于下表即可证之。

表十二　一九三〇至一九三二年天津汇兑之贴现与高阳拨条之
折扣比较表

年度	天津汇兑之贴现（每千元）			高阳拨条之折扣（每千元）		
	最高	最低	平均数	最高	最低	平均数
1930	$39.58	$10.09	$29.21	$41.46	$16.77	$30.96
1931	18.50	6.70	13.39	20.70	7.32	13.93
1932	28.96	10.38	20.79	25.58	6.29	16.77

六　商人雇主制度之特点

　　吾人研究高阳织布工业之商人雇主制度，不禁思及工业革命前英国棉织业之类似制度，盖两者所与吾人之印象，颇多相同之处。值十八世纪下半纪，英国棉织业中：

> 此种制度之中心人物，乃满撤斯特（Manchester）之商人。彼自织户收集布疋，堆于货栈，或出口，或销于国内。……商人与织户之关系可得而解释者，不过如是：倘织户系自备经线及纬纱，商人即购其布疋；倘经线及纬纱，系商人所散发，则织户只领取其工资而已。初织户利用木栓旧法穿经，……但自新法穿经发明后，商人乃散发穿好之净待上机之经线，……织户既散居于四乡，满撤斯特商人则由各地代理人代发其工作也。[①]

上述各情，实十八世纪末叶英国棉织业中商人雇主制度之写真，即至一八四〇年，亦少变动之处。若与高阳织布工业中所盛行之商人雇主制相比较，颇多相似。高阳之布线庄，乃满撤斯特商人之化身，而高阳之织户，复与兰克夏州（Lancashiire）之织户相同。兰克夏州与高阳之制度，必欲细寻其差别，其差别非在其根本性质，而在其发展程度也。第一，高阳商人雇主之兴起，虽较晚一百年，但其企业经营之规模，较兰克夏州之商人雇主为小。例如一八四〇年兰克夏州一商人雇主名狄松（Dixon）者，所雇用之织户，在英格兰者计 2,389 家，在苏格兰者计 599 家，在爱尔兰者计 583 家——共计 3,571 家，而一九三二年高阳最大商人雇主所雇用之织户，仅 695 家，且其分布之区域不过五百方哩。第二，兰克夏州之商人雇主，尝散发穿好净待上机之经线与四乡，有时甚至于自己之工厂内为织户纺造纬纱，而在高阳，穿经工作俱由织户自理，棉纱则自天津、上海、青岛、唐山、榆次等地之纱厂购置之。第三，满撤斯特

---

① Viaoria County History, Volume on Lancashire, London, 1908, II:383.

商人之布疋，出口者多，运销于本国者少；而高阳商人，则纯以本国为其布疋之销场①。上述企业经营上规模之差别，其原因约有二端。一八四〇年前后，英国已结束其工业革命之第一期而开始其第二期；中国纺绩方面之工业革命，虽远始于一八九〇年，实则无大进步可言。一八四〇年前后，英国棉业之工厂制度，在纺与织两方面，具已成为严密之组织形式，而今日中国，如本文开端时所述，其布疋生产总数五分之四，咸属主匠及商人雇主制度下手织机之出品。另一原因，即中国人口四分之三，仍为农民，故对工厂制度下大规模生产之发展，根本即甚有限。高阳之商人雇主，虽于营业上不免与二十世纪大都市之工商业文化发生关系，然其社会及经济环境，终使其不能脱离中古式之生活，一蹴而列于大规模企业之林。诚如唐烈（Tawney）教授所云，"近代工业之所以成为近代工业者，并非机械所致，实为运用机械之脑筋，及使其见诸适用之组织，双管齐下，而使之然者也"②。

　高阳商人雇主制度，与一八四〇年前后英国棉织业中之制度，其不同之处在规模之较小。今请进而讨论其共同之点。第一，高阳制度，一如兰克夏州制度，富有伸缩性，并能适应环境之变迁。据上文吾人对高阳工业制度演进之研究，可知商人雇主制度起源于一九〇九年时，其形式殊属简单，俟一九一五年至一九二〇年之第一繁荣时期，以中间人制度之兴起，遂生蜕变。战后危机袭来，中间人商号随以俱倒，迄于一九二六年，高阳工业虽呈第二繁荣时期之佳兆，中间人商号迄未复兴，其地位由领机起而代之。每村置领机一人，使于品行上及技术上负责管制该村之织户。同时，人造丝织品方面，亦有"小厂主"

① Fong, H. D.: Triumph of factory system in England, Tientsin, 1930, p.47
② Tawney, R H.: Land and Labor in China, p.130.

制度之发荣滋长，使商人雇主与织户俱受其利。盖值繁荣期间，织户接收定货，雇用工人独立负责织造，可获较大之利润；商人雇主则以织户获得雇工援助，既能充分工作，故能于较短之时期内，出产较大数量之布疋。苟织户信用昭著，能大量赊购棉纱，则此种情势，犹属可能。一九三〇年以还，第二繁荣时期既逝，故高阳工业制度复生变化。小厂主相率清理其企业，同时，另一种新式商人雇主——染线厂——继之而兴。第二繁荣期内相继林立之染线厂，其始也，因色布需求颇大，多以信用赊售色线与四乡织户，今则直接散发与四乡织户矣。此乃自然之事，盖白布与麻布之销路虽渐形迟滞，然色布之销路，非惟不受影响，且其发展较为顺利。染线厂以有机可乘，遂停止赊售色线，而开始散发色线与织户，以谋攫取织造之利，因此，商人雇主中后起之秀——染线厂，竟脱颖而出，并与其先辈——布线庄——形成若干之差异。无论在雇用织户之人数上，或在收集布疋之数量上，染线厂之规模，俱较布线庄为小。再者，彼辈不如布线庄之直接向纱号购买大批棉纱，而仅间接零购，且不直接销售其布疋与全国各地之消费者，仅由他人转售而已。易言之，彼辈之营业范围，不出其所处之乡村，纵有时扩张至高阳城，而其目的，亦不过购买棉纱及求售布疋耳。因此，彼辈之资本虽较微弱，但其生产之管制则较严密。故吾人称之为乡村之商人雇主则可，谓之为城市者则不可。即就事实而论，多数之染线厂，俱起于下层阶级之织户，而非产自上层阶级之商人雇主也[1]。

高阳商人雇主制度与兰克夏州商人雇主制度之第二共同点，即其个人主义是也。由此个人主义而生之弊端，不外每遇

---

[1] 据吾人新近之调查，染线厂以色布市场畅旺，其数目已由二十五家（一九三二年）增至四十家矣。

公共利益之事，则极度缺乏组织能力与一致行动。譬如高阳，商人雇主与织户即形成对峙之阶级。且也，每一阶级内，复各自为政，不相为谋，甚至值经济萧条及工业衰落之际亦然。请先论商人雇主，据吾人分析彼等工业、商业及金融之组织，可知彼等毫无一致动作可言。自名义上言之，此辈商人雇主具属高阳商会之会员，且每日相遇于线市，然实际上，人人皆系各自为谋，分道扬镳。各自购买其所需之棉纱，并散发与织户以织成布疋而获利；复各自定其工资，自拟其与他商不同之货价。换言之，各种布疋之种类，各种布疋之价格，及付给织户之工资率，俱无一定标准。反之，值萧条之时，则拼力竞争。倘有一新样布疋上市，发明者复无专利可言。无何，同样之布疋，亦接踵上市，其价既较低落，而其手艺复较拙劣，故发明者反受其累。如此相继竞争，有时甚至以真为假，不使发明者放弃其所发明之布样而另出新样不止。循是，今日之"高阳布"，已非一九二〇年之旧。消费者，多以"高阳布"之每况愈下，而拒绝购买矣。

　　商人彼此间剧烈之竞争，既如上述，吾人若欲彼辈自动团结，真不啻望梅止渴。一九三二年乃国内经济萧条之年，然该年高阳布之出口，其价值竟超过十兆元以上，以如此发达之工业，居然缺乏完善之商业及金融制度，倘谙悉近代工业经济之学者见之，必将惊愕不置也。迄于最近，高阳仍无银行之组织，以为大规模之乡村工业作金融上之接济。高阳之商人，大都借助记账及拨条制度。高阳之现金不多，故拨条及账目之清算非"跑街"不为功。吾人倘欲指出该项工业中孰为债权人，孰为债务人，非俟所有账目均开成拨条，所有拨条均逐一清算，寻得最后之债务不可。至于运输，复无商业公司专司其事。输入之棉纱，人造丝，或颜料，必须经过同口镇；因此处乃大清河流入海河之枢纽。货物由同口镇进口，乃转运至高阳。布疋之运出，往往以骡车是赖，俟载至保定后，由保定之转运商及邮局代运。高阳虽没有邮政分局一处，但不递送包裹。其它如货栈等，俱付诸阙如。高阳布运销至外埠，倘能由各商人雇主联合为之，在主要地点共立分庄一家，则无谓之浪费即可省去。不幸，事与愿违。一九三二年北平有高阳商号之分庄十五家，太原与洛阳各十家，榆次八家，汉口与栾城各六家，——每家代表一家或二家之商号。此吾人于分析商业组织时，业已论及之矣。

织户之间，亦同样缺乏组织，复因其分散之区域甚大，影响所及，更形严重。商人以往还频仍，至少可探悉市场上之情形，而织户欲明白此种情形，除在市集之期，则殊茫然。商人雇主虽减低其货价以达其拼力竞争之目的，然对其它商人雇主所定之价格，早已了然在胸，但织户以处地分散，实无法探悉其同行所领得之工资为着干。因此，同一工作，工资高低，往往相差甚巨。此种差异有时虽系织户手艺之高下，雇用时期之久暂，及出货之缓速等等所致，然商人雇主与织户间不平之议价，实为主要原因也。是以工资率减低至水准以下，非但为一司空见惯之事，且形成乡村工业与城市工业对抗之有利因素，盖城市织工之组织较佳，故其要求之工资率亦较一致也。①此种工资之减削，虽系一种榨取形式，然有时竟为乡村织户所欢迎，因彼辈于农事闲逸之季，毫无他事可为，不如经营织布副

---

①"家庭工人所得之工资，照例较工厂工人为低，姑不论其所出之货品为相同也，幼童、半残废人及老年者，以雇用于家庭较为便利；同样，家庭工人间妇女之百分数，常较工厂为高。因家庭工人不易组织，故欲改善彼辈之工资，颇非易举。因此工厂之工人藉工会力量而所获之利益，彼辈俱无法享受矣"，见 Encyclopedia of Social Sciences，卷七，页四四五。

业，而增岁收，至工资之高低与否，非所计也。①商人雇主制度之另一弊端，即减削已成工作之工资。每值繁荣时期，商人雇主对于织户手艺之拙劣，布疋结构之轻松，尺寸与重量之欠缺，俱不甚过问，盖高阳布疋之需求，实较商人雇主所供给者为大，然一遇经济恐慌，人浮于事之际，一切形势，乃显然相反。此时所有工作，非但不能循例进行，而吹毛求疵之举，尤为难免。即一熟练织户之地位，亦易因细过而为另一织户所替代，商人雇主无论是否有理，即可予以开除。织户缴来之布疋，彼亦有暇详察，且其求全责备之词，不一而足，要不过为减削工资之口实而已。第三弊端，即雇用之不规则，此自商人雇主之观点言之，实为有利之图。此种不规则之雇用，恒与市场情形成反比例。倘布市活跃，彼即留织户于其雇佣簿上，但值市场稍呈迟滞之象，则遥远乡村之织户必自雇佣簿中被勾销矣。按中国大城市之工厂，一方面为保持地方之秩序，另一方面受政府保护劳工政策之牵制，工厂非至倒闭，绝难任便开除工人。然而，中国各地商人雇主运用解雇之特权，殊为立法者所轻忽。商人雇主制度之第四弊端，即棉纱之窃用与布疋之粗制滥造。生产既分散于织户之家庭，商人雇主对布疋之织造，乃无由督视。彼虽因此省去一部分固定开支，然其监督工人生产之权利亦自是被削。结果，工作之情形既随织户而互异，织成之布疋，于品质上，殊难望其遵守一致之标准。市场兴盛，劣等布疋将取上等布疋而代之，而商人雇主之令名，亦因此危殆。倘窃用棉纱稍属可能，则粗制滥造之弊，必难幸免也。窃用棉纱，其道甚多。经线与纬线之数目既可削减，布疋之结构，复能弛松。

---

① 浙江平湖袜商，对于乡村家庭之幼童及妇女工人，亦有类似之剥削行为，但为被剥削者所欢迎，盖此新兴之织袜工业，实可给与彼辈以额外之收入也。见 Chinese Economic Bulletin，一九二六年，一月二日。

至每疋布之标准重量，则可利用浆经或掺水方法，以保持之。

七　乡村织布工业中新兴工业制度之展望

　　吾人对于高阳乡村织布工业作一鸟瞰之后，对于两项问题，尚有考虑之必要。第一，于一城市工业文化盛极一时之际，小规模织布工业，是否有保存，甚至促进之可能？第二，今日中国乡村工业内之"商人雇主"或"散活"制度，是否有另一种可以替代之工业制度，能使此种乡村工业生存于现代大规模经济及生产之环境下？此二种问题之解决与否，与高阳乡村织布工业及今日中国之大多数乡村工业之前途，具有莫大之关系也。

　　自一百五十余年前产业革命发生以还，工业之集中化——国际的或国内的，久已目为经济发展之最后阶段。自工业革命在英国发源后，继之而起者，仅比、法、德等国。工业发达之后，一国之工业，多由乡村而转移至城市，城市因之扩充，其结果竟使乡村之人口日趋减少。诚然，所谓工业集中化者，即指上述二种——国际的与国内的——工业集中化，吾人可于工业革命之初期，即发现之。然而晚近之发展，则证明其仅为一过渡的而非最后的阶段耳。四十年前克鲁泡特金氏（Prince Kropotkin）有言曰："倘人人皆具有技术智识，且此种智识全系公开而非某国所专利之秘密，则各国必倾其全力以发展其农业与工业，而应各种之需求。"①证诸近代史乘，如美、俄、日，印等国之工业化，益信其言之不诬也。虽然，吾人所欲特别指出者，非在各国际工业之有分散化之趋势，即一国之内所谓工

---

　　① Fields, Factories and Workshops, New, revised and enlarged edition published by Thomas Nelson & Son, 1912, p 22.

业，并无全然集中于城市之情形。无论其为高度工业化之英国或为农业占优势之俄国，其国内工业发展有分散化的趋势，实已昭然若揭。此种趋势，起始于 1850 年前后，其始也系受过激家之鼓动，所呐喊要求者为"融洽的劳工"（"harmonized labor"）及"完备的教育"（"integral education"），其意盖谓："若社会上之农业工业及求智事业果能联合一起而同时发展，则社会即可获得最大之福利"[1]，此种主张，在 1890 年左右，由克鲁泡特金氏之提倡，而更受当时社会之注意。

近数年来，工业分散化之趋势，已由学理之讨论，而变为事实之必需；其大部原因，不外今日之整个工业机构，已逐渐改变其形态。新原料及代替品之发现；熟练工人被自动及半自动机械所排挤；电力较汽力用途之扩大；资本皆趋于有利可图之企业，不问其在都市或乡村；消费地附近，亦有工厂之星布；以及乡村环境之宜于工业劳工；凡此种种，更加其它因子，足使高度工业化之国家，亦趋于工业分散化之一途。"工业地方化（或工业集中化）之现象，虽具有顽固性，但非永不可破者……技术之改良与经济及社会之蜕变，已将一切有碍工业之桎梏，逐步解除，且其影响所及，工业分散化之程度，亦必同时增高。是以近代工业之趋势，倾向于分散化者多，而倾向于地方化者少"[2]。此乃一著名美国工业作家之言论。美国农业经济局之培克氏（O. E. Baker），所发表之农民户口调查数字，亦可证明此种发展之为事实而非理论。盖值工业集中化之际，人口由乡村流入城市；若值工业分散化之时，人口则由城市流回乡村。培克氏之论美国，即有下列之陈述：

---

① Fields, Factories and Workshops, New, revised and enlarged edition published by Thomas Nelson & Son, 1912, p 22.

② Keir, Malcolm: Manufacturing, 1928, p. 140, 其"工业之分散化与地方化"一章，立论尤为精辟。

　　值此经济恐慌之期，失业人数突然增加，乡村城市间，遂呈人口往返迁徙之景象。自 1920 年至 1929 年，每年由乡村迁出者平均达 1,944,000 人，迁回乡村者平均为 1,314,000 人；……1930 年乃经济恐慌开始之年，迁出与迁回之人口为数几相等；1931 年迁回乡村者，减去迁往城市者，净数在 200,000 人以上；1932 年迁回乡村者，复在 500,000 人以上[①]。

　　然而，美国之农业生产，实已超过其国内外需求之限度，故由城市迁回乡村之人口，亦不能为农业所吸收，惟有发展工业以容纳之[②]。

　　英国乃另一高度工业化之国家，其工业分散化之现状，亦颇显着。英国人士多有主张工业分散化者。一派之主张，以为工业分散于乡村，为应有之要图，盖如此可减轻城市人口过多及居住拥挤之程度[③]；另一派之主张，认为工业分散化，可使农村居民生活更加丰满，可遏止自乡村迁至城市之人口移动，并可为近代工业化所产生之问题作一部分之解决也。[④]

　　工业分散化之趋势，乃工业集中化之反响[⑤]，故考其来源，多发自工业极端集中化之英美等国。虽然，中国之情形，乃稍异其趣。倘除开五六个大都市不计，中国之工业革命，迄于现

----

　　① Baker, O. E.: Rural-urban migration and the national welfare，见 Annals of the Association of American Geographers, XX III: 64, 1933.

　　② 同上. pp. 123-124.

　　③ Warren, Herbert, & Davidge, W. R.: Decentralization of population and industry, 1930.

　　④ Fitzrandolph, Helen E. & Hay, M. Doriel: The rural industries of England and Wales: II 1926，见 C. S. Orwin 序文，页 V.

　　⑤ 1928 年六月号之 International Labor Review 载有 Hermine Rabinowitch 氏之"手工艺与近代工业"一文，对于欧亚各国小规模手工工业之发展，俱用统计数字加以解释。吾人应注意者，即"从事手艺工业之人数，超过从事大规模工业人数甚多，且历来各国人民对于手艺工业俱富有兴趣，将来亦复如是"（页 839）。又见 Encyclopaedia of Social Sciences 内 Melvin M. Knight 教授之"Handicraft"一文，卷七，页 255-256 及 Juergen Kuczynski 氏之"Homework, Industrial"一文，页 444-449。

今，可谓尚未肇始。所有工业，多未集中化；小城市及乡村，仍为其分布之区域。然则，吾人必先经工业集中化之程序而再实行分散化耶？抑即以此等国家之经验作为殷鉴耶？证之一般议论，似宜采取后者。经济史家耐德教授（Prof. Knight）虽未身历中国调查中国之情形，然仍谓："吾人若相信日本，苏联、中国及印度等正在工业化之国家，不应极端实行机械化，其理由固甚多也。"盖据"可靠之统计，甚至在高度工业化之国家内，手工艺之衰落，既早已停止"，同时"在有若干地方，若干工业，已打入手工艺之高潮矣"。①唐烈教授曾在中国作一年之考察，故其反对工业之集中化，尤较耐德教授为甚。据唐烈之意见：

吾人倘因少数重要企业发生效率之条件乃大量生产，即以为一切企业皆须依此而行，并竭力设法予以实现，而促进经济之发展，此种观念，实有大谬存焉。此种错误观念，虽流行于欧洲各地，然现今已多加修正。此尤为中国所应警惕者。中国以农立国，手工艺仍将继续发荣滋长。中国人士倘不顾其传统之经济制度，而妄加模仿，其不智盖亦甚矣②。

国际经济专家兼全国经济委员会顾问沙尔德氏（Sir Arthur Salter）游华三月后所得之结论，几与此相类似。据彼之意见：

中国一般之经济状况，既比较仍属原始状态，故其工业之发展，不宜与工业先进国家并驾齐驱。③

寄居中国稍久，明悉中国情形稍熟之外国人士，对于乡村小规模工业之发展，尤为赞许。其中如戴乐仁教授（Prof. J. B. Tayler），彼对于此种政策之拥护，已数年于兹矣。1928 年，彼于其《中国之农田与工厂》（*Farm & Factory in China*）一书中，

---

① Encyclopaedia of Social Sciences，卷七，页二五八。
② Tawney，页一四五。
③ China and the Depression, p. 170.

即发表下列之议论：

据吾人所获之例证，不难推知小工业较大工业更合宜于中国之经济情形。小工业能充分利用乡民之农闲余暇，以从事制造工作，亦能予人生之一般的需要，如创造与自由等欲，以充分之发展也。[1]

由此观之，在中国小工业之宜提倡，颇多裨益之处。作者于"中国工业化之统计的分析"一文内（见"经济统计季刊"一卷一期），曾谓：发展重工业之矿产品，如铁，如铜，如石油，中国并非富有。中国家庭制度之不利于企业发展之趋势，及中国交通工具之幼稚，均为发展都市工业文化之障碍。中国农民之生产量既不较其消费量为大，故其购买能力与资本聚集，俱受限制，因此，大规模企业，亦愈难促进也。[2]

反之，内地城镇及乡村之小规模工业，则较易成功。西方学者所发表关于此类工业之言论，于中国尤为适用，因中国仍为小手工艺及农业盛行之国家，故其利于小规模工业之发展，实较任何西方工业化国家为甚。盖乡村小工业所具有之社会及经济的功能，颇能适合于中国之环境。乡村工业所具之经济功能之最要者，莫如农闲余暇之利用，盖中国之农业富有季节性。据金陵大学卜克教授（J. L. Buck）于调查华北、华中及华东区之农村经济后，曾谓农民在田场实际工作之时间，只占全年四分之一，其余四分之三之时间，则多一无所事。农民劳力之耗费实属惊人。[3]利用农闲之乡村工业，除增加农民家庭之收入外，尚可予农民以较有规律之雇用。农户收入，因有双重来源，自亦较为可靠。盖农业与工业，不至受同样之影响，若遇农田

---

[1] 为 The Student Christian Movement 出版，伦敦，1928 年，页 90。
[2] China and the Depression, p. 64
[3] Buck, J. L: Chinese Farm Economy, Commercial press, 1930, p.231.

歉收之年，农民尚可藉工业之收入，以资弥补也。

乡村工业之第二经济效能，乃当地原料与副产物之利用。今日中国大多数乡村工业之兴起，有赖于当地原料及副产物者不少，如掘石开矿，造砖制瓦，饮食品之制造及贮藏，榨油，磨粉，酿酒，蜜饯，毛，丝，麻之纺织以及草帽辫与柳条之编制等。故沙尔德氏于其对全国经济委员会之建议书中曾谓："中国工业之建设，大部分须以利用中国之农产品及矿产品为原则。就原有之出产，加工制造而已"。①

乡村工业之社会功能，一如经济功能，颇为重要。诚如作者于另一专文中所指陈：

乡村工业之特质，为小规模或分散之生产，其发展也足以避免近代机械工业过度发展后而产生之种种危害，且可得工人对机器之认识及应用。再者，乡村工业可使乡村人民习于制造事业，使生活更有兴趣，人民更为有机智与进取。其教育之价值，亦未容漠视，尤以乡村工业之应用合作组织者为然，盖此种合作组织，能任若丹麦之乡农学校（Folk High School）之职务②。

依戴乐仁教授之观察，乡村工业对于中国人民之生活，尚另有一种社会的利益。彼谓：

此类之组织，对于中国社会之破坏性，实较大公司为少。中国原有行会等之组织，与吾人所提倡之组织，颇相仿佛……中国之社会生活，以家庭为单位。此种组织，非但将此单位充分予以运用，尤与土地保持其关联。夫土地者，乃安定中国社

---

① China & Depression, p.65.

②《中国之乡村工业》，见《经济统计季刊》Ⅱ：619。其他注重乡村小规模工业利益之著述，可参见 Kropotkin: Fields, Factories and Workshops；及本书第 117 页注 2。

会因素之一也。①

　　姑无论小规模乡村工业比大规模城市工业多若干之利益，吾人实不能对于近年乡村工业之衰落情形，加以漠视。②新式工厂工业（如棉纺织业，面粉业）之兴起与竞争，虽为其衰落原因之一，然中国之工厂工业，乃初发其端，迄今究尚未贯彻整个中国工业之机构。另一较重要之原因，则为外货之侵入与竞争。此种外货，如棉布，如煤油，如糖，如面粉，如颜料，如人造丝，如香烟等，以其生产成本之低廉，及其商业与金融制度之严密及齐整，实足致中国若干乡村工业于死命。中国关税虽已恢复自主，但仍未能达到保护工业之目的。盖关税税率愈增，漏税者亦愈多，如糖与人造丝之漏税，乃其尤焉者。不特此也，中国仍受甲午战后《马关条约》之束缚，致外人有在华开设工厂之特权。而倾销政策之实施，更有妨于中国工业之发展。

　　自外货输入而起之竞争，乃乡村工业衰落之外在因素，中国倘将其乡村工业之组织与技术加以改善，勿宁为自救之道。易言之，倘将其极不健全之组织——商人雇主制度——改弦更张，树立一新兴之工业制度，则此种新兴之工业制度，对于引用大规模生产方法之近代工业所获之种种便利及优点，亦能充分利用及享受。至于如何树立此种之制度，乃吾人所最关切者，请于下文一一探讨之。

　　关于新兴工业制度之设立，外国之经验，虽不必尽可适用

---

　　① China Critic, April 2, 1931, p. 320.其他议论见 Katherine S. Woods: Rural Induatries Round Oxford, 页十五至十六。
　　②《中国之乡村工业》，见《经济统计季刊》Ⅱ：566-575。

于中国，然究可作为借镜之资。商人雇主制度下之家庭工业，[①]可用保护家庭劳工（homeworker）之社会立法，加以取缔，复可整个以一合作制度予以代替，使商人雇主制下之家庭劳工，得受资本主义经济之实惠，而不致沦为资本主义下商人雇主之奴隶。保护家庭劳工之社会立法，乃极晚近之发展。十九世纪前半纪英国虽曾通过法律，以施泽于工厂之工人，但对于"小厂主"与家庭劳工仍为"放任主义"原则所支配，而不加以法律之保护。直至 1888—1890 年，英国上院始发表"散活制度"（Sweating System）之调查报告，而于 1891 年颁布取缔法令，规定：（1）某种工业之雇主，对于其所雇用之工人，必须保持一雇工名册，（2）颁布该项工人工作场所之卫生条例，此条例与 1884 年后，美国各州所施行之卫生条例几相仿。然而，此种法令之见诸实行，不过为二十世纪初年之事耳。据辜盛斯基氏（Kuczynski）之分析：

此新时期内之法令，英国有 1911 年、1912 年及 1913 年之英国家庭劳工法，该项法令，推行 1901 年之律令于新兴之工业，及 1909 年与 1918 年之工业管理局（Trade Board）法，保护工厂及家庭劳工；德国有 1911 年之家庭劳工法，1923 年复加修正；美国有 1913 年纽约州所通过之法案，完全禁止在家庭内从事饮食品，小孩服装，及其它出品之制造；瑞士有 1917 年之最低工资法案；挪威及澳洲有 1918 年，捷克有 1919 年法令，规定家庭劳工与工资。法国 1915 年之最低工资法，规定家庭工人所得，不能少于工厂工人，然只限于服用品业之家庭女工，至 1922 年及 1926 年始应用于一切服装，纸花，羽饰，珍珠，花

---

① Kuczynski 氏以为家庭劳工为"工人于其家中为专司出品销售之中间人而举行之工作……此乃由于倾销集中与生产分化二者相合所致，亦家庭工业之特色也"。见 Encyclopaedia of Social Sciences，卷七，页四四四。

边等业。1920 年左右，大多数工业国家，俱颁有保护家庭劳工之法令。①

虽然，各工业国保护家庭劳工之社会立法，仍不能解决家庭劳工之保护问题。故辜氏复言曰：

保护家庭劳工之立法问题，虽经三十年来之讨论，然仍未得解决。家庭劳工之直接控制，必须使举行工作之家庭，向官署领取工作执照，或令雇主将其所雇佣之家庭劳工一一注册。令工人领取工作执照，若工人之工作往往无定，时作时辍，则每有一新雇佣机会即须领一执照，颇与工人不利；且不易取消童工，盖童工易于隐瞒也。注册之法虽甚善，但必须对劳工之家庭，有适宜之监督，此事迄今尚未办到。而借重一般社会立法所施行于家庭劳工之间接控制，不幸，亦不能收到相当效果。工作既时作时辍，忙闲无定，工作时间，自难规定。由工业管理局规定工资率之办法，倘完全见诸实行，则家庭工艺势将被破坏无疑，其不能胜任工厂工作之工人，亦将无以为生。②

再者，上述诸国之大部家庭工艺，多发生于城市或其近郊。中国对城市之家庭工艺，尚无社会立法之颁布，复因人才之缺乏，及治外法权之障碍，甚至工厂法亦属空文，是以，尚吾国对乡村之家庭工艺亦实施社会立法，其所遭遇困难之大，自属毋庸讳言也。

除社会立法外，保护家庭劳工之办法，厥惟合作。合作可分为二类：第一为德国式。德国为合作银行之发祥地，1852 年创立之休耳志（Schulze-Delitzsch）信用银行，及 1864 年成立之雷发巽（Raiffeisen）乡村银行，予德国之手艺工人——独立的与附庸的——以合作运动之后援，与工厂及大规模经营之工

---

① 同本书第 122 页注①所引书，页四四八。

② Industrial & Lnbour Information, XXX II: 316, Nov.25, 1929.

业相抵抗。迄于今日，此种运动已弥漫全国。1929 年九月九日
及十日于司徒加提（Stuttgart）所召集之德国合作联盟会，即
有下列之报告：

　　1929 年岁末，合作联盟会之会员包括休耳志式之城市信用
合作社，达 1,387 家之多。据其中 1,254 家之报告：此 1,254 家
共有会员 1,017,193 人，其中 25.4%为手艺工人；共有资本 1,600
兆马克。此合作联盟会，复有手艺工人所组织之供给及运销合
作社 1,701 社。其中 1,158 社共有会员 175,296 人，其营业总值
达 874 兆马克。

　　第二，为苏联式。苏联对手艺工匠（Kustar），则由政府之
领导自上面提倡合作之组织。据设计委员会（Gosplan）统计局
1929—1930 年对小规模工业之调查，可知在苏联共有之
7,481,700 工人内，有 4,515,600 工人，或 60%，乃从事小规模
工业者。此种工人四分之三，散居于乡村区域内。此种工人，
同时亦为农民，以其距市场较远，故有感觉合作组织之需要，
由是，一面既可以廉价获得原料之供给，另一面复可以高价推
销其货品，以解脱彼辈所受中间人之剥削。苏联手艺工匠间合
作运动之迅速发展，可谓为近数年来之一大特色。据苏联手艺
工匠合作社联合会（Vsekoprom Soviet）所发表之统计，1930
年十月一日全苏共有合作社 18,363 家，会员 2,002,000 人，且
其中 60%，系寄居于乡村者。此种合作社有县联合会 385 个，
其中 110 个，则依效能而各有专司。县联合会复相互组成省联
合会。1929—1930 年间，手艺工匠合作社出产总值，增至 2,500
兆卢布，而 1928—1929 年间者，仅 1,600 兆卢布；1928—1929
年，合作社供给工匠之原料总值，达 882 兆卢布。①

---

① Industrial & Labour Information, XXXV Ⅲ: 497—498, June. 29, 1931.

　　由此观之，合作事业对于商人雇主之剥削家庭劳工，似已完成其拯救之功效。复自上述各情言之，手艺工人间所形成之合作运动，在德实较在俄为自然。德国之运动起之于下，而俄国则施之于上。中国之情形，与此两国俱有所不同，故其发展，亦属二致。中国农民之穷愚与缺乏组织，原与战前之俄国农民，无甚区别，但自苏俄成立以还，俄国农民已非昔比，彼辈藉政府提倡合作之力，实已解脱其所受之剥削与压迫矣。中国农民与手艺工匠之合作运动，虽可起之于下，将藉在上者之政策而输入之，然此种政策与俄国亦不尽同。中国之合作事业，诚如作者所示①，其始也，为一种防灾之政策；此种政策，自民十一年由华洋义赈会推行以来，迄于国民党执政，及民十七年首都南迁，始为中国政府所注意。据民二三年六月之统计，此种运动已推行至廿一省七市，共有合作社 9,948 社，会员 378,856人。②此种运动，固为一农业信用合作运动，除有数之丝茶合作社外，③对于手艺工人，并无十分显著之影响。在印度手艺工匠合作运动之发展，虽较农民合作运动为迟缓，然与中国相较，则中国复较印度落后远甚。④印度之染匠，皮匠，木匠，金属匠及印刷工人等，俱办有合作社，但吾人最感觉兴趣者，则为织工之合作社。前彭哲浦（Punjab）合作社登记官石德兰氏（C.F.Strickland）曾谓：⑤

　　印度生产合作社中之最普遍者，即手织工人之合作社。手织工人，恒借重合作社或与合作社有关系之团体，以购买棉纱

---

　　①《中国之合作运动》，见《政治经济学报》，三卷一期。

　　② 中央统计处：《全国合作社统计》，民 23，南京。

　　③ 江苏之"开弦弓生丝精制运销有限合作社"，不但饶有兴趣，且富有希望之实验也。此种实验之述要，见民二三年五月十日之《大公报》"乡村建设副刊"。

　　④ WoLff, H. W.: Co-operation in India, London, 1927, p.212.

　　⑤ An Introduction to Co-operation in India, Oxford University Press, 1928, pp. 63-64.

或生丝，至于货品之售卖，或由自己出售，或复售于合作社，俱可由会员之公意而取决之。

关于上述手织工人合作社之成就，石氏谓：

乡村之手织工人，畴昔购买原料，售卖布疋，俱与商人发生直接关系，受其操纵，但今日之地位，因有组织之故，遂大为改善。原料之联合购买，手续简便，所省甚多，虽布疋之联合推销，仍为一比较难操胜算之事业……然而，有此合作组织，手织工人至少可暂时保存其布疋，待善价而沽之，以解脱商人之剥削。或曰，手织工人，最后必为纱厂所摧残；若然，此种蜕变既属渐进，合作社足使其蜕变之程序加缓。且获得新式之织机与夫廉价之动力，使家庭劳工之出品与工厂工人之出品相颉颃，亦非不可能之事。

印度之手艺工业，一如德俄二国，已采用合作组织。其它国家，自巴尔干之南斯拉夫帝国至远东之日本，手艺工人间之合作组织，亦颇有发展之望。①格拉斯（Gras）教授对于分析商人雇主制度后，曾作如下之重要结论②：

合作社正在起始从事于下层阶级之解救。吾人倘无合作之组织，则必具有十全之工匠制度，其初尚居于独立之地位，终则沦为雇主之附庸，受尽其剥削矣。

合作组织，实为拯救商人雇主下之家庭手艺工匠之无上良策。高阳乡村织布工业亦惟采用合作组织，始获解除商人雇主之剥削。高阳织布工业之商人雇主制度，尚未如欧西各国之已入最后阶段③，故吾人深信，现今商人雇主之金融，购买，及运销等职务，最后必为织户所组织之合作社所执行。高阳乡村

---

① Ogata, Kiyoshi: The Co-operative Movement in Japan, London, 1923; Industrial & Laboar Information,: XXX; 53-54, April 15, 1929.

② Industrial Evolution, p.250.

③ Industrial Evolution, p.250.

织户间之合作组织，已经肇端，如公共工作场所之设备，如织造与运销之联合经营，即其明例。此乃本文已加指陈者。今请进而详论合作制度之建设。

高阳织布区，除高阳外，并包括蠡县、清苑、安新及任丘之一部，有面积四千方里（约合五百方英里）。1932 年高阳织布区有村落 414 个，织机 16,931 架，平均每村有织机四十一架。倘以一家一机计算，每村从事织布之家庭，当得四十一家；此数与中国合作社之平均会员数相当，盖依民二三年六月之统计，每一合作社恰有会员三十八人。更有进者，高阳织布区每一村落之平均面积，既只有一方英里或稍强，从距离与组织两方面言之，皆可认为合作社之基本单位焉。

村织户合作社，可进一步组织区织户合作社。由织户地理分配之情形视之，此种区合作社可位于下列五处有市场之城镇，或中心村：（1）大庄镇，此乃高阳，蠡县及清苑三县之交界处；（2）莘桥镇，此乃蠡县东北边境之要地；（3）高阳城；（4）青塔镇，此乃安新西部之要冲；及（5）蠡县北部之某一中心村。每一区合作社，可依织户之分配及实际情形，由不同数之村合作社组织之。此类合作社复可组织一县合作社于高阳县城。

县、区及村三级之合作社，每级之效能，应依一预先拟就之计划施行之。县合作社之效能，应以适合于大规模之经营为宜。此种效能，于商人雇主制度之下，以未获集中经营，故所得效率甚低为便利计，此种效能可分为三端，即商业的、金融的与工业的是也。原料之购买及布疋之推销，属于商业的效能。县合作社之初步工作，至少应于天津设一分庄，专司大批购买推销之事务。若能获得有利条件，仍可售其布疋与各商人雇主之商号，是以县合作社亦不必急于在全国各地设置分庄，以推售高阳布疋。信用之供给，与天津、高阳间款项之汇兑，则属于金融的效能。汇兑事业，可由对高阳乡村织布工业愿意投资之天津各银行承担之。天津各银行，为满足县合作社之金融需求计，可联合设立一分行于高阳。至于工业的效能则包含织布之预备工作，如棉纱之漂白及染色；布疋之整理，如染色、漂白、印花及碾光；图案或新样之构成；以及布疋种类与生产量之规定等。县合作社初成立时，得以互惠之条件，将染色、漂白、印花、碾光等工作委诸现有各工厂，一如现今商人雇主制度下所施行者。虽然，县合作社应有权利督促此类工作之改进，不然，彼即应自行创设工厂，以求达到同样目的。易言之，县合作社至少有三大效能，即商业的、金融的与工业的。此外，如感觉需要，监督与组织，及市场之调查与统计之编制等效能，亦应兼顾也。

区合作社之效能，多属于工业的性质，且为实行有效率之分化生产所必不可少者。每一区合作社，须有一工厂专司织布之预备工作。所谓预备工作，即摇纱、上经、穿经、浆经、上纬等之手续；此种手续倘于一中心工厂内举行之，则效率特大。现今高阳织户所分布之区域，既有五百方里之广，是以此项手续，尤宜于县合作社监督下之中心工厂中举行之。然因高阳一带之交通工具，多系骡车，运输成本太大，此种预备手续分由五处区合作社之中心工厂担承，勿宁为"过分集中化"与"过分分散化"两极端间之调剂——此处所谓之"过分分散化"，乃指织布工作分散于各织户之家庭而言。区合作社之第二工业效能，即彼既居于县合作社与村合作社之间，一方面固在散发棉纱及其它原料，另一方面则在收集织就之布疋。区合作社自县合作社领取棉纱，并于其中心预备工厂制成经线与纬线，然后散发与村合作社之职员；同时，彼亦自村合作社之职员处收集织就之布疋，并加以检查，以转达于县合作社。关于布疋之缴纳，乃有一问题发生——区合作社所收集之一切布疋，是否全数转达于县合作社，或有所选择？其答复为：如白布，原为不需再经整理手续者，即可打包存于区合作社之堆栈，县合作社于出售后，即可转知区合作社直接送发与布商。反之，再需经过整理程序之布疋，则应转达于县合作社，以求整理，打包及堆存。无论在何种情形之下，天津各银行应于其高阳分行设一堆栈，因此，高阳织布工人合作社，可以堆栈收据为担保品，向分行请求抵押放款也。

至于村合作社，乃基本单位，故对其社员之活动，如棉纱之分配，布疋之收集，以及手艺标准之维持等，须予兼顾并施，使合作社所出之布疋，必远胜于一般布商者。每一社员在标记制度之下，于其所织之布疋，应加标记，以负全责。此制初行于丹麦，继则应用于美国之蛋业合作社①。村合作社，由区合作社向县合作社借得款项，再行转借于本社社员。天津银行之高阳分行，以存入布疋所发之堆栈执照为凭，即可供给是类款项也。

此三种合作社及其效能之概述，乃一初步之刍议耳。吾人自可根据有关系各派之观点及实际之情势，予以较为肯定之考虑与修正。其次，吾人将进一步讨论高阳织布工业合作社之金融与组织问题。

近数年来，中国合作运动发展之特点，即一部分银行家，颇愿供给其金融之便利，以促进合作运动之发展。中国几家大银行，如中国银行、上海银行、金城银行、江苏省农民银行及

---

① 明列所大州（Minnesota）北部某家奶酪铺所用蛋类之标记，即可引为例证。凡签订合同之会员，即给与橡皮图印一枚，以便加印于蛋上之用。此图印在运销制度内，颇属重要。图印内有奶酪铺之名字，奶酪之质品，及每一生产者之登记号码。购者既知蛋及其包皮之图印，如遇某不符实之蛋，即可以图印所载之号码为根据而加以指责。见 Powell, C. Harold: Co-operation in Agriculture, New York, 1915, p. 171.

四省农民银行（现已改组为中国农民银行）对于运销与信用合作社，实际上已投入千万元以上之资本。此种事实，有由对于新兴事业过度热心所致者，亦间有由于愿与乡村经济发生较密关系所致者。现今之问题，并非介绍银行供给其金融援助与合作事业，因关于接济合作社以金融，"银行家已互相竞争矣"。①现今之问题，乃一新投资领域之觅得问题。诚然，高阳织布工艺，为一新投资领域，并就事实而论，中国银行与河北省银行亦已在高阳设有分行——此乃吾人调查高阳工业之结果而引起之发展。②倘合作制，一经输入之后，复能确立稳固之基础，则此类银行必能从事其金融之援助而无疑。吾人所应注意者，即此种制度之能发展与否，实以人才与组织问题为中心也。

中国之合作事业，奠基于乡村金融领域之内。故信用合作，迄于最近，仍为唯一重要之合作。民十六年，国民政府成立，非信用合作社，始初现端倪。自该年以还，非信用合作社进步甚速，至民二二年，中国 6,946 合作社内有 1,226 社属于此类。其中，虽有为手艺工匠所组成者，但甚有限，而为中国一般从事合作事业者所漠视。今欲于高阳织布工业，建立一成功之合作制度，其所需之技术，乃一崭新之事物。此种事物，必须自采用西洋之经验以适合中国环境后，方能产生。因此，于现今环境下，吾人建议召集一初步会议，以讨论在高阳织布工业内建立合作制度之各种问题。华北之合作机关如华洋义赈会及华北农产改进社，与政府机关如全国经济委员会棉业统制委员会，俱应列席。合作机关应注意合作社之组织及行政等问题，政府机关宜自技术方面，研究乡村织布工业之改造问题。凡与高阳

---

① 石德兰："视察陕冀鄂三省合作社后之观感"，《大公报·经济周刊》，民 23.12.20。

② "高阳土布工业的组织现状改革的建议"，见民 23 年一月二十四日，三十一日，及二月七日之《大公报·经济周刊》。

织布工业有关系之其它团体，如实业部中央农业实验所农业经
济系之乡村工业组、河北省建设厅、华北工业协会等，亦可被
邀列席，贡献意见，共拟一完善之纲领。实行细则虽不及备载，
但将来施行之大要，则可初步拟定：如小规模乡村织布工业技
术之改进，如合作社各级职员之训练，皆其荦荦大者。

合作制度一经成立，商人雇主制度虽不致即行消减，当不
无改进之处。合作制度发展之初期，商人雇主制度下之工业及
商业组织，尚可为合作社所驱遣，故商人雇主与合作社并非立
于对峙之地位。然而，现代工业内之无政府状态，最后必为一
真正之合作制度所替代，实无可或疑者也。

中国之乡村工业

方显廷　吴知

（一）乡村工业与乡村实业

实业者，其意义与人类之经济活动相符，即满足人类物质的或非物质的欲望之努力也。其类别凡三：曰初级实业，次级实业，及自由职业。初级实业或为采取，如渔，猎，牧畜，伐木，采矿；或为种植，如耕稼，如养鱼。次级实业则或为制造及建筑，如纺织，炼钢，工程，营造，修路；或为商业，如交通，贩卖，堆栈，银行，保险等。至自由职业则包括医药，教育，保护，传教，管理，娱乐等。①

乡村实业者，泛言之即乡村之各式实业，而以农业为主。至乡村之定义，各国因人数而异。如英国为千人或千人以下，

---

① Bogart Emest L. and London, Charles E.: Modern Industry. New York, Longmans, 1927, p.214.

始谓为一乡村；德国及法国则为二千人或二千人以下；而美国之乡村则为二千五百人或二千五百人以下。如此乡村人口占英国全人口之百分之二〇.七（一九二一），在德国则占百分之三五.六（一九二五），在美国则占百分之四八.六（一九二〇），在法国则占百分之五三.六（一九二一）。①惟以人数为乡村之定义，因工业化程度之不同，适用于甲国者每不适用于乙国。如日本在二千人或二千人以下之区域内之人口，不过全国人口之百分之六.五。②若以德国或法国所规定之乡村人口衡之，日本之工业化或城市化之程度虽不如德法二国，而其乡村人口反占较小之成数。故在日本，规定以万人或万人以下之区域为乡村，如是则乡村人口占全国人口百分之六三.四。③印度之乡村，规定为人口五千人或五千人以下之区域，依一九二一年之统计，其乡村人口当全国人口百分之八九.八。④与日本相当人数之区域（占日本人口百分之四四.二）相比，约为二倍以上。

中国之人口调查极不完整，乡村人口之确定，因极困难。但其约略之成数，或可于中国人口职业分配之分析中得之。依据刘大钧、陈重民二氏之估计，中国农民为 345,780,000 人，当全国人口 485,508,000（一九二六年中华邮政局之估计）中百分之七一，与立法院统计处一九三〇年之估计百分之七四.五者相合。⑤然与今日之已工业化或半工业化之国家如英国之百分

① Birnie, A.: Economic History of Europe 1760-1930, London, Methuen, 1931, p.278; Statistical Abstract of the United States, 1930, p.46; Carr-Saunders. A.M. and Jones, D.C.: A Survey of the Social Structure of England and Wales, 1927, p.36.

② 内阁统计局编：《日本帝国统计摘要》第四十四回，东京，1930 年，7 页。

③ 东京政治研究所编：《1920-1930 政治经济年鉴》，东京日本评论社出版，1931 年，261 页。

④ Narain, Brij: Indian Economic Life, Lahore, 1929, p.343.

⑤ 《历代田亩统计》，《经济半月刊》，一卷四期及二卷一期，民一六，一二及民一七，一：Nankal Weekly Statistical Service，March 16，1931；April 22，1932；国民政府主计处统计局编：《统计月报》，民国二十一年一二月号合刊。

之六.八（一九二一），比国之一九.一（一九二〇），美国之二六.三（一九二〇），德国之三〇.五（一九二五），法国之三八.三（一九二六），日本之五三.一（一九二〇），意大利之五六.一，相去远甚。与印度之七二.三（一九二一），则极相近；而较苏俄之八六.七（一九二六）者为低也。①

第一表　主要国家农民及乡村人口占全国人口百分数表

国别	乡村人口占全国人口之百分数	农民占全国人口之百分数
英	20.7（1921）	6.8（1921）
德	35.6（1925）	30.5（1925）
美	48.6（1920）	26.3（1920）
法	53.6（1921）	38.3（1926）
日	63.4（1925）	53.1（1920）
印	89.8（1921）	72.3（1921）
中		74.5（1930）
俄		86.7（1926）

注：包括英格兰及威尔斯。

乡村实业中自以农业为主要，在上述诸国中乡村人民之业农者为十四分之一至六分之五。但国家愈工业化，则其乡村人民之从事于农业者之成数愈少。如英国为世界工业化程度最高之国家，乡村人口占全人口之百分之二〇.七，而农民仅占百分之六.八。印度为工业落后之国家，乡村人口占全人口之百分八九.八，而农民则占百分之七二.三。

除农业而外，其他乡村实业尚属极多，惟官厅机关尚无乡村实业分类统计之编制，于说明各种乡村实业之相对的重要时，尚感困难。吾人于此，惟有采取乡村实业之较狭的意义，仅就

---

① League of Nations，Statistical Yearbook，1931-32，pp.44-45；《日本帝国统计摘要》，10-11 页。

乡村中之制造业或工业而研究之。此乡村之制造工业，可依其
存在之主要元素如原料，市场及劳工之供给，为之分类。以当
地原料为工业存在之主因者为陶业，如造砖制瓦；为食品业，
如酿酒，榨油，磨粉；为木器业，如农具；为编织业，如以稻
秆，柳条，荆，桑所编之筐篮等什物；为纺织业，如棉，毛及
丝之纺织是也。是当地市场，为存在之主因者有修理及制造之
工匠，如造车匠，木匠，泥瓦匠，铁匠，成衣匠等。以当地劳
工之供给为其存在之主因者，则有手织，针织及花边等工业。[①]

　　乡村制造工业更可依雇工之久暂为准则，而分为整工及零
工。此种分类，尤为重要，盖有季节性之农业，农民当农忙终
了时，率与家庭从事于乡村之制造工业也。

　　中国农业季节之变化，金陵大学卜凯教授（J. L. Buck）研
究甚详。卜氏就安徽，直隶（今河北），河南，山西，江苏，福
建中之九县调查研究之结果，发现七种主要农作物如米，小麦，
高粱，玉蜀黍，小米，大豆，棉花之百分之八三.七之全年工作，
成于五月至十月六个月中。自十一月至四月六个月中，不过为
全年工作中百分之一六.三。其月际变化亦巨。如棉花最忙之月
为八月，一月中成全年工作之百分之三七.三；玉蜀黍为七月，
成全年工作之百分之三五.〇；大豆为九月，成百分之三一.三；
小麦为六月，成百分之二九.二；米为六月，成百分之二八.一；
小米为十月，成百分之二六.三；高粱为五月，成百分之一六.
七。而此九县中所有之农产物，其工作集于五月至十月中者为
百分之八五，其余百分之一五，则分散于十一月至四月中。有
数县之中，各种谷物之大部工作往往麇集于最忙之一月，如江
苏江宁有百分之三一.四（六月），山西五台有百分之三〇.五（十

---

① Woods. K.S.: The Rural Industries Round Oxford, Clarendon Press, Oxford, 1921,
Chap.I.

月），河南新郑有百分之二九.四（六月），江苏武进百分之二七.
五（十月），安徽怀远百分之二五.三（六月），直隶平乡百分之
二〇.〇（八月），安徽宿县百分之一九.七，直隶盐山百分之一
九.五（八月），福建连江百分之一六.八（六月）。①

第二表　华北及华东六省九县中种植七种主要谷物之农田数
1922—1924

县别	米	小麦	高粱	小米	玉蜀黍	大豆	棉花
安徽							
怀远	124	124	124	124		124	124
宿县		286	286	286		286	286
直隶							
平乡		152	152	152		152	
盐山		133	133	133	133		
河南							
新郑		144	144	144	144	144	
山西							
五台		226	226	226			
福建							
连江	161						
江苏							
江宁	217	217			217	217	217
武进	300	300				300	
总计	802	1,582	1,065	1,065	494	1,223	627

　　吾人试查每年中国农民实际工作时间数量之小，则中国农业之季节性更昭然若揭。据卜凯氏在华北及华东之农场经济研究："华北及华东各县农家每年所成之人工单位（即每一工人在一日十小时内所能成就之工作量）最小之农田为 112 工，最大

---

① Buck, J. Lossing: Chinese Farm Economy. Shanghai, Commercial Press, 1930, pp.238-244.

者则为 519 工，其平均之中数为 190 工。如以每家农田平均雇工二人计，每人每年所成之工作仅八十五工。设每年中只此少量之生产工作，则农人或其家庭闲暇时间之长，当不言而喻。即有因其他工可作及坏天气与放假日而休工者，此种休工时间之总和，决不能提高全年四分之一之实际工作量至任何程度也。"[1]

（二）乡村工业在国家经济中所占之地位

工业革命前，制造业率生息于乡村。厥后工厂制度兴起，制造业乃自乡村移至城市，若英德法美，皆其明证。一八四四年顾戴洛氏（Cooke-Taylor）之言曰："英国之各种工业，惟而至欧美之各种工业，采用工厂之组织者日多，其趋势若风之向，若潮之流，人类之戒备及立法鲜能统驭之，故制法者之态度，应助此制度之完成，而不应阻碍其进展。"[2]此语极为赅戳，征之欧西各国之情形，亦诚无误。然一察工业革命后社会及经济之变迁，则容有问题。此项问题极邀经济学及政治家之注意，而工厂制度之创始者及应用者固熟视无睹也。早在一八九八年克鲁泡特金氏（Prince Kropetkin）在其《田园工场及手工场》一书中，即有工业分化之拟议，其言曰：

---

[1] Buck, J. Lossing: Chinese Farm Economy. Shanghai, Commercial Press, 1930, p.231.

[2] 引自方显廷着之 Triumph of Factory System in England，天津南开大学经济学院，1930 年，22 页。

第三表 华北及华东六省九县中七种主要农作物工作时间之按月分配（1922—1924）

	米		小麦		高粱		小米		玉蜀黍		大豆		棉花		总计	
	时数	百分数	时数	百分数	时数	百分数	时数	百分数	时数	百分数	时数	百分数	时数	百分数	时数	百分数
一月	1,058	0.2	21,280	3.5									51	0.1	22,389	0.8
二月	6,162	0.8	19,871	3.2	7,454	1.1	2,136	0.5					1,166	2.0	36,789	1.4
三月	49,528	6.9	46,988	7.6	40,183	6.2	4,582	1.0					278	0.5	141,559	5.2
四月	27,623	3.9	35,907	5.8	72,165	11.0	26,525	6.3			83		1,722	2.9	164,025	6.1
五月	70,655	9.8	45,965	7.4	109,318	16.7	34,442	8.1			1,687	1.0	8,811	14.8	270,878	9.9
六月	201,115	28.1	180,663	29.2	81,099	12.4	78,681	18.6	12,949	16.8	38,433	22.6	3,201	5.3	596,141	21.9
七月	156,122	21.8	56,961	9.2	49,057	7.5	36,002	8.6	26,932	35.0	44,525	26.3	3,051	5.1	372,650	13.8
八月	21,283	3.0	60,935	9.8	106,202	16.3	18,394	4.4	2,899	3.7	1,090	0.7	22,155	37.3	232,958	8.6
九月	83,651	11.7	55,659	9.0	88,011	13.5	107,524	25.5	23,369	30.3	52,978	31.3	12,090	20.4	423,282	15.6
十月	68,111	9.5	69,012	11.2	87,902	13.5	110,618	26.3	6,427	8.3	30,607	18.1	5,943	10.0	378,620	13.9
十一月	12,865	1.8	3,416	0.5	5,547	0.8	1,760	0.4	4,500	5.9			433	0.7	28,521	1.0
十二月	17,580	2.5	22,005	3.6	6,307	1.0	1,220	0.3					567	0.9	47,679	1.8
总计	715,753	100.0	618,662	100.0	653,245	100.0	421,884	100.0	77,076	100.0	169,403	100.0	59,468	100.0	2,715,491	100.0

第四表　华北及华东六省九县一切农作物工作时间之按月分配（1922—1924）

	怀远		宿县		平乡		盐山		新郑		五台		连江		江宁		武进		总计	
	时数	百分数	时数	百分数	时数	百分数	时数	百分数	时数	百分数	时数	百分数	时数	百分数	时数	百分数	时数	百分数	时数	百分数
一月	1,237	0.4											2,448	0.6	15,707	2.5	14,380	3.7	33,772	0.7
二月	1,973	0.6	11,255	1.4			1,441	0.4			26,444	1.9	5,261	1.4	9		11,923	3.1	58,306	1.3
三月	8,372	2.7	11,461	1.4	261	0.2	9,384	3.1	6,690	2.0	52,076	3.6	53,457	14.4	48,793	7.8	5,477	1.4	195,971	4.2
四月	19,000	6.2	107,307	13.5	19,093	16.2	22,657	7.4	12,019	3.5	54,591	3.8	40,745	10.9	8,046	1.3	1,505	0.4	284,963	6.1
五月	46,495	15.0	82,253	10.3	15,015	12.7	22,789	7.5	51,814	15.4	154,206	10.8	62,691	16.8	71,804	11.4	12,569	3.2	519,636	11.1
六月	78,091	25.3	157,300	19.7	18,380	15.6	54,251	17.7	99,003	29.4	172,825	12.0	62,305	16.7	198,127	31.4	92,591	23.8	932,873	19.9
七月	43,078	13.9	118,731	14.9	28,290	19.8	42,312	13.8	18,085	5.4	189,962	13.3	27,335	7.3	116,574	18.5	88,134	22.7	667,501	14.2
八月	42,534	13.8	117,316	14.8	23,643	20.0	59,745	19.5	40,766	12.1	82,926	5.7	7,953	2.2	8,256	1.3	22,111	5.7	405,250	8.6
九月	30,363	9.8	119,664	14.9	9,745	8.2	48,000	15.7	80,062	23.8	263,547	18.4	26,992	7.2	61,542	9.8	8,752	2.3	648,067	13.8
十月	30,894	10.0	58,363	7.3	8,547	7.3	33,510	11.0	21,901	6.5	438,083	30.5	41,602	11.2	78,107	12.4	107,162	27.5	818,169	17.4
十一月	4,887	1.5	4,903	0.6			11,986	3.9	6,372	1.9		1.9	21,981	5.9	11,782	1.8	4,948	1.2	66,859	1.4
十二月	2,519	0.8	9,090	1.2			141						19,994	5.4	11,622	1.8	19,375	5.0	62,741	1.3
总计	309,443	100.0	797,043	100.0	117,974	100.0	306,216	100.0	336,712	100.0	1,434,660	100.0	372,764	100.0	630,369	100.0	388,927	100.0	4,694,108	100.0

"将来，你们可以住在你们喜欢的地方，每日在新鲜空气中种些田，门口可以设个小工厂，清洁而卫生的小工厂，随便作些你们所喜欢的工。至于那些大工厂呢？应该设在'自然'指定的地方，如铁矿，造船等，自然不是随便可以设立的；而到处设立的，是可以满足文明人的趣味的无数种类的手工场。这种手工场并不和现在的大工厂一样，小孩子在工业的地狱空气中失了人形；而是很通风的，很卫生的，很经济的工厂。在这种工厂中，人类的生命较之机械与剩余利润贵重得多。在这种工厂中的男女与小孩并不是饥寒所迫而来劳动的，是因为与他们趣味相合而来活动的。在这里有发动机与机器的帮助，他们便将要选择一个与他们的个性最相宜的部门而从事活动。"①又曰："各个国家——她自己兼有农业者和工业者；各个人从事耕作，也事工艺；各个人有科学的知识，也有手工的知识——这才是我们所说的文明国家的倾向。"②此语诚然，并已有多数事实之证明。法德俄英各国之"大工业中心附近所兴起各种小工业为数极多"，即是其例。且电气事业，一日千里，今已推至乡村，则克氏之建议，当更有新发展矣。

迩者过分工业化之国家，如英国，为乡村之开发并垦殖问题，乡村工业已大受注意。一九一九至一九二○年间，牛津农业经济研究会秉垦殖委员会之意旨，开始调查牛津附近乡村工业之状况；但此次不过为试验之性质，以测有无彻底研究之可能。后三年（一九二○—二三）垦殖委员会及农业部约定将此调查推广，及于英格兰及威尔士之全部主要乡村工业。其调查完成报告之引言，极宜重视，其言曰："当审量乡村发展时，乡村工业之地位及职务在乡村生活中，实不容漠视。在乡村自足

---

① 克鲁泡特金著，汉南译：《田园工厂及手工场》，上海，民一八，三八九页。
② 同上书，七页。

时代其重要固极明显，即在今日亦有绝大贡献，如充实乡村居民之生活，阻遏人民自乡间向城市之流动，并解决现代工业化之各种问题是。故对调查其现在情形之需要，亦日益明显，以测视因社会经济情形之变迁，而乡村工业被淘汰之原因，及发展乡村工业使之适应并服役于同样情形之可能。翔乡村工业为农工及小田主之副业，予乡村人民以在家作工之机会，且供给农业以应用之物品。故乡村工业者，实纯真之乡村社会中农业之良辅。丁兹经济原理及制度之革命中，乡村工业之人事的利益，直可与城市中大规模之生产之利益相衡而有余。且较小之工业单位能使工人明了其制造品由制造至使用过程中之关系，使一人之工作，不但与其个人之生命有关，同时与其所处之社会，亦有关系。"①

　　其他各国对于小规模乡村工业之组织及发展，亦正在探讨之中。如瑞士于一九二四年十二月二日瑞士联邦议会开会时，设特别委员会以研究瑞士山区居民减少之原因，及促进其经济情形以为救济之方策。此委员会所研究之第一救济策，即为鼓励小规模工业，以为辅佐或季节之职业，但以不损农业所需之劳工，而为此辈劳工备置副业为指归。更组织委员分会以研究达此目的之最适当之方法。此委员会亦已于一九二六年七月开始工作，对北欧各国如瑞典、挪威、丹麦、芬兰等国之小规模乡村工业，加以特别之注意矣。②

　　印度之乡村人口占全人口之百分之八九.八，而农民为百分

---

　　① The Rural Industries of England and Wales: II, by Helen E.Fitzrandolph and M.Doriel Hay, Clarendon Press, Oxford, see Preface by C. S. Orwin of the Agricultural Economics Research Institute, 1926.

　　② Laur, E. Die baeuerliche heimarbeit in den nordischen Staaten Europas, Beme, 1928. 此报告之摘要见于"北欧及瑞士小规模之乡村工业"一文中，International Labor Review, May 1929, pp.704-708.

之七二.三，前已言之。且据报告，印度之农人每年之闲暇时间，最少为两月至四月，故对可为农余副业之乡村工业，似为非常需要。然一九二八年印度皇家农业委员会（Royal Commission on Agriculture of India）之报告结论，洵令人惊异。其言曰："虽有新观念之协助，训练与推销之辅佐，乡村工业之于解决人口过剩问题之贡献，仍极渺小，而他项有组织之工业之竞争，日甚一日，乡村工业欲与匹敌，亦属至难。吾人常恐时人对发展乡村工业之重要，过于重视；苟假以严密考虑，亦即知发展乡村工业之可能性，实极为有限也。"此种观点，不无可议；盖此委员会对"农民问题之主要解决方法，为集约耕种或分散耕种"（Intensification and diversification of agriculture）之议，持之过烈，对"有组织之工业之渐剧之竞争"，又过分信之也。[①]唯吾人所不应忽视者，为此委员会所陈述之"印度手织业在国家经济中，仍占极冲要之地位，且至今日，仍可与工厂之出品分庭抗礼"之语是也。[②]

（三）中国乡村工业之衰落

虽欧西各国多方致力以求乡村工业之复兴，[③]但因工业革命之进展，乡村工业竟日渐消灭。"需要既集中于大工商业之中心，以手艺制度下之小规模生产以应供给，殊不经济。大工业如工程及造船等，为技术及经济之原因，固为促进手艺工业消灭之重要因素。出品之统一化（实为近世制造业如机械业之先

① Report of the Royal Commission on Agriculture in India, 1928, Cmd.3132, pp.566, 575.

② 同上书，第 569，576 页。

③ 为简便起见，本文用"乡村工业"以代"乡村制造工业"。

决条件），亦只能在大规模之工厂生产下有之。即消费者对现成品及必需品需要上之增加，亦有以促进工厂制度之采用。"①此虽为对英国百年前工业情形之结论，未足适用于仍为中世纪国家之中国，但中国乡村工业因欧西通商各国现代工业化之影响而逐渐减少，实亦不可讳言。取中国之棉纺、缫丝、制茶三种基本乡村工业稍加检讨，便可了然，而无须另寻其他证据。外国棉纱进口之增长，显示国内手工棉纺业之衰落。当一八二一年英国首先输入机制纱时，进口额不过五千镑，合三十八担，至一八六七年猛涨至三三，五〇七担。②自此以后，年有增长，直至一八九〇年中国国内纺纱厂兴起，其势稍杀。但一八六七年之三三，五〇七担之进口，已为一八二一年之九百倍。一八六九年为一三一，五二五担，一八八七年为五九三，七二八担，一八九九年之二，七四八，六四四担，则为历年来进口之最高峰，已当一八六七年之进口额八十二倍有余矣。一八九九年以后，纱进始见缩减，至一九三一年，已为七四，五六五担。但此种棉口量之缩减，非因手纺业之复兴，实为国内新式纱厂勃兴之结果。中国纱厂之棉纺锤，一八九〇年初设时，凡一一四，七一二锭，至一九三〇年暴进至四，二二三，九五六锭，增四十倍有奇。在国外机纺纱及国内机纺纱之竞争下，手纺纱已受淘汰。在昔势力几占满乡村之手纺业，亦寂焉无闻。吾人愿引一八三三年英国民众对纱厂兴起之呼吁，以作比观，其言曰："纺论竿及棉纺锤竟在何处？……妇人儿童昔日皆能在'家庭'度其舒适独立之生活，今也彼辈之雇佣安在？——皆为机器所

---

① 方显廷着之 Triumph of Factory System in England，10 页。

② 方显廷着之 Cotton Industry and Trade in China，天津南开大学经济学院，1932，卷一，245 页。

兼并而为'贱'的呼声所牺牲。"①

第五表　中国棉纱及棉线之净进口（1867-1932）
（以 1913 为基年＝100）

年	棉纱及棉线		年	棉纱及棉线	
	担数	指数		担数	指数
1867	33,507	1.24	1886	384,582	14.23
1868	54,212	2.01	1887	593,728	21.97
1869	131,525	4.87	1888	684,959	25.34
1870	52,083	1.93	1889	679,728	25.15
1871	69,816	2.58	1890	1,083,405	40.08
1872	49,809	1.84	1891	1,212,921	44.88
1873	67,833	2.51	1892	1,305,572	48.30
1874	68,819	2.55	1893	983,399	36.38
1875	91,403	3.38	1894	1,161,694	42.98
1876	112,908	4.18	1895	1,134,110	41.96
1877	116,163	4.30	1896	1,624,806	60.11
1878	108,360	4.01	1897	1,573,116	58.20
1879	137,889	5.10	1898	1,962,537	72.61
1880	151,519	5.61	1899	2,748,644	101.69
1881	172,482	6.38	1900	1,490,732	55.15
1882	184,940	6.84	1901	2,276,309	84.22
1883	228.006	8.44	1902	2,452,864	90.75
1884	261,458	9.67	1903	2,744,974	101.56
1885	387,820	14.35	1904	2,289,842	84.72
1905	2,569,644	95.07	1919	1,432,553	53.00
1906	2,551,027	94.28	1920	1,345,101	49.77
1907	2,281,657	84.42	1921	1.296,640	47.97
1908	1,831,624	67.77	1922	1,242,038	45.95
1909	2,419,404	89.51	1923	787,649	29.14
1910	2,298,012	85.02	1924	587,058	21.72
1911	1,877,166	69.45	1925	656,132	24.27

---

① 引自 Burrows' article on "Machinery", In The Advocate, or Artizans' and Laborers' Friend, 1833, No.7, p.55.

年	棉纱及棉线		年	棉纱及棉线	
	担数	指数		担数	指数
1912	2,312,528	85.56	1926	460,230	17.03
1913	2,702,851	100.00	1927	304,272	11.26
1914	2,559,443	94.69	1928	294,125	10.88
1915	2,700,592	99.92	1929	241,819	8.95
1916	2,486.004	91.98	1930	169,620	6.28
1917	2,102,335	77.78	1931	74,565	2.76
1918	1,152,881	42.65	1932	102,806	3.80

第六表　中国之棉纺锤及力织机数（1890-1930）
（以1913为基年＝100）

年	棉纺锤		棉织机	
	数目	指数	数目	指数
1890	114,712	11.67	1,612	17.17
1891	204,712	20.83	1,612	17.17
1892	204,712	20.83	1,612	17.17
1893	204,712	20.83	1,612	17.17
1894	204,712	20.83	2,267	24.15
1895	316,488	32.20	3,827	40.76
1896	519,908	52.90	7,655	81.53
1897	546,036	55.56	8,155	86.86
1898	546,036	55.56	8,155	86.86
1899	637,976	64.91	8,875	94.53
1900	637,976	64.91	8,875	94.53
1901	637,976	64.91	8,875	94.53
1902	637,976	64.91	8,875	94.53
1903	637,976	64.91	8,875	94.53
1904	637,976	64.91	8,875	94.53
1905	706,056	71.84	8,875	94.53
1906	729,256	74.20	8,875	94.53
1907	843,380	85.81	9,389	100.00
1908	869,972	88.52	9,389	100.00

续表

年	棉纺锤		棉织机	
	数目	指数	数目	指数
1909	898,972	91.47	9,389	100.00
1910	922,012	93.81	9,389	100.00
1911	922,012	93.81	9,389	100.00
1912	922,012	93.81	9,389	100.00
1913	982,812	100.00	9,389	100.00
1914	1,148,332	116.84	10,079	107.35
1915	1,148,332	116.84	10,079	107.35
1916	1,278,028	130.04	11,429	121.73
1917	1,388,396	141.27	11,511	122.60
1918	1,602,668	163.07	14,231	151.57
1919	1,781,972	181.31	15,741	167.65
1920	2,052,624	208.85	16,993	180.99
1921	2,805,748	285.48	20,662	220.07
1922	3,483,434	354.44	23,672	252.12
1923	3,749,288	381.49	25,818	274.98
1924	3,912,124	398.05	29,232	311.34
1925	4,046,100	411.69	29,272	311.77
1926	4,066,580	413.77	29,272	311.77
1927	4,076,626	414.79	29,272	311.77
1928	4,115,316	418.73	29,272	311.77
1929	4,132,756	420.50	29,272	311.77
1930	4,223,956	429.78	29,272	311.77

手工缫丝业之低落，非若手工棉纺业之显著。一八九五年海关对厂丝之出口始有统计时，手缫黄白丝之出口量为六七，六二担，占生丝之全出口量之百分之七一.四。嗣后厂丝出口之百分比数逐年加增，一九○○年为百分之四五.一；一九一○年为百分之五八.一；一九二○年为百分之六七.九；一九三○年增至百分之八三.一；一九三一年为历年之最高峰，达百分之八

六.一。厂丝出口成数之增加之由百分之二八.六（一八九五）
至百分之八六.一（一九三一），正所以显示手缫丝成数之低落
由百分之七一.四（一八九五）至百分之一三.九（一九三一）。
三十七年间竟减五分之四，宁不惊人！

　　中国制茶业亦为极普遍之乡村工业，但近年来之发展，与
棉纺及缫丝二者，同其命运。请再以出口之数字，为其降落之
指数。一八八六年为自一八六六至一九三二出口最多之一年，
故可以此年为起点，而测视其降落之情形。一八八六年茶之出
口总额凡二，二一七，二九五担，一八九○年缩至一，六六五，
三九六担，当一八八六年之百分之七五.一，而一九○○年又减
至一，三八四，三二四担，当一八八六年之百分之六二.四。拳
匪乱后一年（一九○一），出口更为缩减，为一，一五七，九九
三担；翌年稍呈兴旺，略增至一，五一九，二一一担。此后十
三年中，变动较少，至一九一五年而达一，七八二，三五三担，
为近三十年来出口最多之数字。自兹以后，出口暴跌，一九二
○年出口为三○五，九○六担，为自一八六六至一九三二年间
之最低额。一九二○年以后，逐渐增长，一九二九年而达九四
七，七三○担，自是后又趋减缩，至一九三二年茶之出口为六
五三，五五六担，仅当一八八六年之百分之二九.五。

第七表　中国之生丝出口（1895–1932）

年	白丝及黄丝				白丝，黄丝及灰丝			
	厂丝		总额		厂丝		总额	
	担数	百分数	担数	百分数	担数	百分数	担数	百分数
1895	27,056	28.6	94,678	100.0				
1896	27,041	37.5	72,036	100.0				
1897	41,485	42.5	97,564	100.0				
1898	41,050	44.5	92,333	100.0				
1899	49,434	40.1	123,424	100.0				
1900	35,277	45.1	78,267	100.0				

年	白丝及黄丝				白丝，黄丝及灰丝			
	厂丝		总额		厂丝		总额	
	担数	百分数	担数	百分数	担数	百分数	担数	百分数
1901	49,937	45.9	108,696	100.0				
1902	50,557	50.3	100,519	100.0				
1903	43,979	60.5	72,695	100.0				
1904	47,287	51.5	91,885	100.0				
1905	45,347	56.4	80,335	100.0				
1906	45,821	54.0	84,931	100.0				
1907	50,296	54.5	92,317	100.0				
1908	49,206	51.8	94,942	100.0				
1909	51,674	54.0	95,773	100.0				
1910	63,969	58.1	110,184	100.0				
1911	55,416	57.7	96,094	100.0				
1912	59,157	48.5	121,877	100.0	74,019	46.8	158,038	100.0
1913	69,541	58.3	119,344	100.0	70,150	47.1	149.006	100.0
1914	56,766	64.9	87,517	100.0	56,860	52.4	108,589	100.0
1915	63,139	57.9	109,093	100.0	87,364	61.1	143,097	100.0
1916	68,286	65.9	103,561	100.0	81,451	66.6	122,243	100.0
1917	73,103	67.9	107,584	100.0	87,413	69.5	125,820	100.0
1918	64,187	66.6	96,366	100.0	87,514	70.0	124,954	100.0
1919	90,038	68.5	131,506	100.0	118,028	71.5	165,187	100.0
1920	56,043	67.9	82,530	100.0	72,917	69.9	104,315	100.0
1921	87,484	76.8	113,980	100.0	118,895	78.7	151,064	100.0
1922	89,248	74.5	119,737	100.0	110,040	76.7	143,478	100.0
1923	77,470	72.2	107,227	100.0	106,827	77.2	138,423	100.0
1924	81,047	75.2	107,766	100.0	101,112	77.6	130,338	100.0
1925	103,290	78.4	131,802	100.0	136,324	81.9	166,416	100.0
1926	107,279	79.2	135,536	100.0	137,493	82.5	166,632	100.0
1927	101,889	76.8	132,656	100.0	126,582	80.3	157,589	100.0
1928	123,170	83.4	147,667	100.0	151,343	86.0	176,039	100.0
1929	123,045	81.7	150,515	100.0	152,360	84.6	180,034	100.0
1930	100,242	83.1	120,664	100.0	126,173	85.9	146,862	100.0
1931	86,736	86.1	100,793	100.0	118,886	89.4	133,047	100.0
1932	45,896	70.4	65,195	100.0	57,334	74.8	76,670	100.0

第八表　中国茶之出口（1866-1938）（1866=100）

年	担数	指数	年	担数	指数
1866	1,192,138	53.8	1883	1,987,324	89.6
1867	1,330,974	60.0	1884	2,016,218	90.9
1868	1,475,210	66.5	1885	2,128,751	96.0
1869	1,528,149	68.9	1886	2,217,295	100.0
1870	1,380,998	62.3	1887	2,153,037	97.1
1871	1,679,643	75.8	1888	2,167,552	97.8
1872	1,774,663	80.0	1889	1,877,331	84.7
1873	1,617,763	73.0	1890	1,665,396	75.1
1874	1,735,379	78.3	1891	1,750,034	78.9
1875	1,818,387	82.0	1892	1,622,681	73.2
1876	1,762,887	79.5	1893	1,820,831	82.1
1877	1,909,700	86.1	1894	1,862,312	84.0
1878	1,898,956	85.6	1895	1,865,680	84.1
1879	1,987,463	89.6	1896	1,712,841	77.2
1880	2,097,118	94.6	1897	1,532,158	69.1
1881	2,137,472	96.4	1898	1,538,600	69.4
1882	2,017,151	91.0	1899	1,630,795	73.5
1900	1,384,324	62.4	1917	1,125,535	50.8
1901	1,157,993	52.2	1918	404,217	18.2
1902	1,519,211	68.5	1919	690,155	31.1
1903	1,677,530	75.7	1920	305,906	13.8
1904	1,451,249	65.5	1921	430,328	19.4
1905	1,369,298	61.8	1922	576,073	26.0
1906	1,404,128	63.3	1923	801,417	36.1
1907	1,610,125	72.6	1924	765,935	34.5
1908	1,576,136	71.1	1925	833.008	37.6
1909	1,498,443	67.6	1926	839,317	37.9
1910	1,560,800	70.4	1927	872,176	39.3
1911	1,462,803	66.0	1928	926,022	41.8
1912	1,481,700	66.8	1929	947,730	42.7
1913	1,442,109	65.0	1930	694,048	31.3
1914	1,495,799	67.5	1931	703,206	31.7
1915	1,782,353	80.4	1932	653,556	29.5
1916	1,542,633	69.6			

除此三种基本乡村之工业外，其他乡村工业，近年来亦有衰落之象。如纸类进口，虽因少数新需要如新闻纸等之增加而激增，显示国内制纸业之式微。一九〇三年时，中国纸类进口不过二一七，七二六担，此后日益增多，一九一〇年为五四九，〇三〇担，一九二〇年为一，〇二六，五一一担，一九三〇年为一，九九二，〇九三担，一九三二年而至最高峰二，〇七五，二八三担，较一九〇三年凡高十倍。面粉业亦然。磨粉业本为乡村工业，自国外面粉及国内粉厂竞争以来，遂日益衰颓。一八八七年以后，外国面粉进口，亦年有增加。一八八七年面粉进口合关银五六四，二一四两，一八九〇年即增至七七五，五四八关两，一九〇〇年又增至三，三二九，八六八关两，一九一〇年三，四四四，四〇七关两，一九二〇年稍低，为二，三三〇，二一五关两，但一九三〇年暴增至三一，九二六，二〇关两，一九三二年为三六，一七六，一二七关两，较一八八七年增加六十四倍。纸类与面粉二种乡村工业，皆不但须与外货竞争，且须与国内产品竞争，以面粉为尤甚。尚有用菜籽及其他种子榨油以充家庭中燃料之事业，亦因外国煤油之输入，而受排挤。一八八六年，煤油进口不过二三，〇三八，一〇一加伦，后每年续有增长，一八九〇年为三〇，八二八，七二四加伦，一九〇〇年为八三，五八〇，〇二四加伦，一九一〇年为一一六三，五二六，八八〇加伦，一九二〇年为一八九，五八八，五四〇加伦，是在三十五年间，已较一八八六年增八倍以上。一九二〇年以后进口稍现衰微，一九三〇年为一八五，六〇八，五九六加伦，一九三一年为一七一，一四〇，三八加伦，一九三二年则又减至一四五，九一八，七九四加伦。

第九表　中国纸类面粉及煤油之进口（1867-1932）

年	纸类		面粉		煤油	
	担+	海关两	担	海关两	加伦	海关两
1870						140,080
1880				564,214*		413,612
1890				775,548	30,828,724	4,092,874
1900	217,726**	2,584,437**		3,329,868	83,580,024	13,955,582
1910	549,030	5,486,764	740,841	3,444,407	163,526,880	22,358,946
1920	1,026,511	14,159,186	511,021	2,330,215	189,588,540	54,318,290
1930	1,992,093	37,384,275	5,413,353	31,926,220	185,608,596	54,864,546
1931	2,042,339	45,404,637	5,204,788	30,920,302	171,140,830	64,549,371
1932	2,075,283	34,445,353	6,705,837	36,176,127	145,918,794	60,439,975

*1887

**1903

+不包括只有价值而无数量之小量纸类。

第十表　中国主要乡村工业产品之出口（1927-1932）

	1932	1931	1930	1929	1928	1927
绸缎及茧绸	18,478,940	24,412,445	19,564,158	21,032,898	23,903,778	25,170,934
绸缎	12,235,992	11,357,734	11,442,517	13,147,808	16,979,891	18,115,194
茧绸	6,242,948	13,054,711	8,121,641	7,885,090	7,223,887	7,055,740
河南茧绸	1,479,913	4,870,880	2,973,080	1,912,712	3,301,882	3,533,640
山东茧绸	3,754,754	6,375,829	3,790,891	4,314,290	2,900,373	3,231,528
其他茧绸	1,008,281	1,808,002	1,357,670	1,658,088	1,021,632	290,572
土布	1, 259,938	3,621,703	2,677,644	2,742,758	2,816,626	2,507,510
夏布	1,102,477	4,943,925	2,391,262	4,232,100	5,794,844	5,354,744
粗夏布	209,523	724,097	264,932	492,048	527,052	445,204
细夏布	892,954	4,219,828	2,126,330	3,740,052	5,267,792	4,909,540
绣货	6,146,802	9,012,691	4,122,013	3,457,482	2,402,286	1,815,850
棉麻绣货	3,114,636	3,757,728				
丝绣货	3,032,166	5,254,963	4,122,013	3,457,482	2,402,286	1,815,850
镂空花边及花边	2,208,124	3,540,265	3,196,062	2,705,697	3,132,355	4,694,127
抽纱品	5,162,114	4,864,388	3,740,194	2,562,880	2,169,333	1,008,202
发网	1,359,902	995,634	1,313,052	1,315,345	1,021,341	1,277,448

续表

	1932	1931	1930	1929	1928	1927
草帽辫	2,581,302	1,504,740	1,538,923	2,151,805	2,748,398	2,612,092
花草帽辫	1,273,153	784,091	989,550	1,338,158	1,498,622	1,130,570
白草帽辫	1,308,149	720,649	549,373	813,647	1,249,776	1,481,522
草席及地席	2,291,209	7,248,649	4,907,016	3,871,831	3,680,877	3,754,697
清草席蒲草席	1,662,627	5,805,417	2,646,976	1,944,561	1,808,804	2,162,786
其他席	155,017	879,768	1,547,183	1,317,276	1,249,924	874,554
地席	473,565	563,464	712,857	609,994	622,149	717,357
酒	297,947	468,662	651,362	860,344	837,848	993,842
酒	169,945	246,473	295,257	297,173	249,188	250,952
药酒	128,002	222,189	356,105	563,171	588,760	742,890
粉丝，通心粉	2,253,278	3,138,652	3,974,630	4,225,124	4,313,378	5,378,633
纸	3,119,155	3,643,855	4,927,249	4,803,526	5,103,884	5,263,235
纸箔（锡箔）	970,666	1,518,949	2,393,132	2,423,987	2,237,423	2,182,679
其他纸	2,148,489	2,124,906	2,534,117	2,379,539	2,866,461	3,080,556
爆竹，烟火	1,411,785	2,091,883	3,159,166	3,887,614	3,364,967	3,198,921
桐油	14,866,003	20,416,102	30,546,872	23,519,702	23,302,221	21,970,947
十四种总计	62,538,976	89,903,594	86,709,603	81,369,106	84,592,136	85,001,182
减 4,6,7 三种	12,668,818	14,872,713	9,175,259	7,335,707	5,592,960	4,101,500
十一种总计	49,870,158	75,030,881	77,534,344	74,033,399	78,999,176	80,899,682
生丝（非厂丝）	7,199,162	6,518,901	11,024,720	15,742,714	14,666,213	17,985,859
茶	24,761,556	33,253,158	26,283,929	41,252,428	37,133,853	31,616,949
十三种总计	81,830,881	114,802,940	114,812,987	131,028,541	130,799,242	131,502,490

　　上述六种乡村工业，棉纺、缫丝、制茶、造纸、面粉及榨油或有极锐之削减，或竟全然泯灭。同时外国之出产，乃在国内或国外取而代之。在国内棉纱，纸，面粉，及煤油四种进口，久已喧宾夺主；唯因西方工业化之熏陶，国内之棉纱业及面粉业之出品，尚能供国内大部之需要。至丝茶二者，一八九〇年时，尚当中国全出口之半。但年来因日本之产丝及印度，锡兰，荷属东印度群岛及日本之产茶，我国丝茶之国外市场，半为所

夺，故今日丝茶之出口，只占我国全出口之八分之一矣（一九三二年占全出口百分之一二.四）。

除丝茶而外，近年来其他乡村工业产品之出口，亦皆有降低之趋势。如第十表所显示，自一九二七年至一九三二年六年间中国十四种乡村工业主要产品之出口中，减低者竟有十一种之多，依一九三二年出口价值之相对重要而为排列，则为绸缎及茧绸、桐油、纸张（以锡箔为主）、草帽辫、草席、粉丝及通心粉，镂空花边及花边，爆竹及焰火、土布、夏布与酒是也。此十一种产品出口总值在一九二七年为八〇，八九九，六八二关两，一九三二年仅为四九，八七〇，一五八关两，减少凡百分之三八.四。至于刺绣品、抽纱品及发网三种，一九二七年出口值为四，一〇一，五〇〇关两，而一九三二年则为一二，六六八，八一八关两，增加百分之三〇九。

（四）中国乡村工业之现在情形

中国今日之乡村工业，当仍以手织棉、丝、苎麻、毛业为主。至于棉之手织较机织占优势者，在远东或世界各国中，中国为仅存之最重要国家。一九二五年日本之力织机凡二三八，九九九架，手织机凡一二六，三六〇架；一九二六年印度棉布之生产于力织机者为一，九五〇兆码，生产于手织机者为一，一六〇兆码。在中国，按所消费之纱数计算，力织机仅当手织机之四分之一。十一表显示一九三〇年纱线总消费量九六一兆磅中，力织机所消费者不过二〇七兆磅，其余之七五四兆磅，则为手织机所消耗，约当总数之五分之四。①

手织业一部在城市，但大部皆在乡村，在后者则为副业。盖农忙以后，农民率从事于织布也。织布只为足一家之用，当属于家族工业之阶段；但农人除为自给之外，每有为贩卖而织造者，与工业革命前欧西各国情形相同，高阳县之农民即其例焉。请于讨论"河北省之乡村工业"时详述之。

第十一表　中国棉纱及棉线之统计（1913 及 1930）（以磅为单位）

	1913		1930	
	数量	百分数	数量	百分数
国内出产	200,000,000	35.84	982,070,800	102.22
进口	358,000,000	64.16	22,616.000	2.35
减出口			43,987,064	4.57
总消费量	558,000,000	100.00	960,699,736	100.00
力织机用	15,000,000	2.69	206,913,532	21.54
手织机用	543,000,000	97.31	753,786,204	78.46

中国丝织业皆用手织机，且在华中，华东以及华北之河南，山东各省之乡村工业中，占极重要之地位。其程度可由中国生丝消费之统计测之。据大英百科全书之估计，一九二五年中国生丝之消费量为九，九二四，〇〇〇基罗格兰姆，约当世界产额之六分之一。②而在此九，九二四，〇〇〇基罗格兰姆中，三一，二九五担或一，八三八，〇〇〇基罗格兰姆又以绸缎及茧绸之形式输出国外。如第十二表所显示，此三一，二九五担之输出，近年虽因人造丝之竞争而较为平稳然已较一八六七年之四，〇〇八担增八倍，一八八〇年之八，三九〇担增四倍，一八九二年之一五，八六八担增二倍矣。

---

① 方显廷着之 Cotton Ihdustry and Trade in China，卷一，230 页。
② 大英百科全书第十四版，卷二十，676 页。

第十二表　　中国绸缎及茧绸之出口（1867–1932）

年	担数	海关两	年	担数	海关两
1867	4,008	2,172,370	1880	8,390	5,421,721
1868	3,568	1,947,258	1881	7,188	4,612,273
1869	3,383	1,695,259	1882	6,598	3,396,374
1870	3,791	1,896,294	1883	7,731	4,022,749
1871	4,490	2,352,781	1884	8,808	4,426,973
1872	5,302	2,607,052	1885	10,279	4,556,470
1873	5,149	2,203,342	1886	12,495	6,754,708
1874	5,778	2,374,854	1887	14,184	6,723,149
1875	6,468	4,022,538	1888	16,036	7,893,987
1876	5,889	3,986,038	1889	14,682	7,175,038
1877	6,460	4,432,121	1890	11,140	5,320,810
1878	7,440	4,507,047	1891	13,166	6,464,689
1879	6,920	4,498,992	1892	15,868	7,371,850
1893	17,135	8,253,087	1913	34,500	20,873,778
1894	19,081	8,415,549	1914	26,721	15,562,386
1895	23,122	11,330,697	1915	41,158	21,558,073
1896	20,850	9,723,313	1916	39,121	20,019,966
1897	20,401	10,094,747	1917	30,209	17,229,766
1898	19,319	10,044,578	1918	34,559	18,911,247
1899	18,088	9,892,525	1919	39,464	23,260,228
1900	18,297	9,028,051	1920	37,453	24,317,477
1901	20,695	10,226,778	1921	42,824	30,274,652
1902	20,628	9,651,708	1922	30,946	23,631,284
1903	20,207	13,784,910	1923	28,495	24,548,608
1904	21,567	11,763,368	1924	27,322	22,300,873
1905	15,727	9,938,750	1925	31,295	23,202,322
1906	15,497	9,753,854	1926	38,711	30,857,682
1907	20,496	12,926,152	1927	32,821	25,170,934
1908	22,824	13,727,341	1928	33,125	23,903,778
1909	28,406	17,891,709	1929	29,606	21,032,898
1910	29,996	17,998,679	1930	29,893	19,564,158
1911	28,073	17,050,871	1931	34,154	24,412,445
1912	28,539	16,106,787	1932	22,229	18,478,940

　　江苏吴江县之盛泽镇，为出丝绸最著之区，然其地并无丝厂及织丝工人。丝之供给，来自邻近，而以此为集散之中心。其制造作坊之规模极小，散于家皆织丝之邻近各村中。在盛泽无生丝之生产，皆为城中丝商由邻近各县运来，以供给农家之需要。织机由城中小进口商处购得，花样亦自城中之设计专家处购来。农人于购买生丝及售出成品间如有拮据，可向城中绸庄或领业请求通融现款。成品织成之后，即直接由绸庄或间接由领业售与当地之绸行。称量则由绸行之团体即培元公所规定之，一切交易皆以此为准。[①]

　　夏布之织造，其重要远亚于棉布及丝绸二者。但在产苎麻之省份中，夏布亦为一极普遍之家庭工业。夏布与棉布及丝绸二者对国内外市场，皆有供给。如在一九二八年夏布出口最盛时，竟达二六，六二三担，值五，七九四，八四四关两。出产最著者为江西，广东，湖南，福建及四川五省；江苏出产亦丰，河北，广西，河南之出产则较少。各省中之夏布，大都由乡村幼女于农闲之时织造，江西省即其例。江西风俗，每届秋令，农家即教幼女以纺麻织布之术。幼女心细手巧，故有时可纺麻纱精密如六十支棉纱者。唯纺绩时多在地窖或阴室中，盖麻纱非常细脆，曝日中每有碎裂之虞。纺绩时期约在八月至十一月间，但因地势之潮湿，幼女鲜能竟日工作其中。夏布织成之后，则售与附近城市之商店。上海，汉口为中国夏布业之中心，每年自此出口运往朝鲜、香港、英属印度、新加坡、荷属东印度群岛、安南、缅甸者甚多。[②]

　　除棉、丝、苎麻三种手织业外，其他之编织工业如轧棉、

　　①《盛泽之绸业》，《经济半月刊》，二卷八期，民一七，四。
　　②《中国夏布之产销概况》，《中外经济周刊》125号，民一四，八，一五；Chinese Economic Bulletin, Dec.8, 1928。

缫丝、纺毛、制绳、针织、花边、抽纱品、发网、草帽辫、缎带、毛巾、袋布、芦席等，在中国乡村工业中亦占有相当之地位。轧棉工业多盛行于初级棉花市场中，为作坊工业之一。农人产棉数量有限，每家置一轧棉机极不经济，故在乡村中有轧棉作坊，棉农去坊轧棉而付与工费。其他乡村工业如花边、抽纱品、绣花等，率为女工制作之家庭工业，今特略述于下：

手缫丝虽因厂丝之竞争而跌落，但用土法缫丝之区仍多。在嘉兴及其他江浙一带之产丝中心，丝商所贩卖者，皆为农家所缫之丝，大都用于国内之丝织厂。广东亦多用旧法缫丝，其丝不第粗细不等，色泽亦欠光彩，故多为织造绉纱及其他夏日服装之用，国外市场无所需也。[①]

针织业为近十余年来外货进口后始产生之。但今日在乡村工业中已占有相当地位。如浙江沪杭甬铁路线附近之平湖，嘉兴，石门及碶石等处，针织业皆极兴旺。平湖针织之组织，与其他各乡村相同，皆为商人雇主制度，散处工人自商人雇主处将纱领得后，必须同时租赁商人雇主所购置之针织机器。租赁时须交报名费二元及押款六元。押款于交回机器时退还，报名费则否。此后则工人每月交租金二元，自每月工资中扣除。此种制度，实与商人雇主以莫大利益，盖针织机之原价尚未逮二十五元，而其所收租金，每年已二十四元，至修理保存各项，所费极少。工人方面则多为妇人及幼女，此辈亦蒙此制度相当之利益。因此制未引用之先，贫家妇女除家务外无所谓生产副业，至幼女则并家务亦无之，与其每日消耗时间，不若稍事生产之为愈也。[②]

---

①《广东丝业之调查》，《中外经济周刊》146号，民一五，一，一六；Chinese Economic Journal, July, 1926, p.601.

②《浙江平湖织机工业之状况》，《中外经济周刊》147号，民一五，一，二三。

花边业与抽纱品及绣花业皆为出口工业，在上海（浦东）、无锡、烟台及汕头等地，极为隆盛。烟台之花边业，有包工者，一方由花边商处赊取纱线，一方将赊得纱线散给散处工人。工人多为乡村妇女，按包工人因时习之好尚而定之式样，在家工作。织成后则由包工人至工人处收取而卖与花边商，自货价中减除纱价及工资，即为包工人之利益。据最近之估计，烟台附近村庄妇女从事于织花边者，凡四万五千人。①无锡亦为花边业之中心。此业首由某女校输入，其规定亦多不同之处。花边商（商人雇主）设计花样之后，将花样及应用之纱线，交与请求工作之幼女，同时予账本一，以记载纱线发出之数量及应织花边之数量。女童乃将纱线花样携家编织，并将账本保存。织成后仍交与花边商，商店将满意之花边留下，不满意者退还，并在账本上登记所收之数量。工资按码计算。商店收到成品时，即付工资，如织成一半或四分之一，亦可先交与商店而领此做成部分之工资，其余工资日后作成再领。最兴旺之季，无锡南门里一带因与工作幼女居处之接近，有花边商百五十家。一九二六年则缩至五十家。每家皆有代理人十人之谱，负收发之责。最大商店资本为一万元，小商店则为五百元至一千元。一九一七年，无锡花边业者已组织花边业同业公会，所以谋业务之进展而杜竞争也。②

草帽辫不特供国内之需要，且亦输出国外，为我国旧有之工业。山西农人从事于此者已有百年之历史。河北省有铁路以前，草帽辫业已极繁盛，而运诸云南，缅甸等处销售。欧洲之市场则起于二十世纪初叶，德人占青岛后始收集草帽辫以运输

① Chinese Economic Bulletin, June 16, 1928.
② 《无锡出口之花边及绣花品》，《中外经济周刊》176 号，民一五，八，二一；Chinese Economic Bulletin, July 17, 1926.

国外。此种工业以谷秆为原料，全国农村，皆有出产，而以华北为最。如河北省之南乐县，人民依草帽辫为生者较耕种者为多；山东出口商人有代理人在此坐庄收买者，不下五十余人。其编制多由乡村妇女于闲暇时以麦秆或其他谷物之秆为之。编成后，束捆以至市场，每捆二十卷（每卷为一尺八寸至二尺三寸），按重量售与出口商或其代理人。①

　　编席业亦须有当地原料之供给，但此工业较有组织，如在出席著名之苏州浒墅关有席行之设立，以收集及分发蒲秆或芦苇并购买编成之席。芦苇之生产，多在车场一带，农人以此为专业，席行代表即与此辈农夫接洽购买。交易既成，乃雇工人将此种芦苇依其秆之长短及质之精粗而束之，每束约三斤，束成后即运至浒墅关之席行，席行再售与编席者。至编席者皆以耕种为主业，而以编席为副业。且编席者无雇工或学徒之制，盖一家庭即一作坊，成人即工人，儿童即学徒也。故大家庭之中有时有编席机十具以上，小家庭亦有一二具。销售方法亦与花边绣货等不同，而由编席人直接售与席行。席行之数约二十散处于车站附近半英里以内之地，编席人每晨以船运席至此购买中心，各行于是开列席价，编席者如认为满意，则钱货两交。如编席人对价格不满，可携其席至各行推售。但各行皆言无二价，无争价之制。最大之行，每年可做生意三四万元，平均每行生意每年亦有一万五千元之谱，其资本则自五千元至二万元不等。最忙之季为四月，时各处贩席者来此与各行定购，以备夏日之售卖。五月交易数量亦大，但八月除自编席人收买编成之席以备来年四五月之贩卖外，其他交易绝少。席行对批发商招待极周，并供给食宿。各行因席质之精粗及供给之多寡而定

①《草帽辫之产销及制造概况》，《中外经济周刊》50号，民一三，二，二三；《直隶青县之经济状况》，同上，220号，民一六，七，一六。

价格；价格虽不一定，但亦无争价之说。各行竞争较烈，对售价无合作，但有席行公会，由各行组织之，每年开常会二次。①

第二类之中国乡村工业为食品业，如舂米，磨面，粉丝及通心粉，酿酒，榨油，制茶，罐头等业是。米茶等业，多为售卖而制造；其他则半为市场，半为自用，兹择尤略述于下：

粉丝之制造，为乡村之家庭工业或作坊工业，但皆为农闲时农人之副业。粉丝之原料为豆粉，或为豆粉，高粱粉及麦粉之混合物。山东龙口每年之出口由七十至八十万包，每包皆六十斤，可见其重要。农民于农闲时制造，制成后捆以席包，以驴车运至龙口，售与粉丝商人。此辈商人除收买粉丝外，尚自大连进口大豆，以为制粉丝之用。农民每于售粉丝时，自商人处购大豆回乡，且有时与此辈商人定约预购者。然买卖皆根据信用，账目则每月一清。安徽宣城粉丝，则为作坊工业，为富农所经营，另雇五六工人为辅。作坊中重要工具为灶一，锅炉一，缸二及晒粉丝之木架一，规模大者，工具亦多。全县之粉丝作坊约三百，皆位于乡间。夏冬二季，因气候不宜，各作坊皆无工作。此外除阴天及孵蚕之时间外，各作坊极少停工。其成品则售与当地之批发商人，再由批发商人转售与邻近各县。河北大城县，与宣城情形相同，粉丝作坊亦多为暂时之经营，于秋季农忙以后，开始制造。粉之成分为青豆六成，红高粱四成。粉丝多供当地之用，有时亦运至天津及葛沽；糟粕则以饲猪。②

酿酒业与粉丝业同为家庭或作坊之工业。江苏泰兴县视为重要之家庭副业，几于家皆酿酒；但其目的，非在售酒而得利（每缸约赔四元至五元），实在利用酿酒所余之糟粕以饲猪。至

---

① Chinese Economic Bulletin. Feb.13, 1926.

② 同上 Dec.27, 1924; Oct.13, 1928; Chinese Economic Joumal, September, 1928.

举国知名之绍兴酒，则多为作坊工业，出浙江之绍兴县。酿酒者凡七百余家，每年出酒约五万缸，每缸十坛，昔者年约出三十万缸或三百万坛，每坛售价二元，总值六百万元。一九二六年出产约五万缸，每坛四元，约值二百万元。今日课税繁重，产量已远不如前矣。

安徽宣城农民，率用小麦，燕麦，高粱，稻米酿酒，以所得之三分一装木桶运至附近城市销售。亦有用马铃薯及玉蜀黍酿酒者，其质较劣，多农民自供消费。①

制茶亦为乡村工业，昔日极为普遍，今日各乡村制造者仍多，然皆用旧法，不适出口。一九二七年浙江省之报告："浙江之茶产多为绿茶，方法亦未改良，尤以西北部为然，故不易寻得国外之市场。"②中国茶业之惊人衰落，实株守成规之咎；至小规模之生产，则尤为不进步之主因。

砖茶多在集散之中心如张家口，汉口等处制造，为农工于农闲时至城市觅工之极有趣之例。砖茶工厂每年互有增减，但一九二四年张家口包头镇及归绥之处有砖茶工厂二十八处。"平常每厂雇工自百人至四百人；特忙时，有多至千人者。故当工厂全力工作之时，对工人之需要极大，远地农民之来此以应工作者极多。"③此类情形亦可见之湖北。湖北砖茶销于蒙古，新疆一带，多为山西帮所制造。谓为口庄，盖销场在口外或长城以外也。其工厂及器具皆为临时性质，厂房租自房主，用具则贷自茶业经纪人。工作期间只数月，多在秋季起始。至砖茶制至预定数量时，便停止工作，退雇工人，并还场址及工具于所有人。厂房率多宽敞，公事房，制造室，打包间等应有尽有，

---

① 《中国之酿酒业》，《中外经济周刊》162 号，民一五，五，一五；Chinese Economic Bulletin, Oct.27, 1928; Chinese Economic Bulletin, Oct.1926, pp.439-441。

② Chinese Economic Journal, August, 1927, p.752.

③ 同上。Nov., 1929, p.938.

最大者能容二千人。十年前房主及茶业经纪人，常为其租客之代理人，以购置茶叶。迄因商业之衰落，经纪人多停止营业，仅存者亦不再作代理人，仅为逆旅主人，经纪人云云，今已名存而实亡矣。①

　　其他之食品工业，尚有豆油，火腿及罐头等业。沿陇海铁路一带各乡村，旧式油坊极多，规模较小，为农人所经营。所用原料，即农民所自种之豆。豆油出产，须赖豆之收成如何以为断，故欠收之年，此种油坊大都无事。②鲜果保藏，亦为副业，如浙江之半山，泰山即其例。其地梅子出产，远过于当地需要，故农人或用甜露或用盐渍，以保藏之而出口。每年总产额约五万担，价值约四十万元，所保藏者则其一部。③金华及浙江东部，火腿极为著名，猪之屠宰，或由农人自为之，或卖与当地屠户屠之，前者则由农人制成火腿，后者则将鲜腿售与制腿者制为火腿，然后贩诸市场。④

　　第三类乡村工业可谓为化学工业，如造纸，陶器，玻璃，爆竹，桐油等。造纸为我国最早工业，中国南部，盛产造纸之原料如竹，如稻秆，故纸业亦集中于华南。浙江与福建，江苏则为最大造纸区。据一九二九年之统计，浙江一省有手工造纸槽户二四，四三七处，分布于四十三县，雇工总数为一二六，八五二人（男工九二，七四三，女工二二，〇一三，童工一二，〇九六），资本总额凡五，〇九〇，〇二八元，出产总值二〇，八五〇，四八七元，平均每户有工人五.二人，资本二〇八，三元，每年出品值八五三.二元。由各县槽户之工作人数，资本额及出品值差异之甚，可证明各户中有以造纸为主业者，有以造

①《晋商在湖北制造砖茶之现状》，《中外经济周刊》171号，民一五，七，一七。
② Chinese Economic Journal, Jan., 1929, p.54.
③ Chinese Economic Journal, Jan., 1929, p.54.
④《金华火腿》，《工商半月刊》，一卷一三号，民一八，七月。

纸为副业者。以每户工人而言，最多者为嵊县之一七.二人，最少者为温岭之二人。按等级而分，则每户有工人一〇.二一一七.二者十三县，其余之三十县则为二一八.八人。以资本额而言，最多者为新登之一，四一五元，最少者为平阳之十四元。按等级而分则每户有资本一，〇五〇一一，四一五元者八县，有五二八一九三四元者五县，一〇六一四六九元者十七县，余十三县则每户为一四一九九元。以每年之出品值而言，最多者为武义之七，六〇八元，最少为天台之九一元，以等级而分，则每户出口介一，〇六〇一七，六〇八元间者二十二县，九一一九二八元间者二十一县。①

今试比较各县工人每年出品之价值，即可证明造纸工人工作之断续，盖此职业之本身，即含有"副业"之性质。如最高率遂昌县每工人每年出品值一，〇二五.七七元，最低率松阳县每工人不过九.四八元，但多数之县，为每工人每年出品值在一六四元左右。依等级而分，则在一〇九一三三六元间者为二十五县，高于三三六元者九县，低于一〇九元者亦九县。

第十三表　浙江省之手工造纸业（1929）

县	纸槽	工人		资本（元）		出产价值		
	户数	总数	每户	总数	每户	总数	每户	每工
安吉	2	12	6.00	400	200.00	2,120	1,060.00	176.67
昌化	85	487	5.73	15,935	187,47	53,248	626.45	109.33
常山	296	4,376	14.78	276,400	933,78	274,800	928.38	62.80
庆元	54	359	6.65	10,368	192.00	71,156	1,317.70	198.21
建德	4	35	8.75	852	213.00	5,400	1,350.00	154.29
衢县	505	7,047	13.95	266,817	528.35	1,034,783	2,049.08	146.84
诸暨	1,110	6,166	5.55	206,123	185.70	724,450	652.66	117.49

① 浙江省政府设计科：《浙江之纸业》，民国十九年十二月；Nankai Weekly Statistical Service, Mar.13, 1933。

县	纸槽	工人		资本（元）		出产价值		
	户数	总数	每户	总数	每户	总数	每户	每工
奉化	180	1,406	7.81	21,239	117.99	169,050	919.17	120.23
富阳	10,069	40,675	4.04	2,355,082	233.89	8,667,912	860.85	213.10
萧山	510	2,971	5.83	197,350	386.96	1,360,620	2,667.88	457.97
黄岩	579	2,369	4.10	111,976	194.40	518,722	900.56	218.96
瑞安	640	1,920	3.00	17,024	26.60	506,070	790.73	263.58
江山	154	2,490	16.17	168,067	1,091.34	753,336	4,891.79	302.54
金华	422	1,266	3.00	44,648	105.80	308,640	731.37	243.79
临安	786	2,909	3.70	40,973	52.13	548,028	697.24	188.39
临海	234	738	3.15	67,765	289.59	248,040	1,060.00	336.10
龙游	121	1,802	14.89	89,966	743.52	454,910	3,759.59	252.45
平阳	110	228	2.07	1,493	13.57	48,536	441.23	212.88
浦江	45	555	12.33	47,242	1,049.82	61,848	1,374.40	114.44
上虞	54	324	6.00	57,221	1,059.65	127,224	2,356.00	392.67
绍兴	476	2,939	6.17	63,715	133.85	179,880	177.90	61.20
寿昌	74	900	12.16	22,796	308.05	158,400	2,140.54	176.00
嵊县	46	789	17.15	9,065	197.07	87,966	1,912.30	111.49
孝丰	136	1,018	7.49	94,626	695.78	283,520	2,084.71	276.51
仙居	36	205	5.69	1,658	46.06	8,988	249.67	43.83
新昌	60	255	4.25	8,027	133.78	16,836	280.60	66.02
新登	926	3,831	4.14	131,029	1,415.00	276,307	298.39	72.12
遂安	179	1,946	11.06	83,920	468.83	239,778	1,339.54	123.22
遂昌	53	108	2.04	55,784	1,052.53	110,783	2,090.25	1,025.77
松阳	792	11,488	14.51	13,229	16.70	108,913	137.52	9.48
泰顺	297	1,945	6.55	19,763	66.54	685,200	2,307.07	352.29
汤溪	45	720	16.00	23,112	51.36	155,420	2,453.78	215.86
天台	296	699	2.36	22,348	74.50	27,052	91.39	38.70
景宁	75	500	6.66	4,837	64.49	202,350	2,698.00	404.70
缙云	122	1,243	10.19	66,794	547.49	274,807	2,252.52	221.08
桐庐	1,135	5,697	5.02	112,275	98.83	405,347	356.82	71.15
温岭	340	680	2.00	5,508	16.20	100,980	297.00	148.50
武义	32	448	14.00	39,068	1,220.88	243,456	7,608.00	543.43
余杭	2,052	8,540	4.16	68,892	26.57	671,100	327.05	78.58

县	纸槽	工人		资本（元）		出产价值		
	户数	总数	每户	总数	每户	总数	每户	每工
永嘉	1,185	4,244	3.48	218,414	184.32	529,644	446.96	124.80
永康	16	240	15.00	19,647	1,227.94	85,194	5,324,63	354.98
于潜	104	270	2.60	6,092	48,58	54,921	528.09	208.41
余姚	2	12	6.00	2,488	1,244.00	4,752	2,376.00	396.20
总计	24,437	126,852	5.19	5,090,028	208.29	20,850,487	853.23	164.37

其他地方之造纸业亦为乡村工业，可于零散之记录中得之。如关于河北省保定之报告则曰："各乡村有纸槽极多。"于山东之周村则曰："在乡村中亦可发现制纸之中心，而制纸则为农人之副业。"关于山东潍县则曰："安固与辛庄附近之七八村中，草纸，元书纸，及箔纸，制造极多，大率为农家所制，此种家庭除农忙外，几每日从事于造纸工作，每年进款约一二百元之间。"①

第二种乡村化学工业为陶器业，砖瓦业及料器业。江苏之宜兴为陶器最著之区，其制造者皆为宜兴附近之乡人，窑在离宜兴城十余里之鼎山蜀山之间。宜兴交通方便，水路可直达苏州，无锡，常州，陆路距沪宁铁路车站甚近，故陶器多自此运输。陶窑附近三十方里内，皆从事陶业，东之湖滨，西之铜官山，南之南山，北之荆溪皆然。人口之从事陶业者约占百分之六十以上。三分之二为女工，多制"黄货"，"砂货"及"黑货"；三分之一为男工，则从事于"细货"及"粗货"之制造。②

山东博山之料器，亦由乡村中之作坊制造，谓之为小炉房。此种小炉房并不熔化玻璃，其原料由大炉房购买。或自商店中

① Chinese Economic Monthly, Dec., 1926, p.532; Chinese Economic Journal, June, 1927, p.548: Aug, 1928, p.648.

② 《江苏陶业之概况》，《中外经济周刊》72 号，民一三，七，二六。

购买已制成之玻璃条，熔化其一部分，而作为玩物，壁画，料珠，或赝造珠宝等物品。当一九二七年调查时，国内情形不定，销路较滞。较大之作坊，在济南皆有售品处。学徒制在此工业中极盛，期约四年。常年工作，惟新年时停工一月。[1]

　　每年夏季浙江嘉善县之造砖业，为农民主要之职业。砖窑凡五百余所，在干窑镇者一百，在洪家滩者九十，在下田庙者百五十，在范径者二十，而其邻近各村，亦有窑三五不等。各窑全体工作时，每月可出砖约四万五千万至五万万方。用于上海者百分之七十，其余百分之三十，则用于江浙两省。造砖季起四月迄十一月，十二月至三月则因气候较凉而停工。福州之制瓦，亦为农闲时之副业。土坯为离地面五尺下之黏土，地面之土，则不适用。在福州四乡，有窑约二十余座，工人四五百人。福州附近之各县如将乐及梅江等亦多制造。瓦多售与富家之将兴土木者，或经木匠或瓦匠之手而售与包工者。城市中亦有砖瓦商人，自瓦厂趸来零售。

　　其他之乡村化学工业为鞭炮工业，集中于湖南之浏阳。长寸半直径二分五厘之鞭炮，率来自浏阳，约占全国销路之半，每年出品价值在五百万元以上。销场不只中国，尚多出口，以应华侨及外人之需。鞭炮纸为浏阳之特产，纸质特佳，浏阳之鞭炮因以著名。其附近城市及江西省之万载县及萍乡县每年亦有鞭炮出产，但不若浏阳之盛。鞭炮之制造，有即在家庭中者，农闲之季，农夫每与其家人，制鞭炮以博收入。制成后售与城市中之鞭炮商人，鞭炮商人加以彩饰，盖戳及打包后，乃运往销售。[2]山东之潍县各村中如南湖住北湖住则尔庄等，亦以制鞭炮著名，惟规模较小，每家每年收入约百余元。出品或售与

---

① Chinese Economic Journal, June, 1927, pp.586-587.
②《浏阳鞭炮销行汉市状况》，《工商半月刊》，一卷，一九期，民一八，一，一。

当地，或销诸乡村。①

　　第四类乡村工业为杂项工业，虽不如上述三类之重要，但亦有其地位。山东之博山产煤、瓷器及料器极富，其四乡居民，大半以掘陶土及采矿为业，而以采煤者为尤多。博山著名之煤矿，多在城市东南之黑山，东北之西河，及正西之城西，农民于其地内发现煤苗时，每用旧法，组织而采掘之。少数石灰窑亦在此。②河北邯郸县农人于农闲时，多从事采掘陶土，上等之陶土色洁白可代肥皂之用，次等者可掺于煤屑中以制煤球，如北平煤球店之以黄土掺于煤屑中是。该项陶土各村皆产之，每车（一千二百余斤）约值五十铜元。山东龙口之掘陶土，亦为农余副业。③河北省磁县之彭城产陶土，其出品较细致，亦为副业之一。戴乐仁氏（J.B.Tayler）曰："作碗之土坯，为软而灰色之物质，在彭城二英里内深六十英尺至百英尺下之地中得之。采掘多在冬季，农民为之，每组约六七人。入土井中者五人，二人凿土，二人推土至井底，一人照料其上运；在地面者二人。采掘时须与土井所在地之地主以赔价金五元，及出品百分之三。……然坑道所在之地主，则应无所得。……此种规定尚有一特点，即为工人分成，而无工资。……陶土用独轮车或骡车运至陶窑。每组每日可掘陶土七吨，运至陶窑则需二日，其价值约每分十斤。故平均每人每日可得五角五分之谱。"④

　　与陶业异其性质者为硝皮，制胶，马鬃刷，毛笔等工业，此等乡村工业，依动物产品而存在。河北枣强县大营镇之农民，多从事于硝皮工作。此辈农民每结伴赴邻近各乡收买兽皮，如

---

① Chinese Economic Journal, Aug., 1928, p.649.

② Chinese Economic Journal, June, 1927, pp.579-580, 587.

③ 同上 May, 1927, p.468; Chinese Economic Bulletin, July 7, 1928, p.5.

④ Taylor, J.B.: "The Hopel pottery industry and the problem of modemization", in Chinese Social and Political Science Review, April, 1930, pp.186-187.

有急需，且可与皮货商人接洽通融。硝皮作坊极多，有为收买兽皮人自己经营者。所硝之皮货于未至市场前，即制成各种皮产品，然后携至市场贩卖。皮货之出口在八月及十月之间，经德州而至天津。普通之皮货商人为出口商之代理人，奔走于硝皮者及出口商之间，实力丰厚者，亦常自作生意。熬胶以山东周村为最有名，将兽皮及蹄角等加以熬炼，亦农民之副业。胶褐色，作长方形，长短不一，在市场销售者极多，但出口商来周村购买者亦不少。每月出口数量约为百五十担。以马鬃作刷者，见于河北安平，工作者多为妇女及儿童。马鬃为皮毛商人自张家口，归绥，包头等处贩来，然后再售与制刷者。成品销于河北，山东，山西，河南各省，以为筛面粉之用。安平县尚有以马鬃制网及面幕者，多销于外国。全国知名之湖笔，出于湖州之善琏镇，原料为羊毛，鼬鼠毛，兔毫，雏鸡毛等。当地居民，皆从事之，除孵蚕时期外，制笔事业几占居民所有之时间。农民于种桑秧稻之余，亦多从事于此。制笔庄所雇工人分二种：一为长工，一为短工。长工供宿，而短工则在家庭工作。长工总计约千三百人，女工占三分之二，短工按件计算，人数亦不定。至湖州城内所有之长工，不过五十人。[1]

其次为艺术品，如天津迤南之杨柳青及炒米店之彩画。最初不过庙中神像，厥后乃有风景人物及历史上之事迹。工人为乡人，画之种类亦可百十种，依画师之技术而分粗，细，加细三种。工资按件计算，每人每日约二角。每年春季画店将画稿发与工人，使其着色。画稿为一约略图样，以指示大意，普通皆为木板印刷。家庭中人则分工合作，如甲画面孔，乙填五官，丙再加彩色而成画。炒米店十一月至正月间有画市，画店于此

① Chinese Economic Journal, Dec., 1926, pp.532-533; Oct., 1927, pp.905-906; Chinese Economic Bulletin, Oct.9, 1926, p.215; Nov.26, 1927, pp.280-282.

时期，多在各旅店中置销售人，或在街头设摊以求售。小贩来此购买者最多，以备新年时沿村售卖。恒有在七八月间购买，以便运至东三省，热河，蒙古等处销售，至运销于陕西，甘肃，新疆者因程途较远，多于三四月间即起运矣。天津左近画店凡三十余家，资本最多者为十八万元。迩者津市之石印局，亦多经营彩画为副业。总之，在天津范围以内，依绘画为生者，在六千人以上，炒米店居民一五一户中，业画者为百分之八十；古佛寺一四五户中，业画者则为百分之六十；周李吴村一〇五户中业画者为百分之四十以上。[①]

　　杂类乡村工业之中，最后可得而述者，为农村所需服务之供给是。河北定县四五三村中，农民除耕稼外，其主要副业尚有为铁匠者一村，木匠者十村，锯木匠者十二村，泥水匠者六村，造车匠者二村，关于次要副业，则为制水车者一村，制辘轳辔者一村，掘井者二村。[②]他如故城农人于农闲之季，几皆为乡间冶工。铁铺凡十二座，制造刀叉烹饪器具，及农具等。原料为废铁，自邻村输入，年约二十万块。[③]

　　上述之纺织，食品，化学，及杂项四类乡村工业中，吾人愿作进一步之研究，以探讨其存在或引用之因素，地理之分配，组织之方式，及原料，人工，出产各问题。一工业之引用及存在于乡村，常根据一种或数种之因素。第一即乡民之企业性。企业性丰富之人如在他乡工作，习得一种工业技术，如此项工业能辅农业之不足者，为自助助人计，遂携归而介绍于本乡。如河北高阳县之织布工业，即其实例。第二因素为西洋教士之传导，如圣功女士（Miss Nettie Senger）之于锦州华北毛织学

---

　　① 《杨柳青画业之现状》，《经济半月刊》，一卷三期，民一六，一二。
　　② 李景汉着，《定县社会调查概况》，中华平民教育促进会出版，民国二十二年二月，149-154 页。
　　③ Chinese Economic Journal, Oct., 1927, p.903.

校，即其一例。①第三因素为资本家之商业动机。农闲之时，农人急欲寻工作以增加收入，资本家乃有剥削谋利之机会。如平湖之针织工业，皆雇用女工；但此辈女工虽被剥削，然有额外之收入，亦感觉满足。出口品工业如花边，刺绣，抽纱品等之雇用工资较贱之女工者，亦为其例。第四因素为乡民欲处置其过丰之收获或于农闲时利用农业副产物。如浙江半山及泰山之腌梅及华北之草帽辫工业，可资例证。唯此种工业之引用，技术用具，皆须简单，否则农民得不偿失，定摈而不用。第五因素为农人之欲乘暇制备已收作物，如缫丝，制茶，榨油即其例。最后一因素则为原料之便于就地制造，如博山彭城等处煤及陶土之采掘是也。

乡村工业地理上之分布，亦因各元素而定，如原料之所在，市场之接近，及技术之集中等，皆极重要。原料则又因自然之蕴积及气候之不同而异，依此则乡村工业可约略分为北方工业及南方工业二种。丝，茶，苎麻，竹，稻秆（造纸用），只能产于温带，故缫丝，制茶，夏布及造纸为华南之工业；羊毛及麦秆，出于北方，故毛织及草帽辫为华北之工业。至陶器之在江苏宜兴与河北彭城，则因陶土之自然蕴藏之关系也。以接近市场为重要之因素者，则有砖瓦，编篮等工业。至工业之因技术集中而存在者，则有绍兴之酒，宜兴之陶器及天津之年画等。

乡村工业组织之方式繁多，但多带有过渡性质。同一工业适于主匠制度者，商人雇主制亦优为之。总之，工业化以前曾一度盛行于欧西如英国等之工业制度，今日仍可见之于中国。②

工业出品成于一家之中者，谓之家庭制度（Household system）。在此制下，一切原料，人工及器具，皆为家庭所供给，

① Senger, Nettie M.: The Chin Chou Wool Project, 1933.
② 方显廷著之 Triumph of Factory System in Engiand，1930。

出品亦为家庭所消费，如制茶，酿酒，榨油，脯果，火腿等一类工业皆是。惟乡村中此种组织绝少，主匠制则较通行。如绍兴之酒，小部分固为自供消费，大部分则在主匠制度下所生产，以供市场之需要。

主匠制又可分为家庭主匠及作坊主匠二种。普通所谓主匠制度者，即指作坊主匠制，匠人自有其器具及作坊，原料则自外购，出品售与消费者及商人。但在家庭主匠制之下，主匠每为家庭中之分子，多为零工而少整工，且技术简单，无须贵重之工具或作坊。通常出品，皆售与贩卖人或在市场销售，直接售与消费者，实不多见。此种组织之代表为草帽辫，编席，编丝，织夏布等。至于酿酒，陶器料器，造纸，鞭炮等工业，则为作坊主匠制之绝好例证。

商人雇主制以商人雇主为中枢，由商人购买原料，直接自商店或栈房中，或间接经店内代理人或其他中间人，将原料发与散处四乡之工人。平湖之针织业及无锡之花边业，皆其例也。前者由商人雇主在商店中将原料发与工人；后者则聘有代理人以负分发原料及收回成品之责。方法之选择，要以工人之分散程度及距商店之远近而定。商人雇主制独行者甚鲜，多与主匠制并行，例如高阳之手织业。需要盛时，其一切商业上之危险如购料销货等，均为商人雇主一人所负荷。但当营业萧条之季，商人雇主多缩小范围，或停止经营，工人因此无工可做，不得不自行冒险购买原料制成成品而求估焉。

规模较大之乡村工业，亦有采用独力经营之工厂制度者，如造纸，陶业，采煤等是。但此制度，除因特殊之环境，对乡村工业似不适宜。虽因原料供给之富饶及特殊技能之存在之关系，如陶器，酿酒等业，可应用工厂之组织，然工厂需要有规律不间断之进行，与乡村劳工之供给情形，殊相径庭也。

乡村工业应用之原料可依供给来源，生产阶段，所有权及购买方法诸项，加以分析。自供给来源方面言之：则原料有出于农人自种者，如缫丝业之蚕茧，制茶业之茶叶，脯果业之鲜果，草帽辫业之麦秆等；有来自远村者，如榨油业之豆，棉织业之棉纱；有来自国外者，如高阳织布业之人造丝。自制造阶段言之：乡村工业所用原料之中，有为真正之原料者，如酿酒业之米及高粱，榨油业及粉丝业之豆，制茶业之茶叶，缫丝业之蚕茧；其他原料如棉纱，花边，纸（作鞭炮用），则为已成品或半成品。原料之所有权，则依组织之方式而不同。在主匠制度之下，原料概属于工人，不问其出自田间亦购自他处。至自外方购买之种类有二：一为自商贩处购买，制成成品后仍售与此商贩；一为自市集上购买，例如高阳手织业所用之棉纱。原料由商人雇主所供给者，如针织，花边，刺绣等工业原料，则连同所需花样直接或间接由商人雇主发与工人。

乡村工业之劳工，具有特殊之性质。第一即其季节性，多为农忙以后之工作。第二为其家庭性，家庭中之父母子女及其他分子皆得工作。细巧工作，如花边，刺绣，夏布等多雇用女工，尤以年幼女工为然；需人力及技术工作，则多男工任之。第三为无组织。乡村工人分散各方，极少集合举动，故恒受中间人之剥削。且因管理之缺乏，出品毫无定量，质地低劣，品类亦杂。第四即简单幼稚之技术。此种技术之幼稚，非特影响于中国二大基本工业丝茶之衰落，亦且有关于草帽辫，陶器等工业之衰落也。至技术之简单，本为乡村工业之本色，尤以带副业性质者为然。盖从事于副业者，实无余力且雅不欲作学徒而受严格训练也。以是若干之乡村工业之技术如编席，草帽辫，花边，针织等，咸可于短期内习之，且有设学校以教授者，如花边学校是。

　　乡村工业之出品，大都供当地之消费，例如砖瓦。但亦多输出国内外者，于前节"中国乡村工业之衰落"中，已可见乡村工业出品对于出口之重要。各种出品有时先由出口商与商贩以信用上之便利，再由此种商贩向农民定货，如烟台之花边业，即其例也。但通常皆系农人将其成品售与商贩，再由商贩售与出口商。博山之料器，制造者设推销处于济南，则属例外之情形。

（五）河北省之乡村工业

　　因材料之缺乏，故上述之中国乡村工业之情形，仅为一约略之说明。在河北省，则对于乡村家庭工业，已有较详尽之调查，除各乡村中家庭制造工业之含有副业性质者外，并及含有作坊性质之工业之一部分。根据一九二八年之调查，河北省之一二九县中之有家庭工业者为一二七县，工业凡四十四种，亦可依前节中国乡村工业之分类分为纺织，食品，化学，杂项四大类。其详细情形见第十四表。依此表所示，一九二八年河北省家庭工业出品之总值为一〇三，八五六，七五三元，其中纺织类占九一，五五四，二〇七元，当全数之百分之八八.二；食品类为八一四，八一二元，当全数之百分之〇.八；化学类为三，九四三，六二四元，当全数之百分之三.八；杂项类为七，五一七，一〇〇元，当全数之百分之七.二。但在此四十四种工业中，以八种最为重要，价值为一〇〇，三〇三，九〇九元，约当全数百分之九六.六；兹将此八种工业依其相对之重要列表如下：

	总值（元）	百分数
棉布	45,072,427	43.0
棉及人造丝布	31,640,000	30.5
皮袄皮件	6,969,690	6.7
草帽辫	4,766,520	4.6
芦苇席	4,388,848	4.2
爆竹	3,112,960	3.0
棉纱	2,726,870	2.6
荆柳桑编织物	1,626,594	1.6
总　　计	100,303,909	96.6

一九二八年河北省一二七县家庭工业之生产总值，凡一〇三，八五六，七五三元。依第十五表所示，则每县生产值皆在百万元以上之二十一县之生产总值凡八一，八一七，六二四元，占全额百分之七八.六。在此二十一县中，以高阳为最多，凡三一，六二〇，〇〇〇元，占全额百分之三〇.四；次为束鹿，出产值七，〇〇五，二八九元，占百分之六.七；玉田出产值四，五八八，三〇〇元，占百分之四.四；任丘为四，四五一，一〇〇元，占百分之四.三；清苑为四，一七〇，〇〇〇元，占百分之四；遵化为三，五六一，〇〇〇元，占百分之三.四；定县为三，一七五，〇五〇元，占百分之三.一；其余逐渐递减。

今试进而一考第十五表所示之每人生产价值，则二十一县中以高阳为最多，每人约二一五.二元；最低者为迁安，为二.一元。其余十九县依其相对之重要排列，则为束鹿之一九.三元，任丘之一六.七元，玉田之一四.六元，南乐之一三.四元，蠡县之一二.五元，完县之一〇.三元，清苑之一〇.二元。其余依次递减。

第十四表　河北省家庭工业出品之价值（1928）

（单位：元）

工业名称	价值	百分比	工业名称	价值	百分比
纺织业	91,554,217	88.2	草帽	28,730	—
缫丝	96,000	0.1	蒲器	162,520	0.2
纺造	2,794,870	2.6	食物类	841,812	0.8
纱线	2,276,870	2.6	熏枣、瓢枣	11,540	—
毛线	50,000	—	绿豆粉	20,844	—
麻绳	18,000	—	饴糖	400	—
编织	82,060,974	79.1	花生油	2,728	—
棉	45,939,557	44.3	烟丝	6,300	—
棉布	45,072,427	43.4	冬菜	800,000	0.8
其他物品	867,130	0.9	化学类	3,943,624	3.8
毛巾	72,940	0.1	粉笔	598	—
棉带	274,990	0.3	爆竹	3,112,960	3.0
口袋	509,200	0.5	纸	830,066	0.8
其他	10,000	—	杂项类	7,517,100	7.2
棉及人造丝布	31,640,000	30.5	官花	26,000	—
绫绸	27,160	—	竹帘	16,000	—
毛毯	54,609	0.1	笤帚	64,500	0.1
牛毛毯	3,600	—	木炭	1,280	—
苇席	4,388,848	4.2	皮袄,皮件	6,969,690	6.7
秫秸席	7,200	—	石砚	28,500	—
针织	18,009	—	铁器	14,520	—
线袜	17,919	—	香	81,050	0.1
毛织品	90	—	织布穿子	15,000	—
编织	6,584,364	6.4	水笔	90,000	0.1
荆柳桑编织物	1,626,594	1.6	杼	480	—
编草	4,957,770	4.8	罗底	210,000	0.2
草帽辫	4,766,520	4.6	锡器	80	—
			合计	103,856,753	100.0

第十五表　河北省家庭工业出品之价值（1928）

县	出品		人口	每人平均出产之价值
	价值	百分数		
高阳	31,620,000	30.4	146,923	215.2
束鹿	7,005,289	6.7	362,558	19.3
玉田	4,588,300	4.4	313,454	14.6

县	出品		人口	每人平均出产之价值
	价值	百分数		
任丘	4,451,100	4.3	266,533	16.7
清苑	4,170,000	4.0	407,312	10.2
遵化	3,561,000	3.4	416,880	8.5
定县	3,175,050	3.1	351,803	9.0
宝坻	3,025,000	2.9	315,065	9.6
南乐	2,480,650	2.8	214,496	13.4
蠡县	2,282,245	2.2	183,286	12.5
濮阳	1,967,690	1.9	364,209	5.4
完县	1,626,500	1.6	157,282	10.3
平乡	1,600,000	1.5	245,387	6.5
丰润	1,530,000	1.5	669,130	2.3
迁安	1,415,000	1.4	687,869	2.1
清丰	1,292,600	1.2	316,051	4.1
藁城	1,248,000	1.2	243,722	5.1
曲周	1,190,000	1.1	209,820	5.7
长垣	1,070,200	1.0	244,264	4.4
肥乡	1,050,000	1.0	135,125	7.8
香河	1,049,000	1.0	148,211	7.1
其他 106 县	22,039,129	21.4	21,268,824	1.04
总计	103,856,753	100.0	27,668,204 *	3.75

*天津之 461,388 人及滦远之 111,830 人未包括在内,因此二县对河北省之家庭工业无所贡献也。

　　如第十六表所示,一九二八年间此二十一重要县分之出产,占河北省之生产值百分之七八.六。其皮毛生产占全省皮毛生产之百分之百,棉及人造丝布则占全省出产百分之九九.九,爆竹占百分之九十,棉纱及棉线占百分之八五.四,草帽辫占百分之七九,棉布占百分之六五.九,芦苇席占百分之四九.二,荆柳桑编织品占百分之四一.五,其他三十六种工业占百分之五○.七。此表亦表示在此二十一县中,蠡县,平乡,藁城,曲周及肥乡五县之棉布生产占其生产值之百分之百，宝坻则为百分之九九.二，长垣则为百分之九九.一，任丘则为百分九八.九，濮阳则为百分之九六.六，香河则，为百分之九五.三，清苑则为百分之九三.五，完县则为百分之九二，玉田则为百分之八一.九。至棉及人造丝之织造，高阳占百分之百。其余七县中，皮件集中束鹿县，占其生产值之百分之九九.五；草帽辫之在南乐者占百分之百，在清丰者占百分之八六.二；爆竹在遵化者占分之七五.八；棉纱及棉线在定县者占百分之七三.三。至荆柳桑编织品及芦苇席二种工业，不若上述六种工业之集中而分散于各地。在二十一县中，其百分数最高者，芦苇席为丰润之百分之二八.四，荆柳桑编织品则为迁安之百分之十二。[1]棉及人造丝布之织造，在河北省家庭工业中最为重要，一九二八年其出产值为七一，七一二，四二七元，当该年河北省四十四种家庭工业之总生产值之百分之七三.九。故南开大学经济学院特选定河北省织布业代表之高阳县，以为调查之对象，自本年之正月起，作一精细之调查。以下各节，即对此生产值三一，六四〇，〇〇〇元之织品，当全省家庭工业出产值百分之三〇.五之高阳县棉织业之较详细之阐述：

高阳为三等县，居河北省之中，面积一，四四〇方里，人口一五四，一三〇人，人口密度为每方里一〇七人（当每方英里七九二人）。交通四达，铁路，航运，汽车皆极方便。西北七十里为保定，为平汉路之重镇；东北三十里为白洋淀；东边之同口镇，经大清河三百里而至华北名都市之天津；此外长途汽车奔驰于天津，高阳间者，每日亦有开行，其距离亦三百里。

---

① 河北省政府秘书处：《河北省行政统计概要》，民国十七年；Nankal Weekly Statistical Service，May 29，1933；高阳工业方面之材料，为南开大学经济学院吴知君所供给。

第十六表 河北省二十一重要县区八种主要家庭工业出产价值之分配（1928）

（单位:元）

县名	棉纱及棉线		棉布		棉及人造丝布		产苇席		草帽辫		爆竹		皮革皮件		刺绣条编织物		其他		总计	
	价值	百分比	价值	百分比	价值	百分比	价值	百分比	价值	百分比	价值	百分比	价值	百分比	价值	百分比	价值	百分比	价值	百分比
高阳					31,620,000	100.0													31,620,000	100.0
束鹿													6,969,690	99.5			35,599	0.5	7,005,289	100.0
玉田			3,760,000	81.9			801,000	17.5									27,300	0.6	4,588,300	100.0
任丘			4,400,000	98.9			51,100	1.1											4,451,100	100.0
清苑			3,900,000	93.5			120,000	2.9							150,000	3.6			4,170,000	100.0
遵化			15,000	0.4			525,000	14.7			2,700,000	75.8			225,000	6.3	96,000	2.7	3,561,000	100.0
定县	2,326,250	73.3	674,400	21.2			174,400	5.5											3,175,050	100.0
宝坻			3,000,000	99.2			25,000	0.8											3,025,000	100.0
南乐									2,880,000	100.0							650	—	2,880,650	100.0
蠡县			2,282,245	100.0															2,282,245	100.0
濮阳			1,900,000	96.6					1,820	0.1					63,994	3.2	1,876	0.1	1,967,690	100.0
完县			1,500,000	92.2			16,200	1.0							20,800	1.3	89,500	5.5	1,626,500	100.0
平乡			1,600,000	100.0															1,600,000	100.0
丰润			210,000	13.5			440,000	28.4			100,000	6.5					800,000	51.6	1,550,000	100.0
迁安			525,000	37.1											170,000	12.0	720,000	50.9	1,415,000	100.0
清丰			390,000	30.2					881,000	68.2							21,000	1.6	1,292,600	100.0
高城			1,248,000	100.0															1,248,000	100.0
曲周			1,190,000	100.0															1,190,000	100.0
长垣			1,060,200	99.1													10,000	0.9	1,070,200	100.0
肥乡			1,050,000	100.0															1,050,000	100.0
香河			1,000,000	95.3			4,000	0.4							45,000	4.3			1,049,000	100.0
其他	400,620	1.8	15,367,582	69.7	20,000	0.1	2,232,148	10.1	1,003,100	4.6	312,960	1.4			951,800	4.3	1,750,919	7.9	22,039,129	100.0
总计	2,726,870	2.6	45,072,427	43.4	31,640,000	30.5	4,388,848	4.2	4,766,520	4.6	3,112,960	3.0	6,969,690	6.7	1,626,594	1.6	3,552,844	3.4	103,856,753	100.0
二十一县所占产额总百分比	85.3%		65.9%		99.9%		49.1%		79.9%		90%		100%		41.5%		50.7%		78.8%	

　　高阳乡村工业——棉布及人造丝布织造——之兴起，原因非止一端。其最重要者厥为人口过多而地质贫瘠，仅恃农产不足以维生活。据一九三一年高阳县政府对省府民政厅之报告，高阳有地五一〇，〇〇〇亩，即九四四方里。然收益地不过三五一，三九八亩，仅当百分之六十九；其余一五八，六〇二亩，或百分之三十一之田，地质洼湿，或碱性过甚，皆为无益地。藉此情形之下，乃不得不另开蹊径，以辅农业上不足之收入。一九〇六年袁世凯氏在天津设立实习工厂，内设织染一科，实习工厂于一九〇九年停办之后，其继起之高等工业学校，仍分织染二科，高阳人先后在实习工厂及工业学校之织染科受训练者极多，学成之后，感于高阳之需要辅助工业及不堪受天津纺织界竞争之压迫，返乡着手组织，至今遂蔚为大观。他如交通之方便，及欧战期间疋头进口之停止，皆足以促进高阳纺织业之发展。

　　一九一四年至一九一九年间高阳织布业之进步极速。至一九一九年外货入口竞争复烈，高阳织布者乃改良其设计，并引用由天津制造之提花机，以人造丝为纬，以棉为经，而改良高阳布之织造。一九二五年人造丝上浆法发明，韧性增高，足供为经之用，昔之以棉为经人造丝为纬者，今改为经纬皆用人造丝，营业益加扩展。但年来因组织，生产，销售各方面之退步，自一九二九年达最高峰后，近日已开始降落，此点当于后文详述之。

　　高阳手织业之组织，大都为商人雇主制，亦可表示此制在中国最为盛行。工人皆分居于其乡村之家庭中。商人雇主购纱线后，即分散与工人，以易其织成之布，然后再在本人或其他资本家在城内所设之工厂内整理之。较勤奋之工人，工作数年稍有积蓄，亦可引用主匠制，而自设作坊经营，自购纱线，并将其成品在市集或城中售与布商。至织布工厂，因须继续不断工作，且开支较大，颇不多见。现有中等规模之工厂数家，其主人率能在需求不定之市场中控制一部分可靠之顾客。至商人顾主及散处工人以及销售与金融机关等，当于下节再为详述。

高阳之商人雇主有二种，一为布线庄，一为染线厂。南开大学经济学院于一九三三年上半年调查时，该县有布线庄六十一，其职务如下：

（1）向本县线市或由天津，青岛，上海之分行购办纱线（由分行购买纱线之布线庄规模较大，在高阳约有十余家）；

（2）在本县线市或线集上零售一部已购之纱（多数售与乡间之织工）；

（3）散发纱线与所熟识之散处各地之工人，收取织成布疋，按件付以工资；

（4）除约定工人织布外，自市场购取布疋；

（5）将布疋在各工厂中染色，砑光并整理之；

（6）将已整理之布疋，运至外埠分行销售，最大之庄家有分行九，最少者分行一，平均则有二三分行；

（7）将售货所得之款，解至天津钱庄，或以款购纱或再汇回高阳。

布线庄之主要功能，第一在发散纱线与散工以织布，及在市场购买已织成之布疋。第二为经外埠之分行，以推销其成品。故需大量资本，以供给购纱后及销售前约八阅月之时期之用。以是最大之布线庄有资本一二十万元，最小者亦有数千元，普通则为二三万元。至布线庄所雇佣之人员，因其规模而不同，约在十人至六十人之间，有经理，司账，分庄经理，店员，学徒，差役，衙役等。

染线厂之规模较布线庄为小。一九三三年上半季有厂三十，在城中者十一，其余十九厂中之十一厂，则集中于城西南之于留佐村。此等染线厂之主要功能，亦为在线市购买纱线，然后在其厂中经工人加以染色，再发与四乡之散处织工，以织条纹布及格子布。织成后，染线厂复收集之，以骡车运至市场销售。因其规模较小而周转率较速，资本之需要亦较少，为一千元至万元之间，普通多为三四千元。其组织普通有经理，司账各一人，职员及学徒三四人，染工数人。织工之雇佣，须经机头之介绍。机头率为织布工人之首领，信誉较佳，且与染线厂有较久之关系。不特对所介绍之织工，负道德上之担保，且分发纱线并监督工人，使迅速交工，如工人到期不能交布，则机头助染线厂收回尚未织成之纱线。凡此事务，染线厂每年三节皆有馈赠，其礼物在五元至十元之间，以为报酬。机头所织之布，纵稍有缺点，亦可接收，且于送货时可就餐于染线厂中。此外机头所织之布，多由工人代为运送。每染线厂皆雇机头四五人，每人管理散处织工数十人至百人不等。

乡村织工，大都为商人雇主工作，然自行雇用工匠经营者亦多。有时织工联合租一作坊，一处工作，各人仍自营生产，互不相谋。于留佐村有来自高阳南百余里安平之织工，从事于条纹布及格子布之织造，其组织较为奇特。每组约八人至十人，尚有学徒四五人，购机器五六架，即在于留佐村赁屋数椽以资作坊。染色之纱线系自染线厂赊来，织成布后，复托染线厂代为出售。染线厂每通融款项与此辈织工以应急需，于年终与购纱线及售布疋之款一齐清算。清算之差数即为作坊本届之毛利，减去本年之开销而为纯利。各织工乃按预先之规定，而分成焉。

除商人雇主及织工外，与此手织业有关系之组织及商号如线市，线集，布集，线庄，布商及整理工厂等，应略述之，以冀有整个之了解。当一九三三年南开经济学院调查时，高阳城中有线庄四，其职务为自外埠购得大批纱线，在线市转售本地商人，同时亦贩卖颜料。因经营范围之辽阔，资本最少须十万元。布商则分布庄与布店二者。前者有外埠分行，后者则无之，然其规模均不如布线庄。布庄之功能与布线庄相似，惟不分发纱线与织工以织造。高阳有布庄凡三十一，资本最多者二三万元，平均则为五六千元。布店无外埠分店，其业务多为自乡村织工处贩来布疋，转售布线庄或布庄。高阳有布店三十三，平均资本约千元，最高者三四千元，最低者只数百元。

线市始设于一九一三年，每日有交易时间二：一为上午十时至十二时，一为下午四时至六时。严格言之，此种线市，当纯为棉纱及人造丝之交易，唯因新式银行之阙如，线市实具国内汇兑市场之功能，对天津之汇兑，一如天津之棉纱及人造丝然，亦可自由买卖，且按天津，青岛或上海之电示及市场之涨落为之。此线市之功用，对高阳工商业既如是重要，故城内商人，几皆为此市场之会员，会费不过二元，每日派遣店员一人至数人以参与其交易，交易之规定，口头书面皆有，投机事业亦屡见不鲜。

除线市较有组织外，其他尚有零线市，色线市，麻丝市，白布市，条格布市，麻布市等不同市集。此种市集，于一定之地方举行，或即在街市之上。月凡六次，零线市，色线市，及白布市之集市，为阴历每月之初四，初九，十四，十九，二十四，二十九六日。条格布市及麻布市则于每月之初三日，八日，十三，十八，二十三，二十八六日举行。麻丝之集市则在每月之初二，初七，十二，十七，二十一，二十七六日举行。在线市交易单位为纱线半包（每包四十捆，每捆重十磅零四两），在零线市则以捆或束为交易单位。每捆之束数因纱线之支数而异，十四支纱及十四支以下之纱，其束数倍于支数，十四支以上之纱，则束数与支数同。

高阳他种之附属工业，与织布业亦有连带之关系。如机器整染工厂，杂色染坊，山西蓝缸染房，印花厂，踩坊等皆是。一九三三年上季，高阳有整染工厂十二，经营机器轧光及涂色等工作，其中四场为布线庄或染线厂所经营，资本自数千元至三万元。且因竞争之激烈，此辈已组轧厂同业工会。杂色染坊凡二十二，资本约一二千元，仅能染色，其轧光工作，须请整染工厂代任。山西蓝缸染坊共九所，以山西土法染色，资本最高不过八百元。印花厂数亦九，为店主携学徒所经营之作坊，资本自数百元至一千元，其所染者多为麻丝被面及被单等。踩坊凡十，规模极小，以手工踩光，资本不过二百元。其他有砸花作坊三，浆麻作坊二，提花机楼子兼代售自行车商一，尚有作坊二，以修理织机及贩卖零件为业。

高阳纺织工业原料为棉纱及麻丝或人造丝，由布线庄及线庄购买，前已言之。布线庄及线庄在天津皆有分庄，以便就当地之纱厂或纱号购买，其办事处或在高阳商会，或在栈中。如分庄与天津纱号之交易由跑合者说成，则先由跑合发给单据，载明商标，支数，包数及每包之价格，此种临时单据，须经纱号认可后，再出一单据，以为交易之凭证。售价之一部可以预付，但其总额则在月终结算。纱号所发之单据，多交与运输公司以船或骡车自天津运至高阳。此辈运输公司多已作业多年，信誉极著，鲜有不能按期运到者。

高阳纱线多自天津购买，每至年终，天津即派收账员赴高阳清算，故根据收账员之报告，即可估计高阳每年购买纱线之数量。高阳织布业一九二九年达最高峰，彼年纱线之购买量为一〇〇，〇〇〇包，其中之二〇，〇〇〇包。则转售与清苑，肃宁，任丘及其他邻县。近年消费量已缩减，一九三二年已降

至最低额三〇，〇〇〇包，较一九二九年所消费之八〇，〇〇
〇包者，相差一倍半有余。

　　高阳织布业所用之纱线，百分之七〇至八〇为二十支及三
十二支，其余则为十六支及四十二支。昔者多从日本进口，较
粗之十二支及十六支纱，方为本国自纺。"九·一八"东北事变
后，高阳对日本纱线亦图抵制，其结果我国自纺之纱，已占百
分之三十至四十矣。

　　人造丝之用为织布原料，一九二五年始为普遍。是年自上
海直接购买者不过一家，一九二七增至二家，一九二八增至六
家，一九二九乃至十一家。厥后亦有至天津购买者。据一九二
九年之估计，购人造丝共二万箱，而销于高阳者凡一万二千箱。
每箱合人造丝二百磅，分为二十捆，普通皆为百二十或百五十
号。一九三二年人造丝之进口亦锐减，不过八，〇〇〇箱。仅
当一九二九年之百分之四〇。棉布及人造丝布织造所需要之人
工，第十七表可予以充分之比较。织长百尺宽二尺五寸之白布
八疋或面积二千方尺者，工资成本为六元二角，则每方尺平均
之工资成本为三厘一毫。如织长五丈二宽二尺一寸之人造丝布
十疋或面积一，〇九二方尺者，其工资成本为七元四角五分，
每方尺平均工资成本为六厘八毫。当织白布之工资成本二倍以
上。

　　依第十七表棉布及人造丝布织造对人工之需要，则高阳乡
村织机之数目，可得约略之估计。试以（一）棉织机每日每架
可织纱线半捆，人造丝织机每日每架可织人造丝四分之一捆；
（二）每年工作三百二十日（减去歇工日及假日）为根据，则当
一九二九年所销棉纱之八〇，〇〇〇包或三，二〇〇，〇〇〇
捆及人造丝之一二，〇〇〇箱或二四〇，〇〇〇捆，棉织机须
有二万架，人造丝织机须有三千架，总计为二万三千架。设当

农忙时及其他原因织机之百分之二十无工作，则有工作及无工作织机总数，当为二万七千六百架。惟织工家庭中非每人皆从事织造，尚有家务待理。吾人假设每架织机平均需要四个男人，妇女及儿童以做预备及织造之工作，如是，则高阳有织机二七，六〇〇架，当有织布乡人一一〇，四〇〇人，其中三分之一为男工，从事于上浆上经，穿杼及织布等工作，三分之二则为妇女及儿童，非每日工作者也。

第十七表　高阳织棉布与织人造丝布工资比较表（1933）

	八日间每架织机织本色布八疋之工资（每疋长百尺宽二尺五寸，重八斤）			十日间每架织机织人造丝布十疋之工资（每疋长五二尺宽二一尺，经线与纬线皆为一二〇号，并有经线三千）		
	人工（以日计）			人工（以日计）		
	男工	女工及童工	工资（元）	男工	女工及童工	工资（元）
上浆	1		0.40	$\frac{1}{2}$		20
络经		4	0.80		7	1.40
上经	$\frac{1}{2}$		0.20	1		0.40
穿杼	1		0.40	1		0.40
络纬		6	1.20		$3\frac{1}{2}$	1.05
织布	8		3.20	10		4.00
合计	$10\frac{1}{2}$	10	6.20	$12\frac{1}{2}$	$10\frac{1}{2}$	7.45

　　附注：织人造丝布之花板系自砸花作坊购来，至络纬则须学徒之协助，故工资较高。

　　高阳乡村除工人及助手一一〇，四〇〇人外，一九三三年间城中染色，轧光，印花等工厂尚有工人四二三人及学徒三〇五人。此四二三工人中染色工人二四九，轧光工人一六四，印花工人十。

第十八表　高阳织布附业工人之统计

	厂数	染色工人	轧光工人	印花工人	学徒	合计
机器染色及轧花厂	12	153	84		145	382
杂色染坊	22	}96	}50		}132	}278
山西蓝缸染坊	9					
印花厂	9			10	28	38
踩坊	10		30			30
总计	62	249	164	10	305	728

　　高阳手织业自一九二九达最高峰后，近来日渐凋落。一九二九年高阳消费棉纱八〇，〇〇〇包，人造丝一二，〇〇〇箱者，一九三二年不过销棉纱三〇，〇〇〇包，人造丝八，〇〇〇箱。一九三三年，此业更见零替。据南开大学经济学院之调查，一九三三年上半季有工作之织机，尚不及一九三二年之半。设此种惊人之衰落延续不已，前途实不堪设想，而此曾有繁荣历史之工业将趋于逐渐消灭，其影响于乡村人口之生计方面，实至重且巨。今特推原究始，查其衰落之原因安在，俾为谋复兴者之张本焉。

　　高阳织布工业衰落之原因，可分内部及外部两方面加以论列。外部之原因绝非高阳工业本身所可控制，如农村购买力之衰微，日俄疋头在中国市场之倾销，丝织品与人造丝织品之竞争等。高阳布之销场，大率在华北平原，西北及长江流域，不幸年来此等地带，非受内战外患之骚乱，即蒙全世界不景气之影响。如西北各省之陕西，甘肃，宁夏，山西，绥远，察哈尔，热河等省，多赖羊毛，羊皮，牛皮，及其他皮毛之出口，以维持其繁荣。但全世界经济衰落之结果，昔日皮货出口三千七百七十万关两者，今日不过一千八百八十万关两。一九三一年羊毛出口之一千另二十万关两者，一九三二年只三百三十万关两。且中国之经济组织，以战乱频仍，如四川之内讧，湖北，江西，湖南，福建等省战乱之蹂躏，以及十九年声讨阎冯之役，摧残破坏，已达极度。一九三一年九月日本攫夺满洲，一九三二年上海中日之战，一九三三年华北之战，更加促中国经济组织之崩溃。内外战争扩大，乡村人民遂不得不遁入通商区埠以求安全与保障。小康之家率皆变其产业为现金，汇诸城市中以存放，谋保安全。故农村间不独因人民麕集城市，生产能力及富力为之减少，即金钱信用，亦感贫乏。结果，乡村金融枯寂，利率奇高，而城市通货膨胀，过度繁荣。高阳布疋系以内地为市场者，因之不得推销其货物。至俄日疋头在中国市场之倾销，为高阳手织业衰落之另一原因。外国商人既货高价廉，且有严密之商业组织与充实之金融接济，与我国高阳布商之毫无组织者相抗衡，其胜负当无待乎龟蓍。俄日之疋头较高阳者确贱百分之二十至三十，而高阳商不在生产成本上求经济，反减低纱线之质与量，以冀与外货之价格相平，此种自杀之政策，危险殊甚。他如生丝及棉纱价格之暴落，及以银价计算之人造纱价格之增长，亦为高阳手织业衰颓之主因。中国生丝在纽约市场每磅之价格，在一九三二年正月为二.六四金元，至六月乃突降至每磅一.七六金元，相差约三分之一。故对人造丝织品之购买能力之一部，几已转向丝织品。至棉纱价格之降落，亦颇令人惊诧。人钟牌十六支纱在一九三二年第一星期为每包一六八.五〇两，至一九三三年五月末一星期竟落至每包一三三.五〇两，相差凡五分之一。故高阳之布商，均各减少营业范围，不愿多蒙在高价市场买纱而在低价市场卖布之危险。人造丝之价格，亦有跌落之象。但我国为银本位国家，年来银价狂跌，故以银价计算之人造丝之价格乃高涨，是亦为阻滞高阳手织业之要因。

高阳手织业衰落之内部原因，一言以蔽之，为组织之缺乏，或可谓为无组织。近二十年来，高阳织布工业之发展，固未可讳言，如一九二八年生产值已达三千一百万元以上，可为明证。惟如此宏大之工业，对制造，贩卖，及金融等毫无有效率而必需之设备，则亦为不可掩之事实。此种工业最低限度应有相当规模动力厂之设立，虽不用于纺织，亦应为轧光等整理手续之用。惟高阳布商对电力之经济，尚无相当之认识，对此种动力厂之设立，或犹未梦及。于需要机械动力较殷之各种整理手续，虽有十二较大蒸气动力工场之设置，但亦各自为政，对合力而设发电厂以资公用，尚未计及也。对棉纱及布疋储藏必需之仓库，亦付阙如。成品及原料率堆积于工厂或商店后部，火灾之保险，及有系统之排列，以求取用时之方便，则绝未虑及。各种货物既如此堆积，则当商业情形疲敝，或周转太慢时，资本必受束缚。设有一较现代化之货栈之设立，其他利益姑不具论，即已被束缚之资本，亦可利用有流动性之栈单而减轻其束缚。至无现代银行之设备，以供给此规模较大之织布工业，尤为高阳织布工业组织上不完美之明证。金融之周转，皆赖一线市，前已言之。惟此线市组织简陋，实不能应付规模宏大之工业之需要。高阳有拨条之制者，专供市面之流通，格式为高阳商会所规定，流通既广，现款乃极少见，要求现款例须贴水。设甲商自乙商购得纱线，即付拨条一纸以代货款。设乙再向丙处购买，则又将甲之拨条转付于丙，如钱数不同，则乙可更开一拨条与之。设甲商需要现款以付工资，须将拨条按行市贴现，如甲欲避免此项损失，则可另雇跑街就原开拨条人以收款项。设此拨条系乙商发出，则跑街须先至乙处，如乙商尚有丙商之拨条，则乙商不欲付现而以丙之拨条易之，跑街须再至丙处，请求付现，于是由丙而丁，直至最终之债务人止。甲商于此，可以拨条面额请求付现，然雇佣跑街所费当亦不资。高阳较大之商人，每年须追讨拨条五六次，每次需跑街十余人，其损失当可概见。总之，拨条之制，拙钝异常，且因无清算机关，持拨条者实不能避免雇佣跑街之额外开支及因发拨条人不能付款而所蒙损失之危险。

高阳商人之无组织，可再设例明之。一九二八年高阳布出产总值凡三千一百万元，而无一人从事于运销之调查，以考其聚散之迹。各布商对买纱织布，以及销售，亦多固执己见，毫不合作。一旦市场上剧变袭来，则此种无准备无组织之危险更形显著。对需要之性质，来源，大小，既无考量，他处技术上新发展之报告，亦无搜集。换言之，处今日竞争激烈之世，高阳工业之盲目的凭幸运而获利，将不可能。不求织造上之进步，而用偷工减料及模仿以应付竞争，则更危险矣。

（六）中国乡村工业与中国建设

中国乡村工业，近年虽见衰落，但其在中国未来建设上之地位，不能忽视。苟设法将衰落之内部及外部之原因，铲除尽净，乡村工业实有社会的及经济的二大功能，以助长中国之国家生命。经济功能中之最重要者即闲暇人工之利用，此点于中国之农业更为重要。盖我国农民占全人口之百分之七四.五，其劳工皆具有季节性者也。上节引卜凯教授对中国农业经济之研究已可见一斑，客来塞（Cressey）教授之地理的研究亦有同样之结论。满洲西部之兴安岭，每年适于耕稼时期不过百日，而两粤山地，则长年可资稼稿。华北平原之人口密度每方英里为六四七人，已耕地则每方里为九七八人，生长时期亦不过二百日。其他重要之农区，则满洲平原为百五十日，黄土高原为百七十五日，扬子江流域为三百日，四川之红土盆地则为三百二十五日，①凡此皆足以显示中国各部于不能耕稼时期，有人工呆滞之虞也。最近华北工业协进社致罗氏基金团之备忘录中，关于农工之季节性之重要，曾作下述："在华北，因农田之纤小，谷产之性质及严冬之季节，农业已为零工之实业，农村除有副业可工作者，农闲之时间常有五六月之久。经审慎估计之结果，全国十五岁至五十四岁之农民因此而损失之工作机会，几等于五千五百万人之完全失业。且因气候之关系，及雨量之不定及不匀，以农业为生，非无危险。凡此情形，皆使现存之乡村工业极其重要，未可因其无科学之指导及健全之组织而厚非之也。"②

　　第二经济功能，即对本地土产及副产之利用。如上节所述，今日乡村工业之因利用当地原料而存在者甚多，如采矿，造砖，榨油，磨粉，粉丝，酿酒，果品保藏，毛织，夏布织造，缫丝等。农业之副产如芦苇，麦秆等则又为他种乡村工业之原料。印度之乡村中此类因当地原料而成立之工业亦盛，印度皇家农业委员会之结论曰："工业及农业之关系愈趋密切，则乡村之简陋工厂（如轧棉，舂米，制糖）之数目及种类，愈有较速之增加。是类季节性之职业，实为农民经济之重要元素，如贝哈尔（Bihar）及敖黎萨（Orissa）处十五大糖厂，其工人之百分之

---

① Cressey, G.B.: The geographic regions of China. In Annals of the American Academy of Political and Social Science, Nov. 1930 (China number); Nankal WeeklyStatistical Service, Peb.29, 1932.

② 华北工业协进社致罗氏基金委员会驻华代表 Selskar M.Gunn 博士之未出版之备忘录题为 Proposals for industrial research and training, a phase of ruralreconstruction, dated June, 1933。

七十五为农民。"[1]

　　第三经济功能为增加农民进款，使生活略有余裕，以备歉年及匪灾后之不足。据卜凯教授之调查，中国五省之十二县家庭工业之进款，平均仅占农家全收入之百分之二.九，但此成数在江苏江宁为百分之一四.八，在安徽怀远则为百分之一〇.四。[2]然依百朗博士（Dr.Brown）之调查，则四川省峨眉山之二十五农家家庭工业之收入为十五元四角，占全收入一七六元一角之百分之八.八。[3]但此种收入，并非每农民皆然，依农田之大小及田制而异。百朗博士于成都平原五十农家之调查时曰："百分之五十八之农家，有育蚕纺织等家庭工业之收入。是项收入，每农家之平均数，为十一元九角；若只在有家庭工业收入之农家上平均之，则为二十元五角一分。对穷困之农人，不无小补。自耕农从事于家庭工业者百之四十，半耕农亦为百分之四十，佃农则为百分之七十九。五英亩之田，九人耕种之，其收入高至七十元。如此则佃农之平均收入为十八元三角五分，半耕农为七元八角，自耕农为六元一角三分。此种事实，足以指示佃农之农田虽小，而致力于家庭工业者甚大，且因较重之胁迫，不能不从事于此，以博收入"。[4]

　　其他经济之功能，为供给地方之需要，减少输入或促进输出以增加乡村社会之收入，均平乡村生活之程度，鼓励乡村技术之进步等。最后之功能厥为机器及运输便利对于农业上之利用，此点按中国之情形，最近之将来或难实现。中国农民小农

---

① Report, op cit., p.576.

② Buck.op.cit., p.98.

③ Brown, Harold D.: "A survey of 25 farms on Mount Omel", Szechuen, in Chinese Economic Journal, December, 1927, p.1071.

④ Brown, Harold D.: "A survey of 50 farms on the Chengtu plain", in Chinese Economic Journal, Jan., 1928, p.60.

最多，设能利用此种机器为农闲时制造之用，对农民始较为有利，不然则欲益反损也。

　　乡村工业之社会的功能，与经济的功能同其重要。乡村工业之特质，为小规模或分散之生产，其发展也足以避免近代机械工业过度发展后而产生之种种危害，且可得工人对机器之认识及应用。再者，乡村工业可使乡村人民习于制造事业，使生活更有兴趣，人民更为有机智进取。其教育之价值，亦未容漠视，尤以乡村工业之应用合作组织者为然；盖此种合作运动，能尽若丹麦之乡农学校（Folk High School）之职务。"独立或小组生产，使能参加较大之合作社以为社员，则可启发个人之责任心及合作之美德。乡村社会的传统观念，已为此种发展之膏腴；若再利用工业上之新组合，则更能促进大规模之社会合作。吾人闻有不少之领袖，产生于德法之相同组织之下，而终于在合作社及手艺工人联合会中占首要之行政地位也"。①

　　今日中国所两难者，为一方极需乡村工业以助益农民生计，改善乡村社会，他方则乡村工业方日趋于急遽衰落是也。衰落之原因滋多，吾人于前节分析河北省之乡村工业时已言之綦详。中有为非乡村工业本身所能为力者，如大规模生产之较为经济是，棉纺织业为最适于应用大规模机器生产之工业，故近代纺纱业兴，手纺纱业即如晞露之消灭矣。亦有为藉技术组织之改良可自行救济者，如教育与训练便利之供给，合作机关之设立等是。良以欲出品之能获得市场，首须求质地之精良，使能适应市场之需要。故技术之改良，实今日乡村工业之要务，欲求技术之改良，要亦非朝夕所可立致，而须循序渐进焉。调查今日乡村工业之实际情形与技术状况，最急切之需要与最适当之

---

① Proposals for Industrial research and training, op.cit., p.4.

设备，以为改良之根本，一也；聘任专家研究，仿照各处农事试验场成法，设立乡村工业试验所，按实际需要，研究建设与改良之步骤与方法，二也；择试验与研究之结果之有成效者，推行于乡村，使乡农实地应用，三也。实则使研究结果，果有成效，能改良品质，增进效率，减低成本，乡农耳目所濡，自然发生信仰，起而效尤；研究机关所应注意者，予以改良之便利与指导已耳。

　　技术之改良既须加意进行，组织上之改善亦须因势利导。今日乡村各地农民之从事工业者，受其雇主与中间人之剥削者屡矣。彼辈每以工人无知，生计困难，从中克扣渔利，而工人因收入短少，成本缺乏，遂亦不能求品质上之改良，而致出品销路滞钝。推原其故，今日盛行之主匠制度及商人雇主制度实尸其咎，是以组织上之改良亦至迫切。至未来乡村工业之组织，谓宜利用合作方法，以尽调剂信用，采购原料，推广销售，发展动力，调查商情花样之职。今日江浙河北诸省乡村信用合作社组织已颇著成效。乡村工业之合作组织，亦可先行试办信用合作，范围局于一村，然后同时将职务与范围推广，使成为各地生产者之联合组织，庶小规模工业得有保护，获得信用购买销售之便利，减少被剥削之机会；复可以各业互相内外联络，以免隔膜而促进步。然合作社组织之外，生产与商人间之中介人，无论其为合作社之雇员，抑为独立商人，仍不可或少；所应注意者中介人为数不宜过多，且须能为生产者与消费者克尽厥职也。①

　　至此种技术与组织改进运动之费用如研究之耗费，合作社之基金，藉借工商界与银行界之投资，顷者上海商业储蓄银行

---

　　① 戴乐仁：《发展中国小规模工业的一个建议》，《东方杂志》二八卷九号，民二〇，五，一〇；Woods，op.cit.，Pat I. Ch.IV。

与南京金陵大学农业经济系合作，从事此种运动，可谓良好之先例。而华北合作事业，几全由华洋义赈会经办，亦莫大之援助也。惟吾人以为此种事业不应视作慈善事业，以其有关乎国计民生，必须具有永久基础与长远计划，方得其可，否则，如视为慈善事业，则随慈善机构而存亡，一旦慈善机构消灭，乡村工业亦同归于尽，其危险为何如乎？

整理地籍刍议

一、引言

近年以来，我国地方事业建设已有相当之进展，如义教之推行，道路之修筑，保甲之编制，农业之改良，合作之推广，土地之整理，皆其显著者也。但无论何种事业欲收良好之效果，应有良好之财政基础，故今日言地方建设者，莫不以整理地方财政为先决问题也。

我国地方财政收入最多税源最稳者，当推田赋，试就二十四年各省市地方预算概入表观之，田赋几皆列首位，且于总收入中所占百分数甚高，如山东占百分之六四，宁夏占百分之五六，河南占百分之五二，浙江占百分之四一，江苏占百分之四〇，最少者为湖北占百分之八；若就县财政收入言，田赋附加在其总收入中所占地位又高于省，如山东各县占百分之八九，江苏各县占百分之七七，安徽各县占百分之七〇，河南各县占百分之六七，亦可见田赋在地方财政中重要之一般（注一）。然田赋在我国税制中渊源虽早，精弊最多，其重要者莫如田亩之隐漏，试以已办土地测量及土地陈报有成绩之各县观之，即可知其概略，如南昌县溢地二十九万六千余亩，江宁县溢地二十余万亩，萧县溢地一百十一万余亩，当涂县溢地二十九万余亩，陕县溢地六十余万亩（注二），隐漏之甚，殊足惊人，故在今日为地方财政谋出路，为建设事业立基础，整理田赋实不容缓。

田亩隐漏既多，财政收入必少，政府为维持其行政计，不得不增高附加，以资挹注，因之附税迭增，杂捐纷起，有田无粮者固可逍遥自得，而有田有粮与有粮无田者负担日重。不仅此也，我国田赋科则承袭远代，桑田沧海，早有变易，昔日良田今或为水冲沙压之区，今日膏腴抑或为畴昔斥卤不毛之地，失均负担，不待烦言。况原有册籍率多失散，征税不得不假手于册书，飞洒诡寄，因缘而起，小民有负重之累，政府有财政之困，故从平均人民负担，铲除贪婪恶迹，亦应从速整理田赋始也。

今日田赋之弊更仆难数，而其根本问题在于地籍无据，因之侵匿隐漏既不可防，需索浮收亦不能改，政府收入日少，人民负担日重，设使地籍整理清楚，隐匿田地当随之清出，赋税亦自增多，所谓有粮无田，有田无粮之现象当可免矣，再加以科则之改订，人民负担当臻于公平，既得与民休养之机会，复不阻碍事业建设之进行，实属两得之举。兹就各地采用整理地籍之方法加以概括之评述，然后提出合于当前需要而易于推行之整理地籍要纲，聊当刍荛之献，并就正于世之贤达。

二、对于几种整理地籍方法之评估

最近数年，政府为推行土地政策及改革田赋，对于地籍之整理，颇为注意。惟各地方法互殊，步骤各异。兹就整理地方财政观点，分论于次。

（1）人工测量与航空测量：测量之程序可略分为大三角测量、小三角测量、图报测量、户地测量、计算面积及制图六步，户地测量又可分别选用人工丈量方法与飞机航摄方法，故航空测量与人工测量本非相对而实相辅。航空测量乃藉飞机航行之速度与照相之敏捷，故作业较速，而最易受地形之限制。盖航测必须地下之景物显著，坵埂分明，始能摄入镜头，然后再施行纠正放大，面积即可从之算出。我国华北一带皆系平原旱地，毫无坵埂可分，西南则山陵起伏，荫蔽不明之地甚多。故航空测量，并非各处尽能适用，而实有相当之限制。

土地测量之功用，在明悉土地之方向，距离之远近，原隰之高下，面积之多少，实为整理土地之根本办法。然若从目前整理地方财政观之，勿论人工测量与航空测量，皆有共同之困难。第一，需要众多优良技术人才。如大三角测量人员、飞机驾驶与拍照人员、纠正放大人员皆当有纯熟之技术，其它如清丈员、计积员、制图员，亦皆须有技术之训练，而后始能操作自如，以我国面积之广，需人之多，绝非短期间可以养成。第二，需用精良之仪器。如人工测量所需之子午仪、经纬仪、水平仪、求积器、航空测量之飞行机、摄影机、纠正仪等，大半须购自海外，以现在各省财政之艰窘，更非易办。第三，需时较久，土地测量既为一种技术工作，自须按部就班，不能求之躐等，即以人力财力较优之江苏而言，在十九年五月成立土地局后，工作进行甚为迟缓，至二十三年四月，改订清丈总计划，进行始较积极，但迄今地籍清丈完成者仅十八县，开办、地登记者十七县，登记告竣者，不过四县而已（注三）。江西举办航空测量，其土地整理计划，除南昌县外，将新建等八十二县划为五区，分为五期整理。预定自二十三年七月起，至三十一年六月完成，共需八年（注四）。以外国情形而言，法国土地小我七倍，而清丈之期费三十年。日本小我十倍，尚须九年（注五）。以我国今日之穷，需要之殷，清丈实觉缓不济急。第四，费用较多，据德国教授忆思莱氏（Otto I rael）之估计，我国本部十八省，整理地籍经费须八万万三千万两，若以南昌之航测为例，作全国航测之估计，则需二十二万万元之巨（注六）。各地实施测量，在初办之时，经验未备，技术不良，所费特多，今已大行减少。如江苏初办之时，每亩最高远五角三分，今则减至六七分，江西航测，南昌每亩需一角五分，今之新建等十县每亩减至九分一厘（注七），虽今昔相比，经费大减，然费用之高，仍灼然可见，盖地籍整理，不仅限于测量，他如登记、造册、调查、估价，在在需费。若以航空测量之江西南昌县与土地陈报之江苏萧县相比，两县面积相差不远（南昌测毕全县总面积二百四十余万亩，萧县陈报后总面积二百七十余万亩），而其费用相差至巨，南昌用四十万元，萧县仅用一万五千七百余元，相差至二十五倍之多（注八）。

土地测量本为整理土地之根本良法，惟今日整理田赋，多为谋地方财政之出路，若仅就财政的观点言，实有另辟蹊径之必要。

（2）简单清丈：简单清丈实即等于户地测量，所异者为无大小三角测量之手续。采用此法者为湖北省，已推行于武昌、汉阳、汉川、随县、天门、江陵等六县，其程序为先据各乡镇天然形势，划分若干段，按段作图解道线，各网道线独立闭塞，以防累积误差。道线测定后，即依据道线点，用光线法或弧切法，清丈户地，户地清丈完竣，再依据原图计算每段面积及各起地面积，最后加以土地登记，全部手续即告完成，惟此种方法，若谓为治本，则无大小三角测量为之联系，整个图幅无法拼合。谓为治标，正式测量中最繁重之户地测量，业已完成。

以之推行地政，则与中央正式地籍测量法令之规定不符，将来必须重新再由三角测量办起。据以改革田赋，则其清丈费用亦不尽合于吾人之理想，即以二十三年而论，最多者为随县，每亩七角，最少者为汉阳与江陵，每亩九分。六县平均每亩一角三分，再加登记费每亩平均二角九分，用费之高，过于正式清丈。以言进行速度，自二十二年十月起至二十四年六月止，清丈亩数，最多者为汉川之一百零九万余亩，最少者为天门，不过四十一万余亩（注九）。故以此种方法，当兹地方财政艰窘之会，田赋问题急待解决之际，实与正式测量有相同之困难也。

（3）坵地图册：民国二十一年四月，浙江省民财两厅提出整理土地进行方案，闽于乙项清查地粮，决先就每旧府属之首县试办坵地图册。方案颁发以后，嘉兴吴兴两县首先试办，其余绍兴、鄞县、临海、金华、建德、永嘉、丽水各县，亦陆续开办。杭州府属之首县杭县，以清丈垂成，改指余杭办理。衢州府属之首县衢县，以失粮地特多，请办理查丈。首县以外之县分，当时各派员至首县实习，迨实习人员回县，亦先后指定都图，呈请试办。此种办法完全以整理田赋收入为出发点，以达到按坵制串，就地问粮，使粮地相符为目的。其办理程序则在利用旧时征粮之都图或庄坵为单位，责成管理钱粮造册征收之造册生或里书庄书或征收推收人员，查明现有征粮区域之都图庄坵界线，在此都图内之各段坵地，实施绘图编号工作，绘编完竣即造坵地清册，完全以坵号为纲，并无归户之举，所以符合其按坵制串之目的。而此法实施以后，迄无一县能告完成，吾人以为此种办法，亦有缺点，第一，按坵制串，本合乎理想，有地则有串，有串则有粮，殊不知田赋之客体为土地，其主体则为业户，设使户不系其田，则有串有地，何人承其粮赋？故吴兴县续办坵地图册报告书中谓："总之该县坵地图册，就其大体观察，指图问地，就地问户，均有着落，而就户问粮，非经过归户踏查，调验证件手续，则业主对于所在地粮，认识未清，似不能即供清赋之用。"（注十）是其实际困难了然可明。第二，利用旧征粮之都图或庄圩，而不以其现在行政区域或单位，于实施之时必亦有不少困难，税务行政虽非普通行政，然二者之联系则极为重要。第三，利用旧有依靠田亩紊乱为生之册书庄书等清理田亩，无异筑室道谋，难期于成。第四，费用太巨，兹仅以吴兴县之续办坵地图册而言，该县未编之四十七庄及茗区部分未编之一百五十三庄，约九十余万亩。仅就完成县坵地图册而言，尚须经费约七万五千元，而踏查庄户编造归户册所需经费，犹不与焉（注十一）。

（4）清查地粮：清查地粮之法创自浙江兰溪实验县，于整理田赋大收效果，其办法之内容不在于土地之编查，而在旧有册籍之整理，缘兰溪于前清同治五年曾编有鱼鳞册，及归户册，惜均旁落于册书之手，浸渔中饱，因缘而起，实验县政府成立之后，即设法令册书交出鱼鳞册，将散失损坏处补造齐全，再将全县二百九十余册书，尽予登记，责令编造坵地归户册。因实验政府办理得当，乃得将此两种重要册籍收归政府之手，所费不过三万余元，而收效完满（注十二），甚合整理财政之原则。惟此种办法，不能普遍推行，其原因有二：第一，必须有鱼鳞册与归户册为根据。而鱼鳞册之编造，在我国并不普遍，江南各处多于洪杨乱中毁损，此其困难之一。第二，必须政府应付得法，善于机变，盖册书之辈，最难于应付，威多则偾事，思多则难期有效。此其困难之二。故此种方法，并非任何县份皆可尝试者也。

（5）土地陈报：土地陈报者，即人民将其所有土地之实况，陈报于政府。民国十九年由浙江创办，因筹划不周，人才未备，遽尔全省实行，扰攘经年，卒鲜效果。继以省府改组，负责无人，遂告失败。后此三年，江宁自治实验县又举办土地陈报，竟于财政上获得意外之成功，颇为财政当局所重视。财政部长孔祥熙氏乃于四中全会提出整理田赋先举办土地陈报一案，当经大会通过，并由行政院颁布土地陈报纲要三十五条，通令各省遵照办理，于是江苏、安徽、河南、陕西、湖北、广西等省均先后推行，而其中以江苏之萧县、安徽之当涂、河南之陕县成绩最差。以上各地所办为土地陈报，但所采方法不免稍有轩轻，大别之，可分为三种，一为按户问地，经由人民自行陈报者，如江宁自治实验县是。二为按地问户，祇由政府编查，无须业主陈报者，如广西是。三为户地兼问，即陈报编查兼施，如江苏、河南等处是。是三种方法之优劣，见仁见智，各有不同，不过以客观原则言之，自以户地兼问较为精密。

从整理地籍谋地方财政出路观点言之，土地陈报尚不失为一能切合实际之良法，其利约有数点：第一，经验已备，盖新制初创，顾虑难周，今陈报方法各处实行结果，经验已宏，技术逐渐改良，果能谨慎将事，已无失败之虑。第二，技术简单。整理地籍本为技术工作之一种，若技术复杂，须要高级技术人才，以中国之大，需用技术人才之多，绝非短时期内所能养成。陈报工作则技术简单，干部人才训练较易。第三，费用节省，以办理已有成绩各县之费用观之，办理陈报，实较他种整理地籍方法节省，如江宁共享一万八千余元，每亩平均五厘三毫强，萧县共享一万五千余元，每亩合六厘，当涂共享二万余元，每亩合一分六厘，若与测量登记比较，则节省不止十倍（注十三）。土地陈报虽有如许优点，但其难处亦深值吾人注意，盖陈报本籍人事补制度之不足，设使人事不臧失败亦在意中。如浙江之土地陈报，从制度言之，户地兼问，本有成功之望，惜政府热心有余，而干部人才训练不足，遂使数百万金钱付东流，十数万人力成虚耗，至可为殷鉴也。江宁土地陈报，制度本有缺点，但以政府人才完备，乃得因应适宜。故人事之臧否，实足以决定陈报之成败，人事固为极难解决之问题，但因经验锻炼，办法改善，未尝不可谋补救之道，要不可因噎废食，坐误时机。此外则民众组织亦为土地陈报成功之要件。陈报之异于测量者，前者须藉民力，后者悉由政府承之。若人民组织不健全，则力量不集中，政府即无所凭借。幸现在各省之保甲编制，渐见成熟，推行土地陈报，或不致感甚大之困难也。

三、整理地籍办法纲要

1. 前提

（1）由各省省政府主持分期举办全省土地陈报：举办土地陈报，由省政府命令行之较易，设使由县政府自行发动，则豪强劣绅为保持其自身利益计，难免不从中阻挠，省政府功令较重，县政府若能严厉执行，豪劣自亦敛迹。主办机关应按照行政院颁布办理土地陈报纲要第二条之规定由财政厅会同地政机关办理。惟举办之时，万不可全省同时施行，其原因有三：第一，各县情形不同，县长办事能力有优劣，民情风俗有善恶，须预先加以调查，选定数县试办以开风气。而后推行。第二，全省同时举办，主持机关必致顾此失彼，指导人员缺少，工作易流于草率。第三，土地陈报成功之要件，在于有健全之干部人才，使全省同时举行，必须训练大量干部人才，但陈报既毕，势须遣散，干部人才一怀五日京兆之心，则工作进行之精神无形涣散矣，而政府所用训练之经费亦多，是为极不经济者。有此三点，土地陈报应分区分期实行，不可仓促将事，全省施行。浙江省土地陈报之失败，即坐此也。

（2）陈报方法应采用户地兼问之原则：从陈报本身言之，其意义与按户问地之方法相合，即由人民自己陈报其土地于政府，惟此项办法，所虑者为人民匿报或谎报，政府实无法控制。职是之故，遂有人主张，与其令业户陈报，不尽确实，不如完全有政府编查为愈，此即按地问户方法之由来，吾人以为此两方法，各有其弊，如仅由业户陈报，固虚实难稽，但仅有政府之编查，则土地权利义务关系，亦无从明了，譬如正式土地测量，必随之以登记，而后始可言地籍之整理。是以两法相合，则有互补之利。故办理土地陈报，应预先确定户地兼问为办法之原则。再从行政院颁布之举办土地陈报纲要观之，其内容亦重视户地兼施之原则，不应躐等以求，自召失败也。

2. 事前准备

（1）省政府方面

①拟定土地陈报办法，施行细则，陈报办事处组织章则，纠纷调解办法，及一切图册单据之样式，筹备开始。

②筹办经费，土地陈报即藉民力，则极应避免向人民收费，此点人或视为末节，不知关系成败，实至大也。故在陈报以前，先确定不收费之原则，以坚人民之信心，始能收效。至经费之筹措，吾人以为在今日县地方财政困难之下，似应由省政府统筹为宜，或撙节经常经费，或息借商款，或挪用他项款项，要在当政者因事制宜，以各地以往经验衡之，每县办理土地陈报所需费用不过一万元至二万元左右（注十四），倘每年能完成二十县，则每年所费最多不过八十万元左右，在省财政中或不致

有甚大影响，而一劳永逸之图，即定于是也。

③训练干部人才：陈报方法虽云简单，但勘界绘图编号等繁重工作，亦绝非未受训练者所能胜任。故训练人才实为首要，以事实为例，浙江初办土地陈报，对于此点未能注意，以后进行迟缓，推动困难，派员赴各县实地考察，皆认为多数县份在于人才难以罗致，实施查坵、编号、划段、绘图，更非经过训练不办（注十五）。萧县土地陈报成功之原因虽多，而预先招收乡镇办事员百余人，加以严格之训练，造成健全之干部人才，实为成功之要因（注十六）。惟办理陈报人才，应由省集中训练，一则经费节省，一则教材统一，俾将来推行之时，无分歧支离之弊。至训练人数之多寡，则视其推行区域之大小而定，假定每县平均为二百乡镇，则每县至少须五十人。倘以每省平均八十县而论，分四期举办，每期二十县，则干部人员须一千人，始克有济。训练教材，除章则、办法、技术而外，应多注重实地练习，俾不致临事失措。

④划分区域：土地陈报既应分四期举办，则须先分划为四区，每区约包括二十县左右。划分之原则，以符合现行之行政督察区为最善，因行政督察区现已遍及十余省，业见成效，每区包括十县左右，设每期举办二十县，则可选择两个办理较比完善之督察区首先实行。同时行政督察区之用意既在辅助省政府执行监督指导统筹之任务，则土地陈报工作当可责成行政专员负责办理。

⑤选择时期：陈报与编查皆属外业工作，故办理之时期，不可不加以选择，气候寒冷，雨雪载途，固于工作之进行大有妨碍，但在草木葱茂，坵陇不分之时，陈报编查工作亦皆不易推行。设全省分为四区，期于二年完竣，每年可办完两区，第一期之陈报编查工作以在春初为宜，第二期则可在秋实之后，

因此时田亩中无作物之妨碍，利于进行。惟此种时期之选择，要在地方政府之因时因地以制宜，吾人在此不过提出其重要性而已。

（2）县政府方面

①训练下级人才：省政府所训练之陈报员为陈报中坚分子，担任技术及指导等工作，而非陈报之重要份子，重要份子为乡镇长、保甲长、小学校教职员，及对当地土地状况熟悉之地保与县政府之册书等。此时省政府所训练之陈报员既已到县，可分批下乡，将以上之人员加以训练，遇必要时，乡镇长亦可调至县政府受训。

②组织各级陈报办事处：陈报办事处之组织为政府与人民之集体，其组织健全与否，足以影响陈报工作之效率及成败。惟此项组织应与行政系统相符，兹就县及县以下之行政系统，分陈报办事处为三级，县政府设总办事处，县长兼处长，副处长则可由省派陈报指导专员充任之，专任技术之工作，县政府科长及当地素有声望之绅士皆由县长聘请为委员，分别指定其工作，区（或区署）设区（或区署）办事处，由区长兼主任，并聘请当地绅士为委员，其职责在于宣传指导与监督，不负实际技术责任，但陈报单之散发与收集，应由区署办理。乡镇（或保联）设乡镇（或保联）办事处，由乡镇长（或保联主任）兼主任，此外加入县派陈报员一人（即在省受训者）与小学校校长教员及熟悉当地土地情形之地保编为编查队，乡镇长及保甲长则专负催告业主陈报之责任。乡镇办事处为陈报之最低级组织，负责独重，应常由县办事处或区办事处派员指导监督。

③调查全县对于土地之社会风俗习惯，以备陈报时之参考。

④宣传：宣传之功用，在于解释人民之误会，增加人民之信仰。可仿效江苏萧县办法，筹设扩大宣传周，务使全县人民

皆知陈报之用意，陈报之方法。

⑤备置簿册单据：最重要者如陈报单、坵地草簿、坵领户册、户领坵册等。

⑥备置木标：按坵插标为编查之根据，甚关重要，故坵标宜由政府备置，形状既可划一，且可免去业户自备坵标之困难。

（3）民众方面

①完密之组织：陈报须假藉民力，前已言之，惟民众无严密之组织，力量不集中，即无法利用，如以办理陈报成功之地方而论，萧县，当涂等处保甲组织业已完成，广西之乡镇村街组织异常严密，政府功令一下，即可动员全体。故于陈报之前，民众必先有完善之组织，始可望底于成。

②深切之了解与同情。政府办理陈报虽以财政为出发点，而实际对人民益处甚多，如土地纠纷之解决，租税负担之公平，皆可由陈报而完成。故人民非对此有深刻之了解与同情，不能推行尽利。使之了解与同情方法，在于政府之宣传与措置，此不可不注意及之。

3．陈报程序

（1）编查步骤

①先行划分乡镇之界限，有与他县毗连者，则按内政部二十年颁布之县行政区域整理办法大纲办理，以重法令。

②每一乡镇再划分若干段，段不可过大，过大则编查不易；亦不可过小，过小则单位太多，一段以一千亩左右为准，并每段绘成轮廓图，编定段号。

③催令业户按坵插标，标上注明业户姓名住址亩数。

④编查队履地绘画坵形图，鳞次栉比，编定坵号，并将号码注于标上，然后在坵地草簿上注明标上之业户住址亩数，再

注明编查员自测估计之亩数，最后按全省一致之标准分类方法鉴定其土地之地质等状况，以为将来改订科则之依据。

（2）陈报步骤

①利用保甲制度分散陈报单于业户，陈报单以户为纲，惟一户土地散在两乡者，则应分单陈报，以便对照。

②依标填号，业户于收到陈报单后，即应依已注明号数之坵标，于陈报单中填写每坵土地之号数，连同证明文件，送往乡镇办事处。

③乡镇办事处收到陈报单及证明文件后，应与坵地草簿比较是否相同，亩数如有差异，应另册登记，以备查丈。

④查丈，如编查陈报之亩数或其它情事有较大之差异时，应履地查丈。

⑤一切错误纠正以后，应即在乡镇公所公告，十日后无异议，陈报工作即告终了。

（3）调解纠纷：我国地籍紊乱已久，积弊已深，潜伏之纠纷必不在少，陈报时此种问题必纷至沓来，调解之方法，由县府、法院及地方代表，合组纠纷调解委员会为最善，倘移归法院，则程序繁复，影响陈报工作甚大。

（4）编造册籍

①乡镇办事处查丈公告完毕，所有坵地草簿及陈报单均经校正无误，即汇交区办事处，遇必要时区办事处得举行抽查，然后汇交县办事处，县办事处即凭造册籍。

②坵领户册：坵领户册以地为纲，按坵地草簿誊写，举凡土地之面积、坐落、土质、等则、业户、佃户等项目，以详明为主，每册以一段或数段为单位，册端附以段坵形图，庶使图册相应。

③户领坵册：户领坵册以户为纲，按土地陈报单填写，内

容最重要者为业户真实姓名及住址，所领坵数，土地之等级，科则之高下，赋税之多少，以为编造征册之张本，但坵领户册与户领坵册须互相呼应，不可紊乱，始能保持户地粮三者之联系。

（5）颁发营业执照：按行政院颁布之办理土地陈报纲要第十一条规定，"呈验之证明文件，应随时验明加盖验讫图章，当场发还，并附给陈报单收据，将来凭据发给土地营业执照"，营业执照为陈报后之重要证据，且为将来推收过户之根据，自应慎重为之，然多数陈报县份，每于陈报工作竣事后，久不发照，虽或因校正陈报错误所致，但稽时过久，易滋弊端，是不可不慎也。营业执照应以坵为单位，以便土地之转移。

4. 赋制改革

（1）改订科则：土地陈报之功用在于整理地籍，地籍整理完竣，必随之以税制改良，始达到整理田赋之目的。税制中最重要者为科则之改订，我国田赋，自昔因壤别田，具有等差，后以地籍失实，赋税繁增，早失公允，故改订科则，允为陈报后之首要工作，惟是改订科则之标准甚多，如何抉择，亦为一亟应研究之问题，有主张以收益为标准者，有主张以地价为标准者，有维持旧有之科则者，有将旧有之粮摊于旧有之地，而另定新溢地之科则者。吾人以为旧有科则，桑田沧海，早失真相，而新行标准如收益地价等固为赋税之理想标准：但实行时，估价手续之繁重，收益调查之困难，皆可想象而知，即使无此种困难，而陈报条件是否合乎以上之标准，此种标准又是否合乎今日之国情，殊难遽下断语。吾人以为后实行之简便，标准之固定，及今日地方状况而论，江苏萧县以地质分等级为改订科则之标准，尚不失为一种稳妥办法。兹将该县之办法，述其涯略，以供各地之参考（注十七）：陈报以前先由总办事处规定地别、名称、辨别方法、填写标准，分发各乡切实遵照查填，乡镇办事人员于编查地号时，按照各圩地别，据实填入地号草册。俟全县复核统计工作完成后，即根据各乡土地类别统计，以地质为中心，参照地价高下，产量多寡，环境优劣，后事详定等级，全县土地计分四等，青沙江淤等属一等，碱沙干淤等属二等，劣沙山地等属三等，凡全碱不毛、沟荒、山荒及河身公路地，目前生产者均列作预则，暂时拟不征税。一等地每亩正附税合计征银元二角五分，二等地二角二分，三等地一角八分，此其办理之大概也。

（2）确立推收制度：推收制度即土地经买卖分割后，至政府登记其土地权利转移变更之法律手续，设使土地已有转移，而政府之籍册不随之更改，则历时一久，户地又失联系，地籍必又紊乱，土地陈报又将失其效用，有田无粮，有粮无田等情形，率由是而造成。确立推收制度本甚简单，但亦须依据数种原则：第一，办法应力求适应人民之方便；第二，手续力求简单；第三，应取消契税或减轻税率，然后始能推行尽利，使完善之推收制度得以确立，则粮随地转，地随户易，土地陈报之功能可以永存不替。

（3）改良征收制度，政府因无册籍可据，征税不得不假手于册书，此辈上则欺蒙政府，下则鱼肉人民，收不入官，欠不在民，飞洒诡寄，为所欲为。陈报既已成功，征收应力避中间人之假手，应使人民直接交纳为原则。至于征收机关之内部组织，则核算、收款、掣串三者应分别独立，藉收分工之效，兼杜中饱之弊。

四、结论

整理土地为国家百年大计，中山先生亦以全国土地测量完竣为完成县自治要件之一。但整理土地彻底办法为正式测量，土地陈报不过治标之法，惟此两法虽有标本之分，而实际则相辅为用，如办理陈报之县份坵图已完备，调查亦已蒇事，于将来实施土地测量，自可收事半功倍之效。故吾人以为办理陈报并非摒弃测量。测量优于陈报者在其技术；陈报优于测量者则在其适合目前之需要。至于现已开始办理正式测量之省份如江苏、浙江、江西等省，自审财力较优，人民负担不致因测量而再行加重，积极推进正式测量，自属得当。但财力不足，地瘠民贫之省份，不应坐待经费有办法后，始举办正式测量，而任令人民负担长此不均，地方财政永无出路，故举办陈报实为当务之急。以事实为例，江宁县每年田赋征数，至多未过五成，通常只能征起三四成。而陈报以后，田赋开征，初限内即征起五十四万余元，已超过六成；次限实征期内，共征起十三万余元；共计有六十七万余元，已在七成以上，总计二十二年度共征起九十余万元，至九成以上。与以往各年比较：二十年实征数最少，不过二十三万余元，计增三倍；二十一年实征数最高，亦不过四十七万余元，计增一倍。萧县经陈报后溢出四万余元，江都溢九万余元，当涂溢十一万余元，此尚系减低税率后之溢额。陈报之功效，由此可见矣（注十八）。

总之，近年来各地方政府深知撙节，努力建设，虽稍收效果，而去自力更生救亡图存之途尚远，其症结所在则为今日地方财政基础之脆弱，不足以推动积极之政治，虽然与民休息固非恶政，惟环顾今日国家之地位，民族之危机，不得不从积极方面设法，趋向建设之途。故在今日整理地籍，改革田赋，谋财政之出路，实具有深长之意义也。

（注一）张森：田赋与地方财政，地政月刊四卷二三期合刊。

（注二）南昌县见：江西省土地局，江西省土地行政报告书（二十四年）十四页。

江宁县见：江宁县政概况土地陈报十一页。

萧县见：财政部整理地方捐税委员会，江苏省萧县土地陈报概略十一页。

当涂县见：财政部整理地方捐税委员会，安徽省当涂县土地陈报概略十九页。

陕县为南开大学经济研究所研究人员赴豫考查土地陈报得自豫省财政厅之数字。

（注三）江苏省土地行政报告，地政月刊四卷四五期六九四页。

（注四）江西省土地局，江西土地行政报告书（二十四年）一页。

（注五）张森：举办土地陈报应如何实施之商榷，地政月刊二卷五期七一○页。

（注六）中国地政学会拟请修改土地法意见书，地政月刊三卷一期三十页。

（注七）董浩：中国土地整理之鸟瞰，二十五年九月十六日大公报经济周刊。

（注八）江西土地行政报告书（二十四年）十四页，二十二页；江苏省财政厅，江苏省土地陈报纪要，二十三至三十六页。

（注九）湖北省民政厅：湖北整理土地纪要，第二编清丈与登记。

（注十）浙江省民政厅：浙江省一年来的土地行政，七十四至七十五页。

（注十一）同上。

（注十二）兰溪实验县政府：兰溪实验县清查地粮纪要。

（注十三）同注八。

（注十四）土地陈报经费：江宁县一万八千二百八十五元；当涂县二万元；萧县一万五千七百九十九元；江都一万七千六百二十三元；沛县一万一千一百六十七元；江阴八千一百六十五元；最少者为扬中五千一百七十三元。

（注十五）浙江省民政厅：土地陈报特刊，二十七至二十八页。

（注十六）萧县县政府：萧县土地陈报工作概要（油印本）乙二页。

（注十七）同上，乙十二页，丁三页。

（注十八）江宁县政概况，土地陈报十三页。

财政部整理地方捐税委员会：江苏省萧县土地陈报概略十六页八表。

财政部整理地方捐税委员会：江苏省江都县土地陈报概略十五页六表。

财政部整理地方捐税委员会：安徽省当涂县土地陈报概略二十六页七表。

论华北经济及其前途

    本所应天津大公报之请，于本年四月一日该报在沪成立分馆之际，集本所同人之所见，汇为华北经济特刊，津沪两处，同时揭载。刊中论文十一篇，固欲使国人益能明了华北经济地位之重要及其与整个中国经济关系之深切，然是中可供参考之资料，或亦不少。爰由编者集合原执笔人鲍觉民（地理），吴华宝（土地与人口），叶谦吉（农产），谷源田（矿产），吴知（工业），王文钧（贸易与财政），丁洪范（交通），杨学通（金融）等诸先生重加整理，并附注释，凡遇重复之处，悉予删并，务使前后一致，辑成本文，不敢掠美，用特向原执笔人致谢。

一　华北经济之重要

    华北冀、鲁、晋、察、绥五省，在我国前代之地位，有为文物之中心，有为衿喉之重镇，即在今日人民心理上，俨然中枢之想象，其痕迹犹未尽泯也。第自"九·一八"事变以还，冀、察等处似已沦为国防之最前线，对外纠纷接踵而起，折冲应付，在在为难。一般以感于与虎谋皮之不易也，每拟效古公宣父之避狄！此种消极心理，久则骎骎移入。而华南同胞以相距较远，或闻见不切，将如越人之视秦人肥瘠。此种退避消极之错误心理，亟须有以纠正焉。

　　要知中国系整个的，有统一之文字，统一之思想，及统一之天然形势，历史上因放弃一部领土而覆亡随之者，不乏先例。而自经济的观点言，更属不容分裂。华北煤矿，闻名世界，铁矿储量，亦多集中华北，而江南煤铁储量，均为贫乏。反之，炼钢所必需之钨锰等矿，则以南方为丰富，北方甚属少见。没南北分裂，则工业即失基础。棉毛为纺织所资，盛产于北地，而南省产量不多；油漆材料及硝酸盐酸之属，多产华南，而华北于焉取给。合则有无相通，而受其益，分则关津多阻，各蒙其害。由此数例，已足见中国经济之整个性，合则两存，分则俱伤。而华北经济站在整个中国经济中之重要，不言而喻。

　　华北五省中，绥察古为边徼之地，清时大半属内蒙古境。冀鲁晋三省，春秋时属燕晋鲁卫齐宋曹诸国，有史以来，即为我国文化先进之区。降至近世，冀鲁二省以与海为邻，受西化影响较早且深，晋省旧为钱业之盟主，近年虽因新式金融业之勃兴而失其旧有势力，然以煤藏丰富，未来发展不容忽视。绥察二省，进化较缓，迄今尚存游牧社会之遗迹。惟察省铁矿储量，在关内为首屈一指，对于我国现代化之重要，实与晋省相伯仲。兹清就地理、土地、人口、农产、矿产、工业、贸易、交通、金融与财政各方面，作一概括的叙述，以示华北五省经济之一斑，及其在我国经济上所占之地位。

二　华北之地理环境

　　近年时俗论文，所谓"华北"，概指冀鲁晋察绥诸省，其实省区划分，多因历史沿革而然，其于天然形势，殊多未合，在地理上固不能成为独立区域，即经济上亦未能成为个别单元。实在就自然环境上言，华北应自秦岭淮水以北，以迄察绥南端，在此区域以内，地理环境，大致相同。本节所论，大略指此，其中河北，山东二省，尤属华北区域之中心地位也。

甲　华北之地形

论及华北之地理环境，当以地形与气候二者最为重要，其于华北经济上之关系，亦以二者之影响为最巨。他如土壤及天然植物诸端，华北亦各有其显明之特征。华北地形，除山东半岛及河北省东北之长城边缘附近为丘陵地带外，其余大致为平原或高原。华北平原，面积宽广，为国内最大之冲积平原，乃由太行以东之白河、黄河、淮河及其支流冲积而成，荡荡平野，一望无际。津浦、平汉、陇海、北宁、胶济、正太、同蒲诸路，纵横交错于其间，交通至为便利。地土肥沃，农业极盛，小麦、小米、玉米、高粱、棉花数者，尤为主要之产物，为国内最重要农业区域之一。惟黄河流经陕晋，及其东出平原，流速辄减，坡度忽低，最易泛滥成灾，下流河道更每徙转，为华北平原之大患。自太行以西，即为山西高原，但因山西境内，河流纵横，高原为其分割，山岭起伏，形势极为零落。惟其中亦有多数狭长盆地，由断层陷落或河流侵蚀而成，为山西农业最盛之区。绥察大部，亦为广大之高原，海拔在一千二百公尺以上，广漠无涯，异常平坦，一片草地，为天然之牧场，地高奇寒，雨水极稀，牧言盛而农业次之。鲁东冀北地多丘陵，统由古代坚质岩石所成，以冰霜雨雪之侵蚀，始形成今日冈峦起伏之地形，在此较古地层之上，间为含煤地层所盖覆，为今日华北重要之煤业中心。

山东，河北两省，濒临大海，其海岸线虽均为下沉现象，但山东沿海曲折而多优良港湾，如青岛、烟台诸港，形势之佳，允称华北之最，未来发展，更未可以限量。且沿海一带，富有岛屿，山东半岛渔业之盛，仅亚于舟山群岛。而河北省濒临渤海，沿岸沙滩亘连，平直单调，港湾缺乏，大洋轮船，进出至感不便。如天津港口，虽为今日华北最大之商埠，但亦苦于距海甚远，海河淤塞，大沽水浅，冬季冰封，而有前路多迂回可望不可即之概。惟沿海盐业甚盛，所产长芦盐，行销华北各省，为重要富源之一。

乙 华北之气候

论及华北气候，则较之地形略有系统。就气温言，华北因纬度较高，冬严寒而夏酷热，气温较差，甚为激烈。加以地近蒙古沙漠，冬季西北寒风，历时甚长。其于农事上之影响，则为生季之短促，与收获次数之减少，亦仅能宜于较为耐寒作物之生长。就雨量言，冬季西北寒风盛行，极为干燥，夏季东南季风代起，亦因阻于秦岭，雨量远较华南为少，全年雨量，约自四百公厘至六百公厘不等，较秦岭以南，相差每至数倍，所幸雨季之分配，则以夏季各月为最多，约居全年雨量百分之七十五，适当农作物需水之时。但华北雨量之最大缺点，即为各年之间变差至属无常，雨量变差之大，平均可达百分之三十以上，①以致多则患潦，少则成旱，而使华北成为世界有名灾旱之邦。然华北雨量虽少，如能年年可靠，或年平均变动不大，亦尚可耕耐旱谷物，今则并此稀少之雨量，尚不可靠，欲求荒灾之幸免，盖亦难矣。故农田灌溉，实为华北农事上之最大问题。年前世人每有渭华北气候有渐趋干旱之征象，至有谓中国

① 竺可桢："华北之旱灾及其前因后果"，《地理学报》，第一卷第二期第八页，二十三年十二月。

北方有继续干旱之势，或将化为沙漠之异说，实为一种杞人忧天之谈，近经多数专门学者之研究，已证明其不确。盖华北雨量，不患寡而患不均，诚属缺憾，然不能遽认华北之趋于干燥化也①。华北各省每于冬末春初，气压配置逐渐转换之时，常起大风，至时尘沙飞扬，天日为之晦暝，俗谓之"刮风"或"刮黄沙"，对于交通农事，均有莫大之影响。

丙　华北之土壤

黄土为中国北部最普遍最显著之地貌，漫山遍谷，茫茫平野，莫不尽染黄色，景象至为单调。但因地形之不同，大致东部为冲积黄土平原，西部则为黄土高原之一部。黄土平原，地形既极平坦，土性又甚肥沃，乃华北农业最盛之区域，亦华北人口最稠密之所在，与黄土高原，同为我国古代文化活动之中心。黄土中含有碳酸钙及其他碱性盐甚富。翁文灏氏谓：中国土壤可分为二大类，秦岭及淮河以北，大部分为钙层土，其南几全为淋余土②。盖气候为造成土壤之主因，秦岭以北，气候较旱，雨量稀少，土内之钙化合物，不易为水所溶，故含钙质颇富。其土多为碱性，而有石灰性之反应。种植高粱小米小麦，最为相宜。至如绥远之黄河沿岸平原，土壤中所含碱性太多，对于农作殊为有害。但黄土性易剥蚀，黄土高原，受黄河极度之剥蚀，挟带而下，致使河床逐年增高，河水暴涨，最易酿成水灾。且黄土质细而松，常能壁立不坠，故凿穴而居，与黄土大道（华北称为衚衕），为黄土区域内之特殊景象。因黄土性既疏松，致使晴则尘灰飞扬，雨则泥泞没胫，对于交通，实多困

---

① 张其昀："近二十年来中国地理学之进步（上）"，《地理学报》，第二卷第三期第三十五页，二十四年九月。

② 翁文灏："中国土壤与其相关之人生问题"，《独立评论》，第一二五期第八页，二十三年十一月四日。

阻。故建筑公路，虽甚易易，但保养路面，则至困难。鲁东冀北地形既多丘陵，土壤亦较贫瘠，而为棕色土壤，农业不甚适宜，但颇宜于果实，如桃梨苹果之类，殊为发达。

丁　华北之森林

华北大部以数千年来农垦之结果，森林多被砍伐。原始植物社会之情状，甚难想象。然由今日若干高峰所残余之森林景象言，可知往昔森林之分布，当亦甚广[1]。青岛前在德人占据期中，曾广植森林，成绩甚佳，推而广之，亦一件大事业。山西全省多山，地势甚高，气候严寒，各地森林，亦因砍伐过度，童山濯濯，满目荒凉，故华北诸省森林之稀少，甚于土壤之剥蚀，灾荒之形成，直接或间接均具有极大之关系也。

三　华北之土地与人口

我国人口总数达四万四千七百万，其中四万另四百万或百分之九十居住于本部十八省中，而沿海诸省，其人口密度更高。华北五省中以河北及山东两省人口最多，河北省有三千一百万，山东有三千万，山西次之，有一千二百万，绥远及察哈尔两省人口较稀，约各二百万左右。故华北五省人口合计之约为七千八百万，当全国人口总数百分之十七。然华北五省之土地总面积（一，六三七兆亩）为全国土地总面积（一七，九四七兆亩）之百分之九，换言之，即全国人口百分之十七聚居于当全国总面积百分之九之华北五省中，其人口密度每方公里约为六十六

---

[1] 哈第著，胡先辅译：《世界植物地理》，商务印书馆出版，第三十三页，民国二十二年。

人，虽较本部十八省人口密度之九十五人低三分之一，然与全国人口密度之三十四人比几高一倍，由是以言，华北人口似有过剩之患矣。

第一表　中国各省区已耕地面积与土地总面积及人口总数比较表*

省　区	总面积（华亩）	总面积（方公里）	已耕地面积（华亩）	垦殖指数（百分数）	人口数	全人口每人均摊耕地（华亩数）	每方公里之人口数
察哈尔	415,700,480	300,580	16,839,000	4.1	1,997,015	8.43	6.64
绥远	488,367,360	353,120	23,960,000	4.9	2,123,768	3.25	6.01
河北	225,709,120	163,200	103,432,000	45.8	31,232,131	3.31	191.37
山西	259,945,920	187,960	60,584,000	23.3	12,228,155	4.95	65.06
山东	246,887,680	178,520	110,662,000	44.8	30,336,001	3.72	169.93
华北五省	1,636,610,560	1,183,380	315,477,000	19.28	77,917,070	4.05	65.84
全国	17,946,643,520	12,976,600	1,373,986,240	7.65	446,919,832	3.07	34.44

*陈长蘅著："我国土地与人口问题之初步比较研究及国民经济建设政策之商榷"，《统计季报》，第三号，第5-6页，民二十四年九月。

　　然细为分析，土地面积之总额与人口多少之问题并不发生十分严密之关系，所须注意者，惟土地面积中之已耕地，是否占广大之面积耳。华北五省之已耕地总面积为三万一千五百万亩，在全国已耕土地中占百分之二十三。今若不计土地生产力之高低，而单论其耕地之面积，则华北五省人口虽占全国百分之十七，而耕地面积则占全国百分之二十三，于是可知其地位之重要及与全国整个经济之关系矣。

　　在华北五省中山东与河北两省已耕地面积为最广，且在各该省土地总面积中，其垦殖指数各达百分之四十五与百分之四十六之高，以五省总面积计之，其垦殖指数为百分之十九，虽与本部十八省之百分之十八相符，然与全国之百分之七，六五

（蒙古、新疆、西藏均在内）相比，其差别之大，更可想而知①。

华北五省因其已耕地面积之广，故每人平均所得之土地为四亩有余，与本部十八省平均每人所得之二.六亩或全国平均每人所得之三亩相比，高出三分之一左右，在雨水丰盛，气候适调之年，其农产品有大量之剩余，可以供给华中南各省之需要。我国近年虽有巨量米麦之进口，然以我国之杂粮出口甚多，亦可挽回一部分之损失，此视绥远粮食作物亩数当作物总亩数之百分之九十四，山西及察哈尔各百分之九十一，河北百分之八十三，与全国之百分之八十二相比，更可明矣（山东之指数为百分之七十三），华北五省平均为百分之八十六，亦高出全国平均②。

我国人口众多及耕地不足已成为众目共睹之事实，根本救济之计，厥为移民垦殖。移民区域，东北四省本为理想地带，其地力之肥沃，与气候之适宜，使此四省内所拥有十二万方英里之大平原可成为世界最优良之农业地区，据专家估计，尚可移植二千万至四千万人，然今东省沦亡，不得不退而思其次，其惟西北乎。西北荒地包括渭河、绥远、宁夏、甘肃及新疆等处平原，其中除渭河平原外，当以绥远为最属理想之区，面积既广，气候亦较适宜，我国目下之移民问题当从此处下手。据翁文灏氏之估计，绥远省之绥远平原及河套平原共计有可耕未耕地二千八百万亩③。若与察哈尔、阴山南部及河北、山东、

① 陈长蘅："我国土地与人口问题之初步比较研究及国民经济建设之政策商榷"，《统计季报》，第三号，民国二十四年九月。

② 张心一：《中国农业概况估计》，金陵大学，民二十一年十二月，第二表。

③ 翁文灏："中国人口分布与土地利用"，《独立评论》，第三第四号，民二一年六月五及十二日。

山西三省之可耕未耕地估计当共有一千万亩①，合计华北五省共有三千八百万亩可耕荒地，约合一万方英里，今姑以绥、察两省气候不良，出产量因以减少，平均每方英里能维持三百人，则此五省尚可移民三百万，此数虽不能与东北相比，然而对于我国整个人口问题尚不失为一良好之出路，此全国人民宜亟加注意者也。

第二表

省　　区	已耕地亩数（千亩）	作物亩数			
		作物总亩数		粮食作物亩数	
		千亩	当已耕地之百分数	千亩	当作物总亩数之百分数
察哈尔	16,339	16,129	96	14,734	91
绥远	18,639	17,054	91	16,096	94
河北	103,432	122,591	119	101,680	83
山西	60,560	65,946	109	60,261	91
山东	110,662	147,147	133	107,914	73
华北五省	310,132	368,867	119	300,685	82
全国*	1,248,781	1,534,400	123	1,251,177	82

*包括二十五省，青海、西康、广西、外蒙古、西藏等不在内。见张心一著：《中国农业概况估计》，民二十一年十二月，第二表。

　　上述已耕地及可耕地面积均指农地而言，若夫仅能长草不能长五谷之牧畜地则并未计算在内。绥察两省土地之不能作为农地而能用为牧畜地者当尚有五万方英里②。若每方英里可养

---

　　① 察哈尔、阴山以北土地，大部为沙漠地，不适农耕。阴山以南之地，若有水利，可经耕作，惟范围不大，不能与绥远相较，连河北、山东、山西三省未耕地在内，粗略估计，约共有一千万亩。

　　② 据陈长蘅氏估计（见《我国土地与人口问题之初步比较研究及国民经济建设之政策商榷》），全国共有牧地六十四万方英里，尚有三十六万方英里（即为已辟或牧地亩数百分之五六），亦可作为牧地。今若以此比例施于绥察两省，当约有五万方英里之新牧地可以利用也。

活十五人，则此二省尚可有牧畜者七十五万人从事于牧畜工作，其出品亦可供社会之需用。且将来人民生活程度逐渐提高，则肉食产品及皮革羽毛各种制造品之需要亦必日趋增加，可以断言。故牧畜地与耕地各有其用，不可偏废，然后方能尽土地之最大利用也。

综上所述，可知华北五省在我国整个之人口与土地问题中之地位与重要。华北人口虽多，然其耕地面积几占全国耕地总面积四分之一，若无水旱风雹为灾，当有余粮可以运往他埠。至就将来移民垦殖而言，在东北尚未还我之时，绥察两省实为我国比较上最好之移民区域。虽各家估计不一，然华北五省当可再容纳三百万人。若以牧畜地点而论，更属国内首选。我国蒙古、西藏、新疆、青海、西康、宁夏等处虽均可辟为牧地，然其气候土壤不如绥察，即以运输便利而言，亦远逊不及。平绥铁路于三十小时内即可由绥省之包头镇直达北平，转而即可运至华东华西及华南各区。若由蒙古、青海等处运物至人口繁密之本部十八省，其所需之时日，当不难推想而知。由此可见华北五省在全国农牧上地位之重要，及今后解救全国人口问题之依赖，均远非全国其他各区所可比拟也。

四　华北之农产

甲　华北农产之种类与分布

华北五省耕地面积，如第一表所示，达三一五，四七七，〇〇〇亩，占全国耕地面积几四分之一。河北、山东二省居华北大平原之北端，地势平坦，农业最为发达。山西、绥远、察哈尔三省地属黄土高原，农业生产除谷物外兼重牧畜。本区土壤大部为黄壤，土质疏松而黏韧，颇适农作物之生长。全年温度平均为自摄氏冰点下一二.一度至二六.四度，平均一年内有四月在零度之下，温度最高之七月平均为二二.四度至二六.四度。全年雨量平均自三六一公厘至五九五公厘，其中百分之七八至百分之八一降落于作物最需雨水之生长期内，而冬季非常干燥。平均一年内作物生长期有一八九天至二四〇天[①]。似此自然环境，与华中区迥乎不同，故农业生产之方式亦各异致。本区作物以小麦小米高粱玉米之类为主，尤以冀鲁晋三省为然，是谓旱谷区，北部绥远、察哈尔二省以温度雨量之限制，作物生产不甚发达，而以牧畜为重，尤以畜羊事业最称发达，此又可称为农牧区。

　　华北之主要农产，可分为粮食及衣料两大类。衣食既为生活所必需，生产自极重要。华北五省衣食之生产除足本区自给外，尚有余裕，以供国内其他区域及国外之所需。粮食生产以小麦、小米、高粱、玉米、甘薯为主，衣料生产则以棉花羊毛为重。就粮食言，自民国二十年以来，四年间每年平均小麦生产为一四〇.七兆市担，而居首要，小米次之，达九〇.五兆市担，甘薯八〇.九兆市担，高粱七七.二兆市担，玉米四五.四兆市担，大豆四四.五兆市担，花生二四.五兆市担，大麦二三.六兆市担，糜子一九.五兆市担，燕麦一一，八兆市担。余如豌豆、蚕豆、芝麻、稻米、油菜籽、烟叶等亦各在三兆市担以上。以衣料言，推棉花最称主要，近四年来，平均年产五.二兆市担。华北之农产除衣食两种主要生活资料外，尚有特种农产，称著海内。华北气候颇适园艺作物之栽培，而果蔬之发达，则全国

---

　　① Chapman: Climatic Regions of China, University of Nanking, 1931，第一及第三表。

各区无出其右者。如山东莱阳之梨，烟台之苹果，深州之蜜桃，德州之白菜，河北正定定县之鸭梨，良乡之栗，绥远、察哈尔之蘑菇，则其尤著者焉。凡兹种种特产，每年产量，亦不在少也。

华北各省以气候及其他自然环境之悬殊，农产之种类与产量亦各不相同。第三表为华北主要农产每年平均产额按省之分配表。

第三表　民二十一——二三年华北五省主要农产每年平均产额[**]

单位：市担

农产种类	河北	山东	山西	察哈尔	绥远	华北五省	全国	华北占全国之%
小麦	42,108	76,470	17,323	2,835	1,987	140,723	446,680	31.50
大麦	8,559	7,652	3,066	3,415	942	23,634	157,264	15.03
燕麦[*]	643	317	3,799	2,516	4,520	11,795	17,380	67.87
高粱	20,744	39,424	10,237	4,565	2,211	77,181	137,828	56.00
玉米	22,532	16,685	5,609	505	95	45,426	123,353	36.83
小米	30,884	37,626	15,905	4,171	1,954	90,540	132,925	68.11
稻米（籼，糯）[‡]	3,872	335	124			4,331	899,712	0.48
糜子	5,730	5,609	4,287	1,448	2,438	19,512	30,406	64.17
豆类								
大豆	7,148	34,271	2,019	756	319	44,513	125,914	35.35
豌豆[*]	1,420	2,679	3,529	699	1,427	9,754	63,438	15.38
蚕豆[*]	375	230	1,414	438	838	3,295	59,619	5.53
甘薯	32,412	45,193	3,325	—	—	80,930	311,478	23.70
芝麻[*]	2,388	2,265	541		8	5,202	18,113	28.72
花生	10,028	14,236	260	—	—	24,524	56,251	43.60
棉花	2,676	1,859	626			5,]61	15,539	33.21
烟叶[*]	617	1,612	549	30	97	2,905	12,318	23.58
油菜籽	746	538	1,109	305†	1,056†	3,754	45,983	8.16

[**]《农情报告》三卷八期，166—171页，民24年8月。

[*]二十二年及二十三年平均。

†二十三年数。

[‡]	河北	山东	山西	三省共计	全国	%
籼粳稻	2,723	169*	76*	2,968	833,445	0.36
糯　稻	1,149†	166†	48†	1,363†	66,267	2.06

乙　华北之重要农产

华北农产中，以棉花、小麦及羊毛三种为最重要，且系商品农产，裨益农民经济颇巨。华北五省出产棉花者，仅有河北、山东、山西三省，而其棉田面积及皮棉产量竟居全国棉田及棉产三分之一而强。民国二十年华北棉田面积占全国百分之三三.二，民二十一年居全国百分之三二.七，民二十二年又降为全国百分之三○.三，民二十三年复增为全国百分之三一.五。平均最近四年来华北棉田面积为一七.四兆市亩，占全国棉田面积百分之三二。更就棉产一顿而言，华北区地位之重要益明。民二十年华北棉产占全国百分之四○，虽民二十一年降为全国百分之三二，民二十二年又降为全国百分之二七，然民二十三年复升为全国百分之三五。平均最近四年华北棉产为五.二兆市担，占全国一五.五兆市担之百分之三三强，而居重要地位[1]。

华北出口棉花占华北棉产十分之八，在全国棉花出口贸易上，居极重要之地位。民二十一年全国出口棉花为七九五，九一七市担，华北出口棉花即占七五八，四七八市担，居全国棉花出口总额百分之九五；民二十二年全国出口棉花八六八，六三八市担，其中华北出口棉花五五四，四一一市担，占全国出口棉花总额百分之六四；民二十三年全国出口棉花四一五，六三四市担，华北出口棉花为三二二，四七八市担，占全国棉花出口总额百分之七八；三年来平均华北棉花出口为五四五，一二三市担，居全国棉花出口（六九三，三九六市担）百分之七九[2]。自棉花入口方面观之：我国每年皆须输入外棉以应国内纱厂需要，而入口棉花自民九年以来历年皆超过出口棉花之数

[1]《农情报告》，第三卷第八期，第一六三页及一六九页。
[2] 海关贸易报告册。

量；平均近三年来棉花贸易之入超为二，三五九，二六八市担。然华北之情势则又不然，平均每年棉花入口仅为一六九，二一〇市担，棉花贸易尚为出超①。由此可见华北棉产在国际贸易上所占地位之重要。

华北棉产地位之重要如斯，又以华北棉产区域之扩大，产额之累年激增，而政府及社会更目为将来全国棉纺业之中心，故其对于吾国经济自给，以及对于挹注全国巨额原棉与棉制品之漏厄，实负有重大责任也。

以言小麦，华北为吾国重要小麦产地，其生产面积甚广，包括春麦及秋种硬麦两区，其产额之丰，品质之佳，均为各区之冠。民国二十年华北小麦面积占全国小麦总面积百分之三五.九，民二十一年增为百分之三六.七，民二十三年更增为百分之三七.一。平均最近四年华北小麦面积为一〇八.九兆市亩，占全国小麦面积二九八，一兆市亩之百分之三七。更就小麦产额言，民二十年华北小麦产量占全国小麦总产量百分之三一，民二十一年为百分之三二，民二十二年更增为百分之三三，民二十三年降为全国百分之三一。平均最近四年华北小麦产量占全国产量四四六，七兆市担之百分之三二。其地位之重要，盖可想见矣②。

我国全数人口之半，需以小麦为其主要食粮，故小麦及面粉之出口者，为量有限。自民国二十一年以来，三年间平均每年小麦出口为三七七，二〇八市担。面粉出口为六五〇，二四四市担，华北小麦出口为四三，一六五市担，占全国小麦出口总额百分之一一，华北面粉出口仅为六一市担，则微不足道矣。但华北在全国小麦及面粉入口上所占之地位，则颇为重要。自

---

① 海关贸易报告册。
② 《农情报告》，第三卷第八期，第一六〇页及一六六页。

民国二十一年以来，三年间平均每年小麦入口为一六，二四四，五七一市担，面粉入口为四，三四二，四八三市担，华北小麦入口为一，四九六，一五一市担，占全国小麦入口总额百分之九，华北面粉入口为一，四四五，八七一市担，占全国面粉入口总额百分之三三。故华北小麦与面粉贸易，每年均有巨额入超，民二十一至二十三三年平均，每年小麦入超为一，四五二，九八六市担，面粉入超为一，四四五，八一〇市担①。

华北小麦区域虽甚广大，然因土地未尽其用，人事未善其谋，故小麦每亩之产量犹较长江流域秋种软麦区为低微，而须赖舶来品之输入，以应需要。设若每亩产量得以增进，则产额益丰，对于我国民食自给问题之解决，不无厚望焉。

以言羊毛，华北与西北，同为我国羊毛之重要产区，青海、甘肃、宁夏、绥远、察哈尔、山西、陕西、河北、山东为其重要产地。每年全国羊毛产量达七三二，八九〇市担，华北五省中之三省即年产四七，八〇五市担，占全国羊毛总产量百分之七②。更就羊毛出口言：民二十二年全国出口羊毛为三〇三，二七八市担，民二十三年出口为三二〇，二六七市担；而其由华北各口岸出口者，民二十二年达二五一，三五九市担，占全国羊毛出口总额百分之八三，民二十三年华北出口为二七四，九〇二市担，占全国羊毛出口总额百分之八六，而居全国之极重要地位③。

我国羊毛供国内工业原料制造毡毯者约占每年产额百分之四八，原毛出口外国者则占百分之五二；而我国所需要之毛制

---

① 海关贸易报告册。
② Chirrese Economic Journal,October,1934.
③ 海关贸易报告册。

品转须仰给国外输入，年达三千万余元①，一出一入，国家之漏卮甚巨。华北羊毛于产额及出口上均占重要地位，故其对于我国毛制品之自给，以及挹注每年之巨额外溢，尤负重大责任也。

五　华北之矿产

华北矿产之种类，在金属矿产中，有铁、金、银、铅、锌、铝、锰、铜等，其中以铁为最重要。非金属矿产中，种类颇多，计有：煤、盐、自然碱、油页岩、石棉、石墨、石膏、硝、磺、磷、绿矾、云母、宝石、釉石、黏土、石灰岩，及其他瓷业原料及建筑上应用之材料，其中以煤铁及盐最为重要。按省别言之，如第四表：

第四表　华北矿产按省别分配*

省别	金属矿产	非金属矿产
河北	铁、金、锰、铅、锌	煤、石棉、石墨、盐、硝、碱等
山东	铁、金、铝、银、铅、锌	煤、盐、石棉、磷、釉石、石墨、石灰岩、黏土等
山西	铁、铜	煤、盐、硝、磺、磷、石膏、碱等
绥远	铁、铅、锌	煤、石棉、石膏、宝石、碱、绿矾、云母、盐、黏土等
察哈尔	铁、铅、锌	硫磺、煤、碱、油页岩等

*《第四次矿业纪要》，页二七五—二八二，页二九五—三三一。

---

① 海关贸易报告册。

中国之煤矿储量，据地质调查所估计，全国约计二四三，六六九兆吨，而华北五省储有一三二，八一七兆吨，占全国总储量之一半有余。且煤质之佳，煤层之厚，又远非华南华西等处煤矿所能及①。以二十至二十三四年之平均产额言之（东北除外），华北五省占三分之二，其他各省占三分之一②。是华北煤矿无论在储量或产量言之，于我国实占重要地位。煤为工业之主要动力，且为制造轻化汽油之原料。故华北之煤藏，实为我国将来工业上动力与原料之主要供给地。对于国内经济建设及巩固国防，有绝对之重要。

我国铁矿，本极贫乏，据地质调查所之估计，全国之重要铁矿蕴量约计一千二百另六兆吨，仅占世界储量千分之六。即以此区区储量论，其中四分之三系储于辽宁一省。今者土为人据，宝藏亦随之而沦亡矣。其余之四分之一，多半又系位于华北五省。河北之滦县，山东之金岭镇，察哈尔之宣化、龙关，皆华北著名铁藏之所也③。夫钢铁为工业之基础，国防之前提，虽华北尚余之储量有限，但其有关我国工业发展之前途，与国防之巩固者至重且大，国人不可不加之意也。

盐为日用必需品，为工业上之重要原料。华北盐产，为量颇富。晋绥一带，以池盐著，沿海则又以海盐著。池盐产量虽不及海盐之丰，然以深处交通不便之内地，供给其邻近一带所需，于民生实关重要。华北之海盐，则为长芦盐及山东盐。华北沿海，滩地及气候，均适制盐，是以长芦，山东所产之盐，以质论，则盐质较纯，以成本论，其低廉为全国任何盐场所不及；以产量论，平均占全国（东北除外）产量三分之一以上。

---

① 《第五次矿业纪要》，三至四页，实业部地质调查所，民国二十五年。
② 《第五次矿业纪要》，实业部地质调查所，民国二十五年，四一—四二页。
③ 《第五次矿业纪要》，三至四页，实业部地质调查所，民国二十五年。

其重要可知①。且盐为工业原料，上已言及，华北产盐既佳且廉，是以久大、通益、永裕、通达等精盐工厂，渤海、永利、利中等酸碱工厂，星罗棋布于渤，黄二海之滨。精盐有关民食，酸碱为化学工业之重要原料，是华北盐产对我国之重要，不待言矣。

第五表　　华北煤铁盐之分布*

省别	煤之储量及产量（单位：百万吨）				铁矿储量		盐之产量（单位：千担）		
	储量	百分比	产量（民20-23年平均）	百分比	（单位：千吨）	百分比	民21-23年平均		百分比
河北	3，071	1.26	7.26	37.97	42,179	3.50	长芦	4,382	11.73
山东	1，639	0.67	2.83	14.80	14,340	1.19	山东	7,970	21.34
山西	127,127	52.17	2.47	12.92	------	----	河东	1,121	3.00
绥远	476	0.19	0.07	0.37	20,700	1.71	晋北	187	0.50
察哈尔	504	0.21	0.18	0.94	91,645	7.60	口北	204	0.55
五省合计	132,817	54.50	12.81	67.00	168,864	14.00		13,864	37.12
东北四省合计	4,610	1.89	------	-----	883,522	73.23		---	----
其他各省合计	106,242	43.61	6.31	33.00	154,052	12.77		23,485	62.88
全国合计	243,669	100.00	19.12	100.00	1,206,438	100.00		37,349	100.00

*绥远白云鄂博及豫陕甘等。

<h1 align="center">六　华北之工业②</h1>

华北工业，分饮食品、纺织、化学、机器、公用及其他六

---

① 《盐政实录》，第三册附录，第一页。

② 本节材料，系参合以下各书报告佐以日报记载及访问而来，其中不无陈旧之处，惟竭力补正，以期适合最近之实况，遗误之点，或有不免，读者谅之。又本节所述，极其粗略，欲知其祥，乃请参阅原书及留心最近报告：（一）天津市社会局：《天津市工业统计》（第二次，二十四年出版）；（二）山东大学化学社：《山东之农工矿业》（二十四年出版）；（三）河北省政府：《河北省统计年鉴》（二十三年出版）；（四）西北实业公司：《西北实业公司概况》（二十四年出版）；（五）实业部：《中国经济年鉴正续编》；（六）建设委员会：《中国电器事业统计》，第四号（二十三年十月出版）。

种，而以前三种较为重要。

华北五省中冀鲁晋等省，土壤气候，宜于种植小麦、杂粮、葡萄等作物，山东之烟叶，亦著盛名，养鸡又为农家普遍之副业，原料既丰，故适合于面粉酿造制蛋制油卷烟等饮食品工业之产生。面粉业几集中于天津、济南二地，其他则散处于北平、保定、沧州、青岛、济宁、福山、潍县、烟台、长山、泰安、益都、包头、太原等地（大同一家，本年一月已停），约三十厂，年产粉约二千万袋，行销华北各省。酿造业包括酒类（酒精另详）、汽水、酱油等制造业，其规模宏大利用新式设备者，多位置于天津、北平、青岛、烟台等地，不下十余家，颇有开设甚早，声誉卓著者，出品遍销国内，远及南洋。其他小规模酿造业盛于内地，多不胜数。青岛天津，与上海汉口并称为我国蛋类输出之四大集中点，故规模宏大利用新式机器资本在数十万以至数百万元以上之制蛋厂，不下五六厂，惜大半操于洋商之手（华商只青岛茂昌一家）。至冀鲁晋等省内地小规模制蛋厂，率多手工，开闭无常，据调查亦不下数十厂，近有改用机器制造，出品运津青两埠出口。山东之卷烟业及制油业，亦为该省重要工业，如青岛、潍县、济南，有卷烟厂五六家。青岛、济南、泰安等地有油厂数十家。此外津青济等地之罐头食物，亦可注意。

华北为我国最大之棉花羊毛产区,故棉毛纺织工业之发达,无足惊异。青岛、天津为华北纱厂业之中心（青岛纱厂七家，华商仅一家，余均为日商，天津纱厂六家，华商仅三家，开工者仅三四家），其他则散布于唐山、石家庄、太原、新绛、祁县、济南等地，最盛时不下二十余厂，纱锭二十余万枚。然近一二年来，华资纱厂因不自振作及受日商压迫，除极少数能艰苦奋斗成绩卓著外，余多在风雨飘摇之中，或相继停息；反视日商，除在青、津二地积极建筑新厂增加纺锭外，更日夕俟机收买华商停闭旧厂，垄断纱业，令人寒心。至棉织工业，除附设于纱厂者不计外，其专营织布规模较大者，多散布于天津、青岛、北平、高阳、济南、潍县、太原等地，数十厂，其他规模狭小主用手工织造者，则散布各处，难于胜数，只天津一地，亦不下百数十家，而织带织毛巾织袜等小工业尚不计焉，毛纺织以平津一带为最盛，大小工厂作坊，约三四百家，工人万余人，准大规模之新式机器毛纺织厂，平津一带，亦不到十家，太原一家，大率近五六年内设立者，出品呢布，颇多行销长江及华南一带，地毯则以行销海外为主，其余类皆旧式手工业。此外察绥晋等省，毛纺织业亦极普遍，惜为旧式手工作坊，新式工厂绝少。要之毛类为西北各省之特产，其销路以海外为主，今则国人服用毛织品者日益众多，而国内新式毛纺织业，尚为新兴事业之一，黾勉经营，前途发展，实未可限量也。棉毛工业而外，鲁省之柞蚕丝纺织业，亦甚著称，惟近年以原料缺乏及技术落后等原因，甚为衰落，殊可注意。

华北化学工业，范围甚广，种类尤多，近年来小规模化学工业，亦甚蓬勃兴盛，不遑枚举。酸碱酒精为化学工业之基本，在国防上关系极大。精盐工业，亦盛于华北。酸碱精盐工业，大都在沿海各地如天津、青岛、烟台等，盖以原料及燃煤，取给较便。制酸厂有天津之渤海化学工业社、利中酸厂，太原之西北化学厂等数家，制碱厂有天津之永利化学工业公（在塘沽）、渤海化学工业社、兴华泡花碱厂及太原之通盛化学工厂等数家，而以永利为最大。精盐业有塘沽之久大，唐坊之通达，青岛之永裕，烟台之通益等六七家，资本大者在百万元以上，近来营业，似不顺利，有减工停顿者。酒精制造业系近年新兴者，有北平之五星酒精厂，大同之西北实业公司，兴农酒精厂及太原之西北化学工厂等数家，出品均佳，销路渐畅。

酸碱精盐酒精等而外，其比较重要发达之化学工业有：火柴、水泥、制革、毛皮、玻璃、陶瓷、造纸、造胰、油漆、染料等。火柴业以山东为最盛，二十余厂，分布于青岛、即墨、济南、潍县、烟台、龙口、胶州、济宁、益都、威海卫、临清等地，而以青岛、即墨为最多，其他各地有一二家不等。资本大者数十万元，少亦一二万元。河北省火柴厂五六家，分布于天津、北平、交河、滦县等地。山西有火柴厂四家，分布于太原、汾阳、新绛等地。察哈尔有火柴厂一家。惟近年来火柴业受外商之侵略，多奄奄一息，或被迫减工停工，例如天津原有火柴厂四五家，现一部开工者只有二家（内日商一家），堪注意耳。水泥工业有唐山之启新，太原之西北、济南之致敬，青岛之山东（日商）等数家，而以启新为最大，资本在千万元以上，出品行销全国。制革业以平津一带为盛，新式工厂，约三十余家，唐山亦有数家；山东有制革厂约二十余家，散布于济南、青岛、即墨、临清等地；山西有制革厂七八家，分设于太原、榆次、汾州、运城等地，而以太原之西北皮革厂为最大。此外土法或参用新法之作坊，各地多有设立。毛皮之制造，为我国北部之特种工业，如河北之遵化、邢台、大营镇、辛集，山西之交城，均为羊皮加工制造之重镇，野兽皮则在察省之张家口加工。玻璃制造业以山东博山为最盛，其次天津，多数出品为玻璃瓶罩器皿等（俗称料器），平玻璃之制造甚少，因须规模较大之玻璃厂始能成之也。其他如北平、唐山、济南、青鸟、烟台等地，尚有玻璃工业数家，而以秦皇岛之耀华玻璃厂为最大，资本百数十万元，出品有玻璃板。陶瓷工业以山东之博山，河北之磁县为盛，以原料丰廉，发达甚早，出品有碗碟花瓶水管之类，年产各数十万元。青岛、济南之窑厂，不下二三十家，天津亦有新式窑厂四五家，太原有西北实业公司之窑厂，均产砖瓦等为主。至北平之琉璃瓦，亦我国著名工业，中外称道。搪瓷工业多集中于天津，计有六家（内日商一家），多近年新设，以资本薄弱，技术未精，营业似不振盛。北平著名工艺之景泰蓝，近以销路滞涩，所有亦不过五六家矣。新式造纸工业，以天津为多，北平、阳曲、济南亦有数厂，共七八厂，资本大者数十万元，内地城市如任县、磁县、定县等，小规模造纸厂，亦有开设，利用废料及稻草造纸，而作坊手工业不计焉。造胰工业以天津为盛，共十余家，有兼营其他化妆品者。新式油漆工业，亦集中于天津，有永明、中国等四家。染料业以制硫化青为多，行销华北一带，鲁省济南、潍县等地，不下七八厂，天津原有四厂，今已停息。总之，化学工业，除酸碱酒精精盐火柴水泥造纸玻璃等宜大规模经营外，其他需用资本，并不甚多，且可以用手工制造，种类甚繁，不能尽举矣。

华北之机器工业，家数颇多，如天津一地，机器铜铁工厂，为数约百数十家，他如青岛、济南、潍县、北平等地，总数亦数十家，然除少数外商工厂（如天津英商东方铁厂）铁路机厂及附属于大工厂之机械厂而外，大多规模狭小，以修理机器装配零件为营业，兼制造简单之机械如织布机轧花机磅秤切面机等，其能制造煤油发动机者，即称上选。故一切重要精细之机器，仍需仰诸舶来，非特漏卮惊人，抑亦我国工业化之一障碍，于此益见创设大规模国营炼钢厂及机器制造厂之为急务。可注意者，近年山西西北实业公司之育才炼钢厂、机器厂、农工器具厂、机车厂、铁工厂、铸造厂、水压机厂等（均在太原市，除育才外多系太原兵工厂改设成立者），努力经营，成绩渐著，为工业界可喜之现象。炼钢厂则正在建造厂房（在阳曲县古城村），预计本年成立，甚望其能早日完成出货也。

华北重要之公用工业，厥为电厂及自来水厂。据建设委员会统计，二十二年份各省华资电厂，河北省有十二所，投资总数一千五百二十二万余元，发电容量二万五千余千瓦；山东省有十七所，投资总数四百七十六万余元，发电容量二万一千余千瓦；山西省有八所，投资总数一百六十四万余元，发电容量二千五百余千瓦（二十三年九月设立之西北实业公司发电厂未计入，该厂为西北唯一大发电厂，太原本厂，有三千千瓦及一千一百五十千瓦之发电机各一部，兰村分厂有五百五十千瓦发电机二部）；察哈尔省有一所，投资总数三十四万余元，发电容量三百八十五千瓦；绥远省有二所，投资总数五十一万余元，发电容量六百零八千瓦。以上数字，外资电厂（天津有四家）及工厂自备发电者未计入内。自来水厂有青岛自来水厂北平自来水厂及天津特一区自来水厂等数家，均华资（天津有外资二家）。

其他工业之可注意者，有服用品教育用品及印刷等，平津之帽鞋制造业及山东之草帽业，家数不少，工厂规模有宏大者。天津，保定之教育用品制造业，亦相当发达。至印刷工业，平津青济四地最多，内地城市，亦所在多有，惟规模皆甚狭小，平津青等都市，有规模宏大者，然亦不过数家。此外则太原之西北实业公司印刷厂，规模亦大，工人二百数十名，出品亦良。

总上而言，华北工业，亦称发达，全国棉纺业共有纱锭四百八十一万枚，华北占百分之十八①，计山东占百分之十，河北占百分之六，山西占百分之二。全国面粉厂（东北除外）年产面粉六千五百万袋，华北占百分之二七，计山东占百分之一三，河北占百分之一二，山西与绥远合占百分之二。全国火柴

① 《民国二十四年华商纱厂一览表》。

厂年产火柴七十二万箱，华北占百分之三七，计山东占百分之二五。河北占百分之一二①。全国电气业之发电容量为五十五万六千千瓦，华北占百分之一四，计河北占百分之一〇，山东占百分之四②。他种工业，虽乏统计以资依据，然华北所占地位之重要，则甚明显。平津之地毯业，及天津、青岛之制蛋业，为我国出口品之大宗，唐山之启新洋灰公司，秦皇岛之耀华玻璃厂及烟台之张裕酿酒公司，同为我国首屈一指之制造厂，塘沽之永利，为东亚唯一之大制碱厂，亦为我国惟一化学工业之能以大量工业品——碱——输诸国外者。塘沽、烟台、青岛之精盐业，平津济之造纸业，平津之毛纺织业，烟台之花边业与发网业，高阳之人造丝布，周村之府绸，博山之料器，磁县及唐山之瓷器。北平之艺术工业（如纸花、宫灯、刺绣、景泰蓝、玩具等）等，俱为华北之重要工业。

虽然，华北之新工业，就种类言，以面粉、酿造、制蛋、棉纺织、毛纺织、酸、碱、精盐、火柴等轻工业为较发达，然未足以言兴盛及赝国人之需要。纱厂业火柴业，近年且多数陷于停顿状态，倒闭相继，至为萧条。其他各业，亦多在艰苦奋斗中。至重工业之机器铁工业，尚待建设。就地域言，新工业大抵集中于天津、青岛、济南数大埠，其次如唐山、北平、太原、秦皇岛、即墨、潍县、博山等城市，及其他内地大城，间有新工业数家，不占重要地位。以上系指冀鲁晋三省言，至察绥二省，地广人稀，虽有新工业数家，点缀其间，殆可谓尚未萌芽，纯羁留于手工业时代。乡村手工业，重要者如纺织、编织、酿造、磨坊、铁工、木工、窑业等，散布各处，出产甚火。

---

①王毓霖：《经济统计摘要》，民二十四年，第三十八页及第四十七页。火柴产量为民二十二年统计，面粉产量为民二十三年统计。

②《中国经济年鉴》，第六九三—六九五页，民二十三年。

以供人民日常所需，惟少确实统计耳。我国过去工业建设，国人目光，似偏于东南一隅，华北一带，殊少相当之注意。固不论工业原动力之煤，矿藏丰富，咫尺可取，五省土地，约八千万人口之广大市场，足为新工业发达之重要基础，即此原料之丰富与低廉之人工，亦在在等待开发与利用，且时处今日，我不自谋，人将谋之，故救贫图强，华北新工业之提倡与发展，实刻不容缓，愿国人奋起图之也。

七 华北之交通

华北五省之交通，可得而言者为铁路与公路，海道及河道，今请述其概况与重要如下，他如邮电空运因限于篇幅，不俱论焉。

甲 华北交通之概况

华北五省可谓全国铁路最发达之区。根据二十四年一月铁道部统计核算，全国共有路线一万七千四百十八公里，在五省者达四千六百二十八公里，占全国路线百分之二十七。此仅就北宁、津浦、平汉、平绥、正太、胶济等固有路线而言，至行将落成之同蒲铁路八百二十五公里尚未计入。国内之公路，华北兴筑最早。据二十三年十二月份全国经济委员会统计，全国公路连东四省在内共计路线总长度一五〇，六五九公里，可通车路线长度八四，八〇九公里，在华北五省总长度一六，九〇九公里，占全国百分之十一，可通车路线一二，八八九公里，占全国百分之十五。

第六表　　华北五省铁路公路里程统计表*

单位：公里

省　　名	路线总长度		可通车路线长度
	（铁路）	（公路）	（公路）
河北	2,213	3,243	1,793
山东	1,245	5,520	5,520
山西	426	3,410	2,056
察哈尔	280	2,167	2,167
绥远	465	2,569	1,353
合计	4,628	16,909	12,889
全国四省	17,418	150,659	84,809
五省占全国百分数	27%	11%	15%

*铁道部二十四年一月份统计月报、《中国经济年鉴续编》第 409 页，
China Yearbook,1993,p-308。

第七表　　河北、山东省区海港进出口船舶统计表*

港　　别	进出口船舶吨数		轮船		帆船	
	国外贸易	国内贸易	（艘数）	（吨数）	（艘数）	（载重担数）
秦皇岛	882,946	1,803,195	--	--	85	23,703
天津	2,169,026	3,628，274	51	9,283	1,673	229,234
龙口	293,139	592,232	--	--	610	203,929
烟台	1,020,334	3,405,013	70	49,327	1,853	821,162
威海卫	517,304	2,429,486	--	--	91	25,192
青岛	3,601,419	3,620,117	53	9,939	962	337,020
合计	8,484,168	15,478,317	174	68,549	5,274	1,640,240
全国共计	48,105,571	95,873,266	3,313	540,466	15,901	4,903,425
占全国百分数	18%	16%		13%		33%

*《中国经济年鉴续编》第 300 页；《海关中外贸易统计年刊》，卷一，
"贸易报告"（民二十四年）。

　　河北、山东两省，海沿线长千余公里，商港有秦皇岛、天津、龙口、烟台、威海卫、青岛等处。各港注册船舶，截至二十二年底止，共有轮船一七四艘，合六八，五四九吨，占全国所有轮船吨数百分之十三，或约八分之一，帆船五，二七四艘，计共载重一，六四〇，二四〇担，占全国注册帆船载重担数百

分之三十三，或三分之一。

华北各港在冬季虽有冰冻之累，但海运亦甚发达。二十三年份六港国外贸易进出船舶总吨数达八，四八四，一六八吨，占全国百分之十八，或约五分之一弱；国内贸易进出口船舶总吨数达一五，四七八，三一七吨，占全国百分之十六，或六分之一弱。

第八表　华北主要河道交通里程表*

河名	起到地	长（公里）	省份	通航情形
黄河	海口至巩县	700	山东河北河南	千担航船
运河	天津至临清	500	河北	千担航船
	蒋家沟至袁口闸	60	山东	百担航船
	柳林闸至夏镇	140	山东	二百担航船
海河	天津至大沽口	75	河北	海轮
卫河	临清至道口	280	山东河北河南	千担航船
东河	天津至芦口	180	河北	民船
西河	天津至保定	360	河北	民船半通小轮
子牙河	天津至献县	160	河北	民船半通小轮
小清河	济南至羊角沟	160	山东	千担航船
合计		2,615		

*《华北水利文选》第一集，6—9页，李仪社、文节列。

五省之中，山西高原，川流湍急，航运困难，察绥草原，亦无河运可言，故言河道亦仅冀鲁两省耳。往昔华北运输，驮载之外，颇赖河道，今则铁路，公路及海运等发展，河运渐式微矣。贯通南北之运河，在昔实为孔道，今则涸塞中断，仅能片段通航，虽然水道为最低廉之运输方法，目前冀鲁两省可通航运之河道不下二千六百公里，亦不可谓不重要矣。假令注意疏溶，于国民经济至有裨益。

乙　华北交通之重要

试观上列各项数字，亦足以表现华北交通在全国所处之地位矣。铁路约占全国路线四分之一，公路占七分之一至九分之一，轮船占八分之一，帆船占三分之一，国内外贸易船舶吨数占六分之一。尤堪注意者，河道海道，仅限于冀鲁两省，而铁路亦以在两省者为多。

抑有进者，华北交通之重要，不仅在其绝对的与比较的数字之巨大，而尤在其历史上与地理上含义之深远。北平为辽金以来历代帝都，至今尤为全国历史文化中心，中国近世固有道路，皆以此为辐射点。蒙元凿道，横贯欧亚。朱明道路，亦颇可观，泊乎有清，自首都至各省省城，亦有"官马大路"，其干线为：（一）官马北路，一支达齐齐哈尔，一支达恰克图；（二）官马西路，一支达葛介喀尔，一支达拉萨；（三）官马南路，分甲乙丙丁四枝达昆明、桂林、广州、福州等地。现今华北公路，多循此种官路干支线而兴修者也。清代铁路，亦以北平为辐毂，北宁、平汉、平绥、津浦等级线辏聚于此。南北运河，亦为交通旧畿而溶凿。今日国都南徙，交通焦点又依经济条件而改辙，然而华北运输，凭历史之赋与，对于政治、文化、军事、经济等各方面之重要性则未稍改也。

虽然，华北交通之重要，莫显于在地理上之含意。兹五省者，东接辽吉黑热，北连外蒙，西制陕甘宁青新，南控中原苏皖。一展地图，触人目者，则热省以西，黄河以北，茫茫大地，约占全国幅员三分之二，非赖渤海千数百公里之沿线以为出海之惟一，自孙中山先生之北方大港及塔城线、库伦线、乌里亚苏台线、哈密线、西安线及汉口线等计划言之，其意义更为显著。试览我国已往史乘，凡能征四裔、辟疆圉，御外寇，守本土，未有不争幽燕者也。争幽燕者，争其地形，争其交通也。幽燕一失，纵成偏安之局，鲜能有延国祚图长久者，故进而言之，在政治上及文化上，五省实为中国近世政治文化之中枢，人烟稠密，文物不显。邹鲁洙泗之邦，尤饶历史意义，故得五省交通，言文化足以提携边裔，调和南北。言政治亦足以协和四境，平章五族也。然而五省交通之重要，当再就经济上观之。冀之棉，晋之煤，察之铁，绥察之羊毛，与夫冀鲁晋之杂粮，微运输之便利，何以利用而厚生？有运输之便利矣，设不为我用，浸以资敌，则所病者非惟五省而已焉，全国实业胥蒙其影响也。有人于此，倡提携华北经济之计划，举统制交通为首著者，良有以也。苟五省交通不幸而梗滞授柄于人，则甘青宁新尽石田也，乌足以言开发？凡兹所论，国人当已明如观火，无待晓晓也矣。

八　华北之贸易

华北五省，土壤肥沃，物产丰饶，冀鲁晋以农业盛，察绥以畜牧盛。如河北之棉花及蛋品，山东之花生及烟叶，察绥之皮货及羊毛，其出产皆为全国之冠者也。复以交通之便利，内则河流铁路公路四通八达，外则冀鲁沿海一带多外洋航线。内外运输均极爽便。货流得畅，故华北五省之对内对外贸易在全国亦居特殊重要之地位焉。

甲　对外贸易

华北五省，滨海者只有冀鲁二省，内陆各省以与外洋隔绝，其进出口货物多经冀鲁海港以为吞吐。冀鲁二省共设海关六处，在河北境者为秦皇岛，天津二关，在山东境者为龙口、烟台、威海卫、胶州四关（长城各口虽有陆路关卡，但实际等于虚设）。其中进出频繁者，厥为天津关及胶州关。前者每年进出口贸易仅次于江海关而居全国之第二位，胶州关亦恒居全国之第三四位。六关总计，每年对外贸易总额常在三万万元以上，约当全国六分之一有加。

兹将近三年来华北各关进出口贸易数字列如第九表①。

第九表　华北各关进出口贸易值

民二二至二四年　　　　　　　　　（单位：千克）

关　别	民二二年		民二三年		民二四年		三年平均	
	进口	出口	进口	出口	进口	出口	进口	出口
秦皇岛	2,569	5,103	2,827	6,117	2,048	5,857	2,481	5,692
天津	120,778	88,472	96,670	81,051	85,160	91,202	100,869	86,908
龙口	1,755	3,634	2,326	3,181	2,799	3,264	2,293	3,360
烟台	7,555	10,339	9,654	7,855	6,678	7,852	7,966	8,682
威海卫	1,163	3,116	1,814	2,292	2,212	2,915	1,730	2,774
胶州	70,846	41,608	48,485	35,285	51,236	48,555	56,856	41,816
华北共计	204,676	152,272	161,776	135,781	150,133	159,645	172,195	149,232
占全国之%	15.06	24.87	15.57	25.35	16.23	27.70	15.55	25.96
全国共计	1,358,978	612,293	1,038,979	535,733	921,695	576,298	1,107,551	574,775

以最近三年而论，华北对外贸易之绝对数字虽较减少（二十四年之出口则较增），但在全国所占之重要则有进增之势。如进口，在二十二年占全国百分之十五者，二十四年已升至百分之十六；出口，则二十二年占全国百分之二十五者，至二十四年已占百分之二十八。贸易总额亦由二十二年所占之百分之十八升至二十四年之百分之二十。三年平均，华北各关进口为一万七千二百余万元，当全国百分之十六弱，出口一万四千九百余万元，当全国百分之二十六。其重要性于兹可见。此外尤有两点足资吾人注意者：其一，华北各关土货出口贸易在全国对外贸易中之地位较其洋货进口贸易为重要，此为一极重要之事实，盖东北之丧失已予我国对外贸易一重大之打击。华北各省土货出口恒占全国四分之一左右，确有积极保护之价值及必要

---

① 根据各海关年册。民二十二及二十三年者为海关贸易报告年册，二十四年者为二十四年十二月份海关进出口贸易统计月报。

也。其二，即华北各关对外贸易之渐趋于平衡。以最近三年之统计论，华北各关入超逐年减少（同期内全国入超数字亦与年逐减，但其减少率较华北各关为低①）。至二十四年且有出超九百余万元。此种现象固为出口增加所促成。但因走私充斥，致正当进口贸易之减少，尤为重要之因子，此亦大可注意之事实。盖自"塘沽协定"签立以来，滦东一带已成走私渊薮，冀东的组织成立后，走私更多，迨诸最近，尤形猖獗，明装明运防阻无效，其影响于正当贸易自不待言也。

以论各关相对重要，近三年平均，进口方面，天津为一〇〇,八六九千元，占百分之五八.五，居第一位。次为胶州之五六，八五六千元，占百分之三三.二。复次烟台，为七，九六六千元，占百分之四.六。以下为秦皇岛之二，四八一千元，占百分之一.四。龙口之一弱。出口方面之位次亦复相类，天津居首，为八六，九〇八千元，占百分之五八.三。胶州居次，为四一，八一六千元，占百分之二七.八。烟台为八，六八二千元，占百分之五.八，居第三。依次为秦皇岛之五，六九二千元，占百分之三.九。龙口之三，三六〇千元，占百分之二.三。威海卫之二，七七四千元，占百分之一.九。兹复以天津、胶州二关为代表而一分析华北对外贸易之商品分配（根据上节之分析，近三年平均，出口方面，津胶二港共占百分之八六.一，进口方面，

① 三年来华北及全国对外贸易入超之变动如下（单位：千元）：

年份	全国		华北	
	数额	指数	数额	指数
二十二年	七三三，七三九	一〇〇.〇	五二，四〇四	一〇〇.〇
二十三年	四九四，四五〇	六七.四	二五，九九五	四九.六
二十四年	三四三，四〇二	四六.八	*九，五一二	

*为出超，以二十二年为一百，二十三年全国入超为六七.四，华北则只有四九.六，至二十四年全国为四六.八，而华北则转为出超矣。然此种出超，多因特殊原因——走私所致，非通常现象也。上列数字，系按进出口净值算出，与按第九表所载全国进出口总值而算出之差额相比较稍有出入。

占百分之九一.七，颇足代表）。民国二十一，二，三，三年平
均津胶二港土货出口各十种重要商品之数字有如第十表①。

第十表　津胶二关重要土货出口值

民国二一至二三年平均　　　　（单位：千元）

天津				胶州			
商品名称	数额	占本关%	占全国%	商品名称	数额	占本关%	占全国%
棉花	20,835	23.4	70.6	花生	11,777	30.1	61.2
生熟皮及皮货	12,816	14.4	43.5	蛋及蛋产品	4,407	11.3	11.9
蛋及蛋产品	10,396	11.7	28.1	花生油	3,078	7.9	55.7
羊毛及驼毛	10,357	11.6	90.1	烟叶	2,785	7.1	53.1
地毯	3,919	4.4	79.5	鲜冻牛羊猪肉	2,651	6.8	91.0
猪鬃	3,257	3.7	26.0	盐	1,966	5.0	99.6
药材及香料	2,574	2.9	25.0	麸糠	1,545	4.0	18.9
胡桃	2,260	2.5	89.6	猪鬃	1,079	2.8	8.1
兽肠	1,812	2.0	30.3	煤	815	2.1	15.1
杏仁	1,380	1.5	77.9	棉花	630	1.6	2.1
十种共计	69,606	78.1	47.8	十种共计	30,733	78.7	24.1
所有商口总计	89,162	100.0		所有商品总计	39,066	100.0	

天津关出口土货以棉花、皮货、蛋品、羊毛、地毯等五种
商品为最重要。三年平均其出口值差足六千万元。当天津关出
口总额三分之二。余为猪鬃、药材及香料、胡桃、猪羊肠、杏
仁等亦有相当重要，但合计不过千万元左右，只当天津出口总
额八分之一，至其余各种商品，则低微不足道矣。棉花居出口
之首位，三年平均为二千万元强，占天津出口总额百分之二三.
四，次之皮货，为一千三百万元弱，占百分之一四.四，蛋类与
羊毛（驼毛在内）俱为一千万元强，前者占百分之一一.七，后
者占百分之一一.六，地毯为四百万元弱，占百分之四，四。其
余五种较重要商品之平均出口数字各在百余万元至三百余万元

---

① 天津部分根据各年 Monthly Returns of the Foreign Trade ofTientsin，胶州部分
根据各年册 Analysis of Imports and Exports。计算时所需之全国数字，其二十一年
者已将东北各关除去。

之间，占百分之一，五至三.七。各重要商品在全国同种商品出口中所占之重要性，各不一致，但皆在四分之一以上。其中羊毛及驼毛与胡桃俱当全国同种商品出口百分之九十，地毯当百分之八十，杏仁百分之七八，棉花百分之七一，皮货百分之四四，其余在百分之二十五至三十之间。十种商品合计当全国同种商品出口之半数，重要程度于兹益显。胶州关出口以花生为大宗，三年平均为一千一百余万元，当该关总出口百分之三〇.一，当全国花生出口百分之六一.二。次之蛋类，为四百四十万元，当该关总出口百分之一一.三，当全国蛋类出口百分之一一.九。花生油为三百万元，当该关总出口百分之七.九，当全国花生油出口百分之五五.七。

烟叶为二百八十万元弱，当该关总出口百分之七.一，当全国烟叶出口百分之五三.一。鲜冻牛羊猪肉为二百六十余万元，当该关总出口百分之六.八，当全国鲜冻牛羊猪肉出口百分之九一。盐为一百九十余万元，当该关总出口百分之五，当全国盐出口百分之九九.六①。以次则为麸糠猪鬃煤及棉花等。十种商品共计三千万元强，当该关总出口百分之七八.七，当全国同十种商品出口百分之二四.一。由是可见津胶二关出口之重要商品，除少数外莫不占全国同种商品出口五成以上。如棉花、羊毛及驼毛、地毯、胡桃、杏仁、花生、鲜冻牛羊猪肉及盐等项，则几全部由该二港出口也。此外秦皇岛出口以煤为重要，同期平均为三百九十三万元，约占该关总出口及全国煤出口各百分之七四。烟台出口以山东茧绸及花生为重要，同期平均前者为二百四十六万余元，当全国百分之六十，后者为一百九十九万余元，二者相合约当烟台总出口百分之四十三。

---

① 按食盐之输出入，向干禁例，惟青岛以与日本有售盐协定，故有盐之出口。

第十一表　　津胶二关重要洋货进口值

民国二一至二三年平均　　　　　（单位：千元）

天津				胶州			
商品名称	数额	占本关%	占全国%	商品名称	数额	占本关%	占全国%
五谷及麦粉	9,678	14.6	7.8	匹头（棉）	6,548	18.1	19.9
匹头（棉）	8,119	12.2	24.7	棉花纱及线	3,070	8.5	4.4
煤油	7,482	11.3	19.5	煤油	2,800	7.7	7.3
金属及矿砂	5,718	8.6	11.6	金属及矿砂	2,734	7.6	5.6
毛及其织品	3,053	4.6	17.2	五谷及麦粉	2,620	7.3	2.1
纸	2,909	4.4	11.0	糖	2,198	6.1	9.0
糖	2,718	4.1	11.1	木材	1,853	5.1	10.4
车辆及船艇	2,412	3.6	13.6	机器及工具	1,764	4.9	6.5
木材	2,282	3.4	12.8	化学药品	1,604	4.4	6.3
化学药品	2,252	3.4	8.9	纸	1,140	3.1	4.6
十种共计	46,623	70.2	12.5	十种共计	26,331	72.8	6.1
所有商品总计	66,464	100.0		所有商品总计	36,152	100.0	

　　进口方面，重要之进口洋货中未见有在全国中占任何特殊重要之地位者。兹复择津胶二关民国二十一，二，三，三年平均进口洋货各十种重要商品之数字列成第十一表①。津胶二关进口之重要商品种类甚为相似，惟其间之相对重要则互有不同。天津之进口以五谷及麦粉类居首，数值九百余万关金单位，占天津总进口百分之一四.六，次之匹头，约八百万关金单位，占百分之一二.二，复次则煤油为七百余万关金单位，占百分之一一.三，金属及矿砂为五百余万关金单位，占百分之八.六，毛及其织品为三百万关金单位，占百分之四.六，五种共计约三千四百万关金单位，当天津总进口之半数。其余则纸、糖、车辆及船艇、木材、化学药品等亦有相当重要，数值皆在二百万关金单位之上。十种商品共计为四千六百余万关金单位，当天津总进口百分之七十。至胶州之进口则以匹头居首，数值六百余

---

① 本书第 270 页注①。

万关金单位，占胶州总进口百分之一八.一。以次则棉花棉纱棉线、煤油、金属及矿砂、五谷及麦粉，分居二三四五位。数值皆在二百五十万关金单位以上，均占总进口百分之七以上。五种共计约一千七百余万关金单位，当总进口之半数。其余五种重要商品则为糖、木材、机器及工具、化学药品及纸等，数值皆在百万关金单位之上。十种商品共计二千六百余万关金单位，当总进口百分之七三。惟进口商品之变动较出口为甚。如匹头、五谷麦粉、糖、煤油等项年来逐有减少；至金属矿砂、车辆船艇、机器工具等则又随各年物质建设之多寡而伸缩。故各项进口商品之重要性时有更异，是不可不注意者也。至各种重要进口商品在全国同种商品进口中实无何特殊之重要，若与出口商品相较，相差几至霄壤。津胶二关合计，其占全国同种商品进口之重要性最大者，为匹头，占百分之四四.六，次之煤油，为百分之二六.八，后次则木材占百分之二三.二，糖占百分之二〇.一。其余各种多在百分之二十以内，至棉花棉纱棉线与机器及工具则尚不足百分之十也。十二种商品总计，不过当全国同种商品进口百分之一五.五而已。

　　以贸易国别言，则与华北各省贸易关系最密切者为日美英三国。以天津关为例，民国二十四年对该三国之进出口有如第十二表①。

　　进口方面，以日本居首，为一千八百八十三万关金单位，占天津总进口百分之四〇.四，次之美国为六百六十余万关金单位，占天津总进口百分之一四.二。英国为三百八十余万关金单位，占天津总进口百分之八.三。三国合计占百分之六二.九。出口方面，以美国居首，为三千五百六十万元，当天津总出口

---

① 根据该年 Monthly Returns of the Foreign Trade of Tientsin。

百分之三九.四。次之日本为一千七百余万元，当天津总出口百分之一九。英国为九百余万元，当天津总出口百分之一〇.三，三国合计占百分之六八.七。

第十二表　天津对外贸易按国别分类表

民国二十四年

（单位：进口关金单位，出口千元）

		日本	美国	英国	其他	总计
进口	数额	18,830	6,621	3,857	17,312	46,620
	%	40.4	14.2	8.3	37.1	100.0
出口	数额	17,325	35,591	9,440	28,846	91,202
	%	19.0	39.4	10.3	31.3	100.0

由是可见华北之对外贸易，无论以总额言，以国别言，为全国之巨擘，而以重要商品言，尤见其地位之扼要也。

乙　对内贸易

我国对内贸易之材料最感缺乏，较有系统者惟每年海关所发表之土货转口统计耳。此种统计之未能概括全体，自不待言。惟在此统计资料缺乏之时，亦不得不以之为根据，借窥大概也。

华北六港之对内土货转口贸易在全国中亦占重要地位，近年进出口总值恒在三万万元以上，约当全国六分之一左右。民国二十二，三，两年平均有如第十三表。此二年之平均，华北六港土货由国内其他各地进口者值一万八千七百万元，占全国五分之一。土货出口至国内其他各地者为一万五千七百万元，占全国七分之一。进出相较，有入超三千万元。由是可见华北五省不独在对外贸易上居我国土货出口之重镇，在对内贸易上亦为一容纳国内土产之庞大市场也。

在对内贸易上各港之重要，其次序亦略如对外贸易然，以天津，胶州分居第一二位，进口方面天津占百分之六二.七，胶

州占百分之一七.五。二港共占约十分之八，出口方面天津占百
分之三九.五，胶州占百分之三七.九。二港共占十分之八弱。
其他各港之重要顺序，则进口为烟台，秦皇岛，龙口，威海卫，
出口秦皇岛跃居烟台之上。至其数额及所占百分数皆详第十三
表，不必再述也。

第十三表　　华北各关土货转口贸易表

民国二十二年至二十三年　　（单位：千元）

关　别	进　口		出　口	
	数额	%	数额	%
秦皇岛	6,666	3.6	18,249	11.6
天津	117,399	62.7	62,061	39.5
龙口	6,125	3.3	2,714	1.7
烟台	20,986	11.2	13,102	8.3
威海卫	3,088	1.7	1,319	1.0
胶州	32,832	17.5	59,470	37.9
华北共计	187,096	100.0	156,915	100.0
占全国之%	19.9		16.0	

第十四表　　华北五省金融机关之分布*

省　名	银行						钱庄		典当	
	总行		支行		总支行合计		庄数	%	店数	%
	行数	%	行数	%	行数	%				
察哈尔			4	0.34	4	0.30				
绥远	1	0.63	8	0.67	9	0.67	20	1.58	11	1.54
河北	9	5.66	152	12.80	161	11.95	99	7.80	113	15.78
山西	1	0.63	32	2.69	33	2.45	39	3.07	16	2.23
山东	4	2.52	53	4.46	57	4.23	77	6.07	12	1.67
合计	15	9.44	249	20.96	264	19.60	235	18.52	152	21.21
全国	159	100	1188	100	1347	100	1269	100	716	100

＊ 民国二十四年《全国银行年鉴》。

九　华北之金融

甲　华北之都市金融

华北之金融，可自都市金融与乡村金融两方面分析之。都市金融方面，首推银行。全国银行总行一五九处中，华北占十五处，当百分之九.四。就中河北省最多凡九家，占百分之五.七，此外山东省四家，山西省一家，绥远省一家。并分支行计之，则全国总数一，三四七行中，华北五省占二六四家，或百分之一九.六，河北省为最多占一六一家，当百分之一一.九，山东省五七家，当百分之四.二，山西省三十三家，当百分之二.五，绥远省九家，察哈尔四家，合占百分之一。钱庄方面华北亦占全国总庄数一，二六九家中之二三五家，当百分之一八.五，其中仍以河北省为多，占九九家，当百分之七.八，山东省七七家，山西省三九家，绥远省二十家，察哈尔因资料不足，暂付阙如。典当总数全国凡七一六处，华北占一五二处，当百分之二一.一，其中河北省一一三家，山西省十六家，山东省十二家，绥远省十一家。

以资力言，银行因资料不足，碍难估计；钱庄则在全国实收资本七〇，五五三，五四九元中，华北五省占一二，〇七九，三九五元，当百分之一七.一，其中河北省占百分之九.五，山东省占百分之三.四，山西省占百分之二.三，绥远省占百分之二。典当全国实收资本三〇，三〇七，〇五五元中，华北占五，九九五，〇五五元，其中河北省占百分之一八，山东、山西、绥远合占百分之一.八。

第十五表　华北五省钱庄典当之资本额及百分比*

	钱　　庄		典　　当	
	资本额	百分比	资本额	百分比
察哈尔				
绥远	1,405,895	1.99	227,755	0.75
山西	1,587,500	2.25	123,800	0.41
河北	6,718.000	9.52	5,442,500	17.96
山东	2,368,000	3.36	201,000	0.66
合计	12,079,395	17.12	5,995,055	19.78
全国	70,553,549	100	30,307,055	100

*民国二十四年《全国银行年鉴》。

新旧金融机关之分布，华北各埠中，以天津首屈一指。银行有总行七家，并分支行合计凡六十三家，钱庄五一家，典当五九家。盖津门当五大河汇流入海之区，北宁、津浦交点于此，商业范围，远达绥察晋陕各省以至外蒙，新疆各地。外洋来货，经天津分散而入内地，内地土货，复集中天津而输运出口，其贸易额实居中国之第二位，舍上海外，莫与之京。以历史言，天津为我国金融业之发祥地，有清乾嘉间晋商雷履泰设日升昌颜料店于天津，首悟汇兑之法遂分庄各省，经营汇兑，于是国内贸易日便。商业日隆，汇兑之需要日增，票号之营业日盛，而银号遂为本地不可少之营业，是天津为华北金融之中心，非无故也。

利率方面，华北各埠殊较上海为高。以银钱业往来之拆息言。民国二十一年平均上海日拆每月总计为月息二厘二八，太原为月息一分〇二毫，唐山为月息六厘一毫；民国二十二年上海为月息一厘六六，天津为月息一厘二五，太原为月息四厘，唐山为月息八厘九毫；民国二十三年上海合月息二厘八四，天津合月息一分三厘六，太原合月息四厘四，唐山合月息八厘九。以各行庄放款利率言，则民国二十一至二十三年上海为月息一分零五毫，青岛月息民二十二年为一分三厘六毫，二十三年降

为一分三厘，济南月息民二十二年为九厘二毫，二十三年升为
一分五厘七毫，北平月息民二十二年为九厘，二十三年稍有低
减而为八厘五。利率为金融市场状况之指标，华北各埠利率较
上海利率相对的高昂,足以表现华北各埠金融较沪上为紧张也。

第十六表　华北重要都市利率表*

	银钱业往来拆息（合月息%）				银行业放款利率（合月息%）			
	上海	天津	太原	唐山	上海	青岛	济南	北平
民国二十一年	2.28		10.2	6.1	10.5	13.8		
民国二十二年	1.66	12.5	4.0	8.9	10.5	13.6	9.2	9.0
民国二十三年	2.84	13.6	4.4	8.9	10.5	13.0	15.7	8.5

*见《中外商业金融汇报》三卷一，二期，二十五年二月份。

　　异地通货供需之调节，亦为金融市场根本之功用。其基础
则在各地利率之不同，其关系则可由汇兑率显示之。一地利率
抬高，外埠资金必有流入，本地银行亦必取回其外埠存款，以
作更有利之运用。唯外埠资金之流入或外埠存款之支回云者，
并非运送现金；乃由利率较高之地向外埠发汇，售卖现金；或
由利率较低之地向利率较高之地汇款，前者增加他埠汇票之供
给，后者增加本埠汇票之需要，二者结果皆使本埠之汇票昂贵。
华北各埠利率即较上海为高，故各埠对上海之汇价亦顺，详细
情形请参阅第十七表。

第十七表　华北各埠对上海汇兑市价表*

	二十一年	二十二年	二十三年	二十四年
天津	1003.4	1001.4	1001.8	1005.7
青岛	1002.0	1000.2	1001.7	1004.1
烟台	1005.6	1000.3	1003.7	1005.8
北平	1003.3	1001.4	1001.8	1005.7
太原	1004.1	1004.4	1004.6	1006.0
石家庄	1004.8	1003.4	1003.3	1006.4
张家口	1004.7	1003.6	1003.3	1006.4

*一月至十一月之平均，见《中外商业金融汇报》二卷十二期，民二十四年十二月。

第十七表所载为华北各埠千元合上海银元数之每年平均，最高为由上海至张家口、石家庄，二十四年之平均汇率，每千元升色六元四角，最低为青岛、上海，二十四年之汇率，每千元升色四元一角。至二十三年十二月间，津申汇率每千元最高耗色达十五元八角，则为华北现银私运出口甚多，天津金融紧急之结果，为一时特殊之现象，非长久之趋势也。

乙　　华北之乡村金融

以上所述，殊偏重都市方面，华北之乡村金融，实亦未容漠视，全国合作社至民国二十四年底止凡二六，二二四社，华北四省（察省无合作社）占一〇，三八四社，当百分之三九.六；其中河北省最多为六，二四〇社，当百分之二三.八；山东省三，六三七社，约占百分之一三.九；山西省四五三社，绥远省五四社，合占百分之一.九。若以信用合作社而言，全国一五，四二九社中，华北占六，四一一社，或百分之四二，其中河北省四，八三〇社，山东省一，〇八七社，山西省四四〇社，绥远省五四社。

除合作社外，可与农民通融资金者，当有银行——指农民银行及举办农村放款之商业银行如中国、上海商业储蓄、金城、交通等银行而言——钱庄，典当及私人等。依实业部中央农业实验所之调查，华北各省农民借款来源有如第十八表。

据十八表以观，华北农村之借款来源与全国趋势相仿佛。最多为私人放款，占百分之六〇.七，较全国总平均百分之六七.六者为少，就中商人比数最高，约占全数四分之一，地主次之，富农又次之；机关放款以商店最多，占五省平均百分之十三，钱庄次之，典当及合作社又次之，银行最少，然较全国平均，除典当外，均有增高。可见机开放款在华北当属差强人意。借

款方法中，抵押信用占绝对多数，保证信用次之，个人信用最
少，与全国平均相近。足征我国乡村金融制度，非有抵押或保
证，绝难通融短期之资金也。关于借款利率高低之比数，依同
一机关之调查，有如第十九表。

第十八表　华北各省农民借款来源与信用方法百分比*

省名	机关					私人			信用方法		
	银行	合作社	典当	钱庄	商店	地主	富农	商人	个人信用	保证信用	抵押信用
察哈尔				12.5	18.7	25.0	12.5	31.1	14.3	42.9	42.8
绥远	2.9	5.8	2.9	8.8	5.8	20.7	17.7	35.4	12.0	36.0	52.0
山西	4.9	1.3	18.9	13.1	11.4	14.4	13.4	22.6	12.0	35.7	52.3
河北	3.3	11.9	5.1	10.7	13.8	13.2	19.8	22.2	21.1	35.2	43.7
山东	6.1	3.4	3.5	16.3	15.4	15.5	19.6	20.2	14.0	46.9	39.2
五省平均	3.4	4.5	6.1	12.3	13.0	17.8	16.6	26.3	14.7	39.3	45.9
全国平均	2.4	2.6	8.8	5.5	13.1	24.2	18.4	25.0	19.8	33.9	46.3

*《农情报告》，第四卷第二期，民国二十五年二月。

第十九表　华北各省农民借款利率百分比*

省名	一分至二分	二分至三分	三分至四分	四分至五分	五分以上
察哈尔	12.5	62.5	12.5		12.5
绥远	18.7	12.5	6.2	43.9	18.7
山西	2.6	17.0	40.6	27.6	12.2
河北	6.6	46.7	43.8	2.5	0.4
山东	5.4	35.7	37.0	20.0	1.9
五省平均	9.2	34.9	28.0	18.8	9.1
全国平均	9.4	36.2	30.3	11.2	12.9

*《农情报告》二卷十一期，民二十三年十一月一日。

依十九表所示，华北农民借款利率以周息二分至三分为最普通，占百分之三四.九，三分至四分者占百分之二八.〇，四分至五分者占百分之一八.八，一分至二分者占百分之九.二，五分以上者则占百分之九.一。统而言之，则较全国总平均为高。以言借款时期，有如第二〇表。

第二〇表　华北各省农民借款时期百分比*

省名	六月以下	六月至一年	一年至二年	二年至三年	三年以上	不定期
察哈尔	----	75	----	12.5	----	12.5
绥远	26.6	60.2	----	6.6	----	6.6
山西	39.4	51.2	3.1	3.7	----	2.6
河北	10.4	84.6	0.8	1.8	0.4	2.0
山东	18.7	74.1	1.2	2.8	----	3.2
五省平均	19.0	69.0	1.0	5.5	0.1	5.4
全国平均	12.6	64.7	4.3	5.0	2.8	11.3

*《农情报告》二卷十一期，民二十三年十一月一日。

据二〇表以观，华北农村借款之时期，较全国平均为短。自六月至一年者最多，占百分之六九，六月以下者次之，占百分之一九，在一年以下者合计为百分之八八，一年至二年间者为百分之一，二年至三年间者为百分之五.五，三年以上者仅百分之〇.一，不定期者占百分之五.四。

综上所述，华北金融之情形，无论都市乡村，似皆感资金紧缩之苦。故政府及金融界须予华北市场以充分之资金，以为圆转之运用。同时须积极提倡贴现制度，使债权票据化，鼓励公司债券之发行，使公司债市场化，则资金之活动，当更灵活。乡村方面须对合作社等之贷款，能尽量供给，庶合作前途，日趋进展，农村经济得所救济，则整个华北金融之前途，必更有灿烂光明之望焉。

十　华北之财政

一国家或一地方财政收入之多寡,基于其经济状况之兴衰:如关税系于贸易之升沉,盐税系于盐产之多寡,统税系于工业生产之进退,田赋系于农业经营之盛衰,营业税系于商业活动之隆替。其他种种税收亦复类是。财政支出,亦于经济活动有密切关系。经济发达者,其财政支出必巨,而用于经济建设事业者尤多。故欲明一国或一地方财政地位之重要,必先于其经济状况有一概括之观念。华北五省农矿工商交通贸易金融各类在全国中之重要已详上述各节,其财政地位之重要,不难想象。

华北五省之财政收入,可分中央税收,及地方财政收入两种,兹为分述如左(指下页注①中表——编者):

甲　中央税收

我国中央税收以关盐统三税为最重要,三税相合,每年平均占中央总岁入百分之八十左右①,复次则为印花税、烟酒税、矿税,又次为交易所税及银行税诸项税收中,除末二种为华北

---

① 近四年来关盐统三税在中央总岁入中所占地位有如下表:(各年度预算数,单位千元,资料根据《财政年鉴》)

年　度	中央总收入	关盐统三税	百分数
二十年度	八九三,三三五	六一三,七〇六	六八.七
二十一年度	六九二,五〇三	六一一,〇五二	八八.五
二十二年度	六八〇,四一六	五九四,三九〇	八七.三
二十三年度	九一八,一一一	六六〇,一二八	七一.九

按民国二十年总岁入中有公债收入一万八千万元,民国二十三年亦有公债收入五千万元,否则是二年关盐统三税之重要性当不止此也。

所无者外，其余各种，华北俱占重要地位，兹将华北省区内所征各项中央税收实数及其占全国总收数之百分比撮要于第二一表①。

第二一表　华北之中央税收　　　（单位：元）

种　类	华北收数	全国收数	华北占全国之%
关税	70,223，019	315,519,712	22.3
盐税	41,520,000	184,209,300	22.6
统税	15,265,080	117,459,152	13.0
印花税	2,467,340	8,299,316	29.7
烟酒税	3,490,927	12,017,985	29.1
矿税	1,341,624	2,633,242	51.0

民国二十四年度我国关税收入为三一五，五一九，七一二元。而华北各关征收者为七〇，二二三，〇一九元，约占百分之二二，除江海关外，华北之津海关收入居第二位，胶海关居第三位。其详有如下列②：

津海关　　　　四一，〇六四，〇三三元

胶海关　　　　二二，三一三，二五四元

烟台关　　　　　五，四〇七，四二〇元

秦皇岛关　　　　一，四三八，三一二元

华北合计　　　七〇，二二三，〇一九元

盐税在中央税收中之地位仅次于关税，亦以华北省区居首要，为全国各盐区收入之冠者即华北之长芦盐区是。民国二十四年度全国盐税收入共一八四，二〇九，三〇〇元。华北各盐

---

① 关税及盐税为民国二十四年度数字，前者系财政部核准公布之初步统计，后者系盐务稽核总所发表之初步统计，分见民国二十五年一月一日七日十九日之《北平晨报》及其他报章。其余各项税收系采用《财政年鉴》民国廿二年度之数字而加以整理者。

② 见本书第285页注②；又津海关之数字，系连龙口关及威海卫关在内。

区占四一，五二〇，〇〇〇元，或百分之二三，详见下表①：

长芦区	二六，七七五，二〇〇元
山东区	九，六七二，八〇〇元
河东区	四，〇六七，一〇〇元
晋北区	一，二〇四，九〇〇元
华北总计	四一，五二〇，〇〇〇元

统税之历史虽较关盐两税为暂，但其重要则有逐增之势，近三年来统税收入恒占中央总岁入百分之十三以上。华北亦复占重要地位，民国二十二年全国统税收入共为一一七，四五九，一五二元，华北省区收入者为一五，二六五，〇八〇元，约占百分之十三，山东及河北二省之统税收入仅次于江苏省而居于二三两位。各种统税收数有如第二二表②。除卷烟一项外，华北统税收入，皆占全国二成以上，至火柴及水泥二种且超过全国之半数！

第二二表　华北统税收入*

民二十二年度 （单位：元）

统　　税	华北收数	全国收数	华北占全国之%
卷烟	2,011,599	65,063,719	3.1
棉纱	5,123,186	22,895,404	22.4
麦粉	1,356,147	5,703,405	23.8
火柴	3,680,290	6,647,327	55.4
水泥	1,402,771	2,770,051	50.6
薰烟啤酒	1,691,087	4,336,190	39.0
合计	15,265,080	117,459,152	13.0

*包括广东收藏 10,430,056 元在内，但广东统税收入，无分类统计。

① 见本书第 285 页注②。
② 见本书第 285 页注②。

二十二年度印花税全国共收八，二九九，三一六元，华北省区占二，四六七，三四〇元，或百分之二九.七，烟酒税全国共收一二，〇一七，九八五元，华北省区占三，四九〇，九二七元，或百分之二九.一。矿税全国共收二，六三三，二四二元，华北省区占一，三四一，六二四元，或百分之五一。

各项中央税收总计，华北省区所征收者约占全国五分之一，惟华北以地域特殊，进口货物走私颇多，关税短收甚巨。冀南一带，私盐充斥，盐税复因而减色①。否则华北于中央税收之重要，犹不只此也。

乙 地方财政收入

地方财政收入，可分赋税收入与非赋税收入二类。前者包括田赋、营业税、田房契税及杂税，后者包括财产收入、事业收入、行政收入、营业收入、补助款收入、债款收入，及其他收入。华北之地方财政收入亦占全国之重要地位。其收入实数及占全国之百分数有如第二三表②。

民国二十年至二十三年平均，华北五省地方财政收入共计一一七，二一三，二七四元，约当全国五分之一。赋税收入最称重要，当华北地方财政总收入十分之八弱，非赋税收入则不足三成。

赋税收入中，以田赋居首，民国二十年至二十三年平均共收四九，〇五九，五四九元，占华北地方财政收入百分之四二，

---

① 冀南一带硝盐充斥，人民以官盐昂贵，多刮土淋盐。官盐销路，因以涩滞。虽当局屡有改良冀南碱地之议，但尚未见何成效。税警缉私，时与盐民发生冲突，而滥用职权，草菅人命，致盐民嫉恨日甚，可见冀南私盐之充斥，固不仅影响国家之税收已也。

② 各项地方财政收入为民国二十年至二十三年之平均数字，系由各省市地方之财政报告搜集整理而得。

当全国田赋收入百分之二〇.七，收数以冀鲁二省为最多，共三
千八百六十余万元，当华北田赋收入百分之八〇，当全国百分
之一六。

次为营业税（包括牙税，屠宰税，当税等在内），同期收入
共一七，七二五，三一七元，占华北地方财政收入百分之一五，
当全国营业税总收入百分之三一.五，收数亦以冀鲁二省为最
多，计一千三百万元，约当华北营业税收入百分之七〇，当全
国百分之二三。

第二三表　华北地方财政收入

民二〇至二三年平均　　　　　　（单位：元）

种　　类	华北收数	%	全国收数	华北占全国之%
赋税收入：	87,224,516	74.4	435,348,762	23.0
田赋	49,059,549	41.9	236,856,985	20.7
营业税	17,725,317	15.1	56,225,638	31.5
田房契税	6,498,789	5.5	28,471,199	22.8
杂税	13,910,861	11.9	113,794,940	12.3
非赋税收入：	29,988,758	25.6	198,474,067	15.1
财产收入	3,495,239	3.0	20,151,211	17.4
事业收入	2,814,770	2.4	7,343,605	38.3
行政收入	2,605,780	2.2	16,045,717	16.3
营业收入	2,054,000	1.8	7,670,243	26.8
补助款收入	4,051,486	3.5	31,223,026	13.0
债款收入	150,000	0.1	44,682,218	0.3
其他	14,817,483	12.6	71,358,047	20.8
总计	117,213,274	100.0	633,822,820	18.5

复次为田房契税，同期收入共六，四九八，七八九元，占
华北地方财政收入百分之五.五,当全国田房契税收入百分之二
二.八，收数以冀鲁晋三省居首，计收六百十三万余元，约当华

北田房契税收入百分之九〇强，当全国百分之二二.八。

末为杂税，计收一三，九四〇，八六一元，占华北地方财政收入百分之一一.九。收数以冀晋两省为最多，计一千万元强，约当华北杂税收入百分之七〇强，当全国百分之九。

非赋税收入中，以补助款收入为最多，计四，〇五一，四八六元，占百分之三.五，当全国补助款收入百分之一三。财产收入次之，为三，四九五，二三九元，占百分之三，当全国百分之一七，复次事业收入为二，八一四，七七〇元，占百分之二.四，当全国百分之三八。复次行政收入为二，六〇五，七八〇元，占百分之二.二，当全国百分之一六。营业收入为二，〇五四，〇〇〇元，占百分之一.八，当全国百分之二七。债款收入只绥远一省有之，为十五万元。余为其他非赋税收入。

华北地方财政收入在全国中所占地位之重要，于此可见一斑。

丙　地方财政支出

中央税收中，除关盐二税多直解中央，而少有扣留外，其余国税则多为地方当局坐拨经费支出，解缴中央国库者甚少，亦无统计可查。至地方财政收入则多留充地方当局之经费。地方财政支出分配之当否，于经济之发展有莫大关系，故并论之。

为便利观察计，将地方财政支出分为四类，一为政务费支出，包括党务、行政、司法、公安、财政等费；一为建设费支出，包括实业、交通、建设、地方营业等费，一为社会事业支出，包括教育、文化、自治、卫生、抚恤等费，至协助、债务、预备等费则列入其他支出。华北省市县之财政支出有如第二四表①。

① 各项地方财政支出为民国二十二年度之数字，系由各省市地方之财政报告搜集整理而得。其中县支出因山西省分类支出材料不可得，故只将总数计入总计栏内。

第二四表　华北地方财政支出

民二二年度　　　　　　　　　（单位：千元）

支出种类	省市地方支出		县地方支出	
	实数	各类间之百分比	实数	各类间之百分比
政务费支出	33,215	48.3	11,723	41.8
建设费支出	5,946	8.7	2,038	7.3
社会费支出	11,036	16.1	10,619	37.8
其他支出	18,539	26.9	3,669	13.1
总计	68,736	100.0	28,049	100.0

*连山西省在内，共为 33,346,000 元。

省市地方支出共六千八百余万元，占全国四分之一，以政务费支出为最多，几及半数，建设费支出最少，只占百分之八.七，以较全国平均建设费支出占百分之一六.四者，其重要性几相差一倍，社会事业支出占百分之一六.一，较全国平均之一三.五者为高。

华北县地方支出为三千三百余万元，占全国百分之二八。其分配亦以政务费支出为最多，占百分之四一.八，社会事业次之，占百分之三七.八，建设费支出最少，只占百分之七.三，其重要性与全国平均并无轩轾。

按地方财政支出，应以扩充社会事业及地方经济建设缩减政务费支出为原则，今华北各省，政务费支出，无论省市县皆超过百分之四十，而建设费支出不过占百分之七八，省市社会事业支出所占尚不及二成，未免嫌其分配之出于畸形也。

十一　华北经济之前途

华北经济之重要，已如上述。以下即就华北经济之前途，一为探讨。华北经济为全国经济之一部，其重要殆犹肢体之于全身，所系至为密切。华北经济之前途，自以中国经济之前途为依归。然今日之华北，如形势不变，将由内地一变而为边疆，处境自非前比，应付倍感困难。且华北之地理环境，与华南迥异，资源既有不同，气候亦复不一，是以华北经济之前途，未必尽与整个中国经济之前途同归一辙也。吾人以限于篇幅，仅就华北经济上之特殊问题如水利、移民、工业化、资源开发及外人经济势力等，加以分析。其他不备及焉。

甲　水利问题

华北经济问题之最严重者，首推水利，水利不修，致频遭旱潦之灾，亢旱则赤地千里，汛滥则庐舍为墟，失所流离，有惨不忍睹者。历来损失，尤不可以数计。华北土壤虽少变迁，气候殊多难测，人民虽称安土重迁，实属依天为命，如遇风雨调润，即可望五谷丰登；反之，良田美土有顿成荒原之患，是以雨量之多寡，乃农产丰啬之所系[1]。民国以来，华北水旱等灾，屡见不鲜，举其著者，则有民六河北省之水灾，灾区达一百余县，灾民至六百余万，淹田几二十四万亩。民九之旱灾，冀鲁晋三省几达二百县，灾民一千四百余万。民十三之全国水灾，五省中被波及者为河北一省，灾民约六百万。民十七年华北复遭旱灾，冀鲁晋察绥五省，灾民达二千二百万人。民二十一又被水灾，晋冀鲁三省之被灾者共一二八县，计山西六四县，河北五五县，山东九县。二十二年之黄灾，山东之二十二县及河北之三县，均被波及，二十三年之大旱，冀鲁晋三省受灾田地至达十一万亩。而客岁黄河下游水灾之严重，更为近年所罕

---

[1] Cressey, G.B. China's Geographic Foundations, Mc Graw-Hill,1934,p.169.

见①。

由上所述可知华北五省被灾之频仍与夫灾情之奇重。是固天时之为虐，但水利之失修，亦难辞人谋不臧之咎也。考华北非无水利机关，借以组织重叠，事权不一，徒耗国币，无补实际。华北自民六水灾以后，即于翌年成立顺直水利委员会，十七年改组为华北水利委员会，初由建设委员会经管，民二十年改隶内政部。此外中央水利机关，尚有民二十二年改组之黄河水利委员会，业已收回之海河工程局，及民十八至二十二年之海河整理委员会等。各省水利机关，在河北有黄河、永定河、子牙河、南运河、北运河、大清河等六河务局，在山东有黄河河务局及小清河工程局。客岁中央水利机关，幸经改组，直隶全国经济委员会，对于华北水利建设之筹划与进行，或能收事权统一之效。然水利建设，治本治标，缓急有异，贵在从容布置，防患未然，要不宜因循敷衍，临渴掘井。致再蹈以往之覆辙，而重陷吾华北八千万民众于水深火热之中也②。

乙 移民

华北五省，人口密度互异，每平方公里人口，河北为一九一，山东为一七〇，山西为六五，绥察二省各为六人。河北与山东人口密度之高，舍江浙外，全国无出其右者。人口密度过高，若在欧美工业社会，固属习见现象，无可深虑，第在工业落后之我国，则未可相提并论。华北虽为农业社会，因气候关系，其农季还逊于华南，农作收入，亦较华南为少。故华北农民，在丰年或可冀饔飧自给，一遇水旱灾害，即难免濒于绝境，而沦为饿殍矣。

①《中国经济年鉴》，页七二一九四；同上续编第十九章（灾荒）。
②《中国经济年鉴》，第一章上编第三节（水利行政）及全上续编第八章（水利）。

人口过剩之对策，端在节育，此与本题无关，姑置不论。若从经济方面着手，则以移民与工业化二者为首要之图。东北未失以前，鲁冀豫三省农民，以受水旱兵匪等灾特重；群各背井离乡，扶老携幼，移往东北各地，另觅生路。据南满铁路调查课之估计，自民一二年至一九年，内地人民移入东三省者约五百余万人，民一六及一八二年各占一百万人，为数不可谓不巨。其来源地以徙自山东者为最多，河北及河南次之。民一六移往之一百万人中，其中有百分之八七系去自山东者，其余百分之一二往自河北，百分之一则自河南。民一七情形相若，计山东占百分之八六，河北占百分之一三，他省合占百分之一。民一八内地人民之移赴东北者，其原籍之分配，稍有变异，计山东占百分之七一，河北占百分之一六，河南占百分之一一，他省合占百分之二[①]。

　　"九·一八"以后，鲁冀二省人民，不复能自由移入东北，初遭限制，继被禁绝，是以此后欲借移民方法，解决二省人口之过剩问题，势非另觅新地带不可。华北区内，冀鲁以外，晋省人口密度每平方公里为六十五人，绥察二省各只六人。晋绥察三省人口密度，均远逊于鲁冀二省，或可为鲁冀二省过剩人口之尾闾。惟三省气候干燥，雨量甚少，如上述估计，华北五省最多能容移民三百余万。华北以外，据翁文灏氏估计，渭河及宁夏平原，各可容纳移民五十万，甘肃可容二百万，新疆可容三百万，合计为六百万[②]。换言之，华北移民之新园地，华北以外，当推西北。然以华北人口增加之速，与夫华北及西北容纳移民数量之微，欲图解决华北之人口过剩问题，则尚有待

<hr>

　　① 何廉："东三省之内地移民研究"，《经济统计季刊》，第一卷第二期，民二十一年六月，二二四，二三五页。
　　② 翁文灏："中国人口分布与土地利用"，《独立评论》，第三、第四号，民二一年六月五及十二日。

于其他方法如工业化之促进也。

丙 工业化

时人之倡言工业化者，每指经济组织之现代化或制造工业之普遍化而言。吾人仅就制造工业之普遍化，稍加论列，至一般经济之现代化，以限于篇幅，不及详论。

欲图制造工业之普遍化，务求城市工业与乡村工业之平衡发展。其在华北，乡村工业之发展，较城市工业尤为重要。盖华北农季短促，为期不及全年二分之一。华北农民，若能于农耕之外，兼营工业，则二分之一以上之农闲，即可不致虚掷，农家经济，亦得藉工业之收入，而较为宽裕。且华北水旱为灾，农产收获，至不一定，一般农民如能从事于工业之经营，则收入较为有恒，即遇灾歉之年，亦不致一无所得，而濒于绝境也。

华北乡村工业，尚称发达，就河北省而言，据民十七年省政府之调查，河北一二九县中之有家庭工业者为一二七县，工业种类凡四十四，产值达一万万元，内以棉布及人造丝布为大宗，占百分之七四，次为皮货，占百分之七，草帽辫占百分之五，苇席占百分之四，爆竹与纱线各占百分之三，荆柳桑编织物如筐篮之类占百分之二，其他合占百分之二①。河北之高阳、宝坻二县及山东之潍县，均为华北乡村手织工业之中心。此外如山西之炼铁业，绥察两省之毛纺织业，山东博山之玻璃业，河北杨柳青之纸画业及磁县之瓷器业，亦为华北之重要乡村工业。

综上所述，华北乡村工业之分布甚为普遍，然卒以技术不精，组织不完，年来颇受舶来品之排挤呈一落千丈之势。此证

---

① 方显廷："中国之乡村工业"，《经济统计季刊》，第二卷第三期，民二十二年九月，六〇〇页

之华北最大乡村工业——手工织布业——之衰疲，至属明显。华北乡村手工织布业三大中心之二——高阳及宝坻——，年来布产剧减，布商歇业与织工失业者，几时有所闻。以宝坻为例，布商数已由民一二之九三减至民二二之三五，织工数在同期内亦自一一.三八七减至四.八二五①。

华北乡村工业之衰落如此，复兴殊感棘手。盖乡村工业，泰半为小规模经营，产量有限，品质不齐，复以缺乏登金，遇销路滞钝时，亦不得不跌价求售，而中间备受商人之盘剥。加之海禁开放以来，大规模生产之舶来品，竟以廉价倾销，乡村工业遂就衰落，卒被淘汰矣。不过乡村工业前途虽甚黯淡，尚非全无希望者。补救之方，一面广设工业研究所技术之改进，一面集合从事乡村工业之农民群众，组织购买、生产及运销等合作社，以便享受大规模经营所得之利益。同时，全国人民一德一心，在可能范围内，尽力爱护国货，则我国摇摇欲坠之乡村工业，亦不难复趋于繁荣之境也②。

丁　开发资源

华北五省资源丰富。晋察煤铁储量占全国（东北除外）二分之一，羊毛羊皮以及毛织品之自天津出口者，民一九年占全国出口总额（二千八百万关两）十分之七，棉花之自天津出口者，民一九年占全国出口总额（八十三万担）十分之九弱，烟叶烟丝之自胶州天津出口者，民一九年占全国出口总额（一千九百万关两）三分之一。煤铁为现代物质文明之母及工业化之基本条件，棉、毛、烟叶等为各该工业之主要原料。晋察煤铁，

---

① 方显廷、毕相辉："由宝坻手织工业观察工业制度之演变"，《政治经济学报》，第四卷第二期，民二十四年一月，二七四页。

② 吴知：《乡村织布工业的一个研究》，商务，民二十四年，见方显廷序。

迄今未见大量开采，棉、毛、烟叶以外销为主，而以供给本国工业需要为次。此种现象，十足表示华北经济之尚滞于中古农业时代，若不亟加纠正，善图所以工业化之道，一方开采煤铁，以立重工业之基础，一方利用棉、毛、烟叶等原料，以促进轻工业之发展，诚恐不数年间，华北经济将陷于万劫不复之境，而工业化之一线曙光，行将消灭殆尽，救济人口过剩之惟一对策，益乏实施之望矣。

戊　外人经济势力

我国自鸦片战争以还，历英法联军之役，甲午中日之战，辛丑八国联军之役，二十一条，及"九·一八"后之种种，先后应付，惟割地赔款，开商埠，辟租界以为周旋之计。嗣是而关税主权、内地航行、筑路通电、开矿设厂、发行钞票、支配关盐税收等等，亦莫不拱手任人宰割，国家主权，久已名存实亡，经济组织，早具殖民地性，外人在华经济势力之雄厚，不言而喻矣。

溯外人在华之经济势力，以开辟商埠为滥觞。就华北言，咸丰八年（一八五八）烟台辟为商埠，其后二年则有天津及张北，光绪二十四年有青岛及秦皇岛，二十九年有南苑，三十年有历城，潍县及周村，民国三年有龙口、多伦及归绥，十年有济宁，合计为十三商埠，内以山东七埠居首，冀三，察二，绥一次之，晋省则迄今尚无商埠之开辟①。

开辟商埠而外，复有路权之让与。华北现有之六铁路，均全部或一部赖借外资兴筑；平汉赖法比借款，北宁赖英国借款，津浦赖英德借款，平绥正太赖法国借款，胶济赖德日借款。上

---

① 民二三年《申报年鉴》，九三—九四页。

述各路借款，舍平汉及正太二路已于民八民二一满期偿清外，其余四路债款，或满期（如平绥）或未满期，均待清偿。胶济路虽已由日本子民十二年按照华盛顿会议决议交还我国，惟以赎路之十五年定期国库证券尚未到期，而政府当局又未能依约用现金于签订条约五年后收回路权，故日人仍得为车务总监，其他职员于必要时亦得聘用日人。考胶济路系于光绪二十三年（一八九七）由我国许德经修，欧战时被日人占领。该路条约初订时其条件虽不若中东、南满二路沿路一带有运输军队及行政权之苛刻，然在经济方面，亦有德国在沿路附近三十里有采矿及经营工商业权之规定也①。

华北矿权之丧失，自光绪二十四年签订之中德胶州租约始。同年福公司与德商瑞记公司各在晋鲁取得煤铁矿之开采权。日俄战争以后，华北矿权之丧失益甚。开平公司沦入英商之手，宣统三年始与华商之滦州公司合并，改组开滦煤矿，该矿自东北失守后，为我国煤矿中之最大者，年产额达五百万吨。中德井陉煤矿采于光绪二十五年，门头沟之中英煤矿采于民国元年，中日鲁大煤矿采于民十一年，中日博东煤矿采于民十三年。开滦，鲁大，井陉等为我国煤业仅有之大矿，均非国人独自经营，利权外溢，至堪痛惜②。

自光绪二十年中日马关条约，规定日商得在华开设工厂以来，其他各国援用利益均沾条例，先后在华开设工厂，势力雄厚远在华商以上。就华北言，青岛七家纱厂，日商占其六家，天津六家纱厂，其一为日商经营，其一因押借日款过巨而转售于日商。天津毛纺织业美商投资甚巨，青岛精盐业昔为日商经营，迨青岛收回后，始改归国人办理。他如面粉、蛋粉、火柴、

---

① Cheng, Lin: Chinese Railways,China United Press,1935.
② 谢家荣，朱敏章：《外人在华矿业之投资》，中国太平洋国际学会，民二十年。

卷烟、玻璃等工业，亦莫不有外商之巨额投资①。

外商在华北金融界之势力，可就洋商银行之分布显示之。在华西商银行二十五家，其华北设有总行或分行者达十二家，计英商有汇丰及麦加利，美商有花旗、大通、美丰（现已倒闭）及运通，俄商有天津商业放款，法商有中法，比商有华比，法比合办有义品放款，意商有华意，德商有德华。此外尚有日商横滨正金、正隆、朝鲜、济南及天津等五家，合计华北洋商银行为十七家，其中天津商业放款无分行，济南及天津二银行总行即在济南与天津。有分行之十六家，散布于天津、北平、青岛及烟台四处，计天津十五家，北平八家，青岛七家，烟台一家②。

除上述种种外，外人在华北直接的或间接的经济侵略之方式，尚多不胜举。以限于篇幅，姑予从略。

诚如上述，华北在中国经济所占之地位，其重要可想而知。中国以农立国，但年来农产，非惟无剩余可供外销，且须巨量进口以补不足。华北则反是，粮食自给而外，尚可以余剩弥补本国其他区域之不足，而棉花烟草，复为外销之大宗商品。中国全国之已经开发而稍具工业化端倪者，三十行省中仅有六省。今辽宁已不能统计在内，所余之五省——苏冀鲁鄂粤——华北即占其二。晋察二省，虽尚未经开发，然以储有全国二分之一之煤铁资源，全国工业化之进展，胥深利赖，其重要性质远出于一般想象之上也③。

华北经济，固属万分重要，而华北经济之前途，则殊未容

---

① Fong, H.D. "Industrial Capital in China", Industry Series No.9, Nankai Institute of Economics, 1936.

② 民二四年《申报年鉴》，H 一三一一五页。

③ 方显廷："中国工业化之统计的分析"，《经济统计季刊》，一卷一期，民二一年三月。

乐观。农业为华北经济之基础，但农民以农田面积狭小，农季短促，常年收获，仅足温饱。近年以水利失修，旱潦频仍，民六以还，几于每三四年中辄有一次严重之水灾或旱灾。往昔农民之受创过巨者，尚可挈家移往东北，今东北已失，而西北虽可容纳移民，然为量不及千万，开发复多困难，益以地理环境之改造，绝非旦夕所能蒇事。为今之计，唯有积极提倡工业化，方足以图农村经济之复兴。虽然，华北工业化之前途，亦甚黯淡。煤铁为工业化之基本资源，其在华北察省之铁，将来如何采伐，尚非简单问题。最近晋省煤矿之开发，资本人力，两俱不足，利用外资或借重客卿，固非全不可能。但以目下政局之不定，外患之日急，似有举措不易之叹。然事在人为，愿我政府人民，同心协力以赴之，或有复苏之望也。

西南经济建设与工业化

一、西南经济概况

西南一词，恒指粤、桂、川、康、滇、黔等省。自军兴以来，我国最高当局，采取以空间战胜时间之抗战政策，西南各省，遂一跃而为全国军事政治经济及交通之重心，开发西南运动，遂为朝野上下所注目。最近，闻行营有西南经济建设委员会之设，划川、康、滇、黔四省为该会工作对象，于是西南一词，包括范围较狭，然含义则更见肯定。良以战区日广，即位居西南之粤、桂等省，从经济建设立场言，自宜另划为外卫区域，而以川、康、滇、黔四省为建设之中心。本文所指之西南亦照行营定义，庶免混淆。

川、康、滇、黔四省之面积为一，四五一千方公里，占全国面积（一一，一七四千方公里）八分之一，内康四七三千方公里居首，川四〇四千方公里，滇三九九千方公里，黔一七六千方公里次之。四省人口为七九，八八八，〇〇〇人，占全国人口（四四一，八四九，〇〇〇）六分之一强。内川五四，〇一〇，〇〇〇人居首，黔一二，六九二，〇〇〇人，滇一二，六六五，〇〇〇人，康五二一，〇〇〇人次之。人口密度，若以每平方公里计，则以川之一三四人为最高，黔之七二人，滇之三二人，及康之一人次之。四省人口平均密度每方公里为五五人，较全国平均四〇人约高出四分之一。

西南四省之面积及人口，各占全国面积与人口八分之一及六分之一，其重要概可想见。至于四省之物产，亦极富饶，试就农林畜牧与矿，逐一述之如下：

就农产言，据中央农业实验所二十五年之二十一省（东四省，西康、广西、新疆、西藏，蒙古除外）调查川滇黔三省各种农产量占全国农产量之百分比，蚕豆为四四，油菜为三八，烟叶为三四，豌豆为三二，玉米为二七，大麦为二四，稻为一九，大豆及花生各为一二，小麦为一一，高粱为八，棉花为四，小米为二（见表一）〇可知三省—特别四川——之粮食生产，尚堪自给；而油菜烟叶之属，产量甚丰，如能设法就地加工，则自给之余，尚可外销。至衣料如棉花之类，三省产量只占全国产量百分之四，其不能自给而必须取诸邻省以资调剂，则又灼然可见。他如桐油、茶叶、丝茧及蔗糖之生产，虽无确切统计，然为量必甚可观，若能善加提倡，力求改进，则自给外可供外销者，为量当不在少也。

表一　民国二十五年西南各省主要作物产量统计（单位：千市担）

	四川	石南	贵州	三省合计数量	占全国之%	中国
冬季作物						
小麦	38,395	7,195	5,854	51,444	11	461,555
大麦	30,633	3,884	4,808	39,325	24	162,748
豌豆	17,968	2,789	1,621	22,378	32	69,096
蚕豆	16,319	9,615	1,791	27,725	44	62,253
油菜	14,877	1,518	2,396	18,791	38	49,572
夏季作物						

续表

	四川	石南	贵州	三省合计数量	占全国之%	中国
稻	119,402	30,970	18,999	169,371	19	871,002
高粱	11,179	664	661	12,504	8	153,532
小米	1,866	490	425	2,781	2	135,487
玉米	20,220	7,350	5,519	33,089	27	122,602
大豆	8,169	3,785	2,512	14,466	12	118,220
棉花	755	40	78	873	4	20,639
花生	4,946	294	911	6,151	12	52,622
烟叶	2,763	354	1,178	4,295	34	12,673

表二　西南各省林作面积统计（面积单位：百万公亩）

	贵州	云南	四川	西康	四省合计	全国
总面积	1,765	3,986	4,036	4,727	14,514	111,736
林地面积	882	1,993	1,978	2,364	7,217	43,958
占总面积（%）	50	50	49	50	50	39
森林地面积	159	917	1,372	95	2,543	9,109
总面积	9	23	34	2	17	9
林作面积（%）	18	46	69	4	35	21
宜林地面积	723	1,076	606	2,269	4,674	34,849
总面积	41	27	15	48	33	30
林作面积（%）	82	54	31	96	64	79

西南各省，崇山峻岭，最宜林牧事业。川康滇黔四省一如东北四省及闽、湘、青海，其林地面积，均占全面积二分之一。四省合计，有林地七，二一七兆公亩，占全国林地面积（四三，九五八兆公亩）六分之一。惜人谋不臧，造林事业，未能积极进行，致有林地面积远在宜林地面积之下。四省林地面积占全面积百分之五十，然有林地面积，仅占全面积百分之一七，其余百分之三三，为宜林地。若按省计，则有林地面积，占全面

积之百分比，以四川之三四居首，云南之二三，贵州之九，及
西康之二次之。至畜牧事业，多为农业之附庸，单独经营者，
尚属罕见。川、滇、黔三省——特别四川——均产耕作用之水
牛及农家副产如猪及家禽（包括鸭鹅鸡）之属，至供运输用之
骡驴及供衣料用之绵羊、山羊等，则为数有限。如表三所示，
全国二十一省中，川、滇、黔三省所占之百分比，水牛为三六，
猪为二六，家禽为一四，马为二〇，骡驴为三，山羊及绵羊为
一一。

表三　西南各省牲畜统计　（单位：千头）

	四川	云南	贵州	三省合计	全国	三省占全国之（%）
牛						
水牛	2,767	714	694	4,175	11,603	36
牛	986	805	546	2,337	22,647	10
猪	11,738	2,696	1,652	16,086	62,639	26
马	158	471	200	829	4,080	20
骡驴						
骡	98	314	23	435	4,666	9
驴	40	50	6	96	10,547	1
羊						
山羊	3,427	501	415	4,343	21,933	20
绵羊	234	111	120	465	20,957	2
家畜						
鸭	7,995	1,478	1,146	10,619	56,724	19
鹅	1,279	129	215	1,623	10,538	15
鸡	22,355	5,315	5,201	33,871	246,688	13

西南各省之矿藏，种类虽多，为量则甚有限，煤铁之类尤
甚。全国二十七省煤储量（西康、西藏、蒙古除外）估计为二
四三，六六九兆公吨，川滇黔三省仅一三，〇五〇兆公吨，占
全国煤储量百分之五强，内川为九，八七四兆公吨，滇为一，

六二七兆公吨，黔为一，五四九兆公吨。铁矿储量，四川较富，估计为一百万吨，不及全国（东四省在内）储量（一，二〇六兆吨）千分之一。其他矿产之较著者，厥为川滇之岩盐，川康之砂金，川省之石油，滇省之锡，及黔省之汞等。至铜锌铝等，则三省均有发现，而以云南为尤多。

由上所述，西南各省除四川外，其他三省之人口密度，均甚微小，而西康尤甚。盖西南诸省受地理及人事之限制，与外界殊少往来，类多闭关自守，呈十足之中古时代地方经济色彩。复以烟祸蔓延，居民体质横被削弱，驯致懒惰成性，绝鲜现代社会所具之进取精神。在重庆、成都、昆明、贵阳等大都市中，虽不乏电灯、电话、自来水、轮船、汽车等现代经济产物，以及一切供给有闲阶级消费之奢侈用品与设备，然不过少数人之享受而已，与一般人民之生活及现代生产之促进，要无重大关系。抗战以来，西南各省，一跃而为抗战胜利民族复兴之基础，迩者广州、武汉相继失守，地位更臻重要。究应如何急起直追建设新西南，俾得完成其新膺之重大使命，实为吾人目前所最宜注意之问题。

二、西南经济建设应以工业化为方针

经济建设，经纬万端，诸农业之改进、工矿之开发、交通之促进、贸易之增加、金融之流通，与夫财政之革新，不过其荦荦大者。然建设之道，首宜认清目标，目标既明，则方针可以确定，然后一切建设，均得循序以进，卒底于成。经济建设之目标无他，求一国之富强而已。富强之道，舍工业化莫属，盖一国之富强与否，胥视其工业化程度之高下以为断，此乃百年来世界经济发展史所昭示吾人之铁证也。我国提倡工业化，几与暴日同时，而收效悬殊，不啻霄壤，推原其故，不外国人对于工业化之认识未能彻底，对于工业化之实行，未能尽力耳。夫欲一国之工业化，非徒事现代工业之提倡与建立，可达目的也，必也其国之社会、政治、经济、军事、教育诸端，均已循现代工业发展所取之途径，利用科学技术，采取大规模组织，以适应现代国家生存之需要而后可。即就经济一端言，亦必须工业以外之一切经济活动如农、矿、交通、贸易、金融以及财政等，均已循工业发展之途径，引用新式技术与大规模组织，始得谓为已臻工业化之境。反观我国以往之经济建设，往往与此背道而驰。第一，我国工业本身，尚未能完全工业化，手工业遍布城乡，在生产上仍占重要地位，其生产方式，凭借人工而不用动力，组织规模，多属家庭作坊之类。第二，工业以外之经济活动（尤以农业为甚），一如大部分之工业，亦尚未臻工业化之境，胥以个人经营为原则，即合作组织，亦最近始渐萌芽，集团经营，更无论矣。第三，各种经济事业间，缺少必要之联系与调整，此于工业化之促进，颇多阻碍。如农业与工业间之关系，即其一例：我国现代工业所必需之原料，虽不乏国产可资利用，然大部分仍须仰给海外，如小麦、棉花、丝茧等，不过其尤著者耳。此盖由于经营农业者不知适应工业方面之需要，自绝销路，而从事工业者对农业生产亦绝鲜提携，只知求一时之方便。一旦国际局势恶化，国外原料供给中断时，惟有出诸减工停厂之一途。年来农业工业化之声浪，始渐有所闻，其重要诚如邹树文氏所言："农业不顾及工业，而狭义的改进农业，是改进不了的；所有农业的改进出于工业需要之迫切而发展的甚多；农业工业应该互相顾及，中国农业的衰落，应该是农业与工业同负其责。"（《新民族》一卷十九期七页）

西南经济建设之目标在求西南各省之富强，近以充实后方经济，增强抗战力量；远以促进边省建设，巩固国家防务。其应以工业化为进行之唯一方针，可无疑义。至于实施工业化之途径，容于次节中申讨之。

三、西南经济建设之途径

西南经济建设，应以工业化为进行之唯一方策，以跻西南诸省于富强之域，上节之甚详。值此抗战期间，因粤汉之不守，西南地位，更臻重要，不久将来，或将由后方而转变为前线，故求西南之强较求西南之富，尤为迫切。自经济建设立场言，欲求西南之强，应以建立国防工业为目前最迫切之中心工作，而其他一切经济建设事业，如农业之改良，矿藏之开发，交通之促进，贸易之增加，金融之维持，与夫财政之健全，均宜以促成国防工业之早日建立为鹄的。本文限于篇幅，未遑一一申述，兹仅就国防工业之树立一项，略加探讨。

国防工业，广义言之，包括一切有利于战事进行之工业，诸凡有关（一）给养士兵如衣食及医药等工业，（二）供给器械如钢铁及军器及化学等工业，（三）维持交通如制车、制轨、炼油等工业，及（四）输出国外藉以换取外汇俾得购置国内无法自给之军需用品等工业如钨、锑、锡、汞之采冶及农产品如茶、丝、桐油等之制造与加工等均属之。第一，关于给养士兵工业如衣食及医药等业之促进，在西南各省中应积极进行。西南以气候关系，棉产颇感不足，过去川、滇、黔、康等省进口品中，以棉纱、棉布为大宗，此后应力求自给，择适宜地点，如四川之遂宁，云南之开远，及贵州之罗甸等区，种植优良棉种，以补繁殖。此外，西南多山，本宜畜牧，应提倡羊毛生产，以补棉产之不足。其次，西南粮食生产，仅足自给，复以交通闭塞，甲地即略有盈余，亦难运销乙地，以资调剂。故此后除尽力发展交通外，更宜就交通中心如渝、筑、蓉、昆等市提倡粮食作物之加工与制造，庶小麦可磨成面粉，稻米可制成膨胀米，以利运输而便军用。复次，我国药料生产丰富，积数千年经验所保存之中药，量质俱有足称者，如麻黄一药，一经加以科学的分析，西医即视同珍宝，西南各省（特别四川），药材生产，素称丰富，此后宜在重庆成都等市设立药厂，采用科学方法，详加分析与研究，制成各种药剂，以应战时之需，庶前方将士之裹创扶病者，不致因西药之供给困难，而徒唤奈何。第二，供给器械如铜铁军器及化学等工业之举办，虽非一蹴可及，然亦宜早日着手筹备。年来政府对重工业之建设，不遗余力，惜以为时太促，多数厂矿，未及开工而敌骑已深入或迫近，遂使机器与人员不得不辗转播迁。此后一方自宜从速将邻近湘桂鄂赣等省之厂矿设备，移置西南各省重要市县，一方更宜选择交通与资源适宜地点，采冶西南各省煤铁铜铅锌等矿藏，以为工业树必要之基础。至一切工业——特别军器工业——所必需之动力工业，尤宜于西南各省中择适宜地点如重庆、昆明、贵阳、万县、长寿、东川、富民等处，利用煤藏及天然水力，装置发电之设备。第三，维持交通如制车制轨及炼油等工业，亦甚重要。西南各省交通，向称闭塞，滇越铁路而外，其他干线——如沟通国际路线之川滇及滇缅，贯彻国防要道之湘黔及成渝等铁路，虽早在计划之中，惜抗战突起，未能实施。此后宜设法进行，将迫近战区如浙赣及粤汉等路之设备移用兴修。西南宜林地甚多，几占全面积二分之一，但荒芜已久，迄今童山濯濯，绝少利用。当局宜广辟林区，择宜林要地如成都、毕节、贵阳等区，建立锯木厂，庶铺轨用之枕木，得源源接济。西南公路，年来兴修甚为积极，以贵阳为中心之四大干线，东可至湘，西可至滇，南可至桂，北可至川。近以军事关系，复有川滇及滇缅两公路线之开辟，闻不日即可通车，此后问题重养路及用路而不重修路。如何而使车辆及车油，不断供给，俾现有公路得发挥其最高功用，实为关心国防工业者所煞费筹虑之问题。自制汽车，一时尚不可能，退而求其次，惟有大量制造轻而易举之手推车，在类似驿站制之组织下，尽量利用现有之公路，作运输方面最后之努力。军需急用品，仍用汽车输送，次要者则可利用此项手推车。汽车供给，将日感困难，汽油供给亦然。川省富石油，自宜急谋提取。而汽油代用品如植物油及酒精等之提炼，尤应赶速进行。西南各省，素以产植物油——特别桐油——著名；同时，可资提炼酒精之玉蜀黍、甘薯及甘蔗等，尤触目皆是，原料供给，当无。问题。至成本是否过高，值此抗战期间，自难兼顾，在政府经营或津贴之原则下，当可获得适当之解决。第四，输出国外藉以换取外汇购置国内无法自给之军需用品等工业，亟宜设法促进。西南四省矿产如川康之砂金，云南笛旧之锡，贵州铜仁省溪八寨之汞，均宜大量开采与冶炼，以为换取外汇之用。其尚未开采者，应由资源委员会火速探勘经营，其已经开采而经营不善者如笛旧之锡，亦应仿赣钨及湘锑旧例，由资委员会接收管理，庶产销两方得收最高成效。农产品如茶丝桐油之加工，亟应设法改进，以利外销。至该项农产品加工以前原有之缺点，宜由政府指定生产中心区域如嘉定、南充之于川丝，雅安、名山及灌县之于川茶，蒙自、思茅之于滇茶，万县、贵阳之于桐油，实施改进，如选种及划一标准等等。

　　以上略述国防工业建立之途径。夫经济建设，经纬万端，且其相互之间，有密切关系，国防工业，不过其一端耳。必也各个经济部门均已充分发达，然后整个国家经济始克臻于健全。且甲部门之建设成功，往往有赖于乙丙丁诸部门之同时并举，就乙丙丁诸部门分别言之亦然。故欲谋国防工业之树立有成，必须谋国防工业以外之有关系经济建设同时并进，而供给原料之农矿林牧，输送原料与成品之交通运输，流动资金之金融机构，殆其尤要者也。农矿林牧之开发，按诸西南各省之经济情形与国防工业原料方面之需要，应注重给养士兵所需之粮食，衣料及药材，供给军用器械所需之煤铁与钢，维持交通工业所需之木材与提炼植物油所需之原料如桐、玉蜀黍、甘薯与甘蔗，及换取外汇之出口品如金、锡、汞、茶、丝、桐油、皮毛、猪鬃等。交通路线之开辟，第一注重铁路与南干线如川滇与滇缅之早日完成。第二注重水陆交通路线之联系。第三注重现有公路利用程度之提高。金融机械之调整，如桂币与滇币之取缔，西南金融网之布置，及法币之稳定与外汇之维持，中央与地方当局，均已有适当措施，兹不复赘。

四、结论

大体言之，西南四省人口繁衍，物产富饶，四川自昔有"天府之国"之称，云南亦富农矿产品，惟贵州比较贫瘠，西康尚待开发。诸省过去以地处边陲及交通不便，外界未及注意，且因政治黑暗，烟毒蔓延，民众受苛捐杂税之剥削与黑祸之摧残，进取精神，丧失殆尽，经济建设，一无可言。近年来当局锐意倡导经济建设，复以军事关系，内地各省，亦积极兴建公路，西南省外界接触之机会，于以增多，现代政治经济设施，遂逐

渐普及于西南各省。自去年七七抗战以来，战线日广，国土日
蹙，西北西南，同为支持抗战之后方，今则西南诸省竟自后方
一跃而为前线，地位愈显重要，促进经济建设，以巩固国防，
增强实力，更觉刻不容缓矣。

西南经济建设，值此抗战期间，其目的在增强抗战实力，
其方针则在求西南诸省之工业化，盖旷观近二百年来世界经济
发展之趋势，一国国势之强弱，莫不视其工业化程度之高下以
为断也。工业化之要义，在以现代工业所实施之科学技术及大
规模组织，普遍引用于一切经济部门中，举凡农矿、交通、贸
易、金融、财政等等，均应追随现代工业之后，采取同样之技
术与组织，而加以适当之改进或改造。西南经济建设之目标，
既在求国防之巩固，而其方针又在求工业化之实施，则在现阶
段之过程中，自应以建立国防工业为中心工作，而其他一切经
济建设之举办，胥当以促进或协助国防工业之早日完成为鹄的。
此项建设，举其要者，约分三端，即（一）促进农矿林牧等业，
俾国防工业所必须之原料，有所取给而不致中断。（二）建设水
陆交通路线，俾不能自给之机器原料或成品而为国防工业所必
需者，得由国外源源输入，而换取外汇藉以购置上项机器原料
与成品之出口物品，亦得由西南源源输出。（三）调整金融制度
与机构，庶币制得告统一而法币价格亦得藉外汇之维持而更趋
稳定。

西南经济建设，困难滋多，而国防工业之建立，尤非旦夕
可冀，必须假以时日，始有可观之成绩。然凡事困难愈多，则
意志愈宜坚强，成功自愈有把握。且自抗战以来，外资竞争失
却作用，外货输入已受限制，消极裨补于民族工业之发展者已
属不鲜，而战区人口与资金之大量集中向内，金融重心之渐由
长江口岸移至内地各埠，更予民族工业之建立以有利条件。此

外，国内政治之空前稳定，各党各派之坚强团结，民族意识之普遍觉醒，国际援助之逐日增进，以及当局统制力量之日益加强，更无一不利于工业化之进行，好自为之，必有成功。

二十七年十月卅一日于贵阳

新加坡的小型工业

序

　　随着六九年春研究院的成立，南洋大学的发展已进入一新的阶段。该院设有四个研究所。商学研究所，即其中之一。其目的在提供研究训练，以配合本国日益增加的大学毕业生从事深造的需要；并便利教学人员对其专门学术园地和对东南亚地区，尤其新、马两国的特殊问题作有系统的研究。

　　商学研究所已开办研究课程，规定最低限度需修业两年，并缴交毕业论文，考试及格即可授予商学硕士学位。课程内容多涉及本地区国家所面对的实际工商业问题之研究。该所亦重视其教学人员及研究生专门著述之刊印发行工作。短篇著作将编以丛书方式列行。至于，长篇或更广泛之著作，则印成专册。至目前为止，前者已印有方显庭教授所著之'新加坡经济发展的策略'和'新加坡的小型工业'二题，原均以英文发表。兹再翻成华文出版，作为该丛书苹文部之开始，以飨读者。

　　至于外界专家之大作，不论长短，该所亦欢迎投稿。

南洋大学校长

黄 丽 松

一九七一年九月

目　录

一、提要和结论

（一）小型工业之定义

什么是"小型工业"（small industry）？我们可以根据各种不同的目的（例如分析、行政或统计）为它下各种不同的定义。为了作国际比较时方便起见，一般习惯都是以所雇用的工人数目为标准来评定一家工厂的规模。依此方法，凡雇用五名至九十九名工人的制造厂都是属于小型工业一类了。另一方面，新加坡"经济发展局"（Economic Development Board）的"轻工业组"（Light Industries Services）却为了便利决定技术的、资金的以及其他方式的援助之可行性而下这样的一个定义：凡是所雇工人每班不及五十名而且在机械与设备方面的投资也不及二十五万元的制造厂都是属于小型工业一类。我在本文中则遵循一般公认的标准，就是说，凡所雇用的工人不及一百名的工厂都是属于小型工业这一类。

（二）小型工业在制造业中所占之比例

"工业生产调查"（Census of Industrial Production）所提供的统计通常都是关于雇用十名以上工人的制造厂，不过，一九六三年和一九六八年的此项调查也包括雇用五名至九名的工厂在内，我们把这两年的有关统计作一比较后，便可看出一件重大的事情：小型工业在新加坡整个制造业里面所占的比例已经下降，就工厂数目言，已从九十六点二巴仙[1]下降到九十五巴仙，就工人数目言，已从六十五点六巴仙下降到五十八点一巴仙，就"所增价值"（value added，简称增值）总额言，已从五十二点二巴仙下降到四十八点九巴仙，在一九六三年至一九六八年这个时期中，小型工业在新加坡国内总生产（Gross Domestic Product，简称 GDP）里面所占的比例，其上升速度也比大型工业来得缓慢；大型工业从四点八巴仙上升到七点七巴仙，而小型工业只是从五点二巴仙上升到七点二巴仙。大型工业的成长为什么会比小型工业更为迅速？这是政府的政策所有意造成的结果。因为英国军队将从本地区撤退，而最近数年以来新加坡的转口贸易已经开始衰落，为了要抵消这两件事情所发生的不利影响，政府的政策所要加速的主要是所得之成长，而非就业量之成长。政府在这个政策下曾经采取各种有效的措施，其中有二便是一九五九年的"新兴工业法令"（Pioneer Industries Ordinance）和一九六七年的"经济扩展奖励法案"（Economic Expansion Incentives Act）。

不过，有一点值得我们注意：小型工业的平均每名工人的"增值"之上升却比大型工业来得迅速。在一九六三年至一九六八年这个时期内，小型工业的平均每家工厂的"增值"，从五千一百六十一元上升至六千四百八十九元，换言之，上升了二十五点七巴仙，而大型工业则从九千零二元上升至九千四百六十一元，只是上升五巴仙而已。把小型工业跟大型工业合并计算，在一九六三年至一九六八年这个时期的此项成长率则为十九点三巴仙。

在一九六三年至一九六八年这个时期内，不论大型或小型，

---

[1] 巴仙，东南亚一带华人用语，普通话称之"百分之"或者%，由英语的"percent"音译而来。

但依性质而类，就如平均每名工人的"增值"言之，其成长率
最大者也就是那些主要的工业种类。兹依其在整个工业的"增
值"总额中所占之比例大小之次序排列如下：石油制品与化学
品类所占比例为二十二点一巴仙，成长率为六十四巴仙；木材
与软木类（家私除外，主要为三夹板与薄木板）所占比例为六
点九巴仙，成长率为五十三点三巴仙；树胶制品类所占比例为
二点一巴仙，成长率为五十三点一巴仙。还有一点也很重要：
在一九六三年至一九六六年时期，这些主要的工业种类的"增
值"在整个工业的"增值"总额中所占的比例从四十五点六巴
仙上升至五十五点二巴仙，而其雇用量在整个工业的总雇用量
中所占的比例从四十五点五巴仙下降至三十五巴仙。这种"增
值"比例上升而雇用量比例反而下降的现象（大型工业方面比
小型工业方面更为明显），主要是由于投资量增加了，机械化程
度增高了，使劳力密集程度降低的缘故。

　　如果把各国的小型工业发展作一比较，就会明白一切，虽
则从各国所能取得有关资料的年度互不相同，因而在比较之时
遭遇困难。例如，中国台湾的工业发展历史比新加坡来得长，
资源基地和人口也比新加坡来得大，其制造业的平均每人的
"增值"（依一九五三年价格计算）是四十四美元，而新加坡则
达九十七美元。至于小型工业的雇用量在全国制造业的总雇用
量中所占的比例，新加坡（一九六八年）是五十八点一巴仙；
中国台湾（一九六八年）是五十七点六巴仙；韩国（一九六〇
年）是五十六点八巴仙；日本（一九五九年）是五十点九巴仙，
而菲律宾（一九五八年）则为四十七巴仙。另一方面，小型工
业的"增值"在全国整个制造业的总"增值"中所占的比例，
新加坡（一九六八年）是四十八点七巴仙；韩国（一九六八年）
是五十六点一巴仙；日本（一九五九年）是三十二点四巴仙；

而菲律（一九五八年）则为二十六点二巴仙。由于数据的不完全，所用的互相比较的年度，其他国家的较早，新加坡的则较晚，这对新加坡当然是不公平的，但是，这样的比较仍能表示小型工业在新加坡的重要性是较大的。

（三）小型工业之特征

新加坡的小型工业，跟其他发展中国家一样，具有某些共同的特征。

第一，小型工业的"劳工密集"（Labour intensive）程度大于"资本密集"（capital intensive）程度。一九六八年，新加坡的小型工业在全国整个制造业各项数字中所占的比例如下：工厂数目是九十五巴仙，雇用量是五十八点一巴仙，"增值"却只有四十八点九巴仙。至于一九六八年的平均每家工厂的资本支出，小型工业是二万六千五百元，而大型工业则为三十八万六千六百五十元，两者之间的比例是一比十四点六。

第二，小型工业主要是满足国内的消费，而大型工业则侧重输出。一九六八年产品输出值在新加坡的所有雇用十名及以上的工厂产品总销售值中所占的平均比例是三十一点八巴仙；但是，如果分开计算，"侧重输出工业"（export-oriented industry）的此项比例就比国内消费工业亦即"代替输入工业"（import substitution industry）为高，例如，纺织品、皮革及其制品、鞋靴类是六十点五巴仙；电气机械类是四十二点一巴仙；木材与软木类（家私除外，主要是三夹板与薄木板）四点三巴仙；粮食类（饮料除外）三十三点二巴仙；运输设备类（尤其是修船业）是三十一点七巴仙。

第三，由于资源基地很小，而又必须从海外输入原料与设备之故，新加坡的小型工业跟大型工业之间缺乏补充作用和连

锁关系，这可以从下面这件事情得到证实：所谓"分包出去的
工作"（work given out），其在新加坡一九六八年的私人制造业
的总生产值二十一亿七千五百万元中只占一千九百万元，还不到
一巴仙，而在是年的公共制造业的总生产值一亿六千三百万元
中则占四百二十万元，亦即二点六巴仙。这种情形跟已发展国
家，例如实行"工业二元主义"（industrial dualism）制度的日
本，成了强烈的对照，主要是由于"转订合约"（sub-contracting）
之故，日本的工业具有高度的互相补充作用。

第四，新加坡的小型工业比大型工业需要更多的政府援助
（技术的、资金的以及商业的）。但是，由于政府的政策所侧重
的是所得而非就业，而且在当前的情形之下，实有使工业化迅
速进行之必要，所以政府的援助，尤其是资金援助，主要地似
乎是针对大型工业，而非小型工业。

第五，在新加坡小型工业界，最流行的组织方式是"独资"
（sole proprietorship）和"合伙"（partnership），只有较为发展
的才是非公开的"有限责任公司"（limited liability company），
大型工业的情形就不是这样，他们都是采用"私人有限公司"
的组织方式，包括公开的和非公开的两种。

至于资本结构，新加坡的小型工业大多数都是纯粹本国资
本，但是在大型工业里面外国资本却占着最重要的地位。外来
投资主要是通过"合资"（joint venture）的形式，它们所占的
优势有二：第一是新加坡所缺乏的高级技术，第二是可靠的原
料来源和产品市场。外来投资之重要性可以从下列的统计数字
看出来：一九六六年，在新兴工业的产品销售总值五亿二千四
百万元中，由有外资参加的工厂生产出来的达四亿二千三百万
元，换言之，占了八十二巴仙，如以外资所属国籍来分析这个
数字，那么美国占五千九百九十万元；中国香港占五千九百八

十万元；日本占五千七百九十万元；马来西亚占二千万零六十万元；中国台湾占一千六百三十万元；澳洲占一千四百八十万元；其他国家共占一亿五千零一十万元。

（四）对小型工业发展有利的因素

新加坡小型工业（尤其是新小型工业）之发展可以利用下列四个有利的因素：

第一，国内已有各种发展措施之存在。这些发展措施在已发展国家是由私人方面采取，在发展中国家则由政府方面采取。最好的例证是已发展国家的瑞典与日本以及发展中国家的印度。在瑞士的"工业之工业"（the industry of industries）——相当于美国的所谓"金属品制造工业"（metal working industry），或英国的所谓"工程工业"（engineering industry），其产品范围很广；自飞机至机械工具，自计算机以至钉子，自球轴承以至原子笔。瑞典的这项"创造繁荣"的生产事业共有八千家工厂，所雇用的工人达四十万名之多，比一九六〇年的数字增加了十五巴仙左右，在瑞典全国有酬受雇人员总数中占了九分之一，其实，它的真正影响范围超出这个数字之外，足见其重要程度。

近年以来，新加坡政府已经在技术、资金与商务等等方面提供了许许多多的发展设备，不过，这主要只是针对大型工业以及较为发展的小型工业。政府既然已经为了这个小型经济（mini-economy）建立一个相当规模的工业基地，那么，将来应该进一步提供更多的发展设备。

第二，政府已经实行保护关税，在一九六六年至一九六八年时期，实行保护关税的产品从一百九十九种增加到二百九十五种，亦即增加了将近五十巴仙。政府从保护关税方面得来的收入也从一九六五年的四百万元增加到二千多万元，差不多增加了五倍。对输入代替品，例（石油制品与食糖）所征课之消费税已经取代了入口税，如果也把它算在内，那么政府收入之增加比上面所说的还要多些。

第三，政府已经把中学与高等学府里的教育重点从殖民地时代的普通教育转到正在迅速推行工业化运动的独立国家都不能缺少的技术与专业教育。职业与工艺学校的离校学生人数在中学的离校学生总人数中所占的比例，一九六八年是十巴仙，到了一九七二年上升至三分之一。

第四，外来旅客对纪念品（主要是手工艺品）的需求日增，新加坡所制造的纪念品，应该做到可以给人家印象，新加坡乃是一个多元文化社会的，从而取代了人家对中国手工艺品之需求。在一九五九年至六九年时期，旅游业在新加坡"国内总生产"中所占的比例，从仅仅一点二巴仙增加至四点四巴仙之高，至于"国内总生产"本身则从十九亿六千八百万增加至四十八亿三千三万元，亦即增加了一百四十五巴仙。

（五）对小型工业发展不利的因素

新加坡小型工业发展也面对下列两个不利的因素：

第一，小型工业与大型工业之间，甚至小型工业里面各个厂商相互之间，都缺乏联系，因为未曾像瑞典与日本一样对产品之组成部分之生产实行"转订合约"（亦即包工）制度。在瑞典，许多商家都认为：那高度发展的"转订合约"制度是该国经济的特别力量之一种。在新加坡，"转订合约"下的工作非常之少这主要是由于资源基地太小的缘故。它在新加坡的私人制造业里所占的比例不及一巴仙，在那远较微小的公共制造业里所占的比例则在二点六巴仙左右。

第二，目前政府的政策是把重点放在精细复杂的工业，尤其是侧重输出而又往往系大型而非小型的工业，其目的在于产生足够的所得（却牺牲了就业量），以求抵消英国军队之撤退以及新兴国家实行促进直接贸易的政策，以致新加坡转口贸易近年趋于衰落等等不利的影响。新加坡国会于一九七〇年七月将一九六七年的《经济扩展奖励法案》加以修正，财政部亦曾于早些时候发表声明，说要把新兴工业地位从"代替输入工业"收回而转授给一大批的"侧重技术工业"（technology oriented industry），因此上述的趋势便更加清楚地证实了。

（六）小型工业对新加坡经济的贡献

小型工业对新加坡经济的贡献，比较重要的约有下列几点：

第一，小型工业主要属于"劳力密集"的性质，而大型工业则主要属于"资本密集"的性质，所以小型工业所提供之就业量比大型工业还要大。结果，在一九六八年的新加坡制造业工人总数中，小型工业所雇用的工人数目仍占五十八点一巴仙，而大型工业所雇用的却只占四十一点九巴仙。

第二，不论大型或小型的制造业其在平均每人的"国民所得"（national income）中所占的比例都是比其他的生产事业为大。例如一九六八年制造业的平均每人的厂"增值"达到七千七百三十九元（单就小型工业言是六千四百八十九元，单就大型工业言则为九千四百六十一元），但是全国人口平均每人的"国内总生产"却只有二千一百四十一元而已。

第三，小型工业有助于新加坡的外汇收入之增加，一九六八年，小型工业所提供的外汇收入约为三亿二千三百万元，而大型工业却只提供二亿七千六百万元而已。

第四，小型工业为经理与企业家提供训练的场所。整个东南亚地区（非仅新加坡）的华人企业确实部是从上一世纪的小小开端成长起来的，从契约劳工而成为零售商、批发商、出进口商、金融业者，最后成为制造业者，除了人口中华人居最大多数的新加坡以外，东南亚各地所谓"土著"（indigenous）民族，已经掌握政权，他们在"土著主义"（indigetism）的旗帜之下，力图把经济控制权从华裔的公民或居民中夺取过来。

第五，小型工业在新加坡整个制造工业当中占最多数，这也有助告诉外人新加坡乃是一个社会主义的国家，这就是目前执政的"人民行动党"所誓言要建立的。这样一来，新加坡就不会像美国那样容易地产生"独占资本主义"（monopoly capitalism）。在美国的六千二百六十亿美元的"国民所得"中，一半左右是由五百家巨型公司所生产的。一九六六年，两家巨型公司的平均所得之和差不多就等于新加坡全国的"国内总生产"。

（七）小型工业发展的策略

新加坡的小型工业发展所须采取的策略，应该遵循下列两条路线：

（一）所选择的工业必须不但可以代替输入，而且可以促进输出。（二）政府所提供的援助，不论是技术的、资金的或商务的都必须予以扩大与增强。

在各种会受到地点、方法和市场等等因素影响的小型工业当中，对新加坡最有前途的约有下列几种：（一）制造工作可以分开为若干部分的工业，例如金属制造工业，它们可以促使大型工业与小型工业之间通过"转定合约"行动而互相联系起来。（二）简单的装配、混合或精制等工作，其中有几种工业的产品（例如罐头食品、衣服与鞋子）已经为新加坡争取到了重要的出口市场。（三）那些为满足迅速地建屋发展的需求而生产的小型工业，它们供给家庭用品（尤其是耐久性消费品的组成部分），这些东西是可以在"转订合约"制度之下生产的。（四）修理工业，他们从事汽车、轮船等等的修理工作。

新加坡的小型工业发展应该以现代化为中心目的。新加坡政府在这一方面已经有了许多卓越的表现：一九六一年设立了"经济发展局"；一九六八年至一九六九年期间，该局把若干重要的职务分出来，移给一些新设立的机构，包括"新加坡发展银行""裕廊镇管理局""海皇东方轮船公司""国际发展公司""新加坡标准与工业研究局"等等。我们希望：如果有了足够的时间与人员，政府可以把援助技术的、资金的与商务的对象加以扩大，不以大型工业为限，应该一视同仁，也把小型工业包括在内。

二、小型工业的定义

我们可以为"小型工业"下许多种不同的定义，要看我们的目的是什么，目的不同，定义也就不同。

（一）分析上的目的

我们可以根据工业组织的制度，而判定某种工业属于大型还是小型。"小型工业"的组织通常都是采取"家庭""工匠"以及商人雇主等制度，而"大型工业"的组织则采取工厂制度。

史特利（Eugene Staley）与摩尔斯（Richard Morse）在所著《发展中国家的现代小型工业》（Modern Small Industry for DevelopingCountries）一书中还是沿用一八四〇年代英国工业组织制度的旧日分类法，不过在其中的最后三类之下再分成若干小类：

A.家用制度（family-use system）

1. 自用制造（own use manufacture），

B.工匠制度（artisan system）

2.工匠家内工作（artisan homework）

3.工匠工场（artisan workshop）

C.委托或散办厂制度（putting-out or dispersed factory sy-stem）

4.工业家内工作（付工资的）（industrial homework〔wage-paid〕）

5.独立的或半独立的小工厂（dependent or quasi-independent small shops）

D.工厂制度（factory system）

6.小型工厂（small factory）

7.中型工厂（medium factory）

8.大型工厂（1arge factory）

在上列的分类中，头六种都是"小型工业"的组织制度，而在今日发展中国家的"小型工业"里占着最主要地位的乃是第六种，即小型工厂。

（二）行政上的目的

政府为"小型工业"提供许多援助，诸如贷款资金、免费技术指导、工业区内的场地、原料分类，以及政府的购买订单等，为了要决定谁有资格申请这些援助，政府必须为"小型工业"下一个定义。例如新加坡的"经济发展局"是在"联合国特别基金"（UN Special Fund）与"国际劳工局"（International Labour Office）的援助之下设立的，其目的是实行那项宏伟的工业化计划。该局于一九六三年设立"轻工业组"，以促进小型工业之现代化、发展与成长。该组所要援助的对象就是那些所雇工人数目每班不及五十名，而机械与设备方面的投资金额在二十五万元以下的工厂。该组所从事的工作是：提供工业与工程顾问服务；通过商业银行而对极有改进与成长希望的工厂提供贷款；组织各种"同类工会"；推行预防性保养与工业安全计划；在工具与印模之制造、热力处理、电镀以及塑料工艺等方面，对小型工厂提供普通设备；进行考察与调查，藉以判定那些工业有扩充与成长的希望，并且建议特别措施以供采用，使这些工业能够自行成长与发展。

（三）统计上的目的

这种工业分类法主要是为了便利从事国际比较，并且使处于相同的发展阶段的国家可以选择相同的政策措施。最通用的标准是工人数目，使用动力所推动的机械的工厂，其所雇工人数目较小，反之则较大。因此，"亚远经济委员会"（ECAFE）的"家内与小型工业工作小组"（Work-ing Party on C0ttage and Small Scale Industries），为了要使术语标准化，曾于一九五二年建议对"小型工业"下这样的一个定义；"凡生产时不使用动力而所雇工人不及五十名之工厂，或生产时使用动力而所雇工人不及二十名之工厂，都是属于小型工业。"

在发展比较落后的国家里，工厂规模（如以工人数目来表示）是更加小的。例如一九五五年的印度尼西亚，所谓"小型工业"是指所顾全时工人不及十名并且不使用动力推动的工具或机械的工厂而言。在中东（包括埃及、以色列与土耳其），一九五八年的一项联合国报告书也是把"小型工业"一词单指所雇工人不及十名的工厂而言。

另一方面，在菲律宾与中国台湾，所雇工人在一百名及以下（菲律宾是五名至一百名）的工厂都是列入"小型工业"类。

史达利与摩尔斯对发展中国家与已发展国家的小型工业作一广泛调查之后，建议：为了统计上的目的，我们所说的"小型工业"是指上述的头四组：所雇工人从一名到九十九名。这四组就是从一名至四名，从五名至九名，从十名至四十九名，从五十名至九十九名。此外，他们也建议把"大型工业"分为四组，那就是所雇工人从一百名至二百四十九名，从二百五十名至四百九十九名，从五百名至九百九十九名，一千名及以上。

本文打算采用每家工厂所雇工人数目为标准来区别"小型工业"与"大型工业"，并且依照史达利与摩尔斯的建议，把所雇工人不及一百名的工厂归入"小型工业"类。这样一个"小型工业"的定义，对发展中国家里头比较先进的一群（例如中国香港、韩国、菲律宾、新加坡以及中国台湾）似乎更为适合。

三、小型工业在制造业中所占之比例

新加坡的"工业生产调查"之发表开始于一九五九年，以后每年都有，直至一九六八年为止。但是，除了一九六三年和一九六八年两年之外，其他各年的"工业生产调查"的对象都只是雇用工人在十名或者以上制造厂，而没包括雇用工人从五名至九名的制造厂在内。为了对所有的制造厂能够作一全面的观察，我们应该把我们的比较分析集中于一九六三年和一九六八年两年的情形。

在一九六三年至六八年这五年期间，制造业的生产在新加坡的"国内总生产"中所占的比例，从十巴仙上升至十四点九巴仙。但是，在"国内总生产"中，"小型工业"的生产所占的比例比"大型工业"所占的比例上升得慢，前者从五点二巴仙上升至七点二巴仙，后者则从四点八巴仙上升至七点七巴仙。

为什么"小型工业"生产在"国民总生产"中所占的比例之上升会比"大型工业"生产来得慢？这可以下面的事实得到解释：在一九六三年至一九六八年期间，"小型工业"在新加坡的整个制造业中所占的比例是在下降中，就工厂数目言，从九十六点二巴仙下降到九十五巴仙，就所雇工人数目言，从六十五点六巴仙下降到五十八点一巴仙，就"增值"（value-added）言，从五十二点巴仙下降至四十八点九巴仙。

"大型工业"之比"小型工业"成长更快（从其工厂数目、工人数目与"增值"等在整个制造业中所占的比例的日益增大上看出来的），那是新加坡的政府政策利用两项法律所特地促成的，其一为《新兴工业（豁免所得税）法令》（一九五九年第一号），其二为《经济扩展奖励（豁免所得税）法案》（一九六七年十二月）。本质上，前者是对新兴工业赋予五年免税的优待；后者则对出口工业赋予很大的所得税优待，公司所得税率改为四巴仙，而非通常的四十巴仙，免税期限改为十五年（假使是新兴工业，包括五年的免税在内）。不过，一九六七年的法案于一九七〇年七月已经有所修改，把所得税优待的期限从十五年减短为八年，至于新兴工业的类型则在一九六七年的法案被修改之前便已经修改了：从侧重入口代替的轻工业转为侧重出口与技术的高级工业。

我们试把同一个时期里（即从一九六三年至一九六八年）与同一年里（即一九六三年或一九六八年）的不同规模（即所雇工人数目不同）的工厂的"平均每名工人的增值"加以比较，便有相当重要的发现。

大型工业比起小型工业来，由于投资较大、技术高、管理较优，所以"平均每名工人的增值"也就较大。一九六三年，关于此项增值，小型工业是五千一百六十一元，而大型工业则为九千零二元，两者相差七十四点四巴仙。一九六八年，平均每名工人的增值有所增，小型工业方面所增加的多于大型工业，原因是采用了更大的资本、更优的技术和更佳的管理，使劳工生产力有所改进。是年"平均每名工人的增值"：小型工业是六千四百八十九元，而大型工业则为九千四百六十一元，因此使两者之间的距离缩小为四十三点八巴仙。按一九六三年的距离是七十四点四巴仙。

从一九六三年至一九六八年这个期间，"平均每名工人的增值"的增加率，小型工业是二十五点七巴仙，而大型工业却只有五巴仙。大型工业的"平均每名工人的增值"增加率之所以较小，主要是由于在依每厂所雇工人数目的工厂分组中，有两组工厂的"平均每名工人的增值"降低了：即"一百名至一百四十九名"组降低了八点四巴仙；"三百名及以上"组工厂降低了十四点八巴仙。但是，这些增值之降低，不能从"工业生产调查"里的统计加以解释，应该作更进一步的研究，以便找出其中的原因。

在小型工业里，关于一九六三年至一九六八年期间的"平均每名工人的增值"之增加率，有两组工厂是特别高的，那就是"三十名至三十九名"组和"七十名至九十九名"组。

如果把大型工业跟小型工业合在一起计算，那么在一九六三年至一九六八年时期，"平均每名工人的增值"之增加率最高的若干类工业，可以依其在一九六八年的整个工业的增值总额中所占的比例之大小次序排列如下：石油制品与化学品类（所占比例为二十二点一巴仙）的增值增加率为七十二点三巴仙；

食物（饮料除外）与烟草制品类（所占比例为十三点八巴仙）的增值增加率为四十四点五巴仙；运输设备类（所占比例为十点三巴仙）的增值增加率为六十四巴仙；木材与软木类（家私除外，主要系三夹板与薄木板，所占比例为六点九巴仙）的增值增加率为五十三点三巴仙；树胶制品类（所占比例为二点一巴仙）的增值增加率为五十三点一巴仙。有一点值得注意的：关于这些主要工业种类，在一九六三年至一九六八年时期，虽则它们在增值总额中所占的比例是从四十五点六巴仙上升至五十五点二巴仙，但是，它们在所雇工人总数所占的比例却从四十三点五巴仙下降到三十五巴仙了。这种增值比例上升而工人数目比例反而下降的现象之发生，主要的原因是由投资增多了，机械化程度增大了，结果劳工密集程度也跟着下降了。

关于雇用工人十名及以上的工厂，一九六八年的平均每厂工人数目之超出一百名者，在各大类工业中只有烟草制品类，工人一百零九名；纺织品类，工人一百三十五名。在各小类中则有基本金属类下的其他（铸铁除外），工人二百零三名；假发类，工人一百八十四名；造船修船类，工人一百六十二名；烈性酒之酿造与混合，啤酒与麦酒之酿造类，工人一百五十七名；其他非金属矿物制品类（砖瓦、水泥及其制品除外），工人一百二十九名；印刷与出版类，工人一百二十五名。

就一九六八年新加坡的整个工业来看，小型工业所生产的增值较少，但是所提供的工作较多；反之，大型工业所生产的增值较多，但是所提供的工作却较少。小型工业在整个工业的总雇用量中所占的比例，新加坡（一九六八年）是五十八点一巴仙；韩国（一九五八年）是五十六点八巴仙；日本（一九五九年）是五十点九巴仙；菲律宾（一九五八年）是四十七巴仙。反之，小型工业在整个工业的总增值中所占的比例，新加坡（一

九六八年）是四十八点七巴仙；韩国（一九五八年）是二十六
点一巴仙；日本（一九五九年）是三十二点四巴仙；菲律宾（一
九五八年）是二十六点二巴仙。

不过，有一点应该注意：就制造业上的"平均每人（全国
人口计）增值"大小言（以一九五三年的美元计算），新加坡所
居的位置很高，一九六八年是九十七美元，日本只有六十美元。
由于所用的数据不同，新加坡的较近，其他国家的则较早，因
此这样的比较对新加坡当然有利，但是它还能够表示出：新加
坡小型工业的进步性质高于亚洲其他发展中国家。一九六八年，
制造业所生产的"平均每人（全国人口计）增值"，新加坡是九
十七美元，而中国台湾却只有四十四美元。

四、小型工业之特征

发展中国家的"小型工业"通常具有若干共同的特征：

（一）在小型工业里，劳力密集程度较资本密集程度为最高。

一九六八年，在新加坡，雇用工人从五名至九十九名的制
造厂中，九十五巴仙在该组所雇用的工人总数中所占的比例是
五十八点一巴仙，但是在该组所生产的"增值"总额中所占的
比例却只有四十八点九巴仙。我们可以从这个事实看出小型工
业的"劳力密集"（1abour intensive）性以及大型工业（即每家
工厂雇用工人一百名或以上者）的"资本密集"（capitalintensive）
性。

此外，一九六八年，在"资本支出"方面，雇用工人从十
名至九十九名的小制造厂平均每家为二万六千五百元，而雇用
工人一百名或以上的大制造厂平均每家则为三十八万六千六百

五十一元，两者之间的比例是一比十四点六。

（二）小型工业里，大多数都是属于"代替输入"的工业，而大型工业则大多数都是属于"侧重输出"的工业。

一九六八年，雇用工人十名或以上的所有工厂，其输出值在销售总值中所占的比例平均为三十一点四巴仙；但是，"侧重输出"的工业的此项比例则较国内消费的工业为高。例如，此项比例（即输出值在销售总值中所占之比例），在纺织品、皮革及其制品、鞋靴类为六十点五巴仙；电气机械类为四十二点一巴仙；木材与软木类（家私除外，主要系三夹板与薄木板）为四十九点三巴仙；食品类（饮料除外）为三十三点二巴仙；运输设备类为三十一点七巴仙。这许多侧重输出的工业中，有些种类在一九六八年平均每家工厂所雇用的工人超过一百名，例如三夹板与薄木板类为三百四十名，造船与修船类为一百六十二名，纺织类为一百三十五名。

至于"代替输入"的工业，如以雇用工人的数目来表示，固然可以归入"小型工业"之类，但是如以产品价值来表示，却未必如此，因为固定资本与原料投资额都很巨大，所以生产价值通常也是很巨大的。例如一九六八年，在所有雇用工人十名或以上的工厂中，属于石油与煤炭类的九家工厂（占全数的零点零六巴仙）雇用工人六百二十五名（占全数的零点八十三巴仙），生产价值为五亿四千万元，亦即制造业总生产价值二十一亿七千六百万元中的四分之一。

（三）不论是小型工业或大型工业，彼此之间都是缺乏互相补充与联系。例如一九六八年，在所有雇用工人十名或以上的制造厂的生产价值总额二十一亿七千五百万元中，只有一千九百万元（即不及一巴仙）是属于所谓"分包出去的工作"（work given out）。根据政府所下的定义，"分包出去的工作"是指"制造业里的"呈报的工厂对其他工厂或个人在前者所供给的原料上所做的工作而发给后者的报酬",但是,"如果呈报的工厂是从事修理业务,它所分包给其他工厂或个人的一部分此项业务也应该呈报,并包括在分包出去的工作之内"。

在日本,"工业二元主义"(industrial dualism)战后继续流行,成长率高,最近的一项权威调查研究有了这样的结论:除了由于双重劳力市场与固定资产的结构的关系而能够跟大工厂竞争的若干小工厂之外,还有众多的"依赖的公司(dependent companies),它们跟大公司之间,或则有着直接的"转订契约"的关系,或则经由业务规模比自己大不了多少的公司之手而发生间接的联系"。例如日本的汽车工业,在千百家供应汽车的零件与附件的小公司之上,还高高地屹立着几家巨大的现代汽车装配工厂。

日本的大汽车公司的生产量,"自一九五〇年代以来,便迅速地增加,日本已经改进其在世界上所居的地位:就所有车辆言,已从第七名升为第五名;就客车言,已从第九名升为第七名;就商用汽车言,从第五名升为第二名"。

(四)小型工业缺乏政府的援助,不论是技术的、资金的还是商务的,援助的对象都是限于大型工业,国家如此,国际也是如此,这是因为大公司之数目较少,生产力较高,信用地位较强,并且援助机构对其需要援助之计划的可行性也较易评估。例如世界银行,通过其于附属机构"国际金融公司"(International Finance Corporation)(一九五六年成立),注册资本为一亿一千万美元,从事下列工作:(一)联合私人投资者对生产性企业之创立提供所需之资金;(二)假使私人资本无力或不愿去进行某一项计划,则加以投资,而不要求有关国家的政府作偿还之保证;(三)聚集投资机会,本国与外国的私人资本,以及有经验的管理人才；(四)刺激私人外国资本流入生产性投资。通常的做法是："国际金融公司"贷款给各国的发展银行，再由这些发展银行贷款给当地的工业企业，但是只给大型与中型的企业，而不给小型企业。

新加坡的"经济发展局"，在"联合国特别基金"与"国际劳工局"合作之下，于一九六三年设立了"轻工业组"（Light Industries Services），在五年合伙完成之后，将它的作坊转移给"经济发展局"于一九六八年四月所设立的"工程工业发展机构"（Engineering Industries Development Agency），并将"贷款组"（Loans Section）转移给一九六八年九月成立的新加坡发展银行（Development Bank of Singapore）。但是，在贷款组于一九六八年九月一日转移给发展银行，前八个月期内，该组一共收到了五十五宗关于资金援助的申请，显然都是来自"轻工业组"所称的小型制造厂（雇用工人五十名或以下，固定资产〔建筑物除外〕价值二十五万元或以下），其中三十五宗已获批准，总金额为九十三万二千元。不过，那四家参加的商业银行仍然继续担当较大部分的失败。在一九六八年八月三十一日为止的三百七十七万五千六百四十六万元的贷款总额中，这些银行担当了九十九巴仙，"轻工业组"则担当一巴仙。

另一方面，"经济发展局"本身于一九六八年批准了总计一千二百七十五万一千元的贷款给各种不同的工业，大抵都是雇用工人五十名或以上的制造厂，尤其是享有新兴工业地位的大型工厂；这些贷款工作也同样地于一九六八年八月三十一日以后转移给"新加坡发展银行"负责处理。

提供技术与商务援助的其他政府机构，包括现在已经改为"新加坡标准与工业研究所"的工业研究组、工程工业发展机构、全国生产力中心，已于一九六八年十一月并入新成立的"国际贸易中心"的"输出促进中心"等，这些都是过去"经济发展局"属下的机构，它们也都有几年的短短历史，它们所解决的问题必然是属于"大型工业"的而非"小型工业"的（尤其是雇用工人五十名或以下的工厂）。新加坡政府充分明白小型工业对援助之需要，但是，由于一时缺乏技术人才与设备，要叫上述机构完成其指定工作（即不分大型与小型，对本国工业一律加以援助）需要时间与经验。

（五)在法律组织上，新加坡的小型工业通常都是采取独资、合伙、私人有限公司等形式，其资本则主要来自本国。在雇用工人十名或以上的一千六百二十六家工厂（即一千五百八十六家制造厂与四家树胶加工厂）中，法律组织形式与资本结构（即资本投资之来源）之间有着非常密切的关系。

关于工业组织，新加坡的"小型工业"属于史达利与摩尔斯两氏所提出的六类工业组织中的三类，那就是工匠工厂、独立的或半独立的小工厂，以及小型工厂三类。在雇用工人从五名至九十九名的小制造厂中，雇用工人五名至九十九名的工厂（共一千零六十一家，占该组总数的四十二点二巴仙）通常都属于工匠工厂类。雇用工人十名与九十九名的工厂（共一千四百五十四家，占该组总数的五十七点八巴仙）则大部分属于小型工厂类，小部分属于独立的或半独立的小工厂类，这些小工厂都是从小型工厂接受到分包出去的工作。

至于大型工业方面的情形，在一百三十二家雇用工人一百名或以上的制造厂中，最大多数都是中型工厂，只有少数几家才是大型工厂。史达利与摩尔斯按平均每厂所雇用工人之多寡把大型工业分为四类，即一百名至二百四十九名类、二百五十名至四百九十九名类、五百名至九百九十九名类以及一千名及以上。在新加坡，平均每厂工人数目最高是三百四十名，那就是三夹板与薄木板制造业。

五、对小型工业发展有利的因素

对新加坡的小型工业（尤其是现代化式小型工业）之发展有利的因素，计有下列四种：

第一个对小型工业发展有利的因素是：国内已有种种的发展措施之存在，如果能够加以扩充，不特大型工业，就是小型工业，也都能因此而得到好处。新加坡已经存在的设施，大多数都是旨在满足大型工业（充其量较为发展的小型工业）的需要。

（A）关于管理之改进。下列三种设施应该同时存在而结成一套，那就是（一）工业咨询服务（推广或顾问服务），（二）企业家、经理与监督人员之训练，（三）工业研究服务。提供这些设施的已有下列几个政府机关或其他组织：

1.经济发展局：轻工业组、工程工业发展机构、全国生产力中心。

2.新加坡标准与工业研究局。

3.新加坡管理学院。

4.新加坡工艺学院。

5.南洋大学：商学院、理学院、工学院（在计划中）、计算机中心。

6.新加坡大学：工商管理与会计学院、理学院、工学院。

7.发展资源（私人）有限公司（Development Resources Pte Ltd）：包括新加坡发展银行、华侨银行和史可特（新加坡）公司（W.D.Scott（Singapore））的合伙组织。

8.史丹福中心（Stamford Centre）：这是一个商业训练中心。

（B）关于发展之促进，也有下列几个政府机关或其他组织再分别提供各种设施；

1.工业金融：新加坡发展银行。

2.工厂地址与建筑物（工业区）：裕廊镇管理局。

3.普通设施服务：东南亚钢铁研究所 Southeast Asia Iron and Steel Institute）、亚洲手工艺中心（Asian Handicrafts Centre）、亚洲经济发展与计划研究所（Asian Institute for Economic Development and Planning），三者都是联合国"亚洲经济委员会"所主办的。

4.便利原料与设备之取得：国际贸易公司。

5.销售之协助：国际贸易公司。

6.劳工关系服务：全国职工总会、劳工部（有劳资仲裁庭、中央公积金局、职业介绍所）。

7.公司彼此之间的合约与帮助：发展非常有限，公共企业之间多于私人企业之间。

第二个对小型工业发展有利的因素是：新加坡政府已经对外国输入的货品课以关税，而对小型工业实施保护（但是，这是不应持续太久的）。应征课保护关税的货物，一九六六年一百九十九种，一九六七年增加到二百二十九种，一九六八年增加到二百九十五种。但是，新加坡毕竟主要是一个转口贸易港，所以在政府的入口税总收入中，大部分仍然来自奢侈品，如烟、酒、石油和糖等，其余部分几乎全是保护关税的收入，从一九六五年的四百二十六万元增加至一九六八年的二千零三十五万元，增加得非常迅速，几达五倍之大。

第三个对小型工业发展有利的因素是：新加坡政府已经把中等教育的重点从普通科目转移到技术与职业科目上面去，这对那属于"劳力密集"性质的小型工业可以供给所需配备之人员。根据教育部"技术教育组"的报告，在一九六八年新加坡的中学四年级学生中，九十巴仙以上都是属于普通科的。新加坡政府正在积极努力设立各级职业与技术学校，希望到了一九七二年，中学离校学生中有三分之一已经学到了所需技术，可以到大工厂和小工厂去工作。

第四个对小型工业发展有利的因素是：新加坡的旅游业已经有了迅速的成长，它在"国内总生产"所占的比例已经从一九五九年的一点二巴仙上升至一九六九年的四点四巴仙，本国的纪念品制造工业有着非常光明的前途。

"旅游业研讨会"上次在新加坡举行的时候，联合国工业发展机构（United Nations Industrial Development Organisation，简称 UNIDO 的一位发展顾问和"巴哈如丁职业学校"的代理校长曾经建议：新加坡应该为旅客生产更好的纪念品，估计旅客们购买这些纪念品所花的钱每年可达五百万元之巨。这个估计不算过分，因为自从美国以及其他与五十年代初期的"韩国战事"有牵连的国家对中国的货品实施禁止入口以来，中国香港不知复制了多少数量的中国大陆手工艺品，以供旅客购买。有一位新加坡商人在伦敦做客，购买了许多木制的狮子，准备作为礼物送给新加坡的朋友们，怎知回到新加坡时才发觉上面都是标明"香港制造"的，他因此惊愕不已。直到最近，市面上才有"新加坡制造"的木狮子出售，作为这个"狮城"（Lion City）的纪念品。其实，新加坡很可以制造其他种种代表自己的纪念品，包括巴迪（batik）、丝绸、锡铅合金制品、"东方香水"（Perfumes of the Orient），以及庆祝新加坡开埠一百五十年纪念的金币等。

但是，在努力促进制造纪念品而卖给旅客之时，我们可不能对首先必须予以克服的各种困难懵然无觉，据"巴哈如丁职业学校"代理校长说，新加坡商人很不愿意投资于纪念品或手工艺品工业，因为来自本地区其他国家的纪念品生产者的竞争很激烈。新加坡缺少传统型的手工艺，要确定什么才是新加坡的纪念品，那是非常困难的事。企业家们都感觉到，跟这一行业有关联的人士（指技士、工匠、制造商以及销售商们）彼此之间缺少联络与协调，此外，由于法律上没有专利权的保护，也常常使非常优秀的设计家无法充分利用他们的才能，去创造可以代表新加坡的纪念品。不过尽管有了这些障碍，"巴哈如丁职业学校"的代理校长还是连议：我们所制造出来的纪念品应该具有强烈的新加坡特点和优越的质量。这种纪念品不妨做得轻些、小些、易于包装些；不过大型的纪念品也应该制造，以供游客购买后寄运回国之用。他说："除非纪念品工业已经成为整个旅游业发展计划的主要部分，旅游业还是不算完全成功的。"

六、对小型工业发展不利的因素

新加坡的小型工业发展也面对着下列两个不利的因素：

第一个对小型工业发展不利的因素是：小型工业跟大型工业之间缺少联系，这是因为对产品的组成部分没有实行"转订合约"即亦分包的制度之故。战后日本所谓"工业二元主义"之下实行了这个"转订合约"制度，日本经济便因此而迅速成长。

一九六八年，新加坡私人制造业方面，在雇用工人十名或以上的制造厂的生产总值（二十一亿七千五百万元）当中，"分包出去的工作"价值所占的比例还不及一巴仙（一千九百万元）。同年，新加坡的公共制造业方面，在同类工厂的生产总值（一亿六千三百万元，远较私人制造业方面为少）当中，"分包出去的工作"所占的比例则为二点六巴仙（超出四百万元），较私人制造业方面为大。

小型工业跟大型工业之间为什么会缺少"转订合约"（亦即分包）的关系或合作的行动，原因是新加坡的资源基地过于狭小。新加坡面积仅仅五百八十一平方公里，而日本面积却达三十六万九千六百六十一平方公里，为新加坡的六百三十六倍。

由于资源基地之狭小，新加坡的经济乃是一种"小型经济"（mini-economy），所以我们就只是利用那日益增加的人力，而且应该迅速地把不熟练的人力改变而成熟练的人力，使之能够从事"劳力密集"性工业（诸如电子工业、钟表工业、金属制品工业、手工艺品工业等等）所需要的工作。

由于原料与设备都是必须从外国输入，所以新加坡不能像那些资源种类繁多而且国内市场广大的国家一样，可以从大小工业之间的顺向或逆向的连锁关系中获得许多好处。

第二个对小型工业发展不利的因素是：由于新加坡的"小型经济"基本上仍是属于转口贸易性质，而且目前正在"工业化"的开始阶段中，所以政府的政策是要促进那些侧重输出的大型的高级工业，以求缓和下列两件事情所发生的不利影响：（一）战后的新兴国家都在设法不必经过新加坡之手而能直接跟其他国家进行贸易，（二）英国军队将于一九七一年底以前全部撤退（假如不是由于一九七〇年英国大选结果，保守党起而执政，对驻军东南亚问题有了新政策，此事是要按期完成）。

新加坡得天独厚，拥有作为东方与西方之间的贸易枢纽此一战略地位，吸引了许多的"多元国公司"（Multi-national

Corporations）前来此地设立分公司。它们把新加坡看作东南亚的装配与运销中心。外国投资所带来的不只是资本而已，还包括技术、管理和市场等。为了鼓励外国投资，新加坡国会曾于一九五九年通过了《新兴工业法令》，一九六七年通过了《经济扩展奖励法案》，最近又于一九七〇年七月对一九六七年的法案加以修正，将出口税优待年限（侧重输出的工业为公司税之四十巴仙，其他工业还是四十巴仙）从十五年改为八年。在此项修正之前，新加坡政府早于一九七〇年七月十日已经把四十五种主要系"国内消费工业"的一百二十一种产品的"新兴工业"地位取消了，同时却把"新兴工业"地位颁发给十二种主要系"侧重技术工业"的六十六种产品。这些产品包括电气类（十八种）、电子类（五种）、电讯类（二种）、冶金类（一种）、航空类（一种）、金属产品（二种）、工程产品（七种）、留声与光学产品（九种）、钟表（一种）、玻璃与玻璃制品（一种）、水泥（一种）、塑料（十七种）等。

七、小型工业对新加坡经济的贡献

小型工业对新加坡经济的贡献，比较重要的约有下列数点：

第一个贡献是：小型工业所提供的就业量比大型工业为大，这是因为小型工业主要是"劳力密集"的工业，而大型工业则主要是"资本密集"的工业。

在过去三年中，亦即自从《经济扩展奖励法案》于一九六七年十二月通过以来，新加坡政府已经促进了若干侧重输出而又需要大量劳力的工业，例如衣服、罐头食品、修理船舶、家私与装置物等工业。此外，供应本国消费而又属于"劳力密集"

性质的小型工业也都在继续繁荣中，例如汽车装配与修理、铸铁、小型机器、锯木、珠宝金饰与银器、小件印刷与簿册装订等工业。

因此之故，新加坡制造业的雇用量的成长率便自一九六八年以来飞跃到若干高峰，超出一九六三年所达到的高峰之上。制造业的雇用量的每年增加额也已经从一九六〇年的一千五百名上升至一九六八年与一九六九年的每年一万五千名左右，对此项雇用量之增加所作的贡献，大型工业当然比小型工业为多，因为在一九六三年至一九六八年时期，小型工业雇用量在制造业总雇用量中所占的比例从六十五点六巴仙下降至五十八点一巴仙，而大型工业雇用量在制造业总雇用量中所占的比例则从三十四点四巴仙上升至四十一点九巴仙。不过，小型工业所雇用的工人数目仍然比大型工业所雇用的为多。

第二个贡献是：无论是小型工业还是大型工业，凡是制造业都能使平均每人的"国民所得"（national income）增大起来。

一九六八年，新加坡全国人口二百万人所产生的平均每人的"国内总生产"（Gross Domestic Product，简称GDP）为二千一百四十一元。但是，小型工业所产生的平均每人的"增值"（value added）却达六千四百八十九元，而大型工业所产生的平均每人的"增值"也达九千四百六十一元，这两个数值都比全国人口的平均每人的"国内总生产"为大。至于整个制造业所产生的平均每人的"增值"：一九六八年达七千七百三十九元，这就几乎等于是年全国人口平均每人的"国内总生产"四倍之大。

第三个贡献是：小型工业能够增加外汇的收入。

一九六八年，雇用工人十名或以上的制造厂的产品之销售总值为二十一亿七千三百万元，其中五亿九千九百万元（亦即二十七点五巴仙)是输出价值。由于一九六八年制造业的产品总值二十一亿七千三百万元中来自小型工业者为五十四巴仙,所以我们可以约略地假定:是年小型工业的产品输出价值(亦即所赚取的外汇收入)达到三亿二千三百万元之多。当然我们应该从这个数值中减去所需要使用而自外国输入的设备与原料的成本,可惜我们没有充分的已发表的统计资料(特别是关于国际收支方面的),所以无法对它加以估计。在大型工业(而非小型工业)方面,此项成本在开头几年是特别高的,在大多数的发展中国家,应付此项开支所需的资金常常是来自外国援助(政府的以及私人的)。

由于最近数年来,私人的外国投资之流入量日益增加,而外汇储备也有庞大的累积,所以新加坡经济各部门的"资本形成"(capital formation)都在进行中而未曾遭遇太大的困难。事实上,新加坡目前所需要的并不是资本,而是这样的工业发展方案:具有高度的、技术的、资金的和商务的可行性,是本国以及外国资本(连同那相当罕有的经济与技术人员)可以投资其上而获得利润。

第四个贡献是:小型工业可以作为大型工业经历与企业家的训练场所。

整个东南亚(以及世界其他地方)的华人企业都是从小小的开端成长出来的。东南亚(尤其是马来西亚和新加坡)的企业家都是从树胶园和锡矿的移民劳工发展而成的。勤勉、节俭、简单的生活,强烈的储蓄习性以及其他种种的优良德行都是有助于提高那些较有企业心的移民的身份,是他们可以在几年之后从"契约劳工"(indentured labourer)上升而为零售商、贷款业者或地主。从零售商变成批发商,对某些人来说只是时间问题。

第一次世界大战期间，海外货物之输入暂时停止，小规模的工业于是开始出现，但是，第二次世界大战后，由于各地实行自治与独立、转口贸易之衰落以及其他各种恶化的因素，华裔商人与银行家便开始参加制造业的行列，有的大些，有的小些。许多的小企业在规模上逐渐扩大起来，他们的老板便从中学习如何在日后的更大规模的企业中充当经理与企业家。

新加坡的经济发展历史充满着商业、银行业和工业等方面的企业家之例。目前新加坡是个独立国，又有一群励精图治的领袖，社会也是稳定的、壮健的和进步的，所以小型工业便更加成为较大企业的经历与企业家的训练场所，尤其是在目前政府的积极鼓励与促进专业与技术人员之训练与供应此一政策之下。

第五个贡献是：由于小型工业在整个制造业中占最多数，所以有助于给人的印象新加坡是一个"社会主义的国家"，这就是目前执政的"人民行动党"所要实现的理想。

比起今日世界最富裕而又最强大的国家美国来，"独占资本主义"（monopoly capitalism）在新加坡成长的危险性较少。根据哈佛大学的葛布雷（J.K.Galbraith）教授的说法，"在美国每年所生产的财货与劳务总额中，几乎一半乃是五百家最大的公司所生产的。"一九六六年，美国的"国民所得"是六千二百一十亿美元，可知那五百家最大的公司的平均每家的生产规模是六亿二千万美元，等于新币十八亿六千万元（这些巨型公司叫做"成熟公司"（mature corporation），是由所谓"专家集团"（technostructure）的人士所支配，与此相反，在那些较小的"企业家的公司"（entrepreneurial corporation）里，企业家仍然扮演重要的角色。上述美国五百家最大公司的平均每家的生产规模比一九六六年的新加坡的"国内总生产"（三十四亿三千四百

万元）之一半还要大了一些。换句话说，一九六六年新加坡的
"国内总生产"比同年上述美国最大公司中两家的生产价值之和
数还要小些。

八、小型工业发展的策略

　　新加坡是个城市国家，所以它跟其他发展中国家有个不同
之点：它的工业集中于"工厂"（不管是大的、中的还是小的），
"家庭工业"几乎绝迹。不过，那些雇用五名至九十九名工人的
小型工业并不是完全现代化的。那些雇用五名至九名（甚或更
少于此）的制造单位大多数都是"工匠工场"。在一九六三年至
一九六八年时期，这一组工厂在新加坡的小型工业工厂总数中
所占的比例确实上升了，但是在小型工业的雇用总额或"增值"
总额中所占的比例却下降了。假如新加坡政府不加以更大的注
意并提供更多的援助，这种趋势还会继续下去，其原因是：劳
动人口迅速增加，失业问题日益严重（由于英国军队之撤退将
于一九一七年大致完成），转口贸易日趋衰落，所以越来越多的
参加工业活动的人士都将从最小的单位（在资本、技术、管理
上的最低限度的开端）做起。

　　至于小型工业中比较重要的一组，即雇用十名至九十九名
工人的工厂，它们在新加坡这样的一个"小型经济"中的成功
与否，依赖国内需求之处多于国外需求。它们的成功形式决定
于三种的影响：即地点的影响、制造方法的技术和市场的竞争。

　　一、受到地点影响的小型工业有三类：第一类是对分散各
地的原料从事加工的工厂，第二类是制造供应本地市场而移动
费用在比例上很高的产品的工厂，第三类是修理工业。

新加坡是个小岛，面积不过二百二十五平方英里实际上没有资源可言。那些供应本地市场而移动费用在比例上很高的产品包括：建筑用品（例如砖、瓦、管、水泥制品、木工制品、供金属制品建筑用、塑料导管、办公室与店铺家私等）；家庭用品（例如床垫，耐久消费品〔例如收音机、缝衣机、脚踏车等〕之组成部分）；运输设备（例如货车与公共汽车、船舶等）。这些产品之制造，大部分在新加坡都已经开始发展。至于修理工业，包括修理工场（从事汽车、机器脚踏车、收音机、半导体收音机、电视机、冰箱雪柜、船舶等之修理），由于新加坡经济之繁荣与成长，所以此类工作非常发达，这些修理工厂之发展而成为专门化修理厂比改造而成为制造厂有时更来得容易些。在日本，由于"转订合约"（即分包）制度之流行，雇用十名至二十九名工人的小型专门化修理厂已经成长起来，成为工业中相当普遍的一种。

二、受到制造方法所影响的工业有三类：第一类是制造工作可以分开为若干部分来做的工厂，第二类是从事技巧或精确的工作的工厂，第三类是只做装配、混合或精制的工作的工厂。

那些制造工作可以分开为若干部分来做的工业，在日本或瑞士是很普遍，这是"转订合约"（即分包）制度实行的结果，它们大多数属于金属品制造工业之类。新加坡有时被称为"小日本"（mini-Japan），可以考虑发展这一类工业中的四个主要部门，虽则纯然由于面积之小与人口之少，新加坡的市场远较日本的市场为狭小。这四个主要部门是：（一）锻制或磨制的小型工具，例如手具、利器、机械工人用的精确工具等；（二）脚踏车以及代表组件装配工业的工具生产；（三）在无数的制造最后产品的工业上所用的标准化组件，例如皮带、螺钉帽、螺旋钉、铰钉、弹簧等；（四）在各种"转订合约"安排之下较为小批地制造出来的机械、组件、附件等。这里应该考虑的有两点，其一为"商人资本家"（merchant capitalists）所要负担的使命，其二是组件之间的标准化与互相替换性。

需要技巧或精确的工作的工业的产品包括奢侈品（例如珠宝或服装珠宝），它们的移动费用比起价值来是很低的，因此新加坡才有此类小型工厂集中的现象，新加坡乃东南亚地区各国的主要货物分配中心。目前，凡是制造移动费用在比例上较高的产品（例如灯罩、人造花）的工业，其厂址都是比较接近产品的最后消费者。鉴于最近数年来新加坡旅游业之惊人成长，我们还可以为旅客需要而生产的纪念品包括在这类工业之内。

只是从事装配、混合或精制工作的工厂，其产品包括食品（例如酱油、辣椒酱、花生油、剖壳与炒过的坚果，以及食品罐头，后者最为重要）；衣服、化妆品、纺织品、鞋类；皮货（例如袋、钱包、表带、女用手提包、珠宝箱、手套、工业用带）；化学制品（例如药品、油漆、化妆品、香水与印刷油墨、工业用酸类与盐类），以及其他种种产品（例如纽扣、塑料制品、玩具、眼镜框、运动用品、消遣设备、雨伞等等）。某一种产品之小规模制造之能成功，是决定于一些具有竞争力量的因素，这些因素是混杂在一起的，它们包括："增值"中劳工含量较多；没有从事大量生产与大量固定投资之必要；运输费用低因而有了出口基础；消费品的耐用性不小而其需求弹性也很高；由于参加的障碍小，而且可以找到工匠，所以开业与歇业都很频繁。

三、受到市场影响竞争的工业有两类：第一类是"规模经济性"（scaleeconomics）很低的各具特性的产品之制造；第二类是所供应的总市场很小的工业。

"规模经济性"很低的各具特性的产品包括：女人的外衣、上衣、短衫、裙；儿童的上衣与外衣；女帽、修饰物与缝缀物、手提袋与钱袋等。这一类的工业是很高度个别化的，受了迅速地式样变化和显著的季节对照之影响，缺乏标准化，因此之故，生产量便受了限制。它们所需要的固定资本很小，但是却不能具有很大的"规模经济性"。与劳力含量相比，它们需要很高的原料成本。它们还需要熟练的手艺，制衣业（尤其是裁剪工作）便是如此。它们还需要严密的监督，安排小批订货的时间，俾使某一工厂会得到最大限度的生产量。它们通常需要专门化的承包商和分配商来担任那变化无穷的原料与产品之销售工作。这一类工业中的若干部门的产品（例如衣类与鞋类）已经成为新加坡对已发展国家的重要输出品。

所供应的总市场很少的工业，其产品包括下列各种：室内装饰品填料、围颈物、帆布制品（布篷、帐篷、船帆）、汽车座位盖、屋顶板、填塞用材料、塑胶容器、家庭家私（例如收音机与电视机橱）、刻版与电版印刷、制电板与浇制铅板、燃料煤球、宝石雕琢、玩偶、人造花、纽扣、蜡烛、灯罩、雨伞、香烟打火机等等。

在上述会受到地点、制造方法和市场等三种影响的十类小型工业当中，在新加坡最有发展前途的有四类，那就是：（一）制造工作可以分开为若干部分来做的小型工业，例如金属品制造工业，在日本与瑞典，这类工业的"分包"制度非常流行，成为小型工业与大型工业之间的连锁。（二）制作装配、混合与精致工作的小型工业，其中有若干种已经为新加坡建立可观的出口贸易，例如食品罐头输往越南，衣类与鞋类之输往美国以及其他已发展国家。（三）侧重本国市场而要满足那迅速地建屋发展之需要的小型工厂，产品包括家庭用品（尤其是耐用消费品的组成部分，例如收音机、缝衣机、脚踏车、钟表等，在"分包"制度之下是有很大的发展前途的），以及运输设备。（四）

修理工业，从事汽车、船舶与电器之修理工作。

发展中国家在发展小型工业的时候，所要达致的目标应该集中于技术现代化、科学管理、联合销售等。在发展国家里，政府尤其应该扮演一个重要的角色，就新加坡而论，政府的援助对象不可以以大型工业为限，应该包括小型工业在内。目前所应该进行的工作是工匠工场之改造与小型工厂之发展，务使它们做到不但可以代替输入，而且可以促进输出。

English Industrial Organization
About 1840

Introduction

A study of the industrial organization of England about 1840 calls for an explanation of method as well as scope. The method employed is a combination of description and analysis. The collection and arrangement of facts has been the primary concern of the present study, but no pain has been spared in an attempt to differentiate the systems of industrial organization and to determine their extent. The scope covered relates to the choice of date, manufactures and topics for analysis. As regards the date, the year 1840 is preferred. This year "is chosen by Mrs. Knowles to mark the completion in England of the first phase of the industrial revolution, in which the most significant feature was the spread of manufacture by machinery under the factory system. The railroad era had begun ten years earlier, with the opening of the line from Liverpool to Manchester, but in 1840 railways were still in the experimental stage 1840 was a year of active construction, and may be taken to mark the beginning of a general system of railroad communication".[1] Furthermore, the year 1840 falls within the thirty year period (1820-1850) during which the growth of population (England and Wales) and of staple industries (United Kingdom) has been most rapid and revolutionary throughout the whole of the eighteenth and nineteenth centuies[2]. From the viewpoint of the present study, the year 1840 is taken on account of the materials available. In the history of the British Parliamentary Papers, perhaps no other period has been so rich in the materials available as that around 1840, for the study of social and economic history in general, and of industrial organization in particular. The Census in the following year, 1841, attempted for the first time to enumerate in detail the occupations of the people. The factory returns were first published in the year 1835, giving statistics on the number of textile factories, employees and motive power in the United Kingdom, but it was not until the year 1838 that such returns became a reliable source of information. The various parliamentary committees and commissions on the employment of children in textile factories (1831-1834) and non-textile factories (1843), on the conditions of the handloom weavers (1839-1841) and the framework knitters (1844), on the exportation of machinery (1841), on the arts and manufactures (1835-1836) and on many other subjects that had a direct or indirect bearing on the industrial organization of English manufactures around 1840, gave a mine of information not to be found elsewhere or at any other year.

It is plain at the outset that our study of the industrial organization cannot be extended to all the English manufactures about 1840. The materials available for such a study are uneven in nature for different manufactures, and are wholly absent for some of them.[3] The difficulty of research in a foreign land[4] is another factor. Several manufactures, however, offered typical systems of industrial organization, which were largely representative of those in other manufactures. An analysis of the former, therefore, would indirectly throw light on the latter. In the present study the term 'manufacture' in 1840 was confined, in the definition of Professor Day, "to all those working up raw materials for sale outside the household"[5]. According to this definition, the English manufactures of 1841 employed a total of about two million persons, of whom about one million persons, or fifty percent, are included in the present study[6]. These one million persons are classified into four different groups in Table 1, in which the relative importance of different manufactures is expressed in terms of the number of persons imployed[7].

Table 1. Relative importance of selected manufactures according to number of persons employed, England, 1841

Name of manufacture	Number of persons employed
Textiles	505,075
Cotton	263,154
Woolen and worsted	144,527
Silk	66,630
Flax and hemp	30,764
Clothing	328,671
Wearing apparel	209,891
Hosiery	44,183
Lace	32,585
Hat	16,665

Straw plait	9,775
Glove	8,746
Ribbon	6,826
Metals	141,167
Engine and machine	32,667
Iron	30,173
Cutlery	25,099
Nail	18,040
Clock and watch	13,118
Button, etc.	9,605
Lock and key	5,408
Gun	5,385
Anchor and chain	1,672
Paper. Etc.	35,793
Pottery	23,468
Glass	6,799
Paper	5,526
Total	1,010,706

The topics for analysis in treating each manufacture include definition, localization and industrial organization. The definition of a manufacture, which determines its extent, is oftentimes a difficult task, a task that was poorly executed by even the highest authority, the English Census[8]. In our treatment of each manufacture, the Census definition has been either accepted or modified where modification seems necessary on the basis of information derived from an examination of the contemporary sources.

The local distribution of each manufacture has been a subject for elaborate statistical analysis by Professor Day in his latest researches on the "Distribution of Industrial Occupations in England,1841-1861", the object of which is to determine the extent of the market for industrial products in that period. His conclusions and tabulations have facilitated the present study in locating the chief centers of each manufacture and in determining their relative importance, but an examination of the causes for such localization rests with the present writer. There is a close relationship between localization and industrial organization in each manufacture, for in many instances industrial organization varied with localization. In the woolen manufacture, the West Riding has for centuriesbeen the home of the master craftsman system, while the West Country, including Gloucester and other counties, has preserved to us in 1840 a remnant of the merchant employer system. In the silk manufacture, the Eastern counties such as Norfolk and Essex possessed a system of industrial organization different from that of the North. In the Eastern counties, the merchant employer system prevailed; while in the North it was the factory system rather than the merchant employer system that claimed a larger number of employees[9].

In analyzing the industrial organization of each manufacture two subjects in particular have been chosen for the present study, namely, a differentiation of the industrial systems and an estimate of their extent. In the differentiation of each industrial system, the important elements and effects have been described from a selected viewpoint, selected because of the vast scope involved and of the previous studies available. I have, for instance, omitted the social effects of the factory system upon the working population of the manufacture. The contemporary (1840) sources, whether official or unofficial, devoted an undue amount of attention to a controversy over that subject. The controversy, even at the present time, seems unsettled with some writers. For my purpose, a summary of the contents of such sources would be an unnecessary duplication.

The approximate extent of the different industrial systems in each manufacture has been examined and determined, and is now summarized in Table 2, in which the numbers 1, 2 and 3 indicate the relative importance of the three industrial systems in each manufacture. These three industrial systems, namely, craftsman, merchant employer and factory, are defined in the following paragraphs. In anticipation of an explanation of the different terms used, it may be pointed out that a new terminology has been adopted in describing the craftsman (or "handicraft") and the merchant employer (or "domestic") system.

Table 2. Relative importance of Different Industrial Systems In Selected Manufactures, England, 1840

Manufacture	System		
	Craftsman	Merchant employer	Factory
Textiles			
Cotton	3	2	1
Flax & hemp	3	2	1
Silk	2	1	

Worsted	2	1	
Woolen	2 3	1	
Paper, etc.			
Paper		1	
Pottery	2	1	
Glass	2	1	
Metals			
Iron		1	
Engine & machine	2		1
Button, etc.	2	1	
Clock & watch	2	1	3
Gun	2 1	3	
Cutlery	3 1	2	
Nail			
Anchor & chain		1	2
Lock & key	1		
Clothing			
Ribbon	1	2	
Hosiery	1	2	

	System		
Manufacture	Craftsman	Merchant employer	Factory
Hat	1	2	
Glove	1	2	
Wearing apparel	1	2	3
Lace	1 2	3	
Straw plait	1		

The different groups of manufactures, as well as subgroups

within each group, have been arranged in order in Table 2, from the most developed to the least developed, developed in the sense of having been affected by the latest industrial system. The prevalence of the factory system in the first two groups of manufactures, its partial triumph in the third, and its relative insignificance in the fourth, are the chief conclusions drawn from an analysis of Table 2. In order words, the factory system in the English manufactures about 1840 under review had become the prevalent system of industrial organization, while the merchant employer system had rapidly declined in importance. The latter, however, existed to a larger extent than the craftsman system.

Many attempts to classify the systems of industrial organization have been made by German scholars[10], of whom Bücher is perhaps the best known. Bücher[11], however, built his theories upon the works of his predeosssors, especially Schmoller[12]. In England no systematic formulation of the industrial systems was made until Professor Ashley in 1997[13]. Ashley's classification was based on Thun's, and Thun's classification preceded Bücher by more than a decade[14].

Bücher classification of the industrial organization into five systems and periods, namely, housework, wage work, handicraft, commission (Verlagssystem) and factory[15], is well known, and has been frequently quoted by later writers. Its merits also speak for its defects. "Schemes," as Usher has remarked, "are of course incomplete, and their shortcomings are peculiarly evident in this field [economic history]. They can hardly become the basis of sustained historical narrative, but they do serve to bring the larger conceptions of evolution into close touch with history and they vitalize research by emphasizing the problems which are most influential in our thought."[16] Bücher's scheme, therefore, gives a broad interpretation of the evolution of industrial systems, but has its shortcomings in several respects. In the first place, his emphasis that wagework as an industrial system preceded handicraft in chronological order is not supported by the factual investigations into medieval economic history[17]. The parallel existence of the two industrial systems, a phenomenon primarily attributed to the difference in technical and market conditions of the industry, had been overlooked. Secondly, Bücher's assertion that production under the handicraft system was always "custom production" carried on "for a locally limited circle of customers", or that "the customer buys at first hand, the handicraftsman sells to the actual consumer,"[18] proved to be a misstatement of facts even in the Middle Ages[19]. In 1840 several manufactures that were carried on under the handicraft system produced for the market instead of for the consumers. Finally, Bücher's analysis of the commission system disregards the fact that between the merchant employer and his outworker, the intermediation of the middleman was oftentimes a necessity under different economic cirumstances[20].

Other schemes for the classification of industrial systems have been proposed by various German writers, but most of them, not excepting Sombart's[21], tend to confuse rather than to elucidate the understanding of the subject. Sombart classification of industrial systems into the individual (or small), the transitional (or medium) and the social (or large) "Betriebe"[22] is narrowly based upon one principle, namely, the character and extent of labor co-operation (Crbeitsgemeinschaft). It is consistent as a theory for an abstract thinker like Sombart, but as a guide to the comprehensive interpretation of the different elements in each industrial system, it is highly misleading. Other writers, whose schemes of classification rest upon considerations such as the scale of production[23], the kind of technique[24] and the nature of income derived from the industrial employmetns[25], have thrown even less light on the subject than Sombart. In England Professor Cunningham's classification of industrial systems into "capitalist" and "domestic"[26] is vague, but it is perhaps the only independent attempt yet made by an English economic historian.

In the present study, Bücher's scheme is accepted as a general background, but is modified in the light of factual investigations into the industrial organization of English manufactures in 1840, in content as well as in terminology. The content of the present scheme differs from that of Bücher's in the inclusion of market production as an element of the "handicraft" system, and of the employment of middleman as an element of the "commission" system. The terminology of the present scheme is a distinct departure from the prevailing terminology today. In our terminology, the industrial systems studied in connection with the English manufactures in 1840 are named after the outstanding feature of each system, namely, craftsman (or "handicraft"), merchant employer (or "commission") and factory. "Craftsman" is to be preferred to "handicraft", as the latter represents the technique of production. The technique of production is not a sufficiently important element to justify the present and past usage to characterize the system itself. Furthermore, it is the same in many cases under the craftsman system, as under the merchant employer system. "Merchant employer" is a term chosen here to replace all others, including "domestic", "commission", "sweating", "putting out" and what not[27]. "Domestic", like "handicraft", is a term that describes one particular feature in the mode of production, namely, the place of work. The place of work the home is the same in many cases under the craftsman system as under the merchant employer system. Furthermore, "domestic" has a technical meaning that describes the craftsman system instead of the merchant employer system. It originated in the famous "Report on the State of Woolen Manufacture of England in 1806",[28] and was accepted as such by Professor Cunningham in his pioneer volume on the "Growth of English Industry and Commerce".[29] "Commission" is a translated term for the German "Verlags system", sometimes it is employed to identify the merchant employer system in English industrial organization. The payment of commission to the middleman as employed by the merchant employer was a common practice under the "Verlagssystem" in German industries[30], but not resorted to under the merchant employer system in English industries that we have studied for the year 1840. "Sweating", a term employed in a date as early as 1840 in the London wearing apparel manufacture, was popularized through the appointment of a Parliamentary Committee on the "Sweating System" in 1888. It describes the abuses rather than the elements of the merchant employer system. "Putting out" is perhaps the latest contribution to the already swollen terminology[31], but is unsatisfactory in many respects. In the hosiery manufacture of England in 1840, a "putter out" was either a salaried agent of the merchant employer, or his middleman contractor, whose function consisted in putting out the raw materials to the outworker to be manufactured into finished products. "Putting out", in other words, represents the mode of distributing the work; its use as a term to characterize the merchant employer system is necessarily of limited application. Finally, for the sake of uniformity, the term "factory" is to be preferred to all other terms in describing the factory system. In the contemporary (1840) terminology in English manufactures, a "factory"[32] was known under other terms such as "mill", "manufactory", "works ",etc.

In the following diagram, the industrial system in the English manufactures in 1840 are classified. In a preliminary fashion, into craftsman, merchant employer and factory system, with a brief contrast of the prevailing elements of each system such as capital employment, mode of production and method of sale.

	Craftsman	Merchant employer	Factory
Capital employment			
a. Nature	Circulating & fixed	Primarily circulating	Circulating & fixed
b. Extent	Small	Medium	Large
Mode of production			
a. Workplace	Shop, home	Home, shop	Factory

b. Technique   Handicraft   Handicraft   Machinicraft

Method of sale

a. Market   Local,   National   National,

national   world-wide

b. Sale   Craftsman to Merchant   Manufacturer to

employer to

i. consumer i. Consumer   i. Consumer

ii. Merchant ii. Merchant   ii. Merchant

Craftsman System

Definition and Extent.   The craftsman system of England in 1840 may be defined as that system of industrial organization under which the craftsman, with own tools and own (or hired) place of work, purchased the raw materials and worked them up into finished products for sale to the consumers or merchants. Under this definition several types of the craftsman system may be further distinguished. Taking the character of the craftsman as a basis, we may classify the craftsman system into master craftsman and family craftsman systems. In the following diagram the chief differences of these two systems are compared.

Craftsman   Family craftsman   Master craftsman

a. Character   Wife or mother,   Master, assisted by

assisted by own   journeymen and

children or not   apprentices or not

b. Activity   By-employment, as   Full employment, as

worker, foreman   worker, foreman,

and merchant   employer, merchant

(and shopkeeper)

Technique

  a. Skill   Simple; no   Complicated; apprentice

        apprenticeship   ship generally

  b. Workplace Home   Home

        Shop i. Own

          ii. Hired

Sale   To merchant   To consumer or

        Merchant

Despite these differences, the master craftsman and the family craftsman under the two systems had a great deal in common. Both retained the ownership of raw materials, tools and generally the workplace; both sold the finished products to consumers or merchants on own account. In the present study, the straw plait, hand lace and shirt button manufactures of England about 1840 were the only examples of the family craftsman system; other manufactures, including cotton, woolen, hemp, pottery, glass, engine and machine, clock and watch, gun, cutlery, lock and key, wearing apparel and machine lace, were partly or wholly organized under the master craftsman system.

Again, taking the economic independence of the craftsman as a basis, the craftsman system may be classified according to three modes of sale, namely, sale to the consumer, sale to the merchant at public markets and sale to the merchant directly. The first mode of sale, namely, sale to the consumer, was the most common and best known type of the craftsman system, and had received undue attention from the theorists to the neglect of the other two types. Under this type the craftsman was most independent. He was not only an industrial artisan, but also a mercantile shopkeeper. In the manufactures under review, hemp spinning, engine and machine, clock and watch, gun, and wearing apparel, furnished good examples of this type of craftsman system. The second mode of sale, namely, sale to the merchants at the public markets, prevailed in the York shire woolen manufacture as well as in the straw plait manufacture of the Eastern counties. In the Yorkshire woolen manufacture, the sale of woolen cloth by the master craftsmen to the merchants at the cloth halls, bore a close resemblance to the sale of straw plait by the family craftsman to the factors at the Luton markets Both the master craftsman and the family craftsman had now lost their direct contact with the consumers, and had relegated the function of distribution to the merchants, the trading capitalists in possession of the knowledge of market conditions. The craftsman possessed less economic independence under the second mode of sale than under the first; and such economic independence varied in accordance with the manner in which the markets were conducted. The cloth halls in Leeds, Halifax and other woolen cloth centers were organized by the master craftsmen, and therefore retained a certain degree of control or check to the capitalistic influences of the merchants. The Luton markets, on the other hand, were not so organized. As a consequence, the merchants dealt with the family craftsmen on a basis of apparent free competition. In reality, the merchants, being in possession of large capital and sufficient knowledge of the market conditions, struck a better bargain over the family craftsman than would have been possible should the straw plait markets have also been organized by the family craftsmen. Finally, the craftsman possessed the least amount of economic independence under the third mode of sale, namely, sale to the merchant directly. Under this mode of sale, either the merchant travelled around the different manufacturing districts in order to purchase the finished products from the craftsmen, such as in the manufactures organized under the family craftsman system; or else, the craftsman brought the finished products to the warehouse of the merchant for sale, such as in some of the manufactures organized under the master craftsman system, including lock and key, cutlery, machine, lace, etc.

Abuses. Under the craftsman system the abuse were generally attributed to two causes, namely, the economic condition and the industrial organization. Because of the unwholesome economic condition of England in 1840, a result of war, famine, currency inflation. foreign competition and the social and economic effects of the factory system and machinery[33], there was an oversupply of labor with consequent unemployment. In several manufactures, such as cutlery, the general economic depression drove the unemployed journeymen to establish themselves as masters, in order to avoid unemployment by manufacturing and trading on own account. The rapid increase of "small masters", which was further stimulated by the small capital required to engage in such manufactures, brought with it an overproduction of goods and a cut throat competition among the "small masters" in order to win the bids of the merchant. This abuse led directly to other abuses attributed to the industrial organization as a primary cause.

Under the craftsman system such features as direct, sale to the merchant and shop work gave rise to four abuses under review, namely, discount, truck, irregular employment, and embezzlement. Discount was at first a convenient practice to allow for the frequent fluctuations of price in the lock and key manufacture. A list price would be agreed upon between the master craftsman and the merchant, according to which an order was given by the merchant and executed by the master craftsman. The list price was never changed, but was "discounted" in order to adjust it to the conditions of demand and supply in the market. In the course of time, however, the merchant had exerted such powerful influence upon the master craftsman in the marketing of the product, that the list price was often "discounted" at an unduly high percentage. Truck, the second abuse, was resorted to by the merchants in paying the master craftsman and the family craftsman alike. In the manufacture of hand lace as well as of shirt buttons, the payment of purchase prices in goods was frequently complained of by the family craftsman. In the lock and key manufacture, the presence of the abuse tended greatly to aggravate the wretched economic conditions made possible by other abuses. Irregular employment, the third abuse, was a common feature of shop work. In the lock and key manufacture, the "systematic irregularity" had gone so far that a master craftsman would idle away a large part of the week, and when the time approached for him to turn in the work at the warehouse of the merchant, he would then work continuously from early morning till midnight[34]. Embezzlement was absent under the master craftsman system, but under the family craftsman system, embezzlement only took a special form. In the hand lace manufacture it used to be a practice for the merchant to give out his order to the family craftsman together with the pattern according to which the order was to be executed. As a result, the family craftsman would copy the pattern of the merchant and then sell it to other merchants. Or else, she might work up a larger amount of lace than the order required, and then dispose of it to other merchants at a remunerative price.

Decline and Persistence. The abuses as here described were undoubtedly one factor for the decline of the craftsman system, but other factors, more fundamental than this, have been summed up in comprehensive terms by Bücher35. The concentration of demand in large manufacturing and trading centers rendered it uneconomical to supply the demand by means of small-scale production under the craftsman system. The colossal tasks for industry, such as engineering and shipbuilding, were important factors in the rapid disappearance of the small craftsman, for technical as well as economic reasons. The uniformity of output, which because a pre-requisite to manufactures such as tool-making, was only possible under large-scale and factory production, and the change in the character of consumer's demand for readymade but inexpensive goods hastened the introduction of the factory system.

However, despite the several groups of factors that were working towards the decline of the craftsman system, there were others that accounted for its persistence[36], namely, technique, organization and economic condition. As to technique, many products, of which artistic excellence and personal skill constituted the chief considerations with the consumers, were still produced under the master craftsman system[37]. As to organization, the craftsman system had long been preferred to other systems on account of its over-rated merits. Take but one of the many concrete instances, the master craftsman system in the Yorkshire woolen cloth manufacture. Under this system, each of the three social classes, the craftsman, the journeymen and apprentices, and the merchant, possessed certain advantages, including the facility for a young craftsman of steady character to rise in social progression, the industrial solidarity among masters, journeymen and apprentices, and the promptitude with which the large order of a merchant could be executed without considerable outlay of fixed capital. Finally, temporary as well as permanent economic conditions accounted for the persistence of the craftsman system. Certain products, such as those of blacksmiths, tailors, bakers etc., had always a local demand, and could be more economically produced under small scale than under large scale production. The existence of neighborhood stores, in other words, constituted the permanent economic condition. The temporary economic condition that prevailed about 1840 varied with different manufactures. The facility of becoming a small master in cutlery manufacture has been touched upon in a previous paragraph. In the flint glass manufacture about 1840, the existence of the master craftsman system was an outcome of the excise duties levied by the government. In an attempt to evade these taxes, flint glasses, instead of being manufactured in the factories, were made by the small masters in private houses, beyond the observation of the watchful eyes of the excise officials.

Merchant Employer System

Definition and Extent. The merchant employer system of England in 1840 may be defined as that system of industrial organization under which the merchant employer purchased the raw materials, put them out either directly from the warehouse, or indirectly through his own salaried agents, to be worked up into finished or partly finished products by the outworker, for sale to the consumers or other merchants. The merchant employer, however, might employ the middleman to put out the raw materials, to be worked up by the outworker into finished or partly finished products, under a work contract. Under the work contract, the middleman is virtually an employee of the merchant employer, but is at freedom to execute the work either by sub-contracting it out to the sub-middleman or outworker, or by employing outworker in his own shop38. With the employment of middleman and sub-middleman, the merchant employer system may now be called the middleman system. In the following diagram, the merchant employer system and the middleman system, as so defined, are represented.

In the above diagram, systems 1a and 1b are variations of the merchant employer system, while system 2a and 2b are variations of the middleman system. It must be noted, however, that in each manufacture, the merchant employer system might be found independently of the middleman system, while the middleman system always existed parallel with the merchant employer system. In the English manufactures in 1840, the relative importance of the merchant employer system as compared with the craftsman and factory systems is indicated in Table 3 by the numbers 1, 2 and 3; while the relative importance of the merchant employer system and the middleman system is indicated by the small letters a and b[39].

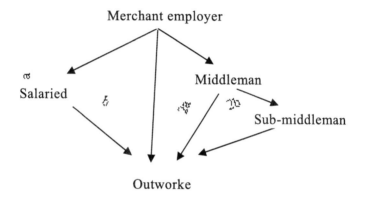

Table 3. Relative importance of the Merchant Employer and Middleman Systems In English Manufactures, 1840

Manufactures	Merchant employer system	Middleman system
Textiles		
Cotton	2	
Flax (linen)	2	
Worsted	2a	2b
Silk	2a	2b
Woolen	3	
Metals		
Clock and watch	1	

Gun	1	
Cutlery	1b	1a
Nail	1b	1a
Chain	1b	1a

Clothing

Hat	1	
Glove	1	
Hosiery	1b	1a
Ribbon	1b	1a
Lace	2b	2a\
Wearing apparel		2b	2a

Elements.　The elements of the merchant employer and the middleman systems consist in the presence of the three social classes and the conditions of cutwork. The three social classes include the merchant employer, the middleman and the outworker.

The first class, the merchant employer, may be classified in the following diagram under two heads, namely, capital ownership and activity.

1. Capital ownership

  a. Raw materials

  b. Tools

  c. Shops

2. Activity

  a. As a merchant

    1. Purchase of raw materials

    2. Sale of finished products

  b. As an employer

1. Puts out raw materials from warehouse.

2. Puts out raw materials through salaried agents.

3. Puts out raw materials through middlemen.

c. As a producer (occasionally)

1. Finishes partly finished product.

2. Converts raw materials into intermediate products.

According to the extent or capital ownership a merchant employer may be called large or small. There can be no definite dividing line between a large and a small merchant employer in each manufacture; expediency and conformity to contemporary usage alone must be the guide in an attempt to classify the merchant employers in a summary fashion. In each manufacture, the merchant employer provided the raw materials invariably, the tools frequently, and the shops occasionally. In the handloom weaving of cotton and woolen cloths, the outworker had to provide his own loom. But in other manufactures, such as hosiery knitting, the merchant employer provided the frame, and then let it out to the outworker, by himself or through the middleman, at a rent. In most cases the outworker also provided his own workshop in addition to tools; but there were instances where the merchant employer provided not only raw materials, but also tools and workshop. In the carpet handloom weaving, for example, merchant employer had so completely provided his outworker with raw materials and looms and congregated them together in large numbers in one or more workshops, that Professor Cunningham was inclined to call such an arrangement a factory[40]. However, in view of the absence of any attempt on the part of the merchant employer to exercise control or supervision over the weavers' work, as well as the presence of features inherent in the merchant employer system, such an arrangement may better be taken to exhibit the most capitalistic development of the merchant employer system. The provision by the merchant employer of raw materials, tools and workshop had a profound effect upon the economic position of the outworker. His dependence upon the merchant employer increased in proportion as his ownership of and control over his means of production is lost, first the raw materials, then the tools, and finally the workshop.

The activity of the merchant employer has been sketched in brief in the above diagram. As a merchant the merchant employer purchased the raw materials to be worked up into the finished or partly finished products by his outworker, and sold the finished products to the consumers in many cases, but to another class of merchants in a few others. As an employer, the merchant employer put out from the warehouse, through his salaried agents, or through the middlemen, the raw materials to be worked up into finished or partly finished products by the outworker. A merchant employer, however, might occasionally be a producer under certain economic arrangements. In the hosiery and lace manufactures, for instance, the products, after having been partly finished by the outworker, must go through a final process of finishing at the warehouse before they were ready in a saleable form. The merchant employer in such cases would employ varying number of workmen at the warehouse for finishing, under his direction and supervision, or under that of his foremen. The size of such finishing warehouse differed in accordance with the extent of the merchant employer's business. Again, in silk or ribbon weaving around 1840, the merchant employer worked up the raw silk into yarn at his own factory, and then put out the yarn to the outworker. The assumption of such productive functions by the merchant employer about 1840 was unusual in English manufactures organized under the merchant employer and the middleman systems, and may be taken as an exception.

The second class, the middleman, may be classified in the following diagram under two heads, namely, capital ownership and activity.

1. Capital ownership

    a. No capital

    b. Capital

        1. Tools

        2. Tools and shops

2. Activity

    a. Distributive: As employer (contractor)

    b. Distributive-and-productive: As employer (contractor), foreman and workman

    c. Productive-and-distributive: As employer (contractor); workman and foreman

The capital ownership of a middleman, as a whole, varied with his activity. A purely distributive middleman had no capital, as the function consisted chiefly in putting out the merchant employer's raw materials to be worked up into finished products by the outworker, under the terms of a work contract. On the other hand, a productive-and-distributive or distributive-and- productive middleman owned a varying amount of capital in accordance with his extent of business, and such capital consisted in tools and workshop, but never in raw materials. Both the productive-and-distributive and the distributive-and-productive middleman differed from the distributive middleman, as the former had taken over the productive in addition to the distributive function. The distinction between a productive-and-distributive and a distributive-and-productive middleman was drawn on the basis of the relative importance placed on the distributive or the productive function. A productive-and-distributive middleman put out the merchant employer's raw materials among the workmen, who worked them up into finished products at his shop with his tools; and made his profits by the difference between the price received from the merchant employer and the wages paid out to the workmen. Such an arrangement was common in the ribbon and cutlery manufacture. On the other hand, a distributive-and-productive middleman had similar functions to perform, and made his profits in a similar way. The difference, however, consisted in his additional function of putting out the merchant employer's raw materials to be worked up into finished products by the outworker not congregated in his own shop. At his own shop, the was less a workman than a foreman; whereas a productive-and-distributive middleman was more a workman than a foreman. Furthermore, a distributive-and-productive middleman might own tools and shops not worked by the workmen directly under his employ, but under that of that of other workmen who paid him a certain rent for the privilege of using his tools and shop. Such workmen, in general, received the merchant employer's raw materials to be worked up into finished products from the distributive-and-productive middleman. Both types of middlemen, namely, productive-and-distributive and distributive-and-productive, were found in the hosiery and lace manufacture of England about 1840.

The outworker, finally, may be classified according to his possession of tools and workplace, in the following diagram.

1. Tools

  a. Owns

  b. Hires from merchant employer, middleman or outsider.

2. Workplace

  a. Owns

    1. Home

    2. Shop

  b. Hires from merchant employer, middleman or outsider.

Outwork included home work and shop work, to which we may add such exceptional cases as school work and poor house work. Home work, however, was a commoner form of outwork than shop work. Both home work and shop work under the merchant employer system bore a close resemblance to the same forms under the craftsman system. In case of home work, the common features, namely, family labor and by-employment, were prevalent under the merchant employer as under the craftsman system. Family labor, including child and woman labor, varied in accordance with the amount of skill and strength required, as to its extent. Where both skill and strength were required in order to carry on the employment, family labor was seldom resorted to. On the other hand, where they were not required, family labor was almost universal. Woolen handloom weaving, in this respect, offered a strong contrast to hosiery knitting. In the former the absence of child and woman labor was a blessing in maintaining the level of wages paid of the men; in the latter, its presence constituted an advantage on account of the family earnings derived from the by-employment, but a disadvantage in view of the deplorable fact that the wages for men were frequently down to the same level as those for children and women.

Abuse. There were several abuses inherent in the merchant employer and the middleman system. Some of them, such as embezzlement and sweating, were good indexes upon which to determine the presence of these two systems in each manufacture. Embezzlement was possible only when the work was done beyond the supervision of the merchant employer. It was practiced not only by the outworkers, but also by the middlemen in the hosiery and ribbon manufactures. Its extent varied with the possibility of detection by the merchant employer and the economic conditions of the outworker. In some manufactures, such as Lancashire cotton handloom weaving and the woolen handloom weaving of the West Country, embezzlement of raw materials had been carried on to such an extent as to make the purchase of embezzled materials a regular trade. Sweating was a second abuse attributed to the presence of middleman and sub-middleman. The latter, better known as sweaters in the London wearing apparel manufacture in the 'forties, exploited the outworker by various means, such as non-delivery of tickets, deduction of shop charges, etc. Truck, a third abuse under the merchant employer system, prevailed in practically every manufacture so organized. In Yorkshire, Lancashire and Staffordshire, the system had been found in extensive operation in woolen, worsted and linen handloom weaving, and in mail and chain manufactures by hand process. Wherever the system prevailed, the outworker was forced either by the merchant employer or by his middleman to accept goods in part payment of the ages, or to purchase them from the shops owned and managed by the merchant employer or the middleman. In some manufactures, such as mail and chain, the profits of a merchant employer derived from the truck shops were so large that he was able to monopolize the market by underselling the non-truck paying merchant employers. Cutthroat competition, a fourth abuse, was thereby introduced. It was not uncommon that as a result, the non-truck paying merchant employers were forced either to substitute truck payment of wages for cash, or to lower the wages of their outworker in order to retain the customer's demand. Wage abatement, a fifth abuse, was at first intended to compensate the merchant employer or the middleman for the poor work done by the outworker, but once the practice was introduced, its abuses soon became highly oppressive in character. For little or no reason, the outworker's wages were reduced because of abatements, and should any dissatisfaction or complaint be expressed by the outworker, he would in a few days be thrown out of employment. Irregular employment, a sixth and last abuse, was pushed to a farther extent under the merchant employer than under the craftsman system. Under the merchant employer system, its existence was attributable partly to the merchant employer and partly to the outworker. This abuse, in many cases, had been a primary consideration with the merchant employer in retaining his primitive form of industrial organization despite the supreme economy of the factory system. The same may be said of the outworker in refusing to join the factory with better conditions of work and better wages.

Decline and Persistence. The decline of the merchant employer system in the English manufactures in 1840 was an accomplished fact; it was concretely proven by the prevalence of the factory system according to our analysis. In the eyes of the contemporary witness, it seems that the sole cause must have been the supreme advantages of machinery. "Where," the friend of the old merchant employer system complained, in 1833, "is the combing and spinning, cotton-weaving, silk-filling, cruel-filling, hemp-dressing, sack-weaving, paper making, hand-sawing, hot-pressing, and printing; where the employment general till the last few years? All absorbed by machinery. Where is the distaff and Spindle, where the employment in knitting, in the manufacture of hemp and flax, where the employment for women and children, formerly carrying comfort and independence to the *home* of every cottager? all absorbed by machinery, or sacrificed to the cry of 'cheap',"[41]

Machinery, however, did not accomplish so much as its opponents believed it to have accomplished. In the English manufactures in 1840, the merchant employer system still had to be reckoned with as the second prevalent system of industrial organization. In some manufactures it had lost its ground completely, but in others it had retained partial or complete domination for obvious raison dete. In this connection, many reasons given in a previous paragraph on the persistence of the craftsman system applied equally well to the persistence of the merchant employer system. Technique, in the first place, was one factor. In the textile and clothing manufactures, machinery had been applied with varying degree of success. Handloom weaving, the existence of which was chiefly responsible for the maintenance of the merchant employer system, was still a necessity in 1840 for the making of fancy and other cloths. Secondly, the organization itself offered several advantages to the merchant employer and the outworker alike, of which irregular employment has been briefly touched upon in a previous paragraph. Irregular employment was an abuse in one sense, but in another sense it constituted an advantage. From the viewpoint of the merchant employer, the chief advantages of the system consisted in the possibility of adaptation to the economic conditions of demand. In a great number of English manufactures, including textiles, clothing, and metals, the frequent and harassing changes arising from business depression or prosperity and other factors such as fashion, climate, etc,. required a system of industrial organization such as the merchant employer to protect the merchant employers from heavy financial losses. In all these changes, the important consideration with the merchant employer had always been the attempt to avoid overhead cost indispensable to the investment of fixed capital under the factory system. Under the merchant employer system the absence of fixed capital and therefore of overhead cost was probably the most influential factor for its persistence. From the viewpoint of the outworker, the merchant employer system had several advantages over the factory system. Home work, with its characteristic features of freedom from discipline, extra earnings from the by-employment afforded to the family members, and social features of home life, were too precious gains to be readily given up.

Factory System

Definition and Extent. The factory system of England in 1840 may be defined as that system of industrial organization under which the manufacturer was the possessor and manager of a whole or a part of the building or several buildings where the wage-earning workers, with the aid of the manufacturer's machinery or fixed instruments of production, were concentrated under the supervision of the manufacturer or his foremen, to manufacture raw materials of the manufacturer under a closely related series of sub-divided processes. Under this definition the essence of a factory consisted in the labor concentration and supervision by the manufacturer and the employment of machinery or other fixed instrument of produciton[42]. The former, however, is a more important element than the latter, and a factory may accordingly be called "mature" or "immature" because of the presence or absence of machinery or other fixed instrument of production, in addition to the labor concentration and supervision by the manufacturer. A "mature" factory, furthermore, may be called small, average, or "first-rate", in proportion to the extent to which the two elements are present in a factory. In our analysis of the textile manufactures, a factory is called "first-rate" when it is at least twice the size of a median average factory with regard to the extent of labor concentration. For other manufactures, such as metal, paper, pottery, glass and clothing, the statistics yet available do not permit us to attempt such a clear-cut distinction, and the classification of such factories into the above categories must remain primarily a subject for approximate estimation.

Elements of a Factory. The first of the two elements of a factory is labor concentration. In the English manufactures in 1840 the concentration of labor was always accompanied by supervision except in two cases. First, in the carpet handloom weaving in the county of Worcester, the merchant employer provided his outworker with raw materials, looms and shops. According to one contemporary, these shops contained from two to thirty-six looms each. Supervision, however, was never exercised, and each outworker might work or quit as he pleased. The outworker, with his assistant or draw-boy, was paid by the piece, and had no relation whatsoever with his fellow outworker, in an economic sense at least. Second, in the Sheffield cutlery manufacture, the so-called "tenement factory" had a large number of outworker concentrated in it, but each of them worked on his own account or on that of his master-the productive-and-distributive middleman. The element of supervision was therefore absent as a whole, but inside each team including the middleman and his workmen, it was exercised. The "tenement factory", in other words, was composed of a series of shops.

The extent of labor concentration in a factory varied not only in each manufacture, but also among different manufactures. Technical requirement constituted one factor for such variation, while capital investment supplied another[43]. For an accurate determination of the extent of labor concentration in a factory, abundant statistics have been provided by the factory inspectors for the textile factories since 1835, but unfortunately these statistics are defective in many respects. In the first place, a factory as defined by the factory inspectors in the Factory Returns different from what is meant by a factory in our definition. A factory, in our definition, might occupy a part of the building, a building, or several buildings; while in the definition of the Factory Return, a factory always meant one building. Perhaps the one-building factory was the commonest type of factories in the textile manufactures of England around 1840, but even so it is quite possible that the several-building factories might have outnumbered the part-building factories. In Inspector Horner's District in 1838, which comprised the leading counties of cotton, woolen, worsted, silk, flax and hemp factories such as Lancashire and Yorkshire, there were 1,798 factories (i.e. buildings) that belonged to 1,541 occupiers[44]. Furthermore, these factories-one-building, part-building, or several-building-were factories in the sense that each of them employed power machinery, with no reference to the extent of labor concentration[45]. As a result, "the occupier of a building, containing a single carding machine, impelled by water, is amenable to the law, although the persons employed in the building, including adults as well as children, do not amount to half a dozen"[46]. The occupier was "amenable to the law", and on that account his returns were included in the Factory Returns. In the second place, the Factory Returns of 1835 and subsequent years gave only the total number of factories, employees and motive power, for each county, as a consequence of which the mean size of factories alone, instead of the individual sizes, could be obtained. A mean, however, leaves a good deal untold, and is in general much above rather than below the typical size of textile factories. With these two qualifications in mind, we may now proceed to summarize the results of our computation on the mean size of a cotton, woolen, worsted, silk, flax or hemp factory in England in 1838, to be supplemented by median sizes calculated from the same sources with a different method, or from other sources of a different date.

Table 4. Mean Number of Persons Employed Per Cotton, Woolen, Worsted, Silk, Flax or Hemp Factory, England, 1838

	Total number of factory	Total number of employees	Number of employees per factory
Cotton	1,598	218,177	137
Woolen	1,029	47,175	46
Worsted	416	31,632	76
Silk	263	33,565	128
Flax or hemp	179	16,573	93

According to the above table, the mean size of a factory as measured by the number of persons employed is the largest in the cotton manufacture, namely, 137 persons per factory; while that in the other manufactures is , in order of size, 128 per silk factory, 93 per flax or hemp factory, 76 per worsted factory, and 46 per woolen factory. The mean, however, is far above the median, on account of the presence of extremely large factories. The median, as compiled from statistics available for the years 1833, 1838 and 1841, is presented in Table 5, and compared with the mean. The statistics for 1833 are taken from the Returns by the individual factory occupiers to the Yorkshire Form of Inquiry; while those for 1838 are taken from 1838 Factory Returns, including all factories located in parishes having one or two factories per parish; and those for 1841, from the enumeration of individual factory size for the District of Inspector Horner in his Half-yearly Report ending December, 1841.

Table 5. Comparison between Mean and Median Number of Persons Employed Per Cotton, Woolen, Worsted, Silk, Flax or Hemp Factory, England, 1833-41

| | Mean | | Median | |
	1838	1833	1838	1841
Cotton	137	—	92	92
Woolen	46	—	19	15
Worsted	76	56	57	—
Silk	128	—	68	—
Flax or hemp	93	—	50	46

In the above table, the significant features are that the median is invariably lower than the mean; and that the medians computed for different years agree closely with each other. For these two reasons we may venture to conclude that the median is truer and more representative than the mean, and may be preferred to the mean as an index of average factory size. In Table 6 the growth of mean size of a cotton, woolen, worsted, silk, flax or hemp factory from 1838 to 1856 is presented. The mean is computed on account of the lack of statistics necessary for the calculation of the median.

Table 6. Growth of Mean Factory Size as Measured by Number of Persons Employed Per Cotton, Woolen, Worsted, Silk, Flax or Hemp Factory, England, 1838-56

Factory	1838	1850	1856
Cotton	137	137	167
Woolen	46	55	59
Worsted	76	160	170
Silk	128	153	120
Flax or hemp	93	141	143

With the exception of the silk factory, the other factories all increased in size, as measured by the number of persons employed per factory from 1838 to 1856, the increase being due to the growth of large scale production. The decrease in the number of persons employed per silk factory from 153 in 1850 to 120 in 1856 may be explained by the decline of the English silk industry with the coming of foreign competition, especially from the French manufacturers.

The above statistics relate only to the size of an average factory. We may next inquire into the size of a first-rate factory. In the textile manufactures, a first-rate factory has been tentatively defined as a factory whose size is at least twice the median size of an average factory. According to this definition we may derive the median size of a first-rate factory from the same source of statistics from which we obtain the median size of an average factory. In Table 7, the median size of a first-rate factory so derived is presented in comparison with the median size of an average factory.

Table 7. Comparison between Median Size of Average Factory and Median Size of First-rate Factory in Cotton, Woolen, Worsted, Silk, Flax or Hemp Manufacture, England, 1833-41

Kind of factory	Average factory	First-rate factory
Cotton	92	397
Woolen	17	62
Worsted	57	207
Silk	68	251
Flax or hemp	48	177

Statistics on the factory size in other manufactures, whenever available, are not so comprehensive in nature as those for the textile manufactures. In the iron manufacture, the only statistics applicable to all ironworks in England consist in the amount of pig iron output per ironworks. In the glass manufacture, similar statistics consist in the amount of excise duties paid by each glass factory to the government. In the engine-and-machine and pottery manufactures, statistics on the average size were furnished by contemporary witnesses for the important districts such as the Staffordshire Lotteries and Lancashire. In the machine lace manufacture, such statistics were merged together with those for the cotton, woolen, worsted, silk, flax and hemp factories in the

Factory Returns, and there has been no way of sifting the one from the other. In other manufactures, only scattered references to the sizes of different factories were found, and in view of the limited space available, a detailed review of them must be left to the various sections devoted to each of these manufactures in this study.]

The employment of machinery or other fixed instrument of production in a factory in English manufactures in 1840 was always accompanied by a closely correlated series of sub-divided processes. Machinery was driven by hand or mechanical power, mechanical power consisting of water or steam power. In the textile manufactures as well as in other manufactures, mechanical power was the chief source of motive power employed in the factories. The hand power factories, however, were occasionally found. In the textile manufactures, for instance, handloom or "shop loom" factories were insignificant as to their extent, but furnished interesting examples that illustrated the attempt of the textile manufacturers to adapt their mode of production in the transition from the merchant employer to the factory system. In some factories, such as pottery and glass, fixed instrument of production rather than machinery was employed. Machinery, it may be noted, did not affect the two industries until after the forties.

Statistics on the employment of machinery in a factory were scattered in nature for the manufactures such as machine lace, engine-and-machine, and paper; those for the textile factories alone were comprehensive. These statistics, like those on the number of persons employed, were given in the Factory Returns, of 1835 and subsequent years. Omitting qualifications already made in connection with the number of persons employed in the textile factories, the employment of power machinery in the textile factories may be summed up under motive power, spindles and power looms.

The motive power employed in the textile factories consisted in steam or water. Water power, however, had already declined to a large extent around 1840, and the triumph of steam power had been achieved with varying degree of success in the cotton, woolen, worsted, silk, flax and hemp factories. In Table 8 the increase in the proportion of steam power in cotton, woolen, worsted, silk, flax or hemp factories from 1838 to 1856 is presented.

Table 8. Increase in the Proportion of Steam Motive Power in Cotton, Woolen, Worsted, Silk. Flax or Hemp Factory, England, 1838-56

(in Percentages)

Factory	1838	1850	1856
Cotton	81	89	92
Woolen	61	67	74
Worsted	82	87	91
Silk	71	76	84
Flax and hemp	74	81	78

The increase of motive power per factory from 1838 to 1856 is presented in Table 9.

Table 9. Increase in Amount of Motive Power Per Cotton, Woolen,

Worsted, Silk, Flax or Hemp Factory, England, 1838-56

(in Horse Power)

Factory	1838	1850	1856
Cotton	31	41	42
Woolen	17	16	19
Worsted	17	23	28
Silk	12	13	11
Flax and hemp	24	33	33

The amount of motive power employed per factory, being an arithmetic mean, is subject to the same criticism as the number of persons employed per factory. Moreover, as an index for comparison among the factory sizes in different textile manufactures, it is not so representative as the number of persons employed per factory, the number of spindles per factory, or the number of power looms per factory, for the fact that the spindles and power looms employed in the various textile manufactures required different amount of motive power, depending upon the nature of the raw materials or intermediate products to be worked on.

Two more tables, Tables 10 and 11, are presented below to show the change in mean factory size in the textile manufactures as measured by the number of spindles and power looms employed. In this connection, statistics for 1838 were not available, while those for 1850 and 1856 were classified according to the two types of factories, namely, spinning and spinning-and-weaving[47].

Table 10. Change In Number of Spindles Per Cotton, Woolen,

Worsted, Silk, Flax or Hemp Factory, England, 1850-56

Kind of factory	Spinning		Spinning-and-weaving	
	1850	1856	1850	1856
Cotton	11,398	16,765	18,621	16,947
Woolen	1,050	1,119	2,764	2,500
Worsted	1,881	2,861	2,885	4,460
Silk	4,617	3,252	10,083	7,050
Flax or hemp	1,976	3,813	5,532	4,455

Table 11. Change in Number of Power Looms Per Cotton, Woolen, Worsted, Silk, Flax or Hemp Factory, England, 1850-56

Kind of factory	Weaving		Spinning-and-weaving	
	1850	1856	1850	1856
Cotton	160	157	342	337
Woolen	27	25	43	43
Worsted	132	109	128	171
Silk	53	40	132	98
Flax or hemp	78	76	25	31

Causes and Effects. In the English manufactures in 1840 the factory system had become the prevalent system of industrial organization in textiles such as cotton, woolen, worsted, silk, flax and hemp; in metals such as iron, engine-and-machine, button, screw, steel pen, needle, pin; and in paper, pottery and glass. In other manufactures, in metals such as nail, anchor and chain, clock-and-watch, cutlery and gun; in clothing products such as lace, ribbon, glove, hat and wearing apparel, the system was making rapid headway, taking a second or third place as compared with other industrial systems. In short, in the English manufactures that have been analyzed in this study, including about one half of the manufacturing population of England in 1840, the factory system had become the predominant system of industrial organization at the end of the first phase of the Industrial Revolution. In view of the fact that the system was not introduced on a significant scale until the last quarter of the eighteenth century in English industries, a survey of the causes for its rapid rise would undoubtedly throw a great deal of light. "The factory system," in the words of Cooke-Taylor in 1844, "originated in no preconceived plan-it sprang from no sudden exercise of human wisdom, like Minerva from the brain of Jupiter, but it was formed and shaped by the irresistible force of circumstances, fortunately aided and guided by men who, like the late Sir Robert Peel, were able to profit by circumstances."48 What, we may ask, constituted "the irresistible force of circumstances"? Briefly, it was the ideas and efforts of man rather than the benevolence of nature that had brought about this revolutionary change. Inventions in textiles and metals had an immediate effect, but without the enterprising spirit of the English manufacturers and the social philosophy of laissez-faire that nourished its growth and maturity, the factory system might have remained a fiction even today. The economic conditions, meantime, had also hanged. The extension of market at home and abroad resulted I the attempts of men to increase production by means of better and newer technique; the acquisition of capital by the early English traders supplied the necessary resources for production on a large scale. The development of modern means of transport had just begun; its conquest of continents and of oceans widened the areas of demand indispensable to the English manufactures. Indeed, the establishment of the factory system "required all the forces physical, mental, philosophical, commercial, and philanthropical, working in separate yet convergent lines to lay the foundation of an entirely new system of industry, and these forces, coming into existence during the twenty years following the success of efforts of Hargreaves and Arkwright, and extending in their wonderful influences over the earth wherever civilization has a foothold, constituted that period one of the most remarkable since the Christian era. In fact, no generation since then has so completely stamped itself upon the affairs of the world."[49]

The establishment of the factory system in the English manufactures produced profound effects[50] upon the different social classes. From the viewpoint of the manufactures, production on a large scale resulted in an economy of savings not only from the purchase of raw materials and the sale of finished products, but also from an effective use of machinery and buildings and a close supervision of labor and production. The quicker turnover of capital and the larger output of product brought him on the whole a greater return in terms of monetary profits, although there were disadvantages resulting from the employment of fixed capital and the recurrence of business cycles. Social legislation, which was almost unknown under the merchant employer system, became an additional charge upon the business expenses of the manufacturer, although in the long run, better conditions of work were essential factors for efficient production. From the viewpoint of the worker, the factory system was undoubtedly a benefit in giving him shorter hours of work, higher wages, more regular employment, and stronger organization than would have been possible under the merchant employer system. The introduction of unskilled labor, such as children and women, was perhaps exaggerated in its effects upon the unemployment of men, as in many cases, unskilled labor had created a new market all of its own. Social legislation under the factory system became a new right to labor. Despite its slow introduction, it had afforded adequate protection to an increasing extent once its enforcement was rendered effective by the passage of the 1833 Act. On the other hand, the loss of economic independence, the monotony of machine and factory production, the increase of accidents as created by the introduction of new technique in dangerous industries such as mining,-all these put life of a worker in an unfavorable light. From the viewpoint of the consumer, lower price afforded the satisfaction of newer wants. The product, however, now became standardized, and for some if not for all, the decline of handicraft and the absence of personal and artistic touch in factory products constituted a permanent loss. On the whole, from the viewpoint of all parties concerned, the manufacturer, the worker and the consumer, the introduction and establishment of the factory system had undoubtedly been a social gain. In conclusion, we may quote a passage from the contemporary champion of the factory system, Cooke-Taylor, in

1844.

"Every branch of industry in England, and to some extent throughout Europe and America, is daily assuming more and more definitely the aspect of factory organization. This is one of those great facts over which human foresight and legislation can exercise as little control as over the direction of the winds or the motion of the tides, and hence the proper sphere for the exercise of legislative wisdom is, to perfect the system, but not to check its progress."[51]